高职高专精品课程系列教材

人 际 沟 通

张岩松 王 允 主 编

西安电子科技大学出版社

内 容 简 介

  本书是反映高职教育教学改革最新理念的创新型实用教材，也是项目课程开发的一次有益尝试。本书融时代性、实用性、趣味性和可操作性于一体，深入浅出，翔实具体。其主要内容包括认识人际沟通、语言沟通、非语言沟通、沟通技能、沟通工具、沟通应用和行业沟通等七个方面，并将其分为七大任务。每一项任务由任务目标、案例导入、知识储备、实践训练、自主学习等几部分构成，便于学生在练中学，在学中练，学与练有机结合，不断提升人际沟通能力。

  本书可作为高职高专院校、应用型本科院校以及各类成人院校各专业学生人际沟通课程的教材，也可作为提高大学生基本素质的自我训练手册，同时还可以作为各界人士提高人际沟通水平的优秀读物。

  本书配套专业教学课件索取方式：QQ1312196382。

图书在版编目(CIP)数据

人际沟通/张岩松，王允主编.—西安：西安电子科技大学出版社，2015.3(2020.12 重印)
ISBN 978 - 7 - 5606 - 3557 - 6

Ⅰ.①人…　　Ⅱ.①张…　②王…　　Ⅲ.①人际关系学—高等学校—教材
Ⅳ.①C912.1

中国版本图书馆 CIP 数据核字(2015)第 017315 号

策　　划　高维岳
责任编辑　阎　彬　赵　镁
出版发行　西安电子科技大学出版社(西安市太白南路 2 号)
电　　话　(029)88242885　88201467　　　　邮　　编　710071
网　　址　www.xduph.com　　　　　　　　电子邮箱　xdupfxb001@163.com
经　　销　新华书店
印刷单位　陕西天意印务有限责任公司
版　　次　2015 年 3 月第 1 版　　2020 年 12 月第 3 次印刷
开　　本　787 毫米×1092 毫米　1/16　　　印　　张　17
字　　数　405 千字
印　　数　6001～9000 册
定　　价　35.00 元
ISBN 978 - 7 - 5606 - 3557 - 6 / C
XDUP 3849001-3

前　言

广为流传着这样一个笑话：

有一个人请了甲、乙、丙、丁四个人吃饭，临近吃饭的时间，丁却迟迟未来。这个人着急了，一句话就顺口而出："该来的怎么还不来？"甲听到这话，不高兴了："看来我是不该来的？"于是就告辞了。这个人很后悔自己说错了话，连忙对乙、丙解释说："不该走的怎么走了？"乙心想："原来该走的是我。"于是也走了。这时候，丙对他说"你真不会说话，把客人都气走了。"那人辩解说："我说的又不是他们。"丙一听，心想："这里只剩我一个人了，原来是说我啊！"也生气地走了。可见，不善于沟通的人是不会有朋友的。

沟通作为一个重要的人际交往技巧，在日常生活中的运用非常广泛，影响也非常大。可以说，人际矛盾产生的原因，大多数都可归于沟通不畅。

沟通能力是一个人必须具备的重要能力之一，正如美国石油大王洛克菲勒所说："假如人际沟通能力同糖或咖啡一样也是商品的话，我愿意付出比太阳底下任何东西都贵的价格购买这种能力。"

一个人只有能够与他人准确、及时地沟通，才能建立起牢固的、长久的人际关系，进而才能使自己在事业上如虎添翼、左右逢源，最终取得成功。因此，加强当代大学生的人际沟通能力，使之能够随时有效地与"人"进行沟通显得尤为重要和迫切。这既是新时代对大学生这种能力的呼唤和要求，也是大学生实现自我人生价值的有效手段之一。鉴于此，我们不揣浅薄，编写了本书。

本书是反映高职教育教学改革最新理念的创新型实用教材，是项目课程开发的一次有益尝试，也是大连职业技术学院深化高职教育改革，开发任务驱动型高职教材的成功范例。本书融时代性、实用性、趣味性和可操作性于一体，深入浅出，翔实具体，主要内容包括认识人际沟通、语言沟通、非语言沟通、沟通技能、沟通工具、沟通应用和行业沟通等七个方面。本书将其分为七大任务。每一项任务由任务目标、案例导入、知识储备、实践训练、自主学习等几部分构成，便于学生在练中学，在学中练，学与练有机结合，不断提升人际沟通能力。

本书可作为高职高专院校、应用型本科院校以及各类成人院校各专业学生人际沟通课程的教材，也可作为提高大学生基本素质的自我训练手册，同时也可作为各界人士提高人际沟通水平的优秀读物。

本书由张岩松、王允主编。具体分工如下：张岩松编写任务 1、任务 4 中的 4.2 节、任务 6 中的 6.2 和 6.3 节；王允编写任务 2、任务 3、任务 5 和任务 7；孟顺英、董丽萍、王芳、何子谦、郑瑞新、樊桂林、高琳、蔡颖颖、孙新宇、李健、赵静、潘丽、张铭、穆秀英、刘桂华、陈百君、刘志敏、王艳洁编写任务 4 中的 4.1 节和任务 6 中的 6.1 节。全书由张岩松统稿。

本书在编写过程中，参考了大量文献，有些材料来自互联网，在此向各位作者表示衷心的感谢。本书的出版得到了西安电子科技大学出版社的大力支持与帮助，在此一并致谢。

因编者水平有限，不足之处，在所难免，敬请读者批评指正。

编 者
2014 年 5 月

目　　录

任务 1　认识人际沟通 1
　　任务目标 1
　　案例导入 1
　　知识储备 2
　　　　1.1　沟通 2
　　　　1.2　人际沟通 9
　　实践训练 29
　　自主学习 35
　　案例分析 37
任务 2　语言沟通 44
　　任务目标 44
　　案例导入 44
　　知识储备 44
　　　　2.1　有声语言的特性与要求 44
　　　　2.2　语言沟通的基本原则 46
　　　　2.3　语言沟通技巧 51
　　　　2.4　提高声音质量 59
　　实践训练 62
　　自主学习 63
　　案例分析 63
任务 3　非语言沟通 65
　　任务目标 65
　　案例导入 65
　　知识储备 65
　　　　3.1　语言沟通和非语言沟通的区别 65
　　　　3.2　非语言沟通的作用 66
　　　　3.3　非语言沟通的表现形式 68
　　实践训练 82
　　自主学习 85
　　案例分析 87
任务 4　沟通技能 89
　　任务目标 89
　　案例导入 89
　　知识储备 89

    4.1 倾听 89

    4.2 面谈 95

  实践训练 107

  自主学习 110

  案例分析 111

任务 5 沟通工具 116

  任务目标 116

  案例导入 116

  知识储备 117

    5.1 书面沟通 117

    5.2 电话沟通 132

    5.3 网络沟通 138

  实践训练 145

  自主学习 150

  案例分析 151

任务 6 沟通应用 159

  任务目标 159

  案例导入 159

  知识储备 160

    6.1 职场沟通 160

    6.2 会议沟通 181

    6.3 应聘面试 188

  实践训练 199

  自主学习 202

  案例分析 203

任务 7 行业沟通 208

  任务目标 208

  案例导入 208

  知识储备 209

    7.1 商务应酬 209

    7.2 客户沟通 230

    7.3 护患沟通 245

  实践训练 253

  自主学习 256

  案例分析 258

参考文献 264

任务 1

认识人际沟通

【任务目标】

● 了解沟通的目标与类型；
● 把握沟通的原则，并能在沟通中加以运用；
● 熟悉沟通的过程；
● 了解沟通障碍产生的原因并能予以克服。

【案例导入】

王总的一天

王涛是一家公司的总经理，我们现在来看一看他一天的工作。

早晨 8:00 他来到办公室，打开电脑开始处理、收发邮件。

8:30 王涛开始批阅秘书送过来的一些文件，然后开始撰写年度工作报告的提纲。

9:30 王涛浏览了那份地区经理提交的关于改变某项工作流程的备忘录，于是他做好了心理准备，要为这件事召开一次会议。

按照约定，王涛在 10:00 就新招聘员工的相关事宜听取了人力资源部经理小李的汇报。

11:00 王涛亲自去机场迎接来自俄罗斯的客户，并与其共进午餐。

下午 1:30 王涛引导俄罗斯客户去公司参观，并就进一步合作事宜进行了磋商。

下午 3:30 王涛接受了来自《商务时报》记者的采访。

下午 4:30 王涛就与俄罗斯客户合作事宜召集各部门经理召开了一个紧急会议。

……

王涛一天中的上述事情都可称为是一种"沟通"。

(资料来源：黄漫宇. 商务沟通. 机械工业出版社，2006)

问题：对照本书目录，看看王总一天之中的"沟通"各是什么沟通。

【知识储备】

1.1 沟　　通

1. 沟通的内涵

沟通是各种技能中最富有人性化的一种技能。社会就是由人互相沟通所形成的网络。沟通渗透于人们的一切活动之中，人们已经习惯了生活在沟通的汪洋大海中，很难设想，要是没有沟通，人们该怎样生活。美国相关机构曾经对 25 名优秀的管理人员进行调查，发现他们有 76% 的工作时间是用于非正式接触的。在现代信息社会，管理人员对信息的搜索、加工和处理能力已经成为决定其职场竞争力的关键因素。要成为一名优秀的管理人员，必须具备良好的沟通能力。

所谓沟通，就是发送者与接收者之间为了一定目的而运用一定符号所进行的信息传递与交流的过程。沟通过程涉及沟通主体(发送者和接收者)和沟通客体(信息)的关系以及信息发送者为影响接收者而使用的语言或非语言的行为。在沟通过程中，信息以怎样的方式被传送，又如何传递给接收者，接收者如何解读信息，信息最终以怎样的方式被理解，都与沟通过程中主体的语言行为息息相关。具体来说，要正确理解沟通的含义，可以从下述几点来把握：

① 有效的沟通既要传递事实，又要传递发送者的价值观及个人态度。

② 有效的沟通意味着信息不仅被传递，而且还要被理解。

③ 有效的沟通在于双方能准确地理解彼此的意图。

④ 沟通是一个双向动态的反馈过程。这种反馈并非一定要通过语言表现出来，接收者也可以通过其表情、目光、身体姿势等形式将信息反馈给传递者，从而使发送者得知接收者是否接收与理解其所发出的信息，并了解接收者的感受。

2. 沟通的种类

1) 按照沟通的方法划分

按照沟通的方法，沟通可划分为口头沟通、书面沟通、非语言沟通、电子媒介沟通等。各种沟通方式比较如表 1-1 所示。

表 1-1　各种沟通方式比较

沟通方式	举　例	优　点	缺　点
口头	交谈、讲座、讨论会、电话	快速传递、快速反馈、信息量很大	传递中途经的层次愈多信息失真愈严重、核实越困难
书面	报告、备忘录、信件、文件、内部期刊、布告	持久、有形，可以核实	效率低、缺乏反馈
非语言	声/光信号、体态、语调	信息意义十分明确，内涵丰富，含义隐含、灵活	传递距离有限，界限模糊，只能意会，不能言传
电子媒介	传真、闭路电视、计算机网络、电子邮件(E-mail)	快速传递，信息容量大，一份信息可同时传递给多人，廉价	单向传递，电子邮件可以交流，但看不见表情

2) 按照组织系统划分

按照组织系统，沟通可分为正式沟通和非正式沟通。

(1) 正式沟通。正式沟通方式如图 1-1 所示。

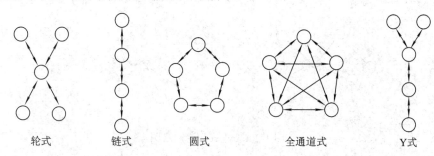

图1-1　正式沟通方式图

轮式沟通。轮式沟通网络在组织中代表一个主管直接管理部属的权威系统。

链式沟通。在链式沟通中，居于两端的人只能与邻近的一个成员联系，居中的人则可分别与邻近的两人沟通信息。

圆式沟通。此形态可以看成是链式形态的一个封闭式控制结构，表示个人之间依次联络和沟通。其中，每个人都可同时与两侧的人沟通信息。

全通道式沟通。这是一个开放式的网络系统，其中每个成员之间都有一定的联系，彼此可随时进行沟通。此沟通方式集中化程度很低。

Y式沟通。在 Y 式沟通中，只有一个成员位于沟通的中心，成为沟通的媒介。在组织中，这一网络大体相当于组织领导、秘书班子再到下级主管人员或一般成员之间的纵向关系。

以上几种正式沟通方式的比较如表 1-2 所示。

表 1-2　各种正式沟通方式的比较

沟通特点	轮式沟通	链式沟通	圆式沟通	全通道型沟通	Y 型沟通
解决问题速度	快	较快	慢	快	中
正确性	高	高	低	中	高
领导者的突出	非常显著	相当显著	不显著	无	中
士气	非常低	低	高	高	中

(2) 非正式沟通。非正式沟通包括以下几种类型：

单线式。单线式的传递方式是通过一连串的人，把信息传播给最终的接受者。

流言式。流言式的传播方式是一个人主动将信息传播给所有与他接触交往的人。

偶然式。偶然式的传播方式是靠偶然的机会来传播信息，有些人未接受到信息，与个人的交际面有关。

集中式。集中式的传播方式是把信息有选择地告诉自己的朋友或有关的人，这是一种藤式的沟通传递。

非正式沟通网络如图 1-2 所示。

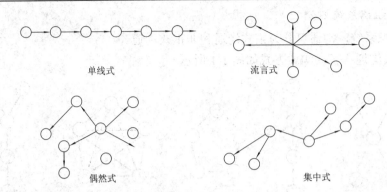

图 1-2 非正式沟通网络图

3) 按照信息传递的方向划分

按照信息传递的方向，沟通可分为下行、上行、平行和斜向沟通。具体内容将在 6.1
节中予以介绍。

4) 按照是否进行反馈划分

按照是否进行反馈，沟通可分为单向沟通和双向沟通。单向沟通和双向沟通的比较如
表 1-3 所示。

表 1-3 单向沟通和双向沟通的比较

	速 度	准确性	传递者	接收者	干 扰	条理性	反 馈
单向沟通	快	低	压力小	无信心	小	有条理	无
双向沟通	慢	高	压力大	有信心	大	无条理	有

3. 沟通的准备与过程

1) 沟通的准备

沟通双方需要交换信息，发送信息之前要确定好发送的方式、发送的内容和发送地点。
为了提高沟通的效率，需做如下准备工作。

(1) 明确沟通目的。凡事预则立，不预则废。在与别人沟通之前，心里一定要有一个
明确的目的，如想得到客户的约见、想在客户心目中留下印象、想使客户对公司的产品感
兴趣等。毫无目的的沟通只能算作闲聊或侃大山，闲聊或侃大山当然也是沟通，也有目的，
如休闲、娱乐等，但这不是有效的工作沟通。

(2) 制定沟通计划。明确了沟通的目的就要制定较为详细的计划，包括怎样与别人沟
通，先说什么，后说什么。如果情况允许，最好列一个表格，把与沟通有关的诸如要达到
的目的、沟通的主题、方式、时间、地点、对象和注意事项等都列举出来。实践证明，计
划制定得越充分，沟通的效果就越好。

(3) 预测可能遇到的异议和争执。俗话说，世界上没有两片完全相同的树叶，自然也
不可能存在两个观点、信念完全相同的人。心心相印的至亲好友之间都会产生大大小小的
分歧，何况在工作中接触的都是同事甚至是陌生人，所以，对于可能出现的异议和争执，
首先要有充分的心理准备，还要根据具体情况对其发生的可能性进行尽可能准确的预测，
这有利于提升沟通的效果。著名的 **SWOT** 分析法从一定程度上明确了沟通所需确认的基本

分析要素，这些要素包括：S—strength(优势)，W—weakness(劣势)，O—opportunity(机会)，T—threat(威胁)。通过对这些要素的分析，可以较为准确地把握沟通双方的优势、劣势，最终设定一个更合理的目标，或者说沟通各方都能够接受的目标。

沟通的主要目标归类情况如表 1-4 所示。

表 1-4 沟通的主要目标归类

功能	取向	目 标	理论及研究焦点
表达感情	感情	增加组织角色的接受程度	满足、冲突、紧张、角色
激励士气	影响	致力于组织目标的达成程度	权力、顺从、期望、行为改变、学习
信息传递	技术	供给决策所需资料的程度	决策、信息处理、决策理论
任务控制	结构	澄清任务及责任明确程度	组织设计

2) 沟通过程

沟通过程是指发送者将信息通过一定的渠道传递给接收者的过程。沟通过程如图 1-3 所示。沟通的具体步骤如下：

第一步，发送者获得某些观点或事实(信息)，并且有传送出去的意向。

第二步，发送者将其观点、事实以言辞来描述或以行动来表示(编码)，力求不使信息失真。

第三步，信息通过某种通道传递。

第四步，接收者由通道接收到信息。

第五步，接收者将获得的信息解码，转化为其主观理解的意思。

第六步，接收者根据自己理解的意思加以判断，以采取不同的反应行为。

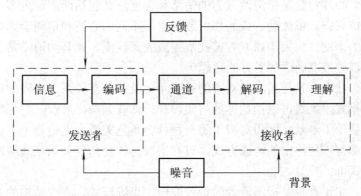

图 1-3 沟通过程模式图

由此可见，一个看起来简单的沟通过程事实上包含着许多环节，每一个环节都有可能产生沟通的障碍，从而影响沟通目的的实现。现在就可以理解，为什么我们每天都有可能遇到一例因沟通而出现的误解、尴尬甚至是矛盾和冲突。

3) 沟通过程中的要素

要想取得沟通的最佳效果，必须首先把握好沟通过程中的要素，这主要包括以下五个方面：

(1) 发送者与接收者。沟通的主体是人，任何形式的信息交流都需要有两个或两个以上的人参加。由于人与人之间的信息交流是一个双向的互动过程，所以，把一个人定义为发送者而把另一人定义为接收者只是相对而言的，这两种身份可能发生转换。在信息交流过程中，发送者的功能是产生、提供用于交流的信息，是沟通的初始者，处于主动地位；而接收者则被告知事实、观点或被迫改变自己的立场、行为等，处于被动地位。发送者和接收者这种相对地位的特点对信息交流的过程有着重要影响。

(2) 编码与解码。编码是发送者将信息转换成可传输信号的过程。解码就是接收者将获得的信号翻译，还原为原来的含义。编码和解码的两个过程是沟通成败的关键。最理想的沟通，应该是经过编码与解码两个过程后接收者形成的信息与发送者发送的信息完全吻合，也就是说，编码与解码完全"对称"。"对称"的前提条件是双方拥有类似的知识、经验、态度、情绪和感情等。如果双方对信息符号及信息内容缺乏共同经验，则容易缺乏共同的语言，那么就无法达到共鸣，从而使编码、解码过程不可避免地出现误差和障碍。

(3) 信息。在沟通过程中，人们只有通过"符号—信息"的联系才能理解信息的真正含义。由于不同的人往往有着不同的"符号—信息"系统，因而接收者的理解有可能与发送者的意图存在偏差。

(4) 通道。通道是发送者把信息传递到接收者那里所借助的媒介物。口头交流的通道是声波，书面交流的通道是纸张，网上交流的通道是互联网，面对面交流的通道是口头语言与身体语言的共同表现。在各种通道中，影响力最大的仍是面对面的原始沟通方式。因为它可以最直接地发出及感受到彼此对信息的态度与情感，因而，即使是在通讯技术高度发达的美国，总统候选人在竞选时也总是不辞辛苦地四处奔波去选民面前演讲。

(5) 背景。背景就是指沟通所面临的总体环境，任何形式的沟通都必然受到各种环境因素的影响。沟通的背景通常包括以下几个方面：

心理背景。心理背景是指沟通双方的情绪和态度。其包括两方面内容：一是沟通者的心情和情绪。或兴奋、或激动、或悲伤、或焦虑，不同的心情和情绪会影响沟通的效果。二是沟通双方的态度。如果沟通双方彼此敌视或关系淡漠，则其沟通常常会由于偏见而出现误差，双方都较难准确理解对方的意思。

社会背景。社会背景是指沟通双方的社会角色及其相互关系。不同的社会角色关系有着不同的沟通模式。上级可以拍拍你的肩头，告诉你要勤奋、敬业，但你绝不能拍拍他的肩头，告诉他要乐于奉献。因为对应于每一种社会角色关系，无论是上下级关系，还是朋友关系，人们都有一种特定的沟通方式，只有采取与社会角色关系相适应的沟通方式，才能得到人们的认可。

文化背景。文化背景是指沟通者的价值取向、思维模式、心理结构的总和。通常人们体会不到文化背景对沟通的影响。实际上，文化背景影响着每一个人的沟通过程，影响着沟通的每一个环节。当不同文化发生碰撞、交融时，人们往往能较明显地发现这种影响。例如，由于文化背景的不同，东西方在沟通方式上存在着较大的差异：东方重礼仪、多委婉，西方重独立、多坦率；东方多自我交流、重心领神会，西方少自我交流、重言谈沟通；东方认为和谐重于说服，西方认为说服重于和谐。这种文化差异使得不同文化背景下的管理人员在沟通时遇到不少困难。

物理背景。物理背景是指沟通发生的场所。特定的物理背景往往造成特定的沟通气氛，如在能容纳千人的大礼堂进行演讲与在自己的办公室高谈阔论，其气氛和沟通过程是大相径庭的。而在嘈杂的市场听到一则小道消息与接到一个电话特意告知你一则小道消息，带给你的感受也是截然不同的，前者显示出的是随意性，而后者体现的却是神秘性。

(6) 噪音。噪音是指妨碍信息沟通的任何因素，噪音存在于沟通过程的各个环节。典型的噪声包括以下几个方面的因素。

一是影响信息发送的噪声：包括表达能力不佳、辞不达意；逻辑混乱、艰深晦涩；知识经验的不足，使解码造成局限；发送者不守信用、形象不佳等。

二是影响信息传递的噪声：包括信息遗失、外界噪音干扰、缺乏现代化的通信工具进行沟通、沟通媒介选择不合理等。

三是影响信息接受和理解的噪声：包括知觉的选择性，使人们习惯于对某一部分信息敏感，而对另一部分信息"麻木不仁"、"充耳不闻"；接收者的选择性理解，他们往往根据自己的理解和需要对信息进行"过滤"，造成信息传递的差异；信息量过于巨大，过犹不及，使接收者无法分清主次，对信息的解码处于抑制状态等。

(7) 反馈。反馈是指将信息返回给发送者，并对信息是否被接受和理解进行核实，它是沟通过程的最后一个环节。通过反馈，信息交流变成一种双向的动态过程，双方才能真正把握沟通的有效性。如果反馈显示接收者接收到并理解了信息的内容，这种反馈称为正反馈，反之则称为负反馈。反馈可以检验信息传递的程度、速度和质量。获得反馈的方式有很多种，如直接向接收者提问，或者观察接收者的面部表情，都可获得其对传递信息的反馈。但只借助观察来获得反馈还不能确保沟通的效果，将观察接收者与直接提问法相结合才能够获得更为可靠、完整的反馈信息。

4. 有效沟通的条件

(1) 高情商是有效沟通的先决条件。

长久以来，智商一直被视为是事业和生活成功的先决条件，后来人们发现仅凭高智商是远远不够的，事业的发展和生活的幸福，情商在其中扮演着重要的角色。在美国，曾有人追踪过哈佛大学一些学生在中年的成就，从薪水、生产力、社会地位等诸多方面的考察来看，发现在校考试成绩高的并不见得社会成就就高。就一个 40 岁左右的中年人来说，智商与其当时的社会地位有一定的关系，但影响更大的是处理挫折、控制情绪、与人相处的能力。在社会中生存，每个人都必须面对各种纷繁复杂的关系网，情商高低决定了人一生的走向，与外界沟通的程度也主要取决于人的情商。社会交际能力较差，不大"会来事"的人，常常感到活得很累，他们活没少干，力没少费，苦没少吃，却有时事与愿违，得不偿失。纵使他们获得了足够的成功机会，最后也可能因不会交际而错失机会，功败垂成。因此，沟通能力的优劣可以决定一个人的成功与否，情商又决定沟通能力的优劣。要提高沟通能力，首先要提高情商。

(2) 良好的文化素养是有效沟通的前提。

沟通的信息是包罗万象的。沟通中，我们不仅在传递信息，而且还在表达情感，提出意见，要想有效地与人沟通，就必须具备一定的文化素养。沟通手段的运用，社交礼仪的展现，言语表达的技巧，处理问题在"度"上的把握，都是一个人综合素质的体现。美国著名汉学家约翰·塞维斯在一篇刊登在《洛杉矶时报》的纪念文章中，是这样描写周恩来总理给人的印象的："凡是见过周恩来的人，没有谁会忘记他。他精神饱满，富于魅力，长相漂亮，这是原因之一。他给人的第一印象是他的眼睛。浓密的黑眉毛下边有一双炯炯有神的眼睛，在凝神看着你。你会感觉到他在全神贯注地看你，会记住你和他说过的话。这是一种使人立即感到亲切的罕见的天赋。1941 年在重庆第一次会见他时，我的感觉就是这样。在重庆和延安的那些日子里，同他谈话，每次都是思想智慧的交锋，愉快得很。他文雅、和蔼、机警而不紧张，不会使人提心吊胆，幽默而不挖苦人或说话带刺，他能非常迅速地领会你的想法，但从来不在你表达遇到困难时表示不耐烦，他自己思想敏捷而不耍花招，他言行如行云流水而不夸夸其谈，他总是愿意开门见山地谈问题，而又总设法寻找共同的见解。他在设法使我们趋向赞同他对中国和世界事务的看法，他自己对这些看法是深信不疑的。但是他这样做，靠的是冷静的说理、清晰温和的措辞、广博的历史知识和对世界的了解及深入掌握的事实和细节。"文化素质修养决定着一个人的行为方式，决定着一个人的沟通能力的高低。

(3) 语言表达能力是有效沟通的重要基础。

人际沟通主要是通过语言来进行的，语言表达能力和技巧直接影响着人际沟通的效果。提高语言表达能力首先要培养自己的语感。语感是指人对语言的感知和反应能力，也叫语言的触发功夫。语感强的人具有很强的语言感知能力和语言感应能力，前者是指当一连串的线性结构的语言通过听觉或视觉传入自己大脑的时候，能否迅速而准确地领会其含义和情味；后者是指当某种事物或事件呈现在眼前，或某种意念产生于脑海时，能快捷地找到准确而生动的词语，并进行语言的编码，将其连贯有序地表达出来。清末的梁启超有一次到武昌讲学，拜访当时的湖广总督张之洞。张之洞自恃位厚爵显、才高学富，想难为他一番，便出了个上联，让他对答："四水江第一，四时夏第二，先生居江夏，谁是第一？谁是第二？"这个问题很难回答，江淮河汉四水，长江排第一；春夏秋冬四季，夏天为第二。你梁启超来到我坐镇江夏的张总督管辖的地盘里来了，谁居首位呢？梁启超自然听出了对方的倨傲之势，却又不好说自己居于对方之上。该怎么说呢？他稍加思索，便对出了下联："三教儒在先，三才人在后，小子本儒人，何敢在前？何敢居后？"如今人们日常沟通交谈，很少是出题作诗对对联了，但这种对于语言的感知和反应如此之迅捷、简洁的能力，确实是一个人十分重要而又非常实用的本领。

提高语言表达能力还要注意语言表达的简洁精炼，这是说话的基本功，它体现出说话人分析问题的快捷和深刻，是其认识能力和思维能力的高超表现。它能使听者在较短时间内获得较多的有用信息，有助于博得对方的好感，也是说话人果断性格的表现。要做到这一点，头脑里必须储存一定量的材料，并且临场交流时能选用恰当的词语表达思想，思路清晰，层次分明。

提高语言表达能力还要注意语言表达的生动形象。生动形象是语言魅力的基本要素，能增强语言的感染力，吸引听众的注意力。人要善于运用各种修辞方法，把深刻的道理寓于具体的事实中，使之通俗易懂。语言的幽默风趣能使你到处受欢迎，幽默其实也是一种智慧，是人的内在气质在语言运用中的外显。在人际沟通时，幽默能活跃气氛，化解尴尬。

此外，委婉含蓄这一语言技巧在交际中的作用是很大的，是人际交往的缓冲术。在自我表露时，可绕过一些难于直言的内容，在拒绝对方的要求、表达与对方不同的意见或批评对方时，可以维护对方的自尊，留以面子。

1.2 人际沟通

1. 人际沟通的基本内涵

所谓人际沟通，就是指人与人之间进行信息传递和情感交流的过程。通过人际沟通，人们彼此交流思想、观点、情感、态度和意见，从而达到交流信息、调节情绪、增进友谊、加强团结的目的。在现代社会中，人际沟通的广度和深度不仅是人们生活质量的重要体现，而且也是组织沟通、团队沟通的前提和基础。可以说，有效的管理沟通都是通过有效的人际沟通来实现的。

实际上，人际沟通的内涵是涵盖广泛、错综复杂的，但它的最基本内涵却只涉及内容和关系两个方面。所谓内容，是指人际沟通中的信息。所谓关系，是指沟通双方在互动中所建立的相互联系。两者紧密相连，不可分割，共同构成人际沟通内涵的基本框架，使每个沟通均包含着一定的内容和所确定的相应关系。因此，研究人际沟通的规律，从剖析、理解、处理其内容与关系之间的内在联系入手，是十分重要的。

(1) 内容与关系对人际沟通的作用和影响。

通常，任何一个欲交流的信息都是携带着相应的内容和一定的关系在传、受双方之间进行沟通的，它的效果和稳定状况如何，自始至终与其内容和关系的相互作用及彼此影响密切相关。事实上，同样的沟通内容因有不同的关系水平，以致产生不同的沟通效果。反之，同样的关系水平也可有不同的沟通内容，但却可以维持相对稳定的沟通。如在某医院病房工作的护士甲和护士乙，一天护士甲向护士乙说："请与我一道给病人送药好吗？"显然，从该信息的关系层面来看，甲向乙提出这个请求，是处在与乙平等的地位出发的，表明两人的关系为对等状态，因而易被乙接受，与甲共同为病人送药。以后，若甲维持与乙的这种对等关系，那么无论请求与乙一道为病人做什么(注射、导尿、灌肠、测血压等)均可得到相应的合作。倘若甲对乙的说法变为："你想与我一起给病人送药吗？"这时尽管两种说法的内容信息均为"一起给病人送药"，但后一种说法所显示的甲、乙两人之间的关系是呈互补状态的，所处的地位也存在着一定的差异，于是甲的要求易被乙拒绝，结果难以达到"一起为病人送药"的目的。可见，指导、帮助沟通双方正确处理彼此之间的关系，合理利用内容沟通与关系沟通的相互作用和正面影响，对客观认识人际沟通规律，掌握其规范、运作技巧是大有裨益的。

(2) 内容和关系之间的实质性。

所谓人际沟通，实质上就是要沟通双方建立真正的相互关系。因此，紧扣人际沟通的真实含义，以建立关系为主线，揭开表象，剖析事实，克服偏见，反复实践，是学会沟通的有效途径。具体来说，应做到：① 确保沟通双方首先获得对方的好感，尽可能避免背逆接收者的感情来说话。客观根据人类的气质特点(如对好友的说话洗耳恭听，对讨厌者的说话逆反排斥等)，使沟通的对方在充满善意或好感的认知基础上，开展友好的、有效的人际沟通。② 积极建立关系、融洽感情，努力使沟通双方能自觉为对方着想，以良好的人际关系增进友谊，加强信任，弥补过失，消除误解，切实保障人际沟通的正常运转。③ 从内容和关系的双重角度，来加深对信息的正确理解。即通过在沟通双方之间构建可靠的关系，进而影响对内容的理解和认同。

2. 人际沟通的特点

由于人是有思想、有感情的高级动物，所以人际沟通与其他形式的沟通相比，具有下述特点。

(1) 沟通双方都是交流活动的积极参与者。沟通双方积极参与交流，其前提在于人际沟通的双方都有共同的动机。在人际沟通过程中，每一个参加者都是积极的主体——人。双方之间的沟通是一个相互作用的互动过程。

(2) 人际沟通受到人际关系的影响。俗话说"酒逢知己千杯少，话不投机半句多"，人际沟通总是在一定的人际关系下进行的，人际关系的状况直接影响人际沟通的深度、广度，影响着人际交流的方向。这个特点在中国文化背景下显得尤为突出，中国俗语所说的："逢人只说三分话，未可全抛一片心"，说的就是人际关系对人际沟通的影响。

(3) 人际沟通会出现障碍。人际沟通过程中，沟通双方的社会文化因素和心理因素，包括沟通双方的社会地位、文化水平、风俗习惯和社会传统以及个人的需要、动机、情绪、兴趣、价值观、个性、经验与知识结构等，都会造成人际沟通的障碍，产生信息的过滤和曲解，从而妨碍人际沟通的正常进行，这是人际沟通过程中特有的一种现象。

(4) 人际沟通的主要工具是语言。除了书面语言之外，人际沟通还经常通过口头语言来进行。在口头沟通过程中，除了语言符号系统外，语音、语调、停顿、重音以及语速等辅助语言符号系统也会传递大量的信息和丰富的情感，同时，表情、姿态、手势等非语言符号系统在沟通过程中也起到很大的作用，因此，在口头沟通时，常常会出现言外之意和弦外之音。

(5) 人际沟通信息传递迅速，交流形式与内容随意性较大。人际交流是人与人之间直接的信息传递，中间不经过第三者，因此信息传递速度比较快，信息传递的数量受限制较少。特别是当人际沟通只限于两人之间时，其传递效果往往是比较好的。但是人际沟通也有另一方面的特点，就是人际沟通的形式与内容随意性较大，双方可以根据具体情景对人际沟通的形式和内容进行调整和改变，如果人际沟通的链条过长，其信息传递效果呈明显下降趋势。据有关研究显示，第一个信息传播者将信息传递给第二个人时，信息量只有原来的70%，第二个人将信息传递给第三个人时，信息量只有原来的55%，第三个人将信息传递给第四个人时，信息量只有原来的30%。

3. 人际沟通的作用

人际沟通除包括信息的传递外，还包括情感、思想、知识和经验等多方面的交流，它对于改善人际关系、调整和转变人的行为都具有十分重要的意义和作用。具体来说，人际沟通的作用主要表现在下述几个方面。

(1) 人际沟通有助于增长知识，开阔视野，丰富经验。在人际沟通过程中，个体可从对方那里吸取对自己工作、学习和生活有意义、有价值的知识与经验，以别人的长处弥补自己的不足，借鉴别人的优势来改变自己的劣势，学习他人的成功经验，吸取他人的失败教训，以此扩充自己的知识积累，更好地提高自己对环境的适应能力。

(2) 人际沟通有助于改善人际关系。有效的人际沟通可以把沟通双方的思想、感情、信息进行充分的、全方位的交换，从而达到增加共识、增进了解、联络感情的效果，有效地改善人际关系。世界上最美的东西就是人与人之间的情感联结,而人与人之间的情感联结就是通过人际沟通来实现的。沟通的过程使积极的情感体验加深,使消极的情感体验减弱,从而使人际关系不断得以改善。

(3) 人际沟通有助于自我定位。唐太宗说:"以铜为镜,可正衣冠;以古为镜,可知兴替;以人为鉴,可明得失。"这句话道出了人际沟通有助于认识自我和进行自我定位的作用和功能。因为,人在与他人的沟通过程中理解了别人的同时,也认识了别人眼中的自己。人们从他人对自己的反映、态度和评价中,发现自己的长处和短处,找到自己恰当的社会位置,为自我的设计、发展、完善创造了有利条件。离开了人际沟通,人就永远无法客观地认识他人,也无法真正地了解自己。

(4) 人际沟通有助于心理健康。沟通与交往是人类最基本的社会需要之一。根据美国管理学家马斯洛的需求层次理论,每个人都有归属和社交的需要,通过彼此间的相互沟通和交往,可以诉说各人的喜怒哀乐,这样就增进了成员之间思想和情感的交流,促使其产生依恋之情。人际沟通有助于人的心理健康,正如有人所说的那样,当我们快乐时,把我们的快乐告诉自己的朋友,会使快乐加倍;当我们痛苦时,把我们的痛苦告诉自己的朋友,会使我们的痛苦减半。

(5) 人际沟通有助于提高团队的效率。人际沟通是组织管理的基础,离开了人际沟通,管理功能的发挥以及管理目标的实现是不可能的。良好的人际沟通能够把各人的知识、专长和经验融合在一起,更好地与他人合作,从而构建一个高效的工作团队,取得事业的成功。

通用汽车公司(GM)是全球最大的汽车公司,其核心汽车业务及子公司遍及全球,共拥有 325 000 名员工。1981 年杰克·韦尔奇接任总裁后,认为公司管理得太多,而领导得太少,"工人对自己的工作比老板清楚得多,经理们最好不要横加干涉"。为此,他实行了"全员决策"制度,使那些平时没有机会互相交流的职工、中层管理人员都能出席决策讨论会。杰克·韦尔奇开展的"全员决策",消除了公司中官僚主义的弊端,减少了繁琐程序。实行"全员决策"后,通用公司在经济不景气的情况下取得了巨大成功。杰克·韦尔奇本人被誉为全美最优秀的企业家之一。当企业的运行或管理出现了新问题,管理者与被管理者以及管理者与管理者、被管理者与被管理者之间必须通过良好有效的商务交流,才能找准症结,通过分析、讨论、决策,及时将管理问题解决。

(资料来源:莫林虎. 商务交流. 北京:中国人民大学出版社,2008)

4. 人际沟通的基本原则

人们在社会生活中进行人际沟通和人际交往时,不仅要有良好的、正当的动机,遵循普遍的社会道德规范,而且还需要采取正确的方法并遵循一定的原则。

1) 尊重原则

人人都有自尊心,都有受人尊重的需要,都期望得到别人的认可、注意和欣赏。这种需要的满足会增强人的自信心和上进心,反之则会使人失去自信,产生自卑,甚至影响其人际交往。因此,在沟通中首先要遵循相互尊重的原则。尊重性原则要求沟通者讲究言行举止的礼貌,尊重对方的人格和自尊心,尊重对方的思想感情和言行方式。这里既包括要善于运用相应的礼貌用语，如称呼语、迎候语、致谢语、致歉语、告别语、介绍语等；也包括遣词造句的谦恭得体、恰如其分，如多用委婉征询的语气；还包括平易近人、亲切自然的态度。当然，对对方的尊重不仅仅表现在沟通形式上，更表现在沟通中所交流的信息和思想观念上，就是要把对方放在平等的地位上，以诚相待，摈弃偏见，讲真话。

尊重是不分对象的，学会善待每一个人，有时你会得到意外的收获。福斯米德先生受命为公司新落成的办公楼采购 320 台空调机。他下决心要把这件事办好，一定要让领导满意。经过充分考虑，他决定在确定供货商之前，进行一次充分的调查。除了考察价格和质量之处，他认为还应该考虑供货方的售后服务情况。因为售后服务在成交之前只能靠对方的承诺来判断，可是仅凭承诺不足以规避风险。他要寻找一家真正关心顾客利益的销售商，对于那些只做一锤子买卖、对顾客的利益漠不关心的销售商，坚决不与他们合作。

福斯米德先生开始走访那些空调专卖店和综合电器商场。他隐瞒了自己的身份。闭口不提购买空调机的事情。他一家一家地推开那些商店的门，当那些满脸笑容的店员问他是否要购买空调机的时候，他就立即告诉他们说："不，我只是想为家里那台空调机配一个空调罩。不知你们是否能够卖给我一个？"

他发现在听了他的话之后，几乎所有的人都立即将脸上的笑容冷却下来，他们对这种小买卖没有丝毫的兴趣，福斯米德对他们的态度变化，早有心理准备。

后来，他只好扩大自己的走访范围。他在一家规模稍小的空调商店受到了自始至终的欢迎。那家商店的店员并没有表现出不耐烦，他们很热情地向他推荐了各种款式的空调罩，供他选择。几天之后，福斯米德把这笔巨额订单交给了那家愿意卖给他空调罩的商店，并允许商店在两个月之内把 320 台空调机分三批送到他们公司。对于那家商店，他们仅仅是因为对一位只是想购买一个空调罩的顾客热情相待，而意外地获得了一个巨额订单。

尊重每一个来访的人，是这家商店赢得福斯米德先生信任的秘诀。这是一个再简单不过的秘诀，但是世界上 90%的人，却忽视了其中的道理。

（资料来源：张韬，施春华，尹凤芝. 沟通与演讲. 北京：清华大学出版社，2005）

2) 简洁原则

针对简洁原则，宝洁公司所做的规定是，交高级经理审阅的文件每份不得超过两页。良好的人际沟通是追求简洁的，主张用最少的文字传递大量的信息。无论对谁，沟通简洁都是一个基本点。每一个人的时间和精力都是有价值的，没有人喜欢不必要的繁琐交谈、没完没了又毫无结果的会议。

3) 理解原则

理解原则就是要求沟通者要善于换位思考，要站在对方的处境上设身处地考虑，体会对方的心理状态与感受，这样才能产生与对方趋向一致的共同语言。同时还要耐心、仔细地倾听对方的意见，准确领会对方的观点、依据、意图和要求，这既可以表现出对对方的尊重和重视，也可更加深入地理解对方。

正如《圣经·箴言》中写道："掌握理解的人是幸福的/善于理解的人/卖掉的是银子/得到的是比金子还珍贵的东西/理解比宝石还要宝贵/上帝用智慧构成了大地的基础/以理

解奠定天柱。"沟通不仅是信息的传递，更是对信息的理解和把握，准确地理解信息的意义才是良好的沟通。理解又是人际沟通的润滑剂，凡事一旦被理解就顺畅了。我们说"理解万岁"，懂得理解的人，他的沟通能力一定强，到处都受欢迎。

一家电梯公司与某酒店订有维修合同。酒店经理不愿让电梯一次停两个小时以上，因为这样将会给客人造成不便，但这次维修起码需要 8 小时。电梯公司的代表给酒店总经理打了电话，不过他并没有开口在时间上讨价还价，而是说："我知道你们酒店生意很好。不愿让电梯停太长时间，这样会给客人带来不方便，我理解你的忧虑，我们一定尽力使你满意。可是我们检查后发现需要大修理，否则将会带来更大的损坏，那样电梯可能得停更长时间了。我想你更不愿给客人造成几天的不便吧。"最后经理同意停 8 个小时，这较停几天更可取一些。正是因为对经理方便客人的立场表示理解，才能够说服经理接受他的主张，还没有引起经理的不悦。

(资料来源：张韬，施春华，尹凤芝. 沟通与演讲. 北京：清华大学出版社，2005)

4）宽容原则

人际沟通的双方要心胸开阔、宽宏大量，把原则性和灵活性结合起来，只要不是原则性的重大问题，应力求以谦恭容忍、豁达超然的风度来对待各种分歧、误会和矛盾，以诙谐幽默、委婉劝导等与人为善的方式，来缓解紧张气氛、消除隔阂。事实证明，人际沟通中心胸开阔、态度宽容、谦让得体、诱导得法，会使沟通更加顺畅并赢得对方的配合与尊重。

贝聿铭是著名的华裔建筑设计师。在一次正式的宴会中，他遇到过这样一件事：当时宴会嘉宾云集，在他邻桌坐着一位美国百万富翁。在宴会中这个百万富翁一直在喋喋不休地抱怨："现在建筑师不行，都是蒙钱的，他们老骗我，根本没有水准。我要建一个正方形的房子，很简单嘛，可是他们做不出来，他们不能满足我的要求，都是骗钱的。"贝聿铭听到后，他的风度非常好，没有直接地反驳这位百万富翁，他问："那你提出的是什么要求呢？"百万富翁回答："我要求这个房子是正方形的，房子的四面墙全朝南！"贝聿铭面带微笑地说："我就是一个建筑设计师，你提出的这个要求我可以满足，但是我建出来的这个房子你一定不敢住。"这个百万富翁说："不可能，你只要能建出来，我肯定住。"贝聿铭说："好，那我告诉你我的建筑方案，是建在北极。在北极的极点上建这座房子，因为在极点上，所以各个方向都是朝南的。"

(资料来源：space.goiee.com/html/36/2436-77427.html)

5）准确原则

良好的人际沟通是以准确为基础的。所谓准确，是指沟通所用的符号和传递方式能被接收者正确理解。在沟通中典型的不准确信息有：数据不足，资料解释错误，对关键因素无知，存在没有意识到的偏见以及对信息的夸张等。如果传递的信息不准确、不真实，不仅会给沟通造成极大的障碍，而且还会失去对方的信任和理解。因此，为了保证沟通的准确性，在信息收集过程中应注意选择可靠的信息来源，用准确的语言或精确的数字客观地记录原始信息；在信息加工过程中，应采用科学的方法，尽可能排除人为因素(如加工者的主观偏见、智力或技术水平的不足)对信息内容及其价值的客观性的干扰。

6) 及时性原则

坚持沟通的及时性原则，就是要求在信息传递和交流过程中一定要注意信息的时效性，既要注重传递信息的主要内容，又要注意传递信息产生与发生作用的时间范围及条件，做到信息及时传递、及时反馈，这样才能使信息不因时间问题而失真。

7) 坦诚原则

坦诚就是以诚相待。"精诚所至，金石为开。""诚"的核心是为人处世讲究忠诚老实、光明磊落。要做到说话办事实事求是，襟怀要坦荡，不隐瞒自己的思想观点，有什么讲什么，是非分明，在与人相处中敢于坚持真理，伸张正义，主持公正，言而有信，遵守诺言，实现诺言，说到做到。

日本企业之神、著名国际化电器企业松下电器公司的创始人松下幸之助有句名言："伟大的事业需要一颗真诚的心与人沟通。"松下幸之助正是凭借这种真诚的人际沟通艺术，驾轻就熟于各种职业、身份、地位的客户之中，赢得了他人的信赖、尊重和敬仰，使松下电器成为全球电器行业的巨人。

有人做过一个统计，从描述人品的词语中选出你认为最重要的几个，真诚被排在了第一位。崇尚真诚是时代的主旋律。真诚既然是人心所向，在沟通中我们就应该坚持它。沟通最基本的心理保证是安全感，没有安全感的沟通交往是难以发展的，只有抱着真诚的态度与人沟通，才会得到意想不到的效果，一个人尽管不善言辞，但有真诚就足够了，没有什么比真诚更能打动人。

记得在西方经济萧条时期，有个女孩子好不容易找了份工作，在一家首饰店做销售员。一天早晨清扫时，她不小心打翻了首饰盒，六枚戒指只找回了五枚。这时她发现有位男青年匆匆向门口走去，女孩凭直觉断定准是他捡走了，因为早晨商店里人很少。女孩子赶上去叫住了他，很真诚地说到："你知道现在工作很难找，这是我的第一份工作，家里还有母亲等我赡养。"男青年顿了一会儿，跟她握了一下手(戒指在手里)，说："祝你好运！"女孩子用真诚打动了他。

(资料来源：张韬，施春华，尹凤芝. 沟通与演讲. 北京：清华大学出版社，2005)

8) 谦虚原则

谦虚是我国的传统美德，也是搞好人际关系的一条重要法则。在与人沟通交往时，切不可自以为是，认为自己比别人强，摆出一副高高在上、盛气凌人的面孔，否则，不仅得不到别人的好感，而且也很难与他人合作共事。

9) 灵活多变原则

人际关系是一个复杂的系统，沟通与交往的形式和方法也要以变应变，需对不同的人和事采取不同的对待方法。为人处世无定法，不能信守教条，要具体问题具体分析，灵活多变，讲究策略。

10) 渐进原则

人际交往一般都有一个逐步发展的过程，即初交、常交和深交三个阶段。在三个不同的交往阶段里，应该把握不同的交往尺度。在初交阶段，常常有些拘谨、别扭等不自然的感觉。此时要注意消除不安、紧张和胆怯情绪，也要注意不能无休止地说个没完没了，防止初次交往就给人留下不好的印象。进入常交阶段后，随着交往的增多和友谊的增长，应注意观察和了解对方的情况，特别是性格、兴趣和爱好方面的情况，寻找和发现双方的共同点、共鸣点，加固友谊的基础。到了深交阶段，双方感情在长期接触中深化发展了，双方有了深厚的友谊。一旦有了这种友谊，应该加倍珍惜。

11) 互动原则

沟通是互动的，不是一方的事，需要双方共同参与。有传递有反馈，有说有听，才会有双方意见的交流，在来来回回互动中达成共识。那么，如何实现互动呢？共享说话权利是互动的前提。在与人交谈时口齿伶俐固然是件好事，但是用之过度，独自一人滔滔不绝地大发议论，可就不识趣了。谈话是不该一个人唱独角戏的，每个人都有表现的本能欲望。所以共同支配时间对沟通尤为重要，尽可能要长话短说，言简意赅。给别人时间，听听他人的高见，既是对对方的尊重，也会让你有所收获。克林顿就说过，他在倾听别人时能学到很多东西。还有在交流时，别尽谈论你自己，更不可自我吹嘘，这种炫耀会影响你的形象，必要的神秘感反而会增加你的魅力。

沟通从"你"开始。不要尽谈论自己，尤其在众人聚会的场合里，最糟的莫过于将所有话题集中在自己身上。只要场合及语法恰当，尽可能用"你"做每个句子的开头。这样会立刻抓住听者的注意力，同时能得到他人正面的回应。

要想得到对方的反馈，需要有一定策略。罗斯福的方式很简单，就是在与人接触的前一个晚上，花点时间研究一下客人的背景，于是一见面，共同的话题就源源不断，谈话自然让对方兴趣盎然。在这种氛围中，沟通就能更顺畅。

将自己的愿望变成对方的，就能达到双赢。威森为一家画室推销草图，他经常去拜访一位著名的服装设计师，设计师从不拒绝接见，但也从来不买他的东西。威森一次次失败后，改变了思路。他把未完成的草图，带到买主的办公室。"如果您愿意的话，希望你帮我一个小忙，"他说："这是一些尚未完成的草图，能否请你告诉我，我们应该如何把它们完成才能对你有所帮助？"这位买主默默看了那些草图一会儿，然后说："把这些草图留在我这儿几天，然后再回来见我。"三天以后威森又去了，获得了他的某些建议，取了草图回到画室，按照买主的意思把它们修饰完成。结果呢？全部被接受了。

5. 人际沟通的影响因素

人际沟通是一个连续、动态的变化过程，始终受到沟通者生理、心理和社会等多重因素的影响。因此，正确认识这些复杂的因素及其对人际沟通产生的各种影响作用，对激发沟通动力，扫除沟通障碍具有积极的意义。这些影响因素主要是：

1) 移情效应

所谓移情，是指沟通者从对方的角度来感受、理解和分享其感情的过程。它是人际沟通的一个最重要的影响因素，对沟通双方取得理解可发挥关键作用。实际上，站在对方角度理解对方，并及时向对方表达这种理解，既是移情的具体表现，又是有效人际沟通的基本前提，应当引起我们在沟通时的重视和应用。

2) 信任程度

人际沟通效果还取决于沟通双方的信任程度。在现实生活中，凡是自己信任的人所传送的信息就比其他渠道来源的信息容易被相信和认同。这种对沟通者的信任程度，主要与对方的权威性、信誉、领导才华、语言魅力以及目的一致性(即判断是否与自己的目的和价值观存在一致)等因素有关。

3) 控制能力

这是指一个人引导和确定与沟通对象的某种人际关系的支配力度,它所建立的关系包括互补关系、对称关系和平等关系三种。一是在互补关系中,由于沟通双方地位不平等,一方常以支配方式要求一方顺从,显然,此时支配方的控制能力最强。二是在对称关系中,沟通双方因地位平等,导致以竞争方式争夺控制权,结果是谁也不能控制谁,两者的控制能力呈动态平衡状。三是在平等关系中,沟通双方的控制能力介于上述两种关系之间,任何一方能否取得控制地位,须机动灵活地根据当时的沟通状况来确定。

4) 自我显示

在人际沟通过程中,自我显示是沟通者有意地向他人叙述自己真实情况的一种沟通行为,它有利于深入了解沟通双方,逐渐促进和发展两者的人际关系,常以主动性、有意性、真实性和独特性等特点,来影响人际沟通的效果。

5) 沟通者状况

沟通者状况主要是指沟通者自身所造成的影响因素。

(1) 生理因素。如沟通者过度疲劳、身患疾病或聋哑、失语等,均可直接妨碍人际沟通。

(2) 情绪因素。由于情绪是一种具有感染力的感情因素,因而它对沟通的有效性可产生直接影响。一般轻松愉快的情绪,能增强一个人的沟通能力。而紧张忧虑的情绪,可干扰一个人传递或接收信息的本能。故护士应注意保持平和、良好的情绪,对护患之间的有效沟通是尤为必要的。

(3) 智力因素。若沟通双方接受教育程度、知识水平、使用语言和对事物的理解等均存在明显差异,则会造成明显的沟通障碍。

(4) 性格因素。通常,内向性格的人因经常独思单处,孤身只影,与其他人沟通的动机薄弱,则不善于人际沟通;但其有时可与少数知心人建立稳定、有效的沟通渠道,从而形成深厚的情感和友谊。外向性格的人由于机敏活泼,乐于表现,与其他人沟通的动机强烈,往往善于沟通,并易获得社会信息和在公共社交场合中产生较大的影响,但其沟通程度并不一定都很深。

(5) 感觉和态度因素。沟通时,传送者因需保密或对接收者缺乏信任而将信息删掉、更改或保留,常可导致接收者对所传信息拒收或无法理解,造成沟通困难。其次,当沟通双方因生活经验、社会阅历、价值观念、理解方式存在较大差别时,往往会对传送的信息难以形成准确、恰当的共识,进而使沟通无法继续进行。

6. 人际沟通的障碍

人际沟通的过程也就是人与人之间的信息沟通、思想感情交流和行为互动的过程。在现代社会中,人际沟通范围的不断扩大,人际沟通频率的不断增加,人际沟通水准的不断提高,使得人际沟通的障碍因素也比以往更复杂。分析和研究人际沟通的障碍因素,对于调节人们的沟通行为,搬掉沟通过程中的"绊脚石",克服障碍,具有重要意义。

1) 心理障碍

人际沟通中有很多因素会成为人际沟通的障碍。在这些障碍中,表现最为突出的是人际间的心理障碍。人的兴趣、态度、情绪、思想、性格、价值等因人而异，这些差异使人们在沟通中很容易带上主观成分，自觉不自觉地用自己的观点对信息加以"过滤"，从而有意无意地使信息发生歪曲，给人际沟通造成不同程度的危害。

（1）知觉障碍。

人际沟通中，我们认知对象时，经常会出现不同的心理障碍，最常见的有第一印象、晕轮效应和刻板印象。

① 第一印象。心理学家做过这样一个试验，让被试者看两种性格类型：

性格 A：聪明—勤奋—易冲动—爱批评—顽固—妒嫉心强。

性格 B：妒嫉心强—顽固—爱批评—易冲动—聪明—勤奋。

试验结果表明，人们对性格 A 有好印象。其实性格 A 和性格 B 的内容完全一样，只是顺序不同罢了。这表明：当不同信息结合在一起时，我们总是倾向于前面的信息，而忽视后面的信息；即使人们同样也注意后面的信息，但却会认为后面的信息是非"本质的"、"偶然的"。这就是第一印象作用的缘故。所谓第一印象，是指在人际沟通中，人们对第一次经历的事件，往往留下深刻的印象，成为一种心理定势而难以改变。

第一印象是有层次的。当人们在商店受到某个营业员的热情服务时，他所得到的第一印象不仅是对这个营业员的印象，还包括对整个商店的印象。当人们千挑万选地购回一台洗衣机，刚一使用就发现有毛病时，他对这台洗衣机这一品牌型号、这一生产厂家的不良印象也许就再也无法挽回了。第一印象有层次性、广泛性、拖延性，因此难免以偏概全，妨碍人们准确地、全面地认识事物。当然，第一印象也不是不能改变的。随着人与人相互交往的加深，还可以修正第一印象，最后给予对方以客观的、公正的评价。

② 晕轮效应。所谓晕轮效应，是指从对象的某种特征推及对象的总体特征，从而产生美化或丑化对象印象的这样一种心理定势。称之为"晕轮效应"是因为它像月晕一样，会在真实的现象面前产生一个更大的假象：人们隔着云雾看月时，在月亮外面有时还能看到一个光环，但这个光环是虚幻的，只是月亮的光通过云层中的冰晶所折射出的光现象，事实上并不存在这样一个物质的、真实的光环。晕轮效应也和第一印象一样普遍。人们走进礼品店，选购的往往是包装精美、价格偏高的礼品。因为精美的包装、偏高的价格往往使人产生晕轮效应，认为里面的东西会像精美的包装一样好，会和偏高的价格相一致。在公共交往的人际关系中，名片越印越精致、花式品种越来越多，于是出现了所谓"名片效应"，有些人甚至对它产生了迷信，这其实是晕轮效应的典型范例。

晕轮效应是一种以偏概全的主观心理臆测，其错误在于：第一，它容易抓住事物的个别特征，习惯以个别推及一般，就像盲人摸象一样，以一点代替全面。第二，它把并无内在联系的一些个性或外貌特征，联系在一起，断言这种特征必然会有另一种特例。第三，它说好就全面肯定，说坏就整体加以否定，这是一种受主观心理影响很大的认识障碍。

③ 刻板印象。所谓刻板印象，是指在人际沟通中，人们对某个群体或事物形成的一种概括而固定的看法。生活在同一地域和同一文化背景中的人们，常常表现出许多的相似性，如同一个民族和国家的人有着大致相同的风俗习惯。职业、年龄、性别、党派一样的人，在思想、行为等方面也都较为接近。例如：商人大多是较为精明的；知识分子一般是文质彬彬的；山东人直爽、乐于助人，而上海人灵活、善于应酬等。以上这些相似的特点被概括地反映到人们的认识当中，并被固定化，便产生了刻板印象。

刻板印象一旦形成，具有非常高的稳定性，很难被改变。即使碰到与其相反的事实出现，人们也倾向于坚持它，而去否定或"修改"事实。刻板印象具有一定的消极作用，它使人们的认识僵化和停滞，阻碍人们接近新事物、开拓新视野。持有刻板印象的人在判断他人时，习惯把群体所具有的特征都附加到他身上，常常导致过度概括的错误。显然，知识分子未必一个个都文质彬彬，上海人也不见得个个都善于应酬。

(2) 心理品质障碍。

心理品质障碍包括自卑心理、害羞心理、嫉妒心理等。

① 自卑心理。自卑是指个人由于某些生理或心理缺陷及其他原因(如智力、记忆力、判断力、气质、性格、技能等欠佳)而产生的轻视自己，认为自己在某个方面或几个方面不如他人的心理。具有自卑心理的人往往缺乏自信，自己看轻自己，在交往活动中想象成功的体验少，想象失败的体验多。这种情绪与权威、长者、名人交往时，表现更为突出。自卑是一种消极的心理状态，它在人与人交往中起着严重的阻碍作用，往往使沟通双方难于形成一种平等的对话，进而影响彼此真情实感的交流。严重者会失去交往的愿望，成为一个孤独者。

自卑心理一般表现为一种自我否定的心理定势，包括对自身的否定和对社会组织的否定，认为自己样样比不过别人，自暴自弃，不能正确地评估、判定自己所代表的社会组织，对人际沟通的期望值很低，把需要沟通的对象限定在狭小的范围里，以与熟悉的公众交往为满足，而不想去开辟新的交往渠道，建立新的交往空间，扩充新的公众队伍。

形成自卑心理的原因是多方面的。从主观方面讲，有两个原因：一是自己的期望值不高，把自己的交往局限在小圈子里，行动上畏缩不前，当遇到新的交往情境时，总是害怕失败，担心遭到别人的耻笑和拒绝；二是某些生理上的短处容易导致自卑，如患有残疾、长相不佳等。从客观方面讲，家庭背景、社会地位较低也易导致自卑，四处碰壁，挫伤了积极性，而产生自卑心理。

怎样克服自卑心理呢？一要正确认识、恰当评论自己和组织的优势，树立自己代表社会组织所特有的自豪感和自信心。要善于发现自己的长处，肯定自己的成绩，不要把别人看得十全十美，把自己看得一无是处，应认识到他人有不足；经常回忆那些经过努力做成功的事情，对一些做得不好的事情进行自我暗示——不要紧，别人也不见得就能做好，自己再努力一把也许就把事情做好了。另外，注意发现他人对自己好的评价。每个人总是以他人为镜子来认识自己的，不会所有的人都对自己做较低的评价，了解自己的人总是有的，关键是要自己去捕捉，将捕捉到的好的评价作为自我评价系数，以增强自信心，克服自卑。二要塑造自己坚强的性格。一个人被自卑心理所困扰，丧失进取心，通常与其性格怯懦、意志薄弱有关，而那些自信心强、勇于进取的人，往往性格比较开朗、大胆，意志坚强。对于已露出自卑苗头的人来说，要注意通过锻炼、自我教育等方法，培养自己坚强的性格，增强性格的独立性，摆脱人们尤其是权威人士对自己的成见，使自己在交往中日益成熟起来。三要积极诱发沟通对象给予必要的反馈信息，从反馈中体验成功。

② 害羞心理。害羞是常见的心理障碍之一。虽然未必人人都像古诗中说的那样，"千呼万唤始出来，犹抱琵琶半遮面"，但对初涉人际沟通领域的人来说，害羞是家常便饭。这种心理会产生腼腆的感觉，感到紧张不安，忸忸怩怩，丧失认识公众的良机。

为什么会害羞呢？从心理学角度分析，有三个方面的原因：一是认识性害羞。这是由于人们认识自己时过分注重"自我"，总是担心和怀疑自己的言行是否得到别人的承认，生怕自己的言行不对而被人耻笑。这种心理状态加上缺乏临场经验，就使得一些人在人际沟通中、特别是在自己不熟悉的环境中往往表现出害羞胆怯。二是挫折性害羞。有的人以前并不害羞，他们活泼、开朗、善于交际，但由于种种主客观原因，连遭挫折，结果变得害羞、胆怯、消极被动。三是气质性害羞。害羞还与个人的气质类型有关。一般来说，属于内向性格和抑郁气质的人，较多地出现害羞。

怎样克服害羞心理呢？一要多一些自信心。一个人一旦失去了自信，他便在沟通中显得手足无措。因此，要克服害羞心理，就要找回丢掉的自信心。在沟通中，即使遇到比自己强的人，也不要缩手缩脚，不敢将自己的能量释放出来。尺有所短，寸有所长，你的长处可能正是别人的短处。如果你能对自己有一个全面客观的评价，提高自信心，你就会在公众面前落落大方、潇洒自如。二要锻炼解决复杂问题的能力。怕沟通，主要是怕缺乏处理棘手问题的能力。因此，不妨主动地寻求外部刺激，鼓起勇气，向自己提出挑战，敢说第一句话，敢于迈出第一步，在沟通实践中发展自己的交往技能，把可交往的沟通对象视为自己的重要工作对象。当迈出第一步后，你就会感到这道障碍不过如此，很容易超越。三要注意成功的积累。要善于从小事做起，总结成功的经验。哪怕是小小的成功，对克服害羞心理也是十分有益的。为此，要不断分析、总结以往沟通工作的经验教训，挖掘出富有积极意义的正面材料，激发交往成功的愉快体验，从而强化自身的沟通意识，增强沟通的勇气和信心。四要做好沟通前的充分准备。人在沟通过程中，自己说什么、做什么等社交行为没有构成简明清晰的思路，导致焦虑、恐慌随之产生。克服的根本办法是：准备充分，不断收集社会组织与公众两方面的信息；在沟通过程开始之前，将如何开场、如何发问、发问的具体内容、解决的核心问题、可能出现的障碍、解决的办法等一系列问题，在心里预演一遍，直至滚瓜烂熟、如数家珍；另外，与陌生人接触以前，可以阅读有关材料，听介绍，看影片、录像等，这样"知己知彼"，与公众交谈时就会踏实、自然、轻松自如、情绪稳定、侃侃而谈了。

③ 嫉妒心理。古人把嫉妒这一消极心理状态视若"灾星"。嫉妒古已有之，"既生瑜，何生亮"的故事就是突出的一则。三国时期，周瑜面对诸葛亮的足智多谋和超人的军事才能，没有把嫉妒之情化为自己奋起的雄心，而是将熊熊的烈火喷射出来，伤害他人，屡屡失策，终于在"既生瑜，何生亮"的悲鸣中倒下，断送了自己的宏伟业绩。简单地说，嫉妒心理就是当个人的愿望得不到满足时对造成这种不满足的原因的一种怨恨行为。嫉妒心理是社交的大敌，它打击别人，贻误自己，腐蚀风气，以损人开始，以害己告终。由于嫉妒心理的作祟，一定范围内的人际关系可能因此而失去和谐，变得紧张起来。

在人际沟通过程中，嫉妒心理主要表现在三个方面：一是嫉妒他人利益上的满足；二是嫉妒他人各方面的进步；三是嫉妒他人的独创与改革。在嫉妒心理作用下，唯恐对方超过自己，因此，采用消极保守的方法对待对方，人为地阻止了相互间交往关系的发展。

怎样克服嫉妒心理呢？一要心胸开阔。加强个人思想品质的修养，驱除以自我为中心的团体主义和个人主义，努力使自己成为胸怀宽阔、心底无私的人，"大度能容天下难容之事"，显现出具有"大家风度"的社交风范，以胸阔之海淹没嫉妒之舟。二要端正认识。嫉妒心理的产生常常是因为一种错误的认识造成的，即：你取得了成绩，便是说明我没有成绩；你成功了便是对我的威胁、对我利益的侵占。要注意摒弃这一不良认识。三要学会比较。善于从比较中学习别人的长处，从而克服自己的短处，而不是以己之长比人之短。四要自我反省。嫉妒时常在我们不知不觉中产生，故时常反省一下，看看自己是否染上不良情绪，是大有好处的。如果你能够意识到自己在嫉妒，你就会控制或消除这种处于萌芽状态的情绪了。

2）文化障碍

文化障碍是人们由于言语谈话、举止行为、风俗习惯等不同，在相互沟通时所产生的各种分歧和冲突。随着世界性市场的形成，人们在沟通中十分重视文化因素，因为正如美国的《公共关系手册》所指出的那样："对外关系的交恶，十有八九不是出于利益的冲突，而是语言文化、传统等方面的隔阂。"文化障碍包括如下方面：

（1）语言障碍。

人与人之间的信息沟通主要是借助语言来进行的(包括口头语言和书面语言)，而语言只是作为交流思想的工具，它并不是思想本身，它只是用以表达思想的符号系统。由于人们的语言修养不同、表达能力不同，对同一种思想观念或事物，有的表达得很清楚，有的表达得不清楚。同样，对同一组信息，有人听后马上理解了，有人听来听去不知其所以然；有人听后做这样的解释，有人听后又做那样的解释。用语言、特别是用各种不同的语言或者文字表达思想、表达事物，往往产生听不懂、曲解或断章取义的现象，形成语言障碍。例如：一位非洲国家的朋友来到中国民航的一家宾馆，用法语要求住一个单间客房，并说"我是部长"。我们的服务员只懂几句常用的法语，对"我是部长"这一关键的词语不熟悉，因而闹得很不愉快。可见，不同国度、不同民族之间的沟通会遇到语言上的障碍。实际上，在同一国度里的同一民族，因地区的不同造成语音、语义的不同，也往往使人备尝语音、语言不通之苦。侯宝林老师说的相声中有过这样的描述：外地人到上海理发店理发，理发师说"要不要打一打"(理发、剪头的意思)，把顾客弄得莫名其妙，从而闹出笑话。

第二次世界大战后期，日本的败局已定。1945 年的 7 月 26 日《波茨坦公告》发表，日本当局一看盟方提出的投降条件比他们原先想象得要宽大得多，便高兴地决定把公告分发各报刊登载。7 月 28 日铃木首相接见新闻界人士，在会上公开表示他将"mokusatsu"同盟国的最后通牒。可惜这个词选得太不好了。首相原意是说他的内阁准备对最后通牒"予以考虑"，可是这个词还有一个意思，就是"置之不理"。事也凑巧，日本的对外广播机构恰恰选中了这个词的第二个意思并译成对应的英语词语"take no notice of"。此条消息一经播出，全世界都听到了日本已拒绝考虑最后通牒，而不是正在考虑接受。消息播出后，美方认为日本拒绝公告要求，便决定予以惩罚。

8 月 6 日，美军在广岛投下了威力巨大的原子弹。这真是一场灾难性差错——导致数万生灵涂炭！

（资料来源：http://khgtjq.zjtie.edu.cn/content/detail.php?cid=150）

要克服语言障碍，必须注意"三忌"：一忌夸夸其谈。不分对象、不分场合的夸夸其谈，极易造成语言障碍。二忌涉及敏感话题。对男士不问收入，对女士不问年龄。向公众提出敏感话题，极易造成对方的不快，甚至中止交谈。三忌一知半解。特别是外国语，日本前首相森喜朗的英语就说得不好，结果在接见来访的美国前总统克林顿时闹出了笑话。

森喜朗与克林顿相见，他马上向克林顿问好："How are you？"(你好！)，结果由于他蹩脚的发音说成了"Who are you?"(你是谁？)克林顿不禁一愣，以为这是森喜朗的幽默，就也幽他一默说："I'm Hilary's husband."(我是希拉里的丈夫)，哪里知道森喜朗的英语听力也同样不行，他不假思索地回答到："Me too."(我也是)，真是南辕北辙，令人大跌眼镜。对外语有的人不懂得词语的背景和使用场合，随便拿来就用，造成误解。例如：法国巴黎某服装店在门口用英文写道"Have a fit"(请进来大发脾气)，其实，他不过是想请顾客进店试穿一下，但由于他不懂英语短语的特殊用法，生造了"Have a fit"这样的词句，就变成"大发脾气"了。

(2) 观念障碍。

观念属于思想范畴，由一定的经验和知识积累演化而成，是一定社会条件下，人们接受、信奉并用以指导自己行动的理论和观点。不同年龄、不同阅历、不同社会背景的人，会有不同的观念，这种观念上的差异会成为他们之间沟通的障碍。例如：青年人认为老年人保守僵化，老年人认为青年人幼稚轻浮；售货员认为自己的职业是"伺候"顾客、低人三分，顾客认为拿钱买货理应被"伺候"。

怎样克服观念障碍呢？一要了解他人的思想观念，正视分歧，然后再设法加强沟通，改变公众的思想观念；二要从自身角度消除一些消极的跟不上时代潮流的旧的思想观念，如封闭观念、极端观念等；三要克服思想僵化、固步自封的毛病，善于接纳进步的新观念；四要多站在沟通对象的立场上考虑问题，如要消除组织公共关系人员在与公众沟通时报喜不报忧、夸大成绩、缩小缺点、维护组织利益的偏狭观念，就可开展"假如我是一名公众"的活动，通过角色互换来消除双方的交往障碍。

(3) 习俗障碍。

习俗即风俗习惯，是在一定文化历史背景下形成的具有固定特别的调整人际关系的社会因素，如礼节方式、审美传统等。习俗世代相传，是经过长期重复出现而约定俗成的习惯法，虽然不具有法律的强制力，但对人们的行为和思想有相当大的约束和影响作用，不可忽视。

忽视习俗因素往往会造成误解，导致沟通失败，甚至会使沟通对象大受伤害，再也不愿发生往来。曾有这样一件事：一天，六位外国海员来北京某饭店用餐。海员们好胃口，豪饮之际，那一盘盘端上来的菜肴如风卷残云般，被一扫而空。唯有那条大黄鱼，只吃了上面的一半，下面的一半却没动。笑盈盈的服务员小姐见此情景，便热情地拿起公筷，把鱼翻了过来。想不到这几位海员勃然大怒，把筷子一摔，离席而去，这位服务员小姐一片好心，为什么反而触怒了海员呢？原来，海员长年在海上工作，最担心的是翻船，而把鱼翻个身，"翻"这个动作是他们最忌讳的。"忌讳"也是风俗习惯的一个部分。

怎样克服习俗障碍呢？一要知俗。在与各类沟通对象，尤其是同外国人打交道、推销产品时，要注意了解他们的社会文化环境，了解其民情风俗、生活习惯、兴趣爱好、忌讳、节日等，掌握沟通对象的这些信息，使自己成为适应不同风俗的行家里手。二要随俗。当与沟通对象，特别是外地、外国人交往时，要尊重服从其特有的风俗习惯，做到入乡随俗，切不可把自己的习俗作为通行标准，强加于人。入乡随俗是对沟通对象的尊重，一定会赢得其好感的。

(4) 文化程度障碍。

沟通双方的受教育程度、经验水平、文化素质和文明程度差距过大，信息接收者对信息的内涵不理解或不接受，也会造成沟通障碍。

有一个秀才去买柴，他对卖柴的人说："荷薪者过来！"卖柴的人听不懂"荷薪者(担柴的人)"三个字，但是听得懂"过来"两个字，于是把柴担到秀才面前。秀才问他："其价如何？"卖柴的人听不太懂这句话，但是听得懂"价"这个字，于是告诉秀才价钱。秀才接着说："外实而内虚，烟多而焰少，请损之。(你的木柴质量不好，燃烧起来会浓烟多而火焰小，请减些价钱吧。)"卖柴的人因为听不懂秀才的话，于是担着柴就走了。

(资料来源：莫林虎. 商务交流. 北京：中国人民大学出版社，2008)

3) 社会障碍

社会系统方面的沟通障碍因素很多，这里主要探讨一下空间距离、组织结构和社会角色障碍，因为其在诸多社会系统方面的交往障碍因素中是最主要的。

(1) 空间距离障碍。

发送者与接收者空间距离过远、中间环节过多，就有可能使信息失真或被歪曲；传递工具不灵，通讯设备落后，造成接收者不了解或无法了解信息内容中包含的事实；信息在传递过程中还会受到自然界各种物理噪音的干扰，更加重了沟通障碍。

怎样消除空间距离障碍呢？一要缩短距离。一方面从缩短物理距离入手，尽可能地与沟通对象面对面地沟通，从而减少空间距离障碍；另一方面从心理距离入手，运用各种媒介，表达情意，打动沟通对象，如有的企业公关人员每到新年或客户过生日时都寄贺卡，以示祝贺，这就缩短了双方的心理距离。二要改善信息交流工具，实现信息传递的现代化。随着社会的发展，人们会不断改善交流工具，开辟新的沟通渠道，如对讲机、声像电话、录音邮件、各种信息机构的建立以及航空、航海、铁路、公路交通事业的发展，为人们进行远距离交往提供了方便。

(2) 组织结构障碍。

组织结构障碍主要表现在以下几个方面。

① 传递层次过多造成信息失真。让我们看一个有名的故事：据说历史上某部队一次命令传递的过程是这样的：

——少校对值班军官：今晚8点左右，哈雷彗星将可能在这个地区出现，这种彗星每隔76年才能看见一次。命令所有士兵穿野战服在操场上集合，我将向他们解释这一罕见的现象。如果下雨就在礼堂集合，我会给他们放一部关于彗星的影片。

——值班军官对上尉：根据少校的命令，今晚8点，76年出现一次的哈雷彗星将在操场上空出现。如果下雨，就让士兵穿着野战服列队前往礼堂，这一罕见现象将在那里出现。

——上尉对中尉：根据少校的命令，今晚8点，非凡的哈雷彗星将身穿野战服在礼堂出现。如果操场上有雨，少校将下达另一个命令，这种命令每隔76年才出现一次。

——中尉对上士：今晚8点，少校将带着哈雷彗星在礼堂出现，这是每隔76年才有的事。如果下雨，少校将命令彗星穿上野战服到操场上去。

——上士对士兵：在今晚8点下雨的时候，著名的76岁的哈雷彗星将军将在少校的陪同下，身着野战服，开着他那"彗星"牌汽车，经过操场前往礼堂。

经过五次传递，少校的命令已经变得面目全非，信息失真率达到90%以上。同理，如果组织结构庞杂、内部层次过多，每经过一个层次，往往都会产生差异，使信息失真或流失，积累起来，便会对沟通效果带来很大影响。

② 沟通渠道单一，造成信息量不足。这种沟通中的组织障碍主要是指信息的传递基本上是单向的——上请下达。组织结构的单一便于从下往上提建议、商讨问题，但送到决策层的信息量明显不足。

③ 机构臃肿造成沟通缓慢。市场竞争要求组织迅速决策，迅速占领市场，而机构臃肿却造成组织与沟通对象沟通慢，极不适应市场经济的要求。消除组织结构方面的沟通障碍，对于形成健康的社会舆论和风尚具有重要作用。我们应从自身做起，从每件小事做起，为消除组织结构方面的障碍做出脚踏实地的努力。

(3) 社会角色障碍。

这包括社会地位不同造成的障碍、社会角色不同造成的障碍、年龄差异造成的障碍和性别差异造成的障碍。

① 社会地位不同造成的障碍。居高位、掌实权的人物如果官僚主义作风严重，下属就会敬而远之，由此便阻塞了上下沟通的渠道。克服社会地位障碍的有效方法是发扬民主，干群广泛接触，经常对话，相互听取意见。

② 社会角色不同造成的障碍。在管理过程中，如果管理者不能以平等的态度对待下属和同事，总喜欢用教训人的口吻与下属和同事说话，那么他与下属和同事之间就会产生隔阂，导致管理沟通的障碍。解决的办法是管理者发扬民主作风，对下属和同事要尊重，有事一起商量，共同寻求解决问题的途径，这样才能达到有效沟通。

老板：这项工作到现在都还没有完成！

雇员：我一直都在想办法，只是……

老板：不要强调客观原因，耽误工作造成的损失，从你这月的薪水中扣除！

雇员：是，对不起，老板，我尽快吧。

这里老板借助他的社会地位优势在交流中貌似占据了有利地位，但实际上这次武断专横的交流，使得双方都失去了开诚布公地探讨工作中出现的问题障碍和寻求更佳解决方案的机会。老板最后以扣薪水作为威胁，从完工时效上可能会有一定的督导效果，但从人性化管理的角度看，却大大打击了雇员的积极性和忠诚度，很可能导致这项工作仓促敷衍了事，影响了工作的内在质量和实际效果。

(资料来源：莫林虎. 商务交流. 北京：中国人民大学出版社，2008)

③ 年龄差异造成的障碍。年龄是人的阅历的体现和反映，是时代的年轮和缩影。由于不同年龄的人所处的时代不同、环境不同，这就决定了每个年龄段的人无不带着所处时代的烙印，因此其思想观点、行为习惯甚至世界观也有所差别，这正是人们所说的"代沟"。可以说，不同年龄阶段的人进行沟通时，代沟是人际沟通的主要障碍。

④ 性别差异造成的障碍。由于性别的差异，男性和女性有不同的语言表达方式和习惯。有研究表明：男性通过交谈来强调自己的身份，而女性通过交谈来改善人际关系。也就是说，男性的说和听是一种表达独立意识的行为，而女性的说和听是一种表示亲密的行为。因此，对于许多男性而言，交谈主要是保持个体独立和维持社会等级秩序与身份；而对于许多女性来说，交谈则是为了亲近而进行的活动，女性通过交谈寻求认同和支持。例如，

男性经常会抱怨女性一遍又一遍地谈论她们的困难，女性则批评男性没有耐心听她们说。实际情况是，当男性听女性谈到问题和困难时，他们总是希望通过提供解决方案来表现他们的独立和对问题的控制。相反，女性则将谈论困难看作是拉近彼此距离的一种方法。女性谈到困难是为了获得支持和理解，而不是想听取男性的建议。

7. 人际沟通障碍的克服

尽管在人际沟通中会遇到各种各样的障碍，但只要人们树立正确的沟通理念，采用科学的沟通渠道和方法，就能克服沟通中的障碍，实现有效沟通。具体来说，克服人际沟通障碍的总体策略与技巧主要有以下几种。

(1) 明确沟通目的。沟通双方在沟通之前必须弄清楚沟通的真正目的是什么，动机是什么，要对方理解什么。确定沟通目标，沟通内容就容易理解和规划了。

(2) 保持积极的态度。态度对人的行为具有非常重要的影响。在人际沟通中要尽可能保持乐观、积极、向上的态度，避免消极、悲观的态度，在沟通中保持平和的心态，这样才能达到沟通的预期效果。

(3) 尊重别人的观点和意见。在沟通中，无论自己是否同意对方的意见和观点，都要学会尊重对方，给对方说出意见的权利，同时将自己的观点更有效地与对方进行交换。

(4) 坚持实事求是，以理服人。在人际沟通过程中，不仅说话办事要实事求是，言论行为要符合社会规范，相处交往要体谅他人。与人交往发生矛盾时，最好的办法是避开对方最有力的的攻击，寻找对方薄弱环节，有理有力地进行反击，以理服人。如果与人交往中发现自己确实错了，切不可强词夺理，不妨主动认错，赔礼道歉，这样显得诚恳而又豁达，更易赢得别人的谅解、同情和赞许。

(5) 以情动人。在人际沟通中要善于驾驭自己的感情，根据不同的人、事以及环境、气氛，恰当地、情真意切地表达自己的喜、怒、哀、乐，以打动对方。只有真正的感情才具有力量，才能够感染和打动人。

(6) 正确地运用语言。在人际沟通过程中，语言是必不可少的工具。正确地运用语言，选词造句准确恰当，中心鲜明突出，逻辑思维严密，语言流畅，语气语调依人依事合理选择，恰到好处，就能够保证人际沟通获得更大的成功。

(7) 保持积极健康的心态，进行换位思考。在人际交往过程中，做到"己所不欲，勿施于人"，要经常进行心理换位。同时，还要保持良好的心态，积极主动与他人进行沟通，做到不卑不亢、平等真诚，这样才能避免自卑和自负造成的沟通障碍，赢得他人的尊重。

(8) 用非语言信息打动人。非语言信息往往比语言信息更能打动人。因此，如果你是发送者，你必须确保你发出的非语言信息能够强化语言的作用。如果你是接收者，你则要密切注意对方的非语言信息的提示，以便全面理解对方的意思和情感。

(9) 选择恰当的时间和地点进行沟通。一定要选择对方清醒的时间传递信息，并且传递信息时有张有弛，疏密得当，让接受信息的人感到轻松愉快；在地点上，要尽量减少干扰因素，使沟通双方感到轻松自然。

(10) 针对沟通对象进行沟通。发送者要根据接受者的心理特征、知识背景等状况，调整自己的谈话方式和措辞，要避免以自己的职务、地位、身份为基础去进行沟通。

8. 人际沟通的相互作用分析

1) 相互作用分析的理论基础

相互作用分析的理论是加拿大学者伯恩提出的一种提高人际交往能力和促进信息沟通的方法。这种分析理论认为，个体的个性是由三种比重不同的心理状态构成的，这就是"父母"、"成人"、"儿童"状态。取这三个单词的第一个英文字母 Parent(父母)、Adult(成人)、Child(儿童)，所以简称为人格结构的 PAC 分析。"P-A-C"理论把个人的"自我"划分为"父母"、"成人"、"儿童"三种状态，这三种状态在每个人身上都交互存在，也就是说这三者是构成人类多重天性的三部分。

(1) "父母"状态。"父母"状态以权威和优越感为标志，通常表现为统治、训斥、责骂等家长制作风。当一个人的人格结构中 P 成分占优势时，这种人的行为表现为凭主观印象办事，独断独行，滥用权威，这种人讲起话来总是"你应该……"、"你不能……"，"你必须……"。

(2) "成人"状态。"成人"状态表现为注重事实根据和善于进行客观理智的分析。这种人能从过去存储的经验中，估计各种可能性，然后作出决策。当一个人的人格结构中 A 成分占优势时，这种人的行为表现为：待人接物冷静，慎思明断，尊重别人。这种人讲起话来总是："我个人的想法是……"。

(3) "儿童"状态。"儿童"状态象婴幼儿的冲动，表现为服从和任人摆布。一会儿逗人可爱，一会儿乱发脾气。当一个人的人格结构中 C 成分占优势时，其行为表现为遇事畏缩，感情用事，喜怒无常，不加考虑。这种人讲起话来总是"我猜想……"，"我不知道……"。

2) 人际交往个性中的 P、A、C 比重

每个人的三种心态比重不同，形成了不同的行为特征：

P 高 A 低 C 高——专制幼稚型。此类型人的行为特征为喜怒无常、难于共事、支配欲强，有决断能力，喜听颂歌和被照顾。

P 高 A 低 C 低——专制型。专制型人的行为特征为墨守成规、照章办事，家长作风，不合潮流，养成下属依赖性，如早期工业革命时期的经理。

P 低 A 低 C 高——幼稚型。其行为特征表现为有稚气，用幼稚幻想决策，喜寻求友谊，对人有吸引力，讨人喜欢但是不称职的经理。

P 低 A 高 C 低——正统成人型。此类型人的行为特征表现为客观而重现实，工作刻板、待人较冷漠，只谈公事，不谈私事，难以共事。

P 高 A 高 C 低——父母成人型。此类型人的行为特征表现为易把"父母"心态过渡到"成人"状态，经训练学习和经验积累，是成功的管理者。

P 低 A 高 C 高——为成人与儿童型。此类型的人将"成人"和"儿童"心态结合在一起，是理想的管理者，对人对事都能做好。

父母自我状态、成人自我状态和儿童自我状态这三种状态是一个人在其成长过程中逐步形成而成为心理结构的组成部分的。当人们进行交往时，实质上是这些状态进行相互作用的过程。

3) 相互作用分析的类型

(1) 互应性沟通(A-A 型)。互应性沟通是一种在符合正常人际关系的自然状态下的反

应，也是为人所预期的反应。这时，相互作用是平行的，对话可以很好地进行下去，不会引起矛盾。例如，主管：这任务一星期能完成吗？下属：如果没有其他干扰的话，我想是能够的。

(2) 交叉性沟通(P-C 型)。在沟通中，如果沟通双方不是适当的反应或预期的反应，就可能成为交叉性沟通。这时，沟通角色相互作用是交叉的，这样，信息沟通就会出现矛盾而中断。例如，甲：这工作你怎么做得这样不负责任，你要重做！(PC)乙：你少来指手划脚，你自己管好自己就是了。

(3) 隐含性交流。这是一种最为复杂的交流方式。在隐含性交流中，发送者没有把真正的信息明白地表达出来，而是隐含在另一种社交客套之类的交流之中。例如，科长：张先生(科员)，上面想请你调到山东当分支单位的主管，不过我想你不大适合。科员：你说对了，我想留在机关。

4) PAC 人格结构理论的应用意义

了解 PAC 分析理论，有助于我们在交往中有意识地觉察自己和对方的心理状态，做出互补性或平行性反应，使信息得到畅通的交流。倘能在交往中把自己的情感、思想、举止控制在成人状态，以成人的语调、姿态对待别人，给对方以成人刺激，同时引导对方也进入成人状态，作出成人反应，那就有利于建立互信、互助关系，保持交往关系的持续进行。国外对管理人员进行 PAC 分析理论教育，帮助他们了解人们在相互接触中的心理状态，取得了良好的效果。

9. 人际沟通的风格

在人际沟通过程中，我们依据一个人在沟通过程中的表达方式是直接还是间接，是理性还是感性，以及沟通过程中做决策的速度是非常果断还是需要很长时间，从而把我们在工作和生活中遇到的人分为了随和型、表现型、分析型和支配型四种不同的类型。

感情流露多、做事不果断且慢的人被称为随和型的人。他总是微笑着看着你，但是他说话很慢，表达也很慢。另外一种，感情外露，做事非常果断、直接，热情而有幽默感，活跃、动作非常多，而且动作非常夸张，这样的人属于表现型。有的人在决策的过程中果断性非常弱，感情流露也非常少，说话非常啰嗦，问了许多细节仍然不做决定，这样的人属于分析型。最后一种，感情不外露，但是做事非常果断，总喜欢指挥、命令他人，这样的人属于支配型。

不同人际沟通风格的人具有不同特征，与他们的沟通方式也不同。

随和型的人具有合作、友好、赞同、耐心、轻松、亲切、稳定、不慌不忙、面部表情和蔼、频繁的目光接触、说话慢条斯理、声音轻柔、抑扬顿挫、使用鼓励性的语言、大局为重、以和为贵等特征。

与该类型的人进行沟通的时候，首先要建立好关系，力求创造友善的环境氛围，减少他们的戒心。在同随和型的人沟通的过程中还要注意始终保持面带微笑，和蔼可亲，说话要比较慢，要注意抑扬顿挫，不要给他们压力，要鼓励他们多发表看法，去征求他们的意见。所以，与他们沟通时多提问："您有什么意见？您有什么看法？"再者，沟通过程中要时常注意同他们有频繁的目光接触，每次接触的时间不长，但是频率要高。另外，亲情、友情方面的话题对他们有吸引力。

表现型的人具有热情、冲动、愉快、幽默、外向、直率友好、不注重细节、令人信服、合群、活泼、快速的动作和手势、生动活泼、抑扬顿挫的语调、有说服力、善言辞、善于鼓动气氛等特征。

　　与表现型的人进行沟通的时候，首先，我们的声音一定要洪亮，并且要伴有相应的动作和手势；其次，在沟通的过程中，我们要对表现者给予关注及兴趣，对他们的积极表现要多的加以赞赏。他们讲话时要认真倾听，在打断前对他们的说法要加以肯定；再次，与表现型的人沟通的过程中说话要非常直接；最后，沟通时要多从宏观的角度去说："你看这件事总体上怎么样？最后怎么样？"

　　分析型的人具有精确、慎重、清高、严肃认真、有条不紊、语调单一、真实、沉默寡言、埋头苦干、面部表情少、动作慢、合乎逻辑、语言准确、注意细节、有计划有步骤、喜欢引经据典、喜欢有较大的个人空间等特征。

　　与分析型的人沟通时，首先，沟通前要给他们时间，让他们做准备，因为他们不喜欢仓促行事；其次，要注重细节，遵守时间，尽快切入主题，态度要认真，不要有太多的目光接触，更要避免有太多身体接触；最后，分析型的人一般喜欢书面沟通，与他们沟通时要用准确的语言，如专业术语是他们的爱好，沟通过程中能列举一些具体的数据并配以事实、图表、符号、附件说明等工具会取得更好的效果。

　　支配型的人具有锐利、勇敢、果断、咄咄逼人、指挥人、计划性强、独立、有能力、热情、面部表情比较少、情感不外露、审慎、强调效率、有目光接触、说话快且有说服力、语言直接、注重事实、适应性强及目的性强等特征。与该类型的人沟通时要开门见山，讲话时要直截了当，坚定果断，但要表现出对他们的尊重，其中战略目标、行动计划、进程、解决办法之类的话题更容易引起他们的谈话兴趣。另外，与他们沟通时要有信心并要伴有一定的目光接触，最好身体稍向前倾。鉴于该类型的人计划性及目的性强等特点，沟通时要以解决问题为导向，要注重效率与结果。

10. 人际吸引

　　人们在社会交往中通过相互感知，产生了继续交往的愿望，甚至产生情感等而相互吸引。人际吸引(international attraction)是人与人之间的相互欣赏、接纳和协作。从20世纪30年代开始，美国社会心理学家莫雷诺(Jacob Levy Moreno)等开始关注人际吸引的研究，并提出了人际吸引的影响因素、一般原则、心理过程等相关理论。

1) 影响人际吸引的因素

　　影响人际吸引的因素有很多，主要有相似性、互补性、印象感应、心理感应、能力、人格品质等。相似性主要是指信念、价值观及人格特征、兴趣、爱好、社会背景、地位相似，年龄、经历相似等。互补性主要是指需要互补、社会角色互补、人格某些特征互补。例如，有的人喜欢那些与自己个性品质相反的人，这样可以起到互补的作用，相互满足需要。印象感应主要是指在人际交往中，人们常常以自己固有的世界观、人生观、价值观等去审视交际对象。从心理学的角度来看，印象感应主要包括晕轮效应、刻板效应、情绪效应等。心理感应主要是指交际双方产生的心理共鸣现象和行为。能力主要是指人的能力出众受到对方的信赖或仰慕而产生吸引。人格品质包含的内容十分广泛，不同的人格品质对人际吸引的程度也有所不同，如表1-5所示。

表 1-5　人 格 品 质

最积极品质	中间品质	最消极品质	最积极品质	中间品质	最消极品质
真诚	固执	古怪	热情	羞怯	不可信
诚实	刻板	不友好	善良	天真	恶毒
理解	大胆	敌意	友好	不明朗	虚假
忠诚	谨慎	饶舌	快乐	好动	令人讨厌
真实	易激动	自私	不自私	空想	不老实
可靠	文静	粗鲁	幽默	追求物欲	冷酷
智慧	冲动	自负	负责	反叛	邪恶
可信赖	好斗	贪婪	开朗	孤独	装假
有思想	腼腆	不真诚	信任	依赖别人	说谎
体贴	易动情	不善良			

2) 人际吸引的一般规律

(1) AIDMA 法则与人际吸引。

AIDMA 法则是 1898 年由美国的沟通专家 E·S·刘易斯提出的，其含义为：A(attention)——引起注意；I(interest)——产生兴趣；D(desire)——培养欲望；M(memory)——形成记忆；A(action)——促成行动(如图 1-4 所示)。AIDMA 法则最早应用于广告、营销活动之中，它是一种有效地、动态式地引导人们从认知到行为产生的心理过程。这一过程同样适用于人际吸引。

图 1-4　AIDMA 法则

(2) 人际吸引的一般规律。

人际吸引的规律主要包括：

◆ 接近吸引律，是指交际双方因工作、居住地、兴趣等接近，因此缩小了相互之间的时空距离和心理距离，产生相互吸引。这种接近包括时空接近、兴趣态度接近、职业背景接近。

◆ 互补吸引律，是指当交际 A 方的某种性格、能力不足正好是 B 方所欠缺或需要的，而 B 方的某种性格、能力不足正好也是 A 方所欠缺或需要的，当双方有意愿交往与合作时便产生强烈的吸引力。

◆ 互惠吸引律，是指交际双方在长期的交往过程中由于彼此相互信任、相互尊重、相互帮助等而产生的吸引。它主要包括感情互惠、人格互尊、目标互促、困境互助、过失互谅。

◆ 魅力吸引律，是指一个人在领导力或其他能力、人格魅力、专业特长等某一或某些方面比较突出，引起对方的敬佩或崇拜，产生晕轮效应。

◆ 异性吸引律，是指交际双方虽然性别、个性不同，但能相补相悦，从而相互吸引。

◆ 诱发吸引律，是指由于人的外表等自然因素或人为环境的某一因素而引发的吸引。它包括自然诱发、蓄意诱发、情感诱发等。

【**实践训练**】

1. **测试**

你是一个善于沟通的人吗？通过下面的测试，你会对自己的沟通能力有所把握。

(1) 你刚刚跳槽到一个新单位，面对陌生的环境，你会怎样做？

A. 主动向新同事了解单位的情况，并很快与新同事熟悉起来

B. 先观察一段时间，逐渐接近与自己性格合得来的同事

C. 不在意是否被新同事接受，只在业务上下功夫

(2) 你一个人随着旅游团去旅游，一路上你的表现是怎样的？

A. 既不请人帮忙，也不和人搭话，自己照顾自己

B. 游到兴致处才和别人交谈几句，但也只限于同性

C. 和所有人说笑、谈论，也参与他们的游戏

(3) 因为你在工作中的突出表现，领导想把你调到你从未接触过的岗位，而这个岗位你并不喜欢，你会怎样做？

A. 表明自己的态度，然后听从领导的安排

B. 认为自己做不好，拒绝

C. 欣然接受，有挑战才更有意义

(4) 你与爱人的性格爱好颇为不同，当产生矛盾的时候，你怎么做？

A. 把问题暂且放在一边，寻找你们的共同点

B. 妥协，假意服从爱人

C. 非弄明白谁是谁非不可

(5) 假设你是一个部门的主管，你的下属中有两人因为不合常到你面前互说坏话，你怎样处理？

A. 当着一个下属的面批评另一个下属

B. 列举他们各自的长处，称赞他们，并说明这正是对方说的

C. 表示你不想听他们说这些，让他们回去做事

(6) 你认为对于青春期的子女的教育方式应该是怎样的？

A. 经常发出警告，请老师协助

B. 严加看管，限制交友，监听电话

C. 朋友式对待，把自己的过去讲给孩子听，让他自己判断，并找些书来给他看

(7) 你有一个依赖性很强的朋友，经常打电话与你聊天，当你没有时间陪他的时候，你会怎样做？

A. 问他是否有重要事，如没有，告诉他你现在正忙，回头再打给他

B. 马上告诉他你很忙，不能与他聊天

C. 干脆不接电话

(8) 因为一次小小的失误，在同事间产生了不好的影响，你怎么办？

A. 走人，不再看他们的脸色

B. 保持良好心态，寻找机会挽回影响

C. 自怨自艾，与同事疏远

(9) 有人告诉你某某说过你坏话，你会怎样做？

A. 从此处处提防他，不与他来往

B. 找他理论，同时揭他的短

C. 有则改之，无则加勉，如果觉得他的能力比你强，则主动与他交往

(10) 看到与你同龄的人都已小有成就，而你尚未有骄人业绩，你的心态如何？

A. 人的能力有限，我已做了最大努力，可以说问心无愧了

B. 我没有那样的机遇，否则我也会成功

C. 他们也没有什么真本领，不过是会溜须拍马

(11) 你虽然只是公司的一名普通员工，但你的责任心很强，你如何把自己的意见传达给最高领导？

A. 写一封匿名信给他

B. 借送公文的机会，把你的建议写成报告一起送去

C. 在全体员工大会上提出

(12) 在同学会上，你发现只有你还是个"白丁"，你的情绪会是怎样的？

A. 表面若无其事，实际心情不佳，兴趣全无

B. 并无改变，像来时一样兴致勃勃，甚至和同学谈起自己的宏观计划

C. 一落千丈，只顾自己喝闷酒

(13) 在朋友的生日宴会上，你结识了朋友的同学，当你再次看见他时你会怎样做？

A. 匆匆打个招呼就过去了

B. 一张口就叫出他的名字，并热情地与之交谈

C. 聊了几句，并留下新的联系方式

(14) 你刚被聘为某部门的主管，你知道还有几个人关注着这个职位，上班第一天，你会怎样做？

A. 把问题记在心上，但立即投入工作，并开始认识每一个人

B. 忽略这个问题，让它消失在时间中

C. 个别谈话，以确认关注这个职位的人

(15) 你和小王一同被领导请去吃饭，回来后你会怎样做？

A. 比较隐晦地和小王交流几句

B. 同小王热烈谈论吃饭时的情景

C. 绝口不谈，埋头工作

评分标准：

	(1)	(2)	(3)	(4)	(5)	(6)	(7)	(8)	(9)	(10)	(11)	(12)	(13)	(14)	(15)
A	2	0	1	2	0	1	2	0	1	2	0	1	0	2	1
B	1	1	0	1	2	0	1	2	0	1	2	2	2	1	0
C	0	2	2	0	1	2	0	1	2	0	1	0	1	0	2

结果分析：

0～10 分：在与人沟通方面你还很欠缺，你基本上是个我行我素之人，即使在强调个

性的今天，这也是不可取的。你性格太内向，这使你不能很好地与人沟通。在与人沟通的过程中，内向的性格是你的一大障碍，你应该在认识到自己不足的同时尽量改变这种性格，跳出自己的小圈子，多与人接触，凡事看看别人的做法，这样，你就有希望成为一个受欢迎的人。

11～25 分：你的沟通能力比上不足比下有余，再加把劲儿，就可以游刃有余地与人交流了。你的缺点是，做事求完美，总希望问题能解决得两全其美，而实际是不可能的。不管别人，你就想这样。提高你的沟通能力的法宝是主动出击，这会使你在人际交往中赢得主动权，这样，你的沟通能力自然会迈上一个新的台阶了。

26～30 分：你可以大声地对别人说：与人沟通，我行。因为你知道如何表达自己的情感和思想，能够理解和支持别人，所以，无论是同事还是朋友，上级还是下级，你都能和他们保持良好的关系。但值得注意的是，你不可炫耀自己的这种沟通能力，否则会被人认为你是故意讨好别人，是虚伪的。尤其在不善于与人沟通的人面前，要隐而不要显，以真诚去打动别人，你的好人缘才会维持长久。

(资料来源：张文光. 人际关系与沟通. 北京：机械工业出版社，2009)

2. 游戏

问题解决与沟通

目的：体会沟通的方法有很多，当环境及条件受到限制时，你是怎样去改变自己，用什么方法来解决问题。

形式：将全体学员按 14～16 人一组进行分组。

类型：问题解决方法及沟通。

时间：30 分钟。

材料：摄像机、眼罩及小贴纸。

场地：教室。

操作程序：

(1) 让每位学员戴上眼罩；

(2) 给他们每人一个号，但这个号只有本人知道；

(3) 让小组根据每人的号数，按从小到大的顺序排列出一条直线；

(4) 全过程不能说话，只要有人说话或摘下眼罩，游戏结束；

(5) 全过程录像，并在点评之前方可给学员看。

相关讨论：

(1) 你是用什么方法来通知小组你的位置和号数的？

(2) 沟通中都遇到了什么问题，你是怎么解决这些问题的？

(3) 你觉得还有什么更好的方法？

(资料来源：惠亚爱. 沟通技巧. 北京：人民邮电出版社，2008)

3. 戴尔·卡耐基人际沟通自我评估表

以下是戴尔·卡耐基班可以帮助你培养的主要能力(自信、沟通、人际关系、克服忧虑与压力及领导力)，请你在表 1-6 的项目中，选出适当的数字来评估自我表现的现状。

表1-6 人际沟通自我评估表

问　　题	很差	较低	普通	很高	卓越
我很有自信，因为我：					
(1) 能欣赏自己的优点	[1]	[2]	[3]	[4]	[5]
(2) 做决定时，常有信心	[1]	[2]	[3]	[4]	[5]
(3) 常有积极的态度，常怀"我能做到"的想法	[1]	[2]	[3]	[4]	[5]
(4) 勇于表达自己的想法和意见	[1]	[2]	[3]	[4]	[5]
(5) 常表现出有信心的形象	[1]	[2]	[3]	[4]	[5]
(6) 必要时我愿意接受新挑战	[1]	[2]	[3]	[4]	[5]
我有融洽的人际关系，因为我：					
(1) 即使意见不同，亦能有效地与他人合作	[1]	[2]	[3]	[4]	[5]
(2) 能察觉自己的情绪与行为会影响他人	[1]	[2]	[3]	[4]	[5]
(3) 能有效地解决争议	[1]	[2]	[3]	[4]	[5]
(4) 常真心地对他人表达关怀	[1]	[2]	[3]	[4]	[5]
(5) 有培养信任气氛的能力	[1]	[2]	[3]	[4]	[5]
(6) 常帮助他人增强自信与自尊	[1]	[2]	[3]	[4]	[5]
我有良好的沟通能力，因为我：					
(1) 是一位好的聆听者	[1]	[2]	[3]	[4]	[5]
(2) 能明确而清楚地表达信息	[1]	[2]	[3]	[4]	[5]
(3) 能表现恰当的肢体语言与声调	[1]	[2]	[3]	[4]	[5]
(4) 沟通时常有说服力	[1]	[2]	[3]	[4]	[5]
(5) 能镇定地即席思考与表达	[1]	[2]	[3]	[4]	[5]
(6) 能做好简报与演讲	[1]	[2]	[3]	[4]	[5]
我有能力控制压力与忧虑，因为我：					
(1) 能在混乱中保持冷静	[1]	[2]	[3]	[4]	[5]
(2) 在压力下仍让人乐于亲近	[1]	[2]	[3]	[4]	[5]
(3) 对生活充满乐趣，并拥有安全感	[1]	[2]	[3]	[4]	[5]
(4) 能在冲突时控制愤怒	[1]	[2]	[3]	[4]	[5]
(5) 适应能力强，并非固执强硬	[1]	[2]	[3]	[4]	[5]
(6) 有平衡的生活	[1]	[2]	[3]	[4]	[5]
我有卓越的领导能力，因为我：					
(1) 在扮演不同角色时，有很好的协调能力	[1]	[2]	[3]	[4]	[5]
(2) 能影响他人追求共同的目标	[1]	[2]	[3]	[4]	[5]
(3) 常会辅导他人有更好的表现	[1]	[2]	[3]	[4]	[5]
(4) 能启发并激励他人，而并非驱使他人	[1]	[2]	[3]	[4]	[5]
(5) 被认为是一个认真又容易亲近的人	[1]	[2]	[3]	[4]	[5]
(6) 有效率地主持解决问题的会议	[1]	[2]	[3]	[4]	[5]

(资料来源：卡耐基训练资料；谢玉华，李亚伯. 管理沟通. 大连：东北财经大学出版社，2010)

4. 人际沟通风格测试

请回答表 1-7 中 A、B 两套题。如果左边的描述更接近你实际情况，请给自己 5 分以下；如果接近右边的描述，请给自己 6 分以上。请如实回答，以保证对你自己有更加准确的认识。答完每套题后，将分数相加，得出该套题的总分。

表 1-7　人际沟通风格测试题

A 套(横轴)　　　　　　　　　　　　　　　　　　　　　　　　　　　　总分_____

(1)	面对风险、决定或变化反应迟缓谨慎	1	2	3	4	5	6	7	8	9	10	面对风险、决定或变化反应迅速从容
(2)	与大伙一起讨论时不常主动发言	1	2	3	4	5	6	7	8	9	10	与大伙一起讨论时经常主动发言
(3)	强调要点时不常使用手势及音调的变化	1	2	3	4	5	6	7	8	9	10	强调要点时经常使用手势及音调的变化
(4)	表达时经常使用较委婉的说法，如："根据我的记录……"、"你可能认为……"	1	2	3	4	5	6	7	8	9	10	表达时经常使用强调式的语言，如："就是如此……"、"你应该知道……"
(5)	通过阐述细节内容强调要点	1	2	3	4	5	6	7	8	9	10	通过自信的语调和坚定的体态强调要点
(6)	提问用来检验理解、寻求支持或更多信息	1	2	3	4	5	6	7	8	9	10	提问用来增强语言气势、强调要点或提出异议
(7)	不爱发表意见	1	2	3	4	5	6	7	8	9	10	愿意发表意见
(8)	耐心，愿意与人合作	1	2	3	4	5	6	7	8	9	10	性急，喜欢竞争
(9)	与人交往讲究礼仪，相互配合	1	2	3	4	5	6	7	8	9	10	喜欢挑战，控制局面
(10)	产生意见分歧时，很可能附和他人的观点	1	2	3	4	5	6	7	8	9	10	产生意见分歧时，愿意坚持自己的观点并要辩论出结果
(11)	含蓄，节制	1	2	3	4	5	6	7	8	9	10	坚定，咄咄逼人
(12)	与人初次见面时目光间断性注视对方	1	2	3	4	5	6	7	8	9	10	与人初次见面时目光长久注视对方
(13)	握手时较轻	1	2	3	4	5	6	7	8	9	10	紧紧握手

B 套(纵轴)　　　　　　　　　　　　　　　　　　　　　　　　　　总分_____

	戒　备	1	2	3	4	5	6	7	8	9	10	坦　率
(2)	感情不外露，只在需要别人知道时表露	1	2	3	4	5	6	7	8	9	10	无拘无束地表露，分享感情
(3)	多数时依据事实、证据作出决定	1	2	3	4	5	6	7	8	9	10	多数时根据感觉做出决定
(4)	就事论事，不跑题	1	2	3	4	5	6	7	8	9	10	谈话时不爱专注于一个话题
(5)	讲究正规	1	2	3	4	5	6	7	8	9	10	轻松、热情
(6)	喜欢干事	1	2	3	4	5	6	7	8	9	10	喜欢交友
(7)	讲话时或倾听时表情严肃	1	2	3	4	5	6	7	8	9	10	讲话或倾听时表情丰富
(8)	表达感受时不太给非语言的反馈	1	2	3	4	5	6	7	8	9	10	表达感受时愿意给非语言的反馈
(9)	喜欢听现实的状况、亲身经历和事实	1	2	3	4	5	6	7	8	9	10	喜欢听梦想、远见和概括性信息
(10)	对人和事的应对方法较单一	1	2	3	4	5	6	7	8	9	10	对别人占用自己的时间灵活应对
(11)	在工作、社交场合需要时间去适应	1	2	3	4	5	6	7	8	9	10	在工作或社交场合中适应快
(12)	按计划行事	1	2	3	4	5	6	7	8	9	10	做事随意
(13)	避免身体接触	1	2	3	4	5	6	7	8	9	10	主动做出身体接触

(资料来源：谢玉华，李亚伯. 管理沟通. 大连：东北财经大学出版社，2010)

5. 沟通游戏：找到合适的距离

游戏目的：让游戏者知道沟通应该需要合适的距离；使双方通过沟通确定他们的最佳距离。

游戏人数：10 人。

游戏场地：不限。

游戏时间：30 分钟。

游戏用具：无。

游戏步骤：

(1) 两人一组，让其面对面站着，间隔 2 米。让两个人一起向对方走去，直到其中有一方，如 A，认为是比较合适的距离(即再往前走，他会觉得不舒服)再停下。

(2) 让小组中的另一个，如 B，继续往前走去，直到 A 认为不舒服为止。

(3) 现在每个小组都至少有一个人觉得不舒服，而且事实上，也许两个人都不舒服，因为 B 觉得他侵入了 A 的舒适区，没有人愿意这样。

(4) 现在请所有人回到座位上去，给大家讲解四级自信模式(见后面)。

(5) 将所有的小组重新召集起来，让他们按照刚才的站法站好，然后告诉 A(不舒服的那一位)，现在他们进入自信模式的第一阶段，即很有礼貌地劝他的同伴离开他，例如："请你稍微站远一点好吗？这样让我觉得很不舒服！"注意，要尽可能地礼貌，面带微笑。

(6) 告诉 B 们，他们的任务就是对 A 们笑一笑，然后继续保持那个姿势，原地不动。

(7) A 中现在有很多人已经对他的搭档感到恼火了，他们进入第二级，有礼貌地重申他的界限，例如："很抱歉，但是我确实需要大一点的空间。"

(8) B 仍然微笑不动。

(9) 现在告诉 A 们，他们下面可以自由选择怎么做来达成目的，但是一定要依照四级自信模式，要有原则，但是要控制你的不满，尽量达成沟通和妥协。

(10) 如果你们已经完成了劝服的过程，就回到座位上。

四级自信模式：

第一级：通过有礼貌地提出请求，设定你个人的界限。你可以使用下面的表述："你介意往后退一步吗？""我觉得我们距离有点近。"

第二级：有礼貌地再次重申你的界限或边界。你可以使用下面的表达："很抱歉，我真的需要远一点的距离。"

第三级：描述不尊重你的界限的后果。你可以使用下面的表述："这对我很重要，如果你不能往后退一点，我就不得不离开。"

第四级：实施结果。你可以使用下面的表述："我明白，你选择不接受，正如我刚刚所说的，这意味着我将不得不离开。"

问题讨论：

(1) 当被人跨越到你的区域时，你是否会觉得很不舒服？如果别人不接受你的建议，你会有什么感觉？

(2) 是不是每一组的 B 都退到了让 A 满意的地步，是不是有些是 A 或 B 妥协以后的结果？

(3) 有多少人采用了全部的四级自信模式？有没有人只采用了一级，对方就让步了？有没有人直接使用了第四级或直接转身离开？

培训师语录：

只要大家心平气和地沟通，总会找到双方的合适距离。

人与人之间要保持合适的沟通距离，距离太远，不利于及时沟通和深入沟通；距离太近，会让人产生紧张和压迫感，影响沟通效果。

(资料来源：邹晓春. 沟通能力培训全案. 北京：人民邮电出版社，2008)

【自主学习】

1. 你用马路旁边的公用电话与你的朋友联系，请你说出在这一沟通过程中，沟通的各个要素是什么。

2. 你通过电子邮件联系国外的朋友,请你说出在这一沟通过程中沟通的各个要素是什么。

3. 在沟通遇到障碍时,人们经常提到代沟,请问代沟主要体现在哪些方面?你与家长之间有代沟吗?代沟能不能消除?

4. 请你谈谈晕轮效应与第一印象效应的区别与联系。你在生活中有没有晕轮效应或第一印象效应?请举出具体例子。

5. 阅读以下文字然后回答问题。

黑色幽默

有三个人要被关进监狱三年,监狱长允许他们三个人每人只提一个要求。

美国人爱抽雪茄,要了三箱雪茄。

法国人最浪漫,要一个美丽的女子相伴。

而犹太人说,他要一部与外界沟通的电话。

三年过后,第一个冲出来的是美国人,嘴里鼻孔里塞满了雪茄,大喊道:"给我火,给我火!"原来他忘了要火了。

接着出来的是法国人。只见他手里抱着一个小孩,那个美丽的女子手里搀扶着一个小孩,肚子里还怀着第三个。

最后出来的是一位犹太人,他紧紧握住监狱长的手说:"这三年来我每天与外界联系,我的生意不但没有停顿,反而增长200%,为了表示感谢,我送你一辆劳斯莱斯!"

(资料来源: http://khgtjq.zjtie.edu.cn/content/detail.php?cid=150)

问题:

三个囚犯的不同结果说明了什么?

6. 什么是人际沟通?它有哪些特点?

7. 试述人际沟通的地位和作用。

8. 人际沟通应遵循哪些原则?

9. 就你的组织而言,你认为目前存在着哪些人际沟通问题?应如何解决?

10. 举例说明 PAC 人格结构理论在日常人际沟通中的作用。

11. 请牢记以下人际交往的技巧,并请在交往实践中加以应用。

人际交往的技巧

(1) 对别人真诚地感兴趣。

(2) 给人真心的微笑。

(3) 记住别人的名字。

(4) 做一个好的听者。

(5) 谈论别人感兴趣的事情。

(6) 永远使对方觉得重要。

(7) 避免与对方正面争论。

(8) 不要告诉人家你更聪明。

(9) 如果你错了，就真诚地承认。

(10) 以友善的方式开始。

(11) 使对方立即说"是"。

(12) 使对方多多说话。

(13) 让别人觉得这个想法是他自己的。

(14) 从别人的角度多想想。

(15) 对别人的想法和希望表示同情。

(16) 促使他维护自己的高贵动机。

(17) 把想法戏剧性地表现出来。

(18) 挑起竞争的欲望。

(19) 从正面称赞着手。

(20) 间接提醒别人的错误。

(21) 批评他人前先谈自己的错误。

(22) 征求意见，而不直接下命令。

(23) 让别人保住面子。

(资料来源：[美]戴尔·卡耐基. 人性的弱点. 殷金生，译. 南昌：江西人民出版社，2002)

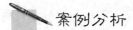 **案例分析**

案例1：杨瑞该怎么办

杨瑞是一个典型的北方姑娘，在她身上可以明显地感受到北方人的热情和直率，她喜欢坦诚，有什么说什么，总是愿意把自己的想法说出来和大家一起讨论。正是因为这个特点，她在上学期间很受老师和同学的欢迎。今年，杨瑞从西安某大学的人力资源管理专业毕业，她认为，经过四年的学习，自己不但掌握了扎实的人力资源管理专业知识，而且具备了较强的人际沟通技能，因此她对自己的未来期望很高。为了实现自己的梦想，她毅然只身去广州求职。

经过一个月的反复投简历和面试，在权衡了多种因素的情况下，杨瑞最终决定去东莞市的一家研究生产食品添加剂的公司。她之所以选择了这家公司是因为该公司规模适中、发展速度很快，最重要的是该公司人力资源管理工作还处于尝试阶段。如果杨瑞加入，她将是人力资源部的第一个人，因此她认为自己施展能力的空间很大，但是到公司实习一个星期后，杨瑞就陷入了困境中。

原来该公司是一个典型的小型家族企业，企业中的关键职位基本上都由老板的亲属担任，其中充满了各种裙带关系。尤其是管理者给杨瑞安排了他的大儿子做杨瑞的临时上级，而这个人主要负责公司的研发工作，根本没有管理理念，更不用说人力资源管理理念，在他的眼里，只有技术最重要，公司只要能赚钱，其他的一切都无所谓。但是杨瑞认为越是这样就越有自己发挥能力的空间，因此在到该公司的第五天，杨瑞拿着自己的建议书走向了直接上级的办公室。

"王经理，我到公司已经快一个星期了，我有一些想法想和您谈谈，您有时间吗？"杨瑞走到经理办公桌前说。

"来来来，小杨，本来早就应该和你谈谈了，只是最近一直扎在实验室里就把这件事忘了。"

"王经理，对于一个企业尤其是处于上升阶段的企业来说，要持续企业的发展必须在管理上狠下功夫。我来公司已经快一个星期了，据我目前的了解，我认为公司主要的问题在于职责界定不清；雇员的自主权力太小致使员工觉得公司对他们缺乏信任；员工薪酬结构和水平的制定随意性较强，缺乏科学合理的基础，因此薪酬的公平性和激励性都较低。"杨瑞按照自己事先所列的提纲开始逐条向王经理叙述。

王经理微微皱了一下眉头说："你说的这些问题我们公司也确实存在，但是你必须承认一个事实——我们公司在赢利，这就说明我们公司目前实行的体制有它的合理性。"

"可是，眼前的发展并不等于将来也可以发展，许多家族企业都是败在管理上。"

"好了，那你有具体的方案吗？"

"目前还没有，这些还只是我的一点想法而已，但是如果得到您的支持，我想方案只是时间的问题。"

"那你先回去做方案，把你的材料放这儿，我先看看然后给你答复。"说完王经理的注意力又回到了研究报告上。

杨瑞此时真切地感受到了不被认可的失落，她似乎已经预测到了自己第一次提建议的结局。

果然，杨瑞的建议书石沉大海，王经理好像完全不记得建议书的事。杨瑞陷入了困惑之中，她不知道自己是应该继续和上级沟通还是干脆放弃这份工作，另找一个发展空间。

(资料来源：http://zhidao.baidu.com/question/31053804.html)

思考与讨论：
(1) 杨瑞沟通失败的原因是什么？
(2) 杨瑞到底应该怎么办？请你帮她出出主意。

案例 2：拿破仑·希尔亲身经历的故事

拿破仑·希尔叙述过这样一个自己的亲身经历：有一天，有位老妇人来到我的办公室，送进来她的名片，并且传话，她一定要见到我本人。我的几位秘书虽然多方试探，却无法诱使她露出她访问的目的及性质。因此，我认为，她一定是位可怜的老妇人，想要向我推销一本书。同时，我想起了母亲，也是一位女人，于是我决定到接待室去，买下她所推销的书；不管是什么书，我都决定买下来。

当我走出我的私人办公室，踏上步道时，这位老妇人——她站在通往会客室的栏杆外面——脸上开始露出了微笑。

我曾经见过许多人微笑，但从未见过有人笑得象这位老妇人这般甜蜜。

这是那种具有感染力的微笑，因为我受到她的精神影响，自己也开始微笑起来。

当我来到栏杆前时，这位老妇人伸出手来和我握手。一般来说，对于初次到我办公室访问的人，我一向不会对他太友善，因为如果我对他表现得太友善了，当他要求我从事我所不愿做的事情时，我将很难加以拒绝。

不过，这位亲切的老妇人看起来如此甜蜜、纯真而无害，因此，我也伸出手去。她开始握住我的手，到这时候，我才发现，她不仅有迷人笑容，而且，还有一种神奇的握手方式。她很用力地握住我的手，但握得并不太紧。

她的这种握手方式向我的头脑传达了这项信息：她能和我握手，令她觉得十分荣幸。在我的公共服务生涯中，我曾经和数千人握过手，但我不记得有任何人像这个老妇人这般精通握手的艺术。当她的手一碰到我的手时，我可以感觉到我自己"失败"了。我知道，不管她这一次是要什么，她一定会得到，而且我还会尽量帮助她达成这项目标。

换句话说，那个深入人心的微笑，以及那个温暖的握手，已经解除了我的武装，使我成为一个"心甘情愿的受害者"。

这位老妇人十分从容，好像她拥有了整个宇宙一般(而我当时真的相信，她拥有这种能力)开始说：

"我到这儿来，只是要告诉你(接着，就是一个在我看来十分漫长的停顿)，我认为你所从事的，是今天世界上任何人都比不上的最美好的工作。"她在说出每一个字时，都会温柔但紧紧地握一握我的手，用以强调。她在说话时，会望着我的眼睛，仿佛看穿了我的内心。

在我清醒之后(当时的样子仿佛昏倒了，这已经成为我办公室助手之间的一大笑话)，立即伸手打开房门的小弹簧锁，说道：

"请进来，亲爱的女士，请到我的私人办公室来。"我像古代骑士那般殷勤而有礼地向她一鞠躬，然后请她进去坐一坐。

在以后的 45 分钟内，我静静聆听了我以前从未听过的一次最聪明而又最迷人的谈话，而且，都是我的这位客人在说话。从一开始，她就占了先，而且一路领先，到她把话说完之前，我一直不想去打断她。

她一坐在那张大椅子上之后，立刻打开了她所携带的一个包裹，我以为是她准备向我推销的一本书。事实，确实是书，是我当时主编的一份杂志的合订本。她翻阅这些杂志，把她在书上做了记号的部分都一一念出来。同时，她又向我保证说，她一直相信，她所念的部分都有成功哲学作基础。

在她这次访问的最后 3 分钟内，在我处于一种完全被迷惑，而且能够彻底接受别人意见的状态下，她很巧妙地向我说明了她所推销的某些保险的优点。她并没有要求我购买，但是，她说明的方式，在我心理上造成了一种影响，驱使我自动想要购买。而且，虽然我并未向她购买这些保险，但她仍然卖出了一部分保险。因为我拿起了电话，把她介绍给另一个人，结果她后来卖给这个人的保险金额，是她最初打算卖给我的保险金额的 5 倍。

(资料来源：http://tieba.baidu.com/f?kz=112800616)

思考与讨论：

(1) 拿破仑·希尔与老妇人的人际沟通成功吗？为什么？

(2) 本案例对你有什么启示？

案例3：午餐

有一位叫培洛的美国人，曾是 IBM 排名第一的推销员，创造过用 17 天完成全年销售任务的奇迹。后来培洛决定自己创业，公司叫做 EDS。当公司发展到几万员工后，他把这个公司以 30 亿美金的价格，卖给了美国通用汽车公司。卖之前，美国通用汽车公司的总裁到了培洛的 EDS 总部，他看了之后很满意。这位总裁对培洛说："你的公司管理得不错，我们应该有很多合作的空间和机会。"到了午餐时间，他问培洛："贵公司主席用餐的餐厅在哪里？"培洛说："我们公司没有啊！"总裁问："那贵公司有没有高级主管用餐区？"培洛说："对不起，总裁，我们公司没有。"总裁问："那我们今天中午怎么吃饭啊？"培洛说："就排队跟员工一起吃自助餐好了。"美国通用汽车公司的总裁到了他即将收购的公司，连一个主管的餐厅都没有，还要排队吃自助餐？这位总裁觉得不可思议。排队取餐之后，他问培洛："我们坐在哪里？"培洛说："就跟员工一起坐呀！"于是那位总裁一边吃一边与员工聊天。吃到一半的时候，培洛说："我们换一张桌子吧。"这位通用汽车的总裁觉得更不可思议了。吃完之后，通用汽车的总裁说："培洛呀，虽然你这个公司没有什么高级主管餐厅，但你公司的菜是我吃过的自助餐里最好的。"原来培洛在企业里天天排队吃自助餐，是在监督厨房；而他每餐中间换一桌跟基层的员工聊天，是为了时刻了解公司的营业状况。

（资料来源：http://blog.sina.com.cn/s/blog_65cf1b4801014q2u.html）

思考与讨论：

(1) 你同意培洛的做法吗？为什么？

(2) 本案例对你有何启示？

案例4：通天塔

《圣经》上说：人类的祖先最初讲的是同一种语言。他们在底格里斯河和幼发拉底河之间，发现了一块异常肥沃的土地，于是就在那里定居下来，修起城池，建造起繁华的巴比伦城。后来，日子越过越好，他们决定在巴比伦修一座通天的高塔，来作为集合的标记，以免分散。因为大家语言相通，同心协力，通天塔修建得非常顺利。上帝耶和华得知此事，又惊又怒：因为上帝是不允许凡人达到与自己同样的高度的。他看到人类这样统一强大，心想，人类讲同样的语言，就能建起这样的巨塔，日后还有什么办不成的事情呢？于是，上帝决定让人世间的语言发生混乱，使人们相互言语不通。人们各自操起不同的语言，感情无法交流，思想很难统一，就难免出现互相猜疑、各执己见、争吵斗殴，这就是人类之间误解的开始。修造工程因语言纷争而停止，团队的力量消失了，通天塔也就半途而废了。

（资料来源：http://china.findlaw.cn/lawyers/article/d14297.html）

思考与讨论：

请结合实际分析该故事的含义。

案例5：乔布斯向斯卡利"抛绣球"

到 1982 年底，马库拉已经在苹果公司总裁这个职位上干了差不多两年，妻子给他下了最后通牒：马上寻找接班人。

乔布斯知道自己还没有管理公司的能力，虽然他跃跃欲试。乔布斯很高傲，但他还是有自知之明的。马库拉也赞成乔布斯的想法。他告诉乔布斯，要担任苹果公司的总裁，他还稍显毛躁、不成熟。于是，他们开始在公司外寻找合适的人选。

乔布斯和马库拉找来社交广泛的企业猎头格里·罗齐，帮他们另择人选。他们决定不局限在科技高管这个圈子里。他们需要的是一位懂得广告宣传和市场研究的消费产品营销专家，得有大企业人士的风范，能在华尔街吃得开。罗齐将目光锁定在当时最红的消费产品营销奇才、百事公司百事可乐部门总裁约翰·斯卡利的身上，他的百事挑战(Pepsi Challenge)系列推广活动在广告宣传方面曾经取得了巨大的胜利。

乔布斯告诉罗齐他很乐意见见斯卡利。

很快，斯卡利北上库比蒂诺苹果公司总部会见了史蒂夫·乔布斯。乔布斯激起了他的兴趣。"我被这位年轻的、急性子的天才征服了，我觉得更深入地了解他将会很有意思。"他回忆说。

因此，斯卡利同意在乔布斯下次来纽约的时候再次同他会面，而那天恰好是 1983 年 1 月在卡莱尔酒店举行丽萨电脑发布会的时候。一整天的记者会后，苹果公司的人惊奇地发现一位意外造访的客人。乔布斯松了松领带，向大家介绍了斯卡利，称他为百事公司的总裁和一位潜在的大公司客户。在约翰·库奇展示丽萨电脑的时候，乔布斯时不时地突然插进来补充评论，频繁地称赞丽萨在改变人机互动的本质方面具有"革命性"且"不可思议"，这是他最喜欢的两个词。

接着，他们前往四季餐厅。这家餐厅由密斯·凡德罗和菲利普·约翰逊设计，优雅与力量并存，恍若人间天堂。乔布斯一边吃着特制的素食，一边听斯卡利介绍百事公司在营销方面取得的成功。斯卡利说，"百事新一代"(Pepsi Generation)营销活动销售的不仅是一种产品，而且是一种生活方式和乐观的人生态度，"我觉得苹果公司有机会创造'苹果新一代'"。乔布斯热情地赞同了斯卡利的说法。另一方面，"百事挑战"宣传活动旨在聚焦产品，结合广告、活动和公关来造势。乔布斯说，发布一款新产品能引起举国沸腾，正是他和里吉斯·麦肯纳希望苹果公司能做到的。

当他们结束谈话的时候，已经接近午夜了。"这是我一生中最兴奋的一个夜晚，"在斯卡利陪他回到卡莱尔酒店的路上，乔布斯说道，"你不知道我有多开心。"当斯卡利最终回到康涅狄格州格林尼治的家中时，他难以入睡。跟乔布斯打交道要比跟装瓶工谈判有趣多了。"他刺激了我，唤起了我心中压抑已久的，成为一名思想建筑师的愿望。"他后来说道。第二天早晨，罗齐给斯卡利打电话说："我不知道你们昨晚都干了些什么，但是我告诉你，史蒂夫·乔布斯可高兴坏了。"

求贤之旅仍在继续，斯卡利摆出一副"你很难聘请到我，但并不是完全没有可能"的姿态。2 月的一个周六，乔布斯到东部拜访斯卡利，他坐着豪华轿车来到格林尼治。他看到斯卡利新盖的房子极尽奢华，落地窗从地板一直延伸到天花板。他很欣赏那扇重达 300 磅的定制橡木门，安装非常讲究，平衡性也很好，手指轻轻一推就打开了。"史蒂夫对此非常着迷，因为他跟我一样，是个完美主义者。"斯卡利回忆说。斯卡利感到乔布斯身上有一种明星般迷人的特质，是他认为自身也具有的。这种迷恋的感觉不太正常。

斯卡利一般都开着一辆凯迪拉克，但是(意识到客人的品位)他借了妻子的奔驰 450SL 敞篷车，载着乔布斯去参观百事公司占地 144 英亩的奢华总部，这和苹果公司的简朴风格大相径庭。对于乔布斯来说，这彰显了充满活力的新兴科技公司和财富 500 强公司之间的差别。车子载着他们弯弯曲曲地穿过修剪整齐的田地和一座雕塑花园(这里有罗丹、摩尔、考尔德和贾科梅蒂的作品)，来到一座由爱德华·达雷尔·斯通设计的混凝土玻璃建筑。斯卡利的大办公室配有波斯地毯、9 面窗户、一个小的私人花园、一间隐匿的书房和独立卫生间。乔布斯参观公司健身中心的时候惊讶地发现，主管们有一个带按摩浴池的专用区域。"这太奇怪了。"他说。斯卡利马上表示同意，他说："实际上，我是反对这样划分的，我有的时候也会去员工区锻炼。"

他们再一次会面是在库比蒂诺，当时斯卡利刚从夏威夷参加百事一家装瓶公司的会议回来，途经这里。麦金塔电脑营销经理迈克·默里负责带领团队迎接斯卡利的访问，但是他并不了解这次会面的真正意图。"在未来几年里，百事公司最终可能会购买成千上万台Mac 电脑，"他在给麦金塔团队成员的一份备忘录中欣喜地写道，"去年一年里，斯卡利先生和某位乔布斯先生成为了朋友。斯卡利先生被认为是行业中顶级的营销专家之一，因此，让我们好好招待他吧。"

乔布斯希望和斯卡利分享他对麦金塔电脑的兴奋之情。"这款产品对我来说比我做过的任何事情都重要，"乔布斯说道，"我希望你成为苹果公司以外第一个见到它的人。"他演戏般从塑料袋里拿出麦金塔的样机，并进行了演示。斯卡利觉得乔布斯和他的电脑一样，令人难以忘怀。"他看上去更像一名演出主持人，而不是一个商人。每一步都计划好了，就好像排练过一样，恰到好处。"

乔布斯事先让赫茨菲尔德和他的手下们准备了一个电脑屏幕欢迎画面，好让斯卡利开心。"他真的很聪明，"乔布斯说，"你无法相信他有多聪明。"乔布斯解释说，斯卡利可能会为百事采购很多麦金塔电脑。"这听起来有点可疑。"赫茨菲尔德回忆说，但是他和苏珊·卡雷还是制作了一个显示画面，带有百事公司和苹果公司标志的瓶盖和罐子在屏幕上一跃而出。赫茨菲尔德十分兴奋，他甚至在演示的时候开始挥动臂膀，但是斯卡利并没有什么热情。"他问了几个问题，似乎并不是很感兴趣。"赫茨菲尔德回忆说。实际上，他从来没有对斯卡利有过什么好感。"他是个不可思议的骗子，从头到尾都在装模作样。"他后来说道，"他装作对技术很感兴趣的样子，但其实他并不感兴趣。他是个搞营销的，这就是搞营销的人的本质：靠装模作样赚钱。"

乔布斯于 3 月访问了纽约，向斯卡利发起了猛烈的攻势，事情的发展到了关键时刻。"我真的觉得你很适合，"乔布斯在和斯卡利散步穿过中央公园的时候说，"我希望你来和我一起工作。我能在你身上学到很多东西。"乔布斯曾结识过一些忘年交，知道怎样利用斯卡利的自负和不安全感。他的话奏效了。"我被他征服了，"斯卡利后来说，"史蒂夫是我所认识的最聪明的人之一。对于创新，我们都富有激情。"

斯卡利对艺术史很感兴趣，于是他带乔布斯走向大都会博物馆，他想试试乔布斯，看他是否真的愿意向别人学习。"我想看看他在自己没有涉猎过的领域里学习能力怎么样。"斯卡利回忆说。他们漫步在希腊和罗马古迹之间，斯卡利详细解释着公元前 6 世纪的早期雕塑和一个世纪后的伯里克利时代的雕塑有什么区别。乔布斯喜欢学习在大学从未学过的这些历史典故，因此他似乎沉浸其中了。"我感觉自己真的像个老师，在教一个聪颖的学生。"斯卡利回忆说。斯卡利又一次沉溺在幻想里，他认为他们俩很相像。"我在他身上看到了自己年轻时候的影子。我那时也没有耐心，固执、傲慢、冲动。我的脑子里总是充满了新鲜的想法，装不下任何其他的事情。我也不能容忍那些做事达不到我要求的人。"

他们继续着这次长时间的漫步。斯卡利透露说，他度假的时候，会带着自己的写生簿去巴黎左岸绘画；如果没做生意人的话，他会成为一名艺术家。乔布斯回答说，如果他不和计算机打交道的话，他可能会在巴黎当一名诗人。他们继续沿着百老汇街往下走，来到49号大街的殖民地音像店(Colony Records)，乔布斯把自己喜欢的音乐介绍给斯卡利，包括鲍勃•迪伦、琼•贝兹、埃拉•菲兹杰拉德和温德姆•希尔唱片公司的爵士乐歌手的作品。然后他们又一路返回到中央公园西路和74号大街交汇处的圣雷莫，乔布斯当时正计划在这里购买一幢两层的塔式顶楼公寓。

在公寓的一个露天平台上，事情终于圆满成功了。斯卡利当时紧贴着墙，因为他恐高。首先他们谈了钱的问题。"我告诉他我需要100万美元的薪水，100万美元的签约奖金，如果最后成不了，还要100万美元离职补偿。"斯卡利说。乔布斯答应了他的条件："就算我自掏腰包，我们都得解决这些问题。因为你是我见过的最优秀的人。我知道对于苹果公司来说你是完美的，而苹果公司应该得到最好的人才。"接着，他补充说，他还从没有为自己真正钦佩的人工作过，然而他知道斯卡利教给他的东西将会是最多的。乔布斯目不转睛地看着斯卡利。他一头浓密的黑发给斯卡利留下了深刻的印象。

斯卡利最后还是有一点犹豫，他试探性地提议说也许他们应该只做朋友，他可以作为局外人给乔布斯提出建议。斯卡利后来讲述了接下来那个最为激动人心的时刻："史蒂夫低着头，看着自己的脚。在一段沉重的、不舒服的沉默之后，他向我抛出了一个问题，让我几天都无法释怀，'你是想卖一辈子糖水呢，还是想抓住机会来改变世界？'"

斯卡利感觉就像有人往他的肚子上狠狠揍了一拳。除了默许，他无言以对。"他有一种非凡的能力，永远都能得到自己想要的东西，能够很好地判断一个人，并知道该说些什么来赢得那个人的心。"斯卡利回忆说，"4个月以来，我第一次意识到自己无法说'不'。"冬日的太阳开始西沉，他们离开公寓，穿过公园，回到了卡莱尔酒店。

马库拉最后说服斯卡利接受了50万美元的薪水和同等数额的奖金，斯卡利1983年5月到达加利福尼亚，在苹果公司开始走马上任了。

(资料来源：【美】沃尔特•艾萨克森. 史蒂夫•乔布斯传. 管延圻，等译. 北京：中信出版社，2011)

思考与讨论：

(1) 乔布斯为了吸引斯卡利来苹果公司工作，他是怎样向斯卡利"抛绣球"的？其整个沟通过程对我们有哪些启示？

(2) 当乔布斯看到斯卡利最后还是有一点犹豫时，他说出了那句著名的话："你是想卖一辈子糖水呢，还是想抓住机会来改变世界？"，这收到了怎样的效果？为什么？

任务 2

语 言 沟 通

【任务目标】

- 明确有声语言的特性和要求;
- 能够运用语言沟通的基本原则开展人际沟通;
- 熟练掌握并运用语言沟通的技巧;
- 能够以良好的声音质量进行人际沟通。

【案例导入】

妙 答

在南朝时期,齐高帝曾与当时的书法家王僧虔一起研习书法。有一次,高帝突然问王僧虔说:"你和我谁的字更好?"这问题比较难回答,说高帝的字比自己的好,是违心之言;说高帝的字不如自己,又会使高帝的面子搁不住,弄不好还会将君臣之间的关系弄得很糟糕。王僧虔的回答很巧妙:"我的字臣中最好,您的字君中最好。"皇帝就那么几个,而臣子却不计其数,王僧虔的言外之意是很清楚的。高帝领悟了其中的言外之意,哈哈一笑,也就作罢,不再提这事了。在人际沟通中,有时候运用委婉的方法能更容易或更好地达到目的。

(资料来源:许玲. 人际沟通与交流. 北京:清华大学出版社,2007)

问题:在本案例中语言沟通发挥了怎样的作用?

【知识储备】

2.1 有声语言的特性与要求

有声语言是语言沟通的重要方式,它有着独有的特性和基本要求。

1. 有声语言的特性

有声语言是用语音表达或接受思想、感情，以说、听为形式的口头语言。从语言运用来看，有声语言在传情达意的过程中最直接、最普遍、最常用。

有声语言具有如下特性：

(1) 有声性。有声语言是靠语音来表情达意的，其中各个语言单位均有声音。有声语言根据表达的需要对声音的高低、升降、快慢做语调变化。有声性是有声语言的本质属性。

(2) 自然性。有声语言通俗、平和、自然。它保留了生活中许多语音、词汇和语法现象，如方言、俚语、俗语、儿话、象声、叠音等词汇以及省略、易位现象，表达时生动、自然。

(3) 直接性。有声语言的传达和交流以面对面为主要形式，信息传递直接、快捷。有声语言还以丰富的态势语和类语言来支配使之更完美。

(4) 即时性。有声语言突发性、现场性强，现想现说，可舒缓，可急迫，可重复，可更正，可补充。

(5) 灵活性。有声语言的表达可根据所处的语言环境随时调整、变化。表达者在不同的地点、场合，面对不同的任务对象，对谈论的话题、选择的角度、切入的深度等都可以随机应变。

2. 有声语言的基本要求

有声语言表达的目的是实现人与人之间思想和感情的交流，表达者都希望对方能明白、理解和接受自己的意思，这就要求有声语言要符合口语表达的基本要求。

1) 准确流畅

说出的有声语言如果词不达意、前言不搭后语，很容易被人误解，达不到交际的目的。因此在表达思想感情时，应做到口音标准、吐字清晰，说出的语句应符合规范，避免使用似是而非的语言。且应去掉过多的口头语，以免语句割断；语句停顿要准确，思路要清晰，谈话要缓急有度，从而使交流活动畅通无阻。语言准确流畅还表现在让人听懂，因此言谈时尽量不用书面语或专业术语，因为这样的谈吐让人感到太正规，受拘束或是理解困难。

2) 词汇丰富

要想把话说好说贴切，充分发挥有声语言的表意功能，还要有丰富的词汇储备，只有在这个基础上才能精心选择最确切、最恰当的词汇，正确地反映客观事物，真切地表达自己的思想感情。为此就要努力学习词汇，掌握丰富的词汇以及成语、格言、歇后语、惯用语、谚语等，并以他们为原料，根据不同场合的需要，精心加以选用，增强说话的艺术效果。试想一说起话来就没词，颠来倒去就是那几句话，没有一点生动活泼的语言，难免让人觉得枯燥无味，形同嚼蜡。

3) 清亮圆润

有声语言音色优美，如黄莺般清凉、朝露般晶莹圆润，善于变化，富有磁性，富有艺术魅力，令人心情舒畅。清亮圆润是针对有声语言运用提出的进一步要求，能使日常用语艺术化，从而达到最佳的表达效果。为此，首先要注意声音的情感变化。说话内容庄重，应用严肃的声音；内容平和，应用舒缓的声音；情感悲切，应用沉郁的声音；情感亢奋，应用高亢的声音；情感急骤，应用短音；情感惬意时，则用长音。其次要自觉克服大喊大叫、漏气、带有喉音、鼻音太重和发音抖动等毛病，正确使用呼吸器官和共鸣腔，加强对声音的控制能力，使呼吸、声带闭合与咬字协调起来，从而达到声音和谐、适度、清亮、圆润的目的。

4) 热情自然

热情是对表达内容的兴奋之情或激情，使声音听起来富有表现力，表现力是热情的最大的信号，通过改变音高、音量、语速等使声音与语言内容、思想情感相吻合，使听众更能理解，哪怕是表达者语义上的细微差别。而完全缺乏热情则会造成声音单调，这会使交流的气氛沉闷压抑，使听众昏昏欲睡。热情的声音就好像是一盆火，听众即使是一块冰也会被融化的。自然是指我们在讲话时，对语言的内容和意图要有回应，使语言富有活力，真实。要想做到声音自然，对语言内容的熟悉非常重要，还有不要死记硬背语言内容，要学会自然地表述语言内容，使声音听起来好像讲话者在用心组织语言内容来满足他的听众。"宁要自然的雅拙，也不要做作的乖巧"。卡耐基认为，演讲时声音自然，才能把意念表达得更为清楚，更为生动。否则，难以引起听众的共鸣。

2.2 语言沟通的基本原则

语言沟通的基本原则是人际交往活动中运用语言表情达意、进行信息交流时所必须遵循的准则，它贯穿于交际语言运用的一切方面和每个过程的始终，是一种制约性的因素。在人际交往过程中，只有自觉遵守语言沟通原则，才能有效地增加语言交际信息的传递量，融洽人与人之间的关系；反之，如果背离了这些原则，就会削弱甚至破坏交际语言传播的效果，难以达到人际交往的目的。归纳起来，语言沟通的基本原则主要有以下几个方面。

1. 礼貌待人

礼貌是对他人尊重的情感外露，是谈话双方心心相印的导线。人们对礼貌的感知十分敏锐。有时，即使是一个简单的"您"、"请"字，都可以让他人感到温暖和亲切。在人际交往中，可以从以下几个层次入手达到礼貌待人、沟通情感的目的。

(1) 满足交际对象对自尊的需求。

语言表达要满足交际对象对自尊的需求，其目的在于利用礼貌文明的语言艺术与技巧，达到快速消除隔阂、沟通感情、拉近距离的作用。在人际交往中，初次见面的恰当称呼，寒暄中的礼貌用语，交谈中的言语分寸，分别时的告别祝辞等，都应当体现出尊重对方的主观意向。

在词语的选用方面，使用得体的敬语和谦词可以体现出对他人的尊重，也是一个人有教养的重要表现。比如，与客人初次见面时说"您好"，与客人久别重逢时说"久违了"，求人解答问题时说"请教"，请人协助时说"劳驾"，要帮助别人时说"我能为您做些什么"，看望别人时说"拜访"，等候别人时说"恭候"，陪伴别人时说"奉陪"，不能陪客人时说"失陪"，有事找人商量时说"打扰"，让人不要远送时说"请留步"，表示歉意时说"抱歉"，表示感谢时说"谢谢"等。像"后会有期"、"祝你好运"、"一路顺风"、"万事如意"等告别用语也都体现出对他人的尊重。

(2) 根据具体环境增进情感。

要根据具体环境选择使用富有亲和力的词语，拉近交往距离，相互沟通情感，使与交际对象的合作成为可能。在人际交往中，渴望受到尊重是每个人的基本心理需求，你想要得到他人的尊重，自己要善于先主动接近对方，缩短人际距离，相互沟通情感。其实，做到尊重别人并不难，有时只需一个微笑、一句问候、一声敬称、一对善于倾听的耳朵，就会给别人带来阳光和温暖，当然也会为您自己带来真挚的友谊与和谐的交际。

美国有位著名的女企业家，想在 24 岁生日那天为自己购买一辆福特牌小轿车。当她向福特轿车经销店的售货员询问轿车情况时，售货员见她衣着普通，认定她无意购买，便随意应付几句，又借口用午餐而离去。女企业家只得出门溜达，准备等售货员用完午餐后再登门。在闲逛时，她发现在附近另有一家轿车经销店，就顺便入内询问。这家经销店的售货员十分热情，不仅认真解答她的询问，还和她聊天、拉家常。当得知她是为自己 24 岁生日购买轿车后，又非常客气地请她稍等片刻。出门不一会儿，这位售货员拿着一束玫瑰花回来，真诚地说："小姐，您在生日之际光临本店，是本店的荣誉，我代表本店赠您一束玫瑰花，祝您生日快乐！"这位女企业家十分感动，在进一步询问了该店经销的轿车的品种、性能后，用稍高的价格购买了一辆该经销店的轿车。不久，她周围的许多朋友也在她的推荐下购买了这家经销店的轿车。

(资料来源：http://limn.blog.hexun.com/12476653_d.html)

(3) 欣赏、赞美他人。

说话人在语言交流过程中，要能够肯定他人的优点，尊重他人的人格，尽量减少对别人的贬损，增加对别人的赞誉。希望得到别人的注意和肯定，这是人所共有的心理需求，而欣赏正是满足这种需求的一种交际方式。人际关系大师卡耐基说："避免嫌弃人的方法，那就是发现对方的长处。"因此，在交际中，我们应抱着欣赏的心态来对待每一个人，时时留心身边的人和事，多发现别人的优点和长处。赞美是欣赏的直接表达。有道是"良言一句三冬暖"，真诚的赞美不仅能激发人们积极的心理情绪，得到心理上的满足，可以给别人也给自己带来好心情，还能使被欣赏的赞美者产生一种交往的冲动。托尔斯泰说得好："就是在最好的、最友善的、最单纯的人际关系中，称赞和赞许也是必要的，正如润滑油对轮子是必要的，可以使轮子转得快。"利用心理上的相悦性，要想获得良好的人际关系，就要学会不失时机地赞美别人。

2. 坦诚真挚

在语言交际中，说话人的感情直接影响表达的效果，也影响着听话人的理解和接受的程度。待人真诚，给人以充分的信任，可以激励他人的工作热情，提高工作效率。其实，感情本身就是一种教育力量，最有效的手段是以情感人，以理服人。唯有入情入理，坦诚真挚，充满信任的话语，才能够深入人心，引起别人的共鸣，受到他人注意。人际交往中要做到坦诚真挚，需要注意如下方面：

(1) 说真话，以坦诚的心取信于人。

言必行，行必果。这是交往沟通时收到良好谈话效果的重要前提。例如，深圳蛇口工业区负责人，在国外和一个财团谈判，由于对方自认为技术设备先进，漫天要价，使谈判陷入僵局。正在这时候，这个财团所在的商会请他去发表演说。他讲道："中国是个文明古国。我们的祖先早在 1000 多年以前，就将四大发明，即指南针、造纸术、印刷术和火药的生产技术，无条件地贡献给人类。而他们的后代子孙，从来没有埋怨他们不要专利权是一种愚蠢的行为。相反，却称赞祖先为世界科学的进步做出了杰出贡献。现在，中国在与各国的经济活动中，并不要求各国无条件让出专利，只要价格合理，我们一个钱也不少给……"这番发自蛇口工业区负责人内心的讲话，在外国人心目当中，引起了巨大的震动和强烈的反响，他们许多的先进技术正是从中国导入的。蛇口工业区负责人的讲话，引起了与会者的热烈掌声，而且使谈判对手终于愿意降低专利费，双方达成了近 3 亿美元的合作项目。"心诚能使石开花。"这段发自内心的讲话，借助历史事实，寓意深刻，语气直率，不仅没有因此影响到谈判合作项目的达成，反而让人们更深层地感受到了中国人的诚心与诚信，取得了谈判对手的理解与支持。

(2) 感情真挚，态度诚恳。

在与人的交流沟通中，诚恳而真挚的态度是语言交往目的得以实现的基础。"善大，莫过于诚"，热诚的赞许与诚恳的批评，都能使彼此间愿意相互了解、信任、倾诉、交心，正如《庄子·渔父》中所说："不精不诚，不能动人"、"真在内者，神动于外，是所以贵重也"。只要肯尊重对方的特殊能力，高度地给予信任和肯定，任何人都会乐于将其优点表现得淋漓尽致。如果你希望某人懂得自尊自爱，你就该率先表现出你对他的信任和尊重。

解放初期，陈毅任上海市长时，一天他来到一家纺织业经理的家里，笑道："×老板，我冒昧来访，欢迎不？"这位老板正在为一件事发愁呢，他发起了牢骚，说："陈市长，今天工会又来要我废除'搜身制'。不当家不知柴米贵。工人下班有抄身婆搜身，还经常丢纱呢，如果取消搜身制度，纱厂还不被偷光！"陈毅品口茶说道："×老板，我在法国当过工人，那个工厂大得很，老板也比你厉害得多。厂子四周筑起高墙，拉上电网，还雇了一帮带枪的警察。对每个下班的工人，从头搜到脚，那过细的劲头，身上硬是一根针也藏不住。但结果呢？原料、零件还是大量丢失，为什么呢？老板把工人只当成会说话的工具。劳动很苦，工资很少，工人实在无法养家糊口。工厂赚了钱对工人毫无好处，他为什么不拿呢？现在中国不同啰，工人翻身当主人了，他们懂得工厂生产搞得好，新中国才能富强起来，工人才能改善待遇。你们虽然是私营企业，但也是新民主主义经济的一个组成部分，一样可以有利于国，有利于民。所以，依我之见，你应该在纺织业带个头，用我的办法试试看，废除搜身制，关心工人的利益，待工人如朋友，如兄弟，有困难多与他们商量着办，我相信眼前的困难会克服得顺利一点。"陈毅的这番语言，既替"老板"着想，又为工人撑腰，以情动人，以理感人，从外国说到中国，从旧社会说到新社会，分析入情入理、客观具体，并给予对方充分信任，收到了良好的谈话效果。

(资料来源：http://www.lantianyu.net/pdf51/ts076044_3.htm)

3. 平等友善

在人际交往中，我们不仅要尊重他人的人格、他人的个性习惯、他人的权力地位、他人的情感兴趣和隐私，还要尊重彼此存在的外显或内在的心理距离，要有人人平等、一视同仁的谈话态度，切忌给人居高临下、自以为是的印象。只有在人际交往中保持自尊而不盲目自大，受人尊敬而不傲慢骄横，才能得到对方对你个人、对你的组织、甚至对你的国家的尊重，才能谈得上真诚合作、平等合作。例如："演员是人民给养活的，有艺无德可对不住观众啊。"被誉为"平民艺术家"的赵丽蓉，在她所追求的艺术事业中，始终把"观众第一"放在首位，对来自他人的关爱之情，也常以自己真挚独特的谐趣表达出来。一次大年初一，中央电视台开招待酒会，每个参加者都得一个大西瓜。赵丽蓉一眼瞥见旁边的记者没份儿，便将自己的那个西瓜放在记者座位底下，说："你大老远赶到北京来采访，不待在家里过年，这西瓜你就带回家去孝敬父母吧。"这"土气儿"十足的言谈，比那些虚情假意的关怀之类的语言，不知"引人入胜"了多少倍！在她身上，没有那种司空见惯的矫情、虚饰与浮躁，而多了几分质朴、风趣与豁达。难怪，她那平等友善的态度和语言中的缕缕真情，至今仍令人难以忘怀。

在人际交往中，虽然人与人之间身份、地位等方面的情况可能存在不同，但是，交际双方在人格上是平等的，在心理上是对等的，平等是建立良好人际关系的前提。我们绝不能把自己高抬一寸，把别人低放一尺，有意与对方"横着一条沟，隔着一堵墙"，给别人一种"拒人于千里之外"之感。

英国女王维多利亚与其丈夫阿尔伯特相亲相爱，感情和睦。阿尔伯特喜欢读书，且不大爱社交，也不太关心政治。有一天深夜，女王办完公事，回到卧室，见房门紧闭，便敲起门来。"谁？"里面问道。女王回答："我是英国女王。"门没有开。"我是维多利亚。"再敲，门还是未开。敲了几次之后，女王突然感觉到了什么，又敲了几下，用温和的语气说："我是你的妻子，阿尔伯特。"这时，门开了。即使身为一国之君，但在家里，面对丈夫阿尔伯特，"女王"的生活角色也要发生改变，此时作为妻子的她更应保持夫妻双方平等相待的心态，才会为丈夫所接纳，因此，最后的一次敲门达到了目的。

(资料来源: http://tqyblog.blog.sohu.com/24788313.html)

4. 区分对象

在人际交往中，对于交际主体来说，最重要的莫过于研究交际对象，根据交际对象的性别、年龄、生活背景、心理特征等因素的差异来选择恰当的语言，以求明晰地表达自己的思想，达到正常的语言交际的目的。这就是所谓的"到什么山上唱什么歌"、"见什么人说什么话"。如果不考虑对方的实际情况，信息流通渠道就会因此而出现偏差，甚至"阻塞"，交际也会随之而停止。例如，1954 年，周恩来总理出席日内瓦国际会议，为了向外国人宣传中国，表明中国爱好和平的愿望，决定为外国嘉宾举行电影招待会，放映越剧艺术片《梁山伯与祝英台》。为此，工作人员准备了一份长达 16 页的说明书。周恩来看后笑道："这样看电影岂不太累了？我看在请柬上写上一句话就行，即请你欣赏一部彩色歌剧电影：中国的《罗密欧与朱丽叶》。"果然，一句话奏效，外国嘉宾都知道这部电影要讲述的故事。

5. 换位思考

韩非子在《说难》中写道："凡说之难，在知所说之心。"在现实社会，随着人们日常交往的日益频繁，摩擦、矛盾也会随之增多，很多人只强调他人对自己应该承认、理解、接受和尊重，却忽视了对等地去理解和尊重他人；只注意自己目的的实现，却无视他人的利益和要求。在这种倾向支配下，他们常常不顾场合和对方心情，一味的由着自己的性子去交往，致使在交往中由于语言使用不得体而出现尴尬的局面。所以，在很多时候，注意交际场合的特点，多进行换位思考，灵活应变，将心比心，以诚换诚，才能达到心灵的沟通和情感的共鸣。

　　某局新任局长宴请退居二线的老局长。席间，端上一盘油炸田鸡。老局长用筷子点点说："喂，老弟，青蛙不能吃，是益虫！"新局长不假思索，脱口而出："不要紧，都是些老田鸡，退居第二线，不当回事了。"老局长闻听此言，顿时脸色大变，连问："你说什么？你刚才说什么？"新局长本想开个玩笑，不料说漏了嘴，触犯了老局长的自尊，顿觉尴尬万分席上的友好气氛顿时被破坏。此时，一旁的秘书连忙接口说："老局长，他说您已经退居二线，吃点田鸡不当什么事。"老局长听此言觉得有道理，才重提筷子，你敬我让，气氛开始回升。宴席上，新局长对那位退居二线的老局长的处境和心理未能予以充分的理解，缺乏换位思考的意识，使用了不当语言犯了忌讳，如果不是这位秘书灵活应变，差点酿成无法挽回的局面。

　　　　　　　　　　　　　　　　（资料来源：http://blog.sina.com.cn/s/blog_4154dbfd01008g7y.html）

　　所以，在语言交际时，必须换位思考，无论是话题的选择、内容的安排，还是语言形式的采用，都应该根据特定场合的表达需要来决定取舍，做到灵活自如。

6. 切合情境

　　运用语言进行信息传递、情感交流，离不开一定的时间、地点和场合，要使这种传递活动获得好的效果，语言运用不仅要符合特定的时代背景和此时此地的具体情景，还要恰当地利用说话时机，把握时间因素，力求切情切境，入旨入理。

　　在杭州的"美食家"餐厅，一对新人在举行婚礼时，正赶上滂沱大雨下个不停。新人和客人们被大雨淋得很懊丧，婚礼气氛很不愉快。这时，餐厅经理来到100多位客人面前微笑着，高声说："老天爷作美，赶来凑热闹。这是入春以来的第一场好雨。好雨兆丰年，这象征着今天这对新人的未来是十分幸福的。雨过天晴是艳阳天，象征着今天在座的所有客人都将迎来更加灿烂的明天。我提议：为了迎接雨过天晴的明天，大家干杯！"话音刚落，整个餐厅的情绪和气氛发生了180度的转变，沉寂的婚礼场面，气氛一下子变得热烈起来。

7. 明确目的

　　交际语言是一种为了实现一定的交际目的而进行的双向交流的传播活动，无论是与他人拉家常、叙友情，或是进行学术报告、演讲、谈判、采访乃至解说、寒暄、拜访、提问等，都是为了实现信息传递，沟通情感，增进了解，阐明观点等特定的交际目的而进行的。当与他人说话时，需要针对交际对象的特点和语言环境做出必要的调整，也要根据语言交流的主题，选择和使用恰当的语言，做到有的放矢，可起到缓解气氛，增进友情的作用。

　　例如，瑞士厄堡村有一块要求游客不要采花的通告牌，上面分别用英、德、法三种文字写着："请勿摘花"、"严禁摘花"、"喜爱这些山峦景色的人们，请让山峦身旁的花朵永远陪伴着它们吧！"由此不难看出瑞士旅游业人士对不同游客的民族心理特点的充分考虑。英国人讲面子，崇尚绅士风度，因此，用"请"。德国人严守律令，故采用"严禁"。法国人浪漫且重感情，所以用了富有激情的语句。这样就与不同交际对象的民族心理特点相吻合了。又如，曾有一位营业员向外国顾客介绍商品时，因为不了解外国顾客的情况，而按照对中国顾客的方式来接待，结果就把顾客赶跑了。事情是这样的：有一位英国客人在商店里表现出对一件工艺品感兴趣时，该营业员取出该工艺品，然后对客人说："先生，这件不错，又比较便宜。"顾客听了她的话后，丢下商品，转身而去。为什么这些话会把这位顾客赶跑呢？原来是"便宜"二字。因为在英国人心目中，买便宜货有失身份，所以这桩买卖没有做成。

2.3 语言沟通技巧

在沟通过程中，常常会遇到一些矛盾的、顾此失彼、难以两全的情况，使你处于两难的境地。例如，我们常会碰到下列情景：既想拒绝对方的某一要求，又不想损伤他的自尊心；既想吐露内心的真情，又不好意思表述的太直截了当；既不想说违心之言，又不想直接顶撞对方；既想和陌生的对方搭话，又不能把自己表现得太轻浮和鲁莽……，凡此种种，难以一一列举。但概而言之，这都是一种矛盾：即行动和伤害对方的矛盾，自己利益和他人利益的矛盾，自己近期利益和长远利益的矛盾。

适应这些情况，产生了各种各样的语言表达艺术，它缓解了这些矛盾。这种表达出来的语言艺术从表面上看，似乎违背了有效口头表达对清晰、准确的要求，但实际上是对清晰、准确原则的一种必要的补充，是在更全面考虑了各种情况之后的清晰和准确，是在更高级阶段上的清晰和准确。

语言艺术的具体方法因人、因事、因时、因地而异，没有绝对的适用任何情况的方法。以下介绍了一些沟通技巧，供参考。

1. 积极表达期望

心理学中的"皮格玛利翁效应"告诉我们：赞美、信任和期待具有一种能量，它能改变人的行为，当一个人获得另一个人的信任、赞美时，他便感觉获得了社会支持，从而强化了自我价值，变得自信、自尊，获得了一种积极向上的动力，并尽力达到对方的期待，以避免对方失望，从而维持了这种社会支持的连续性。语言沟通中，积极的语言表达出积极的心理期望，皮格马利翁效应也验证了积极的心理期望和暗示所产生的强大影响。要做到表达的积极，可从以下几个方面来把握。

其一，避免使用否定字眼或带有否定口吻的语气，如双重否定句不如用肯定句来代替。必须使用负面词汇时，则尽量使用否定意味最轻的词语。"我希望"、"我相信"这两种说法有时表明你没有把握，或者传递出有些盛气凌人的信息；而赞扬现在的行为则可能暗示对过去行为的批评。

其二，强调对方可以做的而不是你不愿或不让他们做的事情，从对方的角度来讲话。如说 "我们不允许刚刚参加工作就上班迟到"(消极表达)就不如说"刚刚参加工作的人保证按时上班很重要"(积极表达)。

其三，把负面信息与对方某个受益方面结合起来叙述。可以说"你可免费享用20元以内的早餐"(积极表达)，而不是说"免费早餐仅限20元以内，超出部分请自付"(消极表达)。

其四，如果消极方面根本不重要的话，干脆省去。例如，对方决策时不需要这方面的信息，或信息本身也无关紧要，或者以前已经提供了这方面的信息。

其五，低调处置消极面，压缩相关篇幅。篇幅大，表明在强调信息。既然不想强调消极信息，就尽量少用篇幅，出现一次即可，不必重复。

2. 注意推论与事实

通常在观察外界时，人们在获得所有的必要事实之前就会开始进行推论，推论的形成相当快，以致很少有人仔细考虑它们是否真的代表事实。"他未完成工作，因为偷懒"，"如果您听了我的建议，您就了解我的意思了"，这些语句表示的并非事实，而是推论。因此不良的沟通就产生了。徐丽君、明卫红主编的《秘书沟通技能训练》(科学出版社 2008 年版)中对此进行了分析：

有 6 种基本方法可以分辨事实陈述和推论陈述，见表 2-1 所示。

表 2-1　事实陈述和推论陈述

事　实　陈　述	推　论　陈　述
1. 根据第一手资料下断言 2. 根据观察下断言 3. 必须根据所经历的经验 4. 根据经验的陈述 5. 达到最大的可信度 6. 得到具有相同经验的人士的认同	1. 在任何时间下断言——根据事前、事后、事情发生时的经验 2. 根据任何一人的经验下断言 3. 超出自己所经历的经验之外 4. 无界限地根据经验推论陈述 5. 仅有很小程度的可信度 6. 有此经验的人士不认同

为了避免妄下推论，在与人沟通过程中应当注意以下情况。

第一，学会区分哪些是事实，哪些是推断。

第二，当根据从别人那里得到的信息做出决策时，要评估推断的准确性，并获得更多信息。

第三，听取别人的汇报时，让其陈述事实而不是听取他人的评价。

第四，在说服别人时要使用具体的事实而非个人的价值判断。

第五，使用文字沟通时，要表明自己的推断以便别人了解自己的看法。

第六，意识到事情的复杂性，不要将其简单化。

第七，当只看到两种选择结果时，有意识寻找第三种甚至更多种可能出现的情况。

第八，意识到自己所得的信息是经过过滤的，自己并没有得到所有的事实。

第九，尽量向别人提供背景信息，以便别人能够准确地解释自己的观点或看法。

第十，以具体的证据、事实和事例来支持笼统的陈述和评价，避免诸如"这个人的素质很不高"这样的论断。

第十一，检查自己的反应，保证自己的决策建立在合理的证据之上。

3. 进行委婉表达

"委婉"一词人们并不陌生，它在修辞学中，又是修辞格的一种。但"委婉"并不仅仅指修辞的方法。在书面语中，委婉主要表现为一种语言的表达方式；在沟通中，委婉又是一种处理问题的态度和方法。恰当地运用委婉，能够鲜明地表明人们的立场、感情和态度。这样做，既使对方乐于接受，达到说话的目的，又可增强语言的形象性和生动性。

1) 直意曲达

语言总是要表达某种意思的，亦指说话者要达到表明自己态度和感情的目的。但这个意思有时需通过迂回委婉的说法来表达，这也是利用人们思维的曲折性和复杂性来达到目的的。

传说汉武帝晚年时很希望自己长生不老。一天，他对侍臣说："相书上说，一个人鼻子下面的'人中'越长，命就越长；'人中'长一寸，能活一百岁。不知是真是假？"东方朔听了这话，知道皇上又在做不老的梦了。皇上面有不悦之色，对东方朔喝道："你怎么敢笑我？"东方朔脱下帽子，恭恭敬敬地回答："我怎么敢笑话皇上呢？我是在笑彭祖的脸太难看了。"汉武帝问："你为什么笑彭祖呢？"东方朔说："据说彭祖活了800岁，如果真像皇上刚才说的，'人中'就有8寸长，那么他的脸不是有丈把长吗？"汉武帝听了，也哈哈大笑起来。东方朔要劝谏皇上不要做长生梦了，但又不好直言去规劝，只能用旁敲侧击的方法，委婉地表达自己的意思。这种批评使汉武帝愉快地接受了。

要达到沟通的最佳效果，不一定都用直言不讳的说法，用委婉的说法可能会达到预想不到的效果。

2) 易于接受

人们总是希望对方能够接受自己所发出的信息，并做出相应的反应。这就首先要让对方能够接受你发出的信息，委婉的语言就可以帮助你达到这个目的。

例如，美国小说家马克·吐温到某地旅馆投宿，人家早告诉他此地蚊子特别厉害。他特别担心晚上是否能安稳睡觉，想要事先向服务员打招呼，又觉得这样做未必效果好，服务员不一定乐意接受。他在服务台登记房间时，一只蚊子正好飞过来。马克·吐温灵机一动，马上对服务员说："早听说贵地蚊子十分聪明，果然如此，它竟然会预先看我的房间号码，以便夜晚光临，饱餐一顿。"服务员听了不禁大笑起来，结果就记住了他的房间号码，并相应地采取了一系列防蚊子措施，使马克·吐温这一夜睡得很好。马克·吐温如果生硬地告诉服务员要怎样赶蚊子，就不一定能达到这种效果。马克·吐温的话很委婉，让服务员易于接受，当然也就乐意尽心服务了。

在日常生活中也常有这样的例子：当你要求别人做一件事，或者指责别人哪里有过失的时候，你要尽量选择让对方感到有回旋的话，把主动权仿佛送给了对方。例如某一员工衣帽不正有碍企业形象，你可以说："这样还算挺好的，但如果能够再把这个颜色换一下，会更好些。"这样的话语会使员工乐于接受，也就心悦诚服地愿意改正。

委婉的语言是曲折地表达自己的意思，听话者感到你是为他着想，或者感到合情合理，这就容易达到自己的目的，也给人以教育和启迪。

3) 言简意赅

委婉的语言表现形式是婉转温和，这就形成了它隐约、含蓄的特点，也就使委婉的语言容量扩大，使得语言虽然很简洁通俗，含义却是相当深刻的。

请看下面一段对话：

问：你有过感叹吗？

答：感叹是弱者的习气，行动是强者的性格。

问：扬州大明寺一进门有尊大肚佛，两侧有幅对联。上联是"大肚能忍忍尽人间难忍之事"，下联是"慈颜常笑笑尽天下可笑之人"。你能做到吗？

答：我如果能做到我就成佛了。

问：你有烦恼与痛苦吗？

答：越有追求的人，烦恼与痛苦越多。成功之后将是快乐。

答话者回答问题时，总是用迂回的方式作答，语言浅显通俗，含义却值得咀嚼。

4) 手法新颖

委婉表达产生于人际沟通中出现的一些不能直言的情况：一是总会存在一些因为不便、不忍或不雅等原因而不能直说的事和物，只能用一些与之相关、相似的事物来表达要说的本意。二是总会存在接受正确意见的情感障碍，只能用没有棱角的软化语言来推动正确意见被接受的过程。还有一些其他类似的情况。黄漫宇在其编著的《商务沟通》(机械工业出版社，2006年版)中列举了如下新颖的委婉手法，值得我们在人际沟通中一试：

① 用相似相关的事物取代本意要说的事物。例如恩格斯《在马克思墓前的讲话》中说"3月14日下午两点三刻，当代最伟大的思想家停止了思想。……他在安乐椅上安静地睡着了——但已经是永远地睡着了。"恩格斯用"停止思想"、"睡着了"、"永远地睡着了"来取代"死"的概念。又如在餐厅中人们谈到上厕所，一般都用"洗手间"来取代"厕所"这一概念。

② 用相似相关事物的特征来取代本意实物的特征。在一次记者招待会上，一位美国记者问周总理："请问中国人民银行有多少资金？"周总理说："中国人民银行现有18元8角8分"——直接回答会涉及国家机密，拒绝回答损害招待会和谐气氛，不予回答又有损总理个人风度。借用人民币面值总额取代资金总额这一特征，真可谓三全其美，妙不可言。

③ 用与相似相关事物的关系类推与本意事物的关系。《人到中年》的作者谌容访美时，用"能与老共产党员的丈夫和睦生活了几十年"来间接回答关于她与共产党关系的提问。有人问："听说你至今还不是中共党员，请问您对中国共产党的私人感情如何？"谌容回答："你的情报很准确，我确实还不是中国共产党党员。但是我的丈夫是个老党员。而我同他共同生活了几十年尚无离婚迹象，可见……"。

④ 用某些语气词，如吗、吧、啊、嘛等来软化语气。这样可以使对方不感到生硬，试比较下列三组句子：

别唱了！　　　今天别去了！　　　你不要强调理由！

别唱了好吗？　　今天别去了吧！　　你不要强调理由嘛！

无疑每组中的第二句都显得比较客气婉转，会使对方易于接受，有更大的说服力。

⑤ 用个人的感受取代直接的否定。例如，把"我认为你这种说法不对"用"我不认为你这种说法是对的"，把"我觉得你这样不好"用"我不认为你这样好"来取代。

⑥ 以推托之词行拒绝之实。例如：别人求你办一件事，你回答说办不到会引起不快。你最好说："这件事目前恐怕难以办到，今后再说吧，我留意着。"——推脱给将来和困难。再如，别人请你去他家玩，你要说没空，来不了，会令人扫兴，你最好说："今天恐怕没有时间，下次一定来。"——推脱给将来和没空。又如，别人向你借钱，你手头也不宽裕，你可以说："这件事我将同我的内当家商量商量。"——推脱给将来和爱人。

⑦ 以另有选择行拒绝之实。例如，有人向你推销一件产品，你不想要，你可以说："产品还可以，不过我更喜欢另一种产品。"又如，有人要求下星期一进行下次洽谈，你不想在这天洽谈，你可以说："定在星期五怎样？"

⑧ 以转移话题行拒绝之实。例如，甲问："星期天去不去工厂参观？"乙答："我们还是先来商量一下，下次推销的安排怎样准备吧？"又如，甲问："我们明天去展销大厅再见面好吗？"乙答："好吧，不过我想时间定在展销前不如定在展销后。"

4. 使用模糊语言

我们在客观世界里所遇到的各种各样的客观事物，绝大多数都没有一个明确的界线。作为客观世界用符号表现的语言也必然是模糊的。巧妙地利用语言的模糊性，使语言更能发挥它神奇的效用，是人际沟通追求的目标之一。

1) 化难为易

"化难为易"也称"化险为夷"。在人际沟通中，常常会遇到难以应付的棘手场合，也会有非说不可却难以启齿的局面，怎么办？成功的沟通者往往会用模糊语言，使自己摆脱这种尴尬的处境。

例如：在某大商场，有一位顾客拿了几个西红柿，然后混杂在已经称好重量并交款的蔬菜中转身就走。这时，售货员发现了这一情况。如果她高喊"捉贼"，势必会影响商场的秩序，损伤商场的声誉，可能会大吵大闹一番。富有经验的售货员会两手一拍说："唉呀！请您慢走一步。我可能刚才不注意，把蔬菜的品种拿错了，您再回来查查看。"这位顾客无奈也只得回来，售货员把蔬菜重新称过，随手就将西红柿拣了下来。售货员此时使用的"可能"、"查查看"都是模糊词语，却收到了神奇的公关效果。

2) 缓和语气

在某些情况下，对方可能故意损害你，使你怒发冲冠、情绪激动，气氛顿时紧张起来。在这种情况下，注意使用模糊语言，易于控制自己的情绪，缓和气氛，使事态朝好的方向发展。

例如：在我国南方一个城市，正值下班时间，乘车的人特别多，车已爆满。乘客们把车堵得严严的，车内乘客不容易看到车已行驶到哪一站。尽管乘务员大声报告站名，但总有乘客错过站。有一位错过站的乘客慌慌张张地擂门大叫："售票员下车！"，乘务员非常生气，正要酝酿几句奚落挖苦的话，正巧这时有一位公关人员在车内，及时地插嘴说："售票员不能下车。售票员下车了，谁来售票？"这时，不仅那位错过站的乘客情绪缓和下来，连乘务员也和颜悦色起来。这位公关人员就是利用"售票员下车"这句话的模糊性来为乘务员解了围，剑拔弩张的气氛缓和了，一场争吵避免了。如果我们用模糊语言来淡化紧张气氛，就可以控制情绪。模糊语言能使我们与他人交往时不致紧张，在公关时能摆脱困境。即使在一触即发的关键时刻，也可以使我们从容地脱身出来，离开不愉快的窘境或矛盾漩涡。

3) 点到为止

模糊语言要有分寸，要点到为止。不该说的不说，能把自己意思表达明白，却不伤害别人，不能直言不讳，要把自己的意思曲折地表达出来，并且要让对方明白。

例如：我国著名的一位播音员到精神病院采访，采访提纲中原先写的是："您什么时候得的精神病？"这位播音员感到这种话会刺激病人，就临时改口问道："您在医院呆多久了？住院前感觉怎么不好呢？"委婉含蓄的提问，采用的是模糊语言，使对方易于接受，不致产生反感。在采访结束时，这位播音员说："您很快就要出院了，真为您高兴。""精神病"

这个词对于精神病患者十分忌讳，播音员在采访时自始至终注意回避了这个词。

模糊语言的运用要掌握分寸，过于模糊，对方不了解自己的意思，就失去了交际的作用。过于直露，又会伤害别人。只有既模糊又适度，在模糊语言中透露出自己真实的语意，才能达到公关的目的。

4) 增大容量

模糊语言的一个重要特征在于它能把难于表述的道理表达出来，大大地丰富了表达效果。模糊语言是"犹抱琵琶半遮面"，这样更能引起人们联想推断，包含着广博的内容。

例如：我国某城市一个广播电台的直播节目中，一位小姐误把听众点给别人的歌曲认为是点给自己的歌，在直播节目中向播音员询问。只是播音员明知不是点给这位小姐的，但又不好明白地指出来。如果说出来，不仅扫了这位小姐的兴，也使广大听众感到不愉快。播音员说："可能是点给您的吧？其实呀，人间是一个温暖的大家庭，人人相处都应该以友相处。只要以诚相待，以友善之心相待，我们的朋友遍天下，又何必非要去计较是哪一位朋友呢？"播音员随机应变，巧舌如簧，从小姐询问点播节目一事引伸出一番处事人生哲学。播音员使用了模糊语言，使节目的内容深化了。

5) 手法新颖

语言沟通的模糊法就是使输出的信息"模糊化"，以不确定的语言进行交往，以不精确的语言描述事物，以达到既不伤害或为难别人，又保护自身的目的。除了上述模糊方法外，以下方法值得我们借鉴：

(1) 以大概念取代小概念。例如，前苏联驻加拿大商务贸易代表在加拿大进行间谍活动，加拿大政府发出通辑令，限令他们10日之内离开加拿大，因为他们进行了与其身份不符的活动。出于外交礼仪上的需要，用与其身份不符的活动来代替间谍活动这一概念。

(2) 以弹性概念取代精神概念。例如，1978年黄文欢同志因不满黎笋集团的倒行逆施，辗转到中国，他要回避"到中国有多久"和"还要住多久"的问题。当一名英国记者问，他何时到达北京时，他回答说："我到北京的时间距今天不久。"用"不久"这一有伸缩性概念取代精确的时间长短描述，既回避了敏感的问题，也不能说失去了真实性。

(3) 回避。例如，有人问你："你说广州产品好还是上海产品好？"你并没有这种经验，也不宜表现自己无知，可以答曰："各家多有自己的特点。"再如，一个法国人问一个中国女孩："你喜欢中国人还是喜欢外国人？"因为是社交场合，女孩回答："谁喜欢我，我就喜欢谁。"避免了说喜欢外国人可能遭致不爱国的指责以及回答喜欢中国人会遭致让外国友人扫兴的难堪。

(4) 运用答非所问。电影《少林寺》中，觉远对法师不近色、不酗酒的要求都以"能"作答。法师："尽形寿，不杀生，汝今能持否？"觉远难以回答。法师高声再问："尽形寿，不杀生，汝今能持否？"觉远："知道了"。这样模糊的回答，既能在法师面前过关，又不违背自己要惩治世间恶人的决心和本意，真正做到了两全其美。

(5) 以选择式代替指令式。1944年毛泽东同志致信丁玲、欧阳山："……除了谢谢你们的文章之外，我还想知道一点，如果可能的话，今天下午或傍晚拟请你们来我处，不知是否可以？""还想知道"、"可能"、"拟请"、"是否可以"等多个词语，充分体现了毛主席谦和的作风。

使用模糊法时，一定要注意不同民族对模糊意义的理解各有不同，在跨民族、跨国界使用时要慎重。例如，在 1972 年 9 月，周总理为田中角荣首相举行的招待会上的一幕就是很典型的事例。田中角荣致答谢词："……过去的几十年间，日中关系经历了不幸的过程。期间我国给中国国民添了很大的麻烦，我对此再次表示深切的反省之感。"周恩来看到田中角荣不了解"麻烦"这一模糊用语在汉语中语气太轻了，不了解在中国人看来，这是对日本过去的侵犯罪行所采取的一种轻描淡写的态度，就问道："你对日本给中国造成的损失怎么理解？"田中角荣不得不再次表白："给您添麻烦这句话包含的内容并不那么简单。我们是诚心诚意地如实地表达自己赔罪的心情，这是不加修饰的，很自然地发自日本人内心的声音。……我认为，前来赔罪是理所当然的。"由这精彩的一幕，我们可以得出一个有益的教训：在社交中运用模糊法仍然需要准确地运用模糊语言。

5. 不妨幽默表达

幽默一词在古代汉语中已有，它的含义是寂静无声。现在人们早已不再在原意上使用幽默一词，它倒成了一个外来词语，是英语 humor 的音译。

幽默这一手法显得比其他手法更为复杂。关于幽默很难下一个全面而准确的定义，事实上也没有出现一个这样统一的认识。运用幽默的具体技巧也难以像其他手法一样，予以大致的分类罗列。

要特别指出的是，幽默手法的运用必须自然，切忌强求。第一，幽默只是手法，而非目的。第二，幽默是一种精神现象，不只是简单的笑话或滑稽所能描述的；幽默是一种风格、行为特性，是智慧、教养、道德处于优势水平下的一种自然表现。

幽默的作用：

(1) 幽默可以化解难堪。20 世纪 50 年代社会主义改造运动中，上海的一位老教授因基层干部作风粗暴而投河自杀，幸被人救起。陈毅市长知道后，采取多种行动挽回影响，一是狠狠地批评了那位基层干部，二是亲自去老教授家赔礼道歉，同时在一次高级知识分子大会上，用幽默的手法批评了老教授："我说你呀，真是读书一世，糊涂一时。共产党搞思想改造，难道是为了把你们整死吗？我们不过想帮大家卸下包袱，和工农群众一道前进。你为何偏要和龙王爷打交道，不肯和我陈毅交朋友呢？你要投河也该先打个电话给我，咱们再商量商量嘛！"

(2) 幽默可以化解矛盾，缓和气氛。例如，一个小孩看到一个陌生人，长着很大的鼻子，马上大叫："大鼻子。"小孩的父母感到很难为情，很对不起人。陌生人却幽默地说："就叫我大鼻子叔叔吧！"大家都能就此一笑了之了。

一个人在车上不小心踩了别人一脚，忙连声道歉。被踩的这个人风趣地说："不，是我的脚放错了地方。"这人大度地认为，事情发生了，已无可挽回，又不是故意的，也没有什么损失，何不一笑了之呢。

一位顾客在餐厅吃饭，米饭中沙子很多，服务员歉意地问："仅是沙子吧？"顾客大度地回答："不，其中也有米饭。"既批评了餐厅，也免除了尴尬局面。

(3) 幽默也可以用来含蓄地拒绝。例如，一位好友向罗斯福问及美国潜艇基地的情况。罗斯福问道："你能保密吗？"好友回答："能。"罗斯福笑着说："你能我也能。"好友也就知趣地不再问事了。

(4) 幽默可以针砭时弊。例如，领导问："你对我的报告有什么看法？"群众："很精彩。"领导："真的？精彩在哪里？"群众："最后一句。"领导："为什么？"群众："当你说'我的报告完了'，大家都转忧为喜，热烈鼓掌。"这段幽默讽刺了领导干部长篇大论、不着边际的作风。

(5) 使用幽默，可以在轻松的气氛下进行严厉的批评。例如，某商店经理在全体职工大会上说："要端正经营作风，加强劳动纪律，公私分明，特别是那'甜蜜的事业'——糖果柜台。"

(6) 幽默可使你获得有力的反击武器。例如，德国大文豪歌德有一次在公园散步，遇到了一个恶意攻击他的批评家。那位批评家不肯让路，并傲慢地说："我从不给傻瓜让路。"歌德立刻回答："我却完全相反！"说完，立即转到一边去了。

幽默是人的思想、学识、智慧和灵感的结晶，幽默风趣的语言风格是人的内在气质语言运用能力的外化，幽默风趣的语言风度固然有先天成分的影响，但更有后天的习得。应掌握一些构成幽默的方法，并在语言表达中注意加以运用。幽默的方法有：

(1) 歪解。

俗话说："理儿不歪，笑话不来。"说咸鸭蛋是盐水煮的不是幽默，说咸鸭蛋是咸鸭子生的才是幽默，前者是常规，后者是歪解。歪解就是歪曲、荒诞的解释，它以一种轻松、调侃的态度，随心所欲地对一个问题进行自由自在的解释，硬将两个毫不沾边的东西拱在一起，这样才能达到一种不和谐、不合情理但出人意料的效果。在这种因果关系的错位与情感和逻辑的矛盾之中，幽默也就产生了。例如，有人问鲁迅："先生，你为什么鼻子塌？"鲁迅笑答："碰壁碰的。"这个回答里面，既有对社会现实的不满，又有对自己生活坎坷经历的嘲讽，这样丰富而具有社会意义的内容与"塌鼻梁"这样一个具有丑的因素的自然生理特征结合在一起，便产生了无法言喻的幽默感。

(2) 降用。

故意使用某些"重大""庄严"的词语来说明一些细小、次要的事情的表达技巧，谓之"降用"。恰当地运用降用，可暗示自己的思想，启发对方思考，令语言风趣生动。毛泽东就是一位极会运用降用的行家里手。毛泽东的卫士封耀松在与一个女文工团演员"吹"后不久，在合肥跳舞时又"挑"上一个大他 3 岁且离过婚并带有一个小孩的女演员。毛泽东知道这些情况后，极不赞成此事，并通过当时的安徽省委书记曾希圣及其夫人"搅"散了这段"姻缘"。封耀松为此感到极为沮丧郁闷。毛泽东见状，笑着对封耀松说道："速胜论不行吧！也不要有失败主义，还是搞持久战好。""速胜论"、"失败主义"是抗日战争时期在对日寇入侵这一问题上所持的两种政治、军事观点，而"持久战"则是毛泽东为此而提出的著名论断。这里毛泽东新奇地降用来劝诫卫士在婚姻问题上不要急于求成，而应持相反的态度，以及在"告吹"后不可有悲观失望情绪，于调侃、戏谑之中，委婉地批评了小封在对待婚姻问题上的轻率行为。

(3) 仿似。

故意模仿现成的词、语、句、调、篇及语句格式，临时创造新的词、语句、调、篇及语句格式，谓之"仿似"。仿似是幽默诸多构成法中最常用的一种，往往借助于某种违背正常逻辑的想象和联想，把原来适用于某种语境、现象的词语用于另一种截然不同的新的环境和现象之中，而且模拟原来的语言形式、腔调、结构甚至现成篇章，造成一种前后不协调、不搭配的矛盾，给人以新鲜、奇异、生动的感受。毛泽东在一次报告中批评某些干部为评级而争吵落泪时说："有一出戏，叫《林冲夜奔》，唱词里说：'男儿有泪不轻弹，只因为未到伤心处。'我们现在有些同志，他们也是男儿，他们是'男儿有泪不轻弹，只因未到评级时'。"这里运用的就是局部改动名句的仿拟之法，显得俏皮有趣、批评有力。

(4) 自嘲。

自嘲即自我嘲讽，是指运用嘲讽的语气来嘲笑自己的缺陷和毛病，以取得别人的共鸣，引起别人会心一笑的方法。笑的规律是优笑劣、智笑愚、美笑丑、成熟笑幼稚。因此，如果公关人员善于显示自己比别人劣、愚、丑或幼稚，就会引人发笑，赢得公众的好感。自嘲还可嘲讽自己做过的蠢事、自己的生活遭遇等。

(5) 辨析。

辨析就是对字形、数字、姓名或其他常用的词组做巧妙的拆卸、组合、分辨、解析。这种"辨析"是一般人预想不到的，极具机智巧妙的动力，听者先深感"出乎意外"，一经思考，又觉得在"情理之中"，在"豁然顿悟之中，幽默便油然而生"。如在人际交往中，富有幽默感的人，自己介绍姓名或听人介绍时，往往都感到亲切自如，又找出了姓名中的特点，便于记忆。例如，薄一波初次见到毛泽东，当自己介绍姓名后，毛泽东紧握他的双手，嘴里连声说道："好啊，这个字很好！薄一波，薄一波，如履薄冰，如临深渊嘛！"说得周围的同志都笑了起来，毛泽东风趣的"析姓辨名"，使初次会面的客人紧张情绪顿消，感到他和蔼可亲。

2.4 提高声音质量

1. 认识声音

有人把人的发声器官比做一架管风琴。肺是风箱，由它提供发声的原动力。气流从肺中自下而上，通过气管上升到喉头，声音就由喉部产生。当人们呼气时，使保护气管开端的肌肉(即声带)紧密地挨在一起，以使空气通过声带时能够产生振动。这种振动产生了微弱的声音，然后该声音再穿过咽部(喉咙)、口，以及在某些情况下上升到鼻腔时被抬高产生共振。在这里，口和鼻腔就成了管风琴的两个管，它们不但可以起到扩大音量的作用，还可以任意变换音色。这样，共振后的声音被舌头、嘴唇、腭和牙齿这些发音器官改造，从而形成了语言体系中的声音。

我们认识发声器官，了解声音如何产生，目的是要在有声语言的训练中遵循其活动规律，正确发挥其功能和作用，从而有效地利用它来发出富有表现力和感染力的声音，增强语言表达的效果。

2. 影响声音质量的因素

现实生活中，去除语言的内容，人们经常能够通过一个人的声音判断出对方的许多信息，如对方的性格、涵养、情绪等；有时甚至单凭一个人的声音就可去主观地判断这个人的外貌、形象等特征，尽管判断的结果有时与事实不相符合，但这说明声音具有迷惑性。因此，声音质量的高低直接影响听众对语言内容和表达者的接受程度。那么，影响声音质量的因素有哪些呢？

1) 音域

音域是指每个人声音从低音到高音的范围。大多数人运用音高的范围超过 8 度，也就是音阶上的 8 个全音。音域的宽窄直接影响到声音的质量。人们在平时交谈时，音域大多在一个八度左右，而常用的也只有四、五个音的宽度，但是如果要同时与众多听众进行交流，如演讲或是表达强烈的思想感情时，这样的音域就显得过窄。由于这时表达者不得不用到音域的极限，自己就会感到吃力，声音会变得不自然，而带给听者的则是极不舒服的感觉。如果一个人的音域过窄而造成了表达上的障碍，则需要专门为此进行训练，以拓宽自己的音域。事实上，对于大多数人来说，不在于是否拥有令人满意的音域，而在于是否最好地利用了他们的音域。

2) 音量

音量就是发出声音的强弱、大小。当人们正常呼气时，横隔肌放松，空气被排出气管。当人们讲话时，就会通过收缩腹肌来增加排出空气对振动声带的压力，这样，在排出空气后产生更大的力量提高了声音的音量。感受这些肌肉动作的方法是：将双手放在腰部两侧，将手指伸展放在腹部。然后以平常的声音发"啊"，再以尽可能大的声音发"啊"，这时我们会感觉到提高音量时腹部收缩力量的增强。微弱的声音，缺乏力度，使有声语言没有表现力，难于表达强烈的思想感情；而响亮、浑厚、有穿透力的声音，则能做到高低起伏，轻重有别，可以增强声音的表现力与感染力。因此，如果我们的音量不够大，则可以通过在呼气时提高腹部区域压力的方法来加以锻炼。

3) 音长

音长就是声音的长短，它同语速、停顿密切相关，可以影响语言节奏的形成，对声音的质量同样有着不可忽视的作用。语速，也就是讲话的速度。大多数人正常交流时语速为每分钟 130 至 150 个字左右，而播音员的语速一般在 180 至 230 个字左右。可见，对于不同的人，不同的语言环境，语速的差异是比较大的。我们不需要去统一执行哪一个标准语速，因为一个人语速是否恰当关键取决于听众是否能理解他在说什么。通常情况下，当一个人发音非常清楚，并且富有变化、抑扬顿挫时，即使语速很快也能被人接受。

我们一方面要进行良好的训练，另一方面，要学会合理地控制这些特征，这样就可以使声音富于变化、轻重有别，从而更加有效地表达语言的思想内容。

3. 发声练习

我们已经知道，声音的产生并不是单靠某一个器官完成的，而是呼吸器官、消化器官相互协同完成了发声。发音效果的好坏，与呼吸、声带、共鸣器官等有直接的关系。因此，要想提高声音的质量，使自己发出的声音更加富有表现力和感染力，就要从以下几个方面来多加练习。

1) 控制气息

气乃声之源。一个人气量的大小、能否正确用气，对语音的准确、清晰度和表现力都有直接影响。唐代文学家韩愈曾说过："气，水也；言，浮物也。水大而物之浮者大小毕浮。气之与言犹是也，气盛则言之短长与声之高下者皆宜。"因此我们必须学会控制好气息，这样才能很好地驾驭声音。在语言交流中要想使声音运用自如、音色圆润、优美动听，就要学会控制气息，掌握呼吸和换气的技巧。

呼吸的紧张点不应放在整个胸部，而应放在丹田，以丹田、胸腔、后胸作为支点，即着力点。使力有了支点，声音才有力度。

(1) 吸气。吸气时，要双肩放松，胸稍内含，腰腿挺直，像闻鲜花一样将气息吸入。要领是：气下沉，两肋开，横膈降，小腹收。这样随着吸气肌肉群的收缩容积立体扩张，有明显的腰部发涨、向后撑开的感觉，注意不要提肩，也不要让胸部塌下去。当气吸到七八成时，利用小腹的收缩力量控制气息，使之不外流。

(2) 呼气。呼气时，要保持吸气时的状态，两肋不要马上下塌。小腹始终要收住，不可放开，使胸、腹部在努力控制下，将肺部储存的气息慢慢放出，均匀地向外吐。呼气要用嘴，做到匀、缓、稳。在呼气过程中，语音随之一个接一个地发出，从而使有声语言富有节奏。

(3) 换气。在语言表达过程中，人们不可能一口气将所要说的内容说完，常常需要根据不同内容和表情达意的需要作时间不等的顿歇。许多顿歇之处就是需要换气或补气之处，以保证语气从容、音色优美，防止出现气竭现象。换气有大气口和小气口两种换气方法。大气口是在类似于朗读、演讲这样的语言表达时，在允许停顿的地方，先吐出一点气，马上深吸一口气，为下面要说的话准备足够的气息。这种少呼多吸的大气口呼吸一般比较从容，也比较容易掌握。小气口是指表达一段较长的句子时，气息用得差不多了，但句子未完而及时补进的气息。补气时，可以在气息能够停顿的地方急吸一点气，或在吐完前一个字时不露痕迹地带入一点气，以弥补底气不足。无声、音断气连，这都是难度较大的换气方法。

2) 训练共鸣

气流从肺部上升到喉头冲击声带发出的声音本来是很微弱的。但经过喉腔、咽腔、口腔、鼻腔的共鸣，声音就扩大了，这不需经过训练，人人都可以做到。但是，要想使声音洪亮、圆润、悦耳，就需要进行特殊的训练了。

(1) 鼻腔共鸣。鼻腔共鸣是由"鼻窦"实现的。鼻窦中的额窦、蝶窦、上鄂窦、筛窦等，它们各有小小的孔窦与鼻腔相连，发音时这些小孔窦起共鸣作用使声音响亮、传得更远。运用鼻腔时，软腭放松，打开口腔与鼻腔的通道使声音沿着硬腭向上走，使鼻腔的小窦穴处充满气，头部要有振动感。这样，发出的声音才会震荡、有弹力。但要注意，鼻腔色彩不能过量，过量就会形成"鼻囊鼻音"。

(2) 口腔共鸣。口抬起，呈微笑状，使整个口腔保持一定张力，口腔壁、咽腔壁的肌肉处于积极状态。这样，声带发出的声音随气流的推动流畅向前，在口腔的前上部引起振动，形成共鸣效果。共鸣时要把气息弹上去，弹到共鸣点。声音必须集中，同时还要带上感情，兴奋起来。这样才会达到一个好的共鸣效果。

(3) 胸腔共鸣。胸腔是指声门以下的共鸣腔体，属于下部共鸣腔体，它可以使声音结实浑厚、音量大。运动胸腔共鸣时，声带振动，声音朝着气流相反的方向通过骨胳和肌肉组织壁传到肺腔，这时胸部明显感到振动，从而产生共鸣。有了这个底座共鸣的支持，声音才会真实，不飘。

在进行共鸣训练时，扩大共鸣腔要适度，不能无限制，要以不失本音音色为前提。同时，应该学会控制共鸣腔肌肉的紧张度，保持均衡的紧张状态。另外，共鸣腔各部位包括肌肉要协同动作，这样声音的质量才能真正提高。

3) 吐字归音

吐字归音是汉语 (汉字)的发声法则，即"出字"和"收字"的技巧。我们把一个字分为字头、字腹和字尾三部分，"吐字"是对字头的要求，"归音"是对字腹尤其是对字尾的发音要求。

① 吐字。吐字也叫咬字。一是注意口型，口型该大开时不能半开，该圆唇的时候不能展唇，尽量使声音立起来；二是注意字头，字头是字音的开始阶段，要求叼住弹出。要做到吐字清晰，发音有力，摆准部位，蓄足气流，干净利落，富有弹性。只有这样吐字才能使声音圆润、清楚。

② 归音。字尾是字音的收尾部分，指韵母的韵尾。归音是指字腹到字尾这个收音过程。收音时，唇舌的动作一定要到位，字腹要拉开立起，即在字腹弹出后口腔随字腹的到来扯起适当的开度，共鸣主要在这儿体现。然后收住，要收得干净利落，不拖泥带水，但也不能草草收住。如"天安门"三个字收音时舌位要平放，舌尖抵住上齿龈，归到前鼻韵母"n"音上。只有这样归音才到位，才能使声音饱满，富有韵味。

【 实践训练 】

口头语言沟通训练

1. 实训目的

(1) 通过实训掌握书面语言及口头语言沟通中的各种技巧要领。

(2) 提高运用相关知识解决实际问题的信心和能力。

(3) 养成良好的沟通习惯和风格，形成得体的沟通综合能力。

2. 实训情景

➤ 职业情景 1：

你是公司办公室陈主任，公司曾向某家饭店租用大舞厅，每一季用 20 个晚上，举办员工培训的一系列讲座。可是就在即将开始培训的时候，公司突然接到通知，要求公司必须付高出以前近三倍的租金才能租用。当你得到这个通知的时候，所有的准备工作已经就绪，通知都已经发出去了。单位领导派你去说服对方不要违约，你怎么办？请模拟场景，扮演角色。

➤ 职业情景 2：

于雪的上司吴总是公司负责营销的副总，为人非常严厉。吴总是南方人，说话有浓重的南方口音，经常"黄"与"王"不分。他主管公司的市场部和销售部，市场部的经理姓"黄"，销售部经理又恰好姓"王"，由于"黄"和"王"经常听混淆，于雪非常苦恼，这天，于雪给吴总送邮件时，吴总让她"请黄经理过来一下！"是让王经理过来还是让黄经理过来？于雪又一次没听清吴总要找的是谁。面对这种情况，于雪该怎样处理？

3. 实训内容

(1) 根据职业情景 1，模拟演示陈主任的沟通协调过程。

(2) 根据职业情景2，为秘书于雪找出一个两全其美的办法，并演示沟通过程。

4. 实训要求

(1) 本实训可在教室或情景实训室进行。

(2) 先分组讨论，再进行角色模拟演示。

(3) 分组进行，每组 3～5 人，一人扮演酒店经理，一人扮演陈主任，一人扮演秘书于雪，一人扮演公司吴副总经理。分角色轮流演示，每组分别演示以上两个情景。

(4) 要求编写演示角色的台词与情节，用语规范，表达到位。

5. 实训提示

(1) 利用口语交流的技巧。

(2) 注重沟通的目的与策略。

6. 实训总结

个人畅谈沟通体会，教师总评，评选出最佳口头语言沟通者。

（资料来源：徐丽君，明卫红. 秘书沟通技能训练. 北京：科学出版社，2008）

【自主学习】

运用语言沟通的知识和技巧，按 3～4 名同学一组自由组成若干小组，其中每组取一人为讨论组织者，任选以下问题进行讨论，5～8 分钟完成讨论，并派一人当众综述沟通结果。

(1) 你们几位同学都是电影爱好者，打算成立一个校内影迷协会，作为发起者请讨论它的可行性方案。

(2) 你们几个同学是超级数码影迷，一直想自导、自拍、自演一部 DV，现在商量实施方案。

(3) 如果你们班有一名同学因经济困难假期无钱回家，几个好朋友想帮助他，但他的自尊心很强，讨论一个最得体的办法

(4) 假设你们班得到优秀班集体的奖金 1000 元，你们几个是班干部，现在商议一下这笔奖金的处置方案。

 案例分析

案例 1："我请诸君笑一笑"

1956 年，当时的印尼总统苏加诺到清华大学操场演讲，在台下听的除清华的学生以外还有北大的学生，陪同的有戴着墨镜和白手套的外交部长陈毅。苏加诺是世界名人，步入清华时，学生队伍的秩序一度有些激动性的骚乱，在台上的陈毅显然不悦，气氛有点紧张。有经验的苏加诺总统当然看出来了。他在演讲一开头就说了两句题外的话："我请诸君向前移动几步，我愿更靠近你们。"话一说完，学生队伍活跃了，很快往前移动了几步。接着苏加诺又说："我请诸君笑一笑，因为我们面临着一个光辉的未来。"青年们轻松地笑了起来，

气氛立刻变得十分和谐，在之后的演讲中苏氏不断被热烈的掌声打断。

（资料来源：http://www.my-link.cn/plus/view.php?aid=7745)

思考与讨论：

(1) 如何运用语言沟通拉近与听众的心里距离？

(2) 本案例对你有何启示？

案例2：三位应聘者

刘同学在简历的著作栏里写下了曾发表过的一篇关于汇率稳定的文章，以期在银行面试时会有作用。结果在面试中国银行时，当主考官问起她对汇率稳定的观点时，她结结巴巴，说不出个所以然。事实是身为会计专业的她对金融问题根本没有研究，只是托自己学习金融专业的同学在其发表的文章上加入了自己的名字。因此，她和中国银行失之交臂。

王同学一心想进入国际性的咨询公司，在遭到拒绝后，转而将目标锁定于国际会计师事务所。最后，只有安永公司给了她面试邀请。原本此机会已是弥足珍贵，但面试中，考官问到她还投递了哪些单位时，王同学将她投递过的单位如数家珍般一股脑儿说出，并表现出极强的兴趣，但就是没有表现出对安永的兴趣。结果可想而知，安永将她拒之门外。

张同学在面试毕马威时，向主考官强调她特别想进入该公司。在解释原因时，她指出毕马威的良好背景有利于她以后再次跳槽。最后，毕马威没有给她这个可以再次跳槽的机会。事后，张同学懊恼地表示她当时头脑发晕，不该这么回答问题。

（资料来源：摘自滨海新区信息网 http://www.tjbhxx.cn/)

思考与讨论

(1) 请运用所学的知识针对三位应聘者出现的问题进行分析和评价。

(2) 本案例对你有哪些启示？

任务 3

非语言沟通

- 明确语言沟通和非语言沟通的联系和区别;
- 了解非语言沟通的作用;
- 运用非语言沟通的表现形式提高非语言沟通的效果。

【案例导入】

非同寻常的曹操

魏武帝(曹操)将见匈奴使,自以为形陋不足雄远国,使崔季珪代,帝自捉刀立床头。既毕,令间谍问曰:"魏王何如?" 匈奴使答曰:"魏王雅望非常。然床头捉刀人,此乃英雄也。"

(资料来源: [南朝·宋]刘义庆:《世说新语·容止》)

问题: 结合本案例谈谈非语言沟通的作用。

【知识储备】

3.1 语言沟通和非语言沟通的区别

据研究结果显示,高达93%的沟通是非语言的,其中55%是通过面部表情、身体姿态和手势传递的,38%是通过声调传递的。

所谓非语言沟通,是指不通过口头语言和书面语言,而是通过其他的非语言沟通技巧,如声调、眼神、手势、空间距离等进行沟通。因为非语言沟通大多是通过身体语言体现出来的,所以通常也叫身体语言沟通。在沟通过程中,非语言沟通与语言沟通关系密切,而且经常相伴而生。

语言沟通和非语言沟通有很大的区别。惠亚爱主编的《沟通技巧》(人民邮电出版,2008

年版)一书中对此进行了专门论述。

(1) 沟通环境。在非语言沟通中，我们只要运用到眼睛，因此可以不必与人直接接触。比如，你可以通过一个人的着装、动作判断他的性格与喜好，可以通过他的收藏品判断他的业余爱好，也可以通过他的表情看出他与朋友的关系程度。通过约会的地方可以看出他对约会的重视程度。非语言沟通可以不为被观察者所知，但语言沟通非得面对面进行。

(2) 反馈方式。除了语言之外，对于其他所给予的信息，我们给予大量的非语言反馈。我们的很多感情反应是通过面部表情和形体位置的变化来表达的。通过微笑和点头来表示自己对别人说的内容感兴趣，通过坐立不安或频频看手表来表示缺乏兴趣。

(3) 连续性。语言沟通从词语开始并以词语结束，而非语言沟通是连续的。无论对方在沉默还是在说话，只要他在我们的视线范围内，他的所有动作、表情都传递着非语言信息。比如，在一家商店里，一个妇女在面包柜台旁徘徊，拿起几样，又放下，还不时地问面包的情况，这表明她拿不定主意；一位客户在排队，他不停地把口袋里的硬币弄得叮当响，这清楚地表明他很着急；几个小孩试图确定自己的钱能买多少收款处附近糖果罐中的糖果，而收款员皱着眉头叹了口气，可以看出她已经不耐烦了。商店中所有人都向我们传递非语言信息，并且是连续的，直到他们从我们的视线中消失。

(4) 渠道。非语言沟通经常不止利用一条渠道。例如，在观看一场足球赛时你所发送的信息，让任何人都会知道你喜欢哪个球队。因为你穿有该队代表色的衣服，或者举着牌子。当该队得分时，你跳起来大声喊叫。这样，在你非语言沟通中，你既使用了视觉渠道，又使用了声音渠道。又如，一次会议，地点在五星级饭店，配有最好的食物，高层领导出席，着装正式，这些都表明此次会议非常重要。

(5) 可控程度。我们很难控制非语言沟通，其中控制程度最低的领域是情感反应。高兴时你会不由自主地跳起来，愤怒时会咬牙切齿。我们的绝大多数非语言信息是本能的、偶然的。这与语言沟通不同，因为在语言沟通时，我们可以选择词语。

(6) 结构。因为非语言沟通是无意识中发生的，所以它的顺序是随机的，并不像语言沟通那样有确定的语言和结构。如果作者与人交谈，你会计划你要说的话，但不会计划什么时候翘腿、从椅子上站起来或看着对方，这些非语言动作与交谈期间所发生的情形相对应着。仅有的非语言沟通规则是指一种行为在某种场合是否恰当或容许。例如，在一些正式场合，即使你遇到再不高兴的事，也不能跳起来，要喜怒不形于色。

(7) 掌握。语言沟通的许多规则，如语法、格式，是在结构化、正式的环境中得以传授的，如学校。而很多非语言沟通没有被正式教授，主要是通过模仿学到的，如小孩子模仿父母、兄弟姐妹和同伴，下属模仿上司等。

3.2　非语言沟通的作用

非语言沟通作为沟通活动的一部分，在完成信息准确传递的过程中起着重要的作用。据研究，在沟通中，55% 的信息是通过面部表情、形体姿态和手势传递的。非语言沟通在交际活动中的作用是异常丰富的，它能使有声语言表达得更生动、更形象，也更能真实地体现心理活动状态。

非语言沟通的作用有：

1. 代替语言

我们现在使用的大多数非语言沟通形式，经过人类社会历史文化的积淀而不断地传递、演化，已经自成体系，具有一定的替代有声语言的功能。另外，许多用有声语言所不能传递的信息，通过非语言沟通却可以有效地传递。同时，非语言沟通作为一种特定的形象语言，它可以产生有声语言所不能达到的交际效果。因此，在日常工作中，我们也经常自觉或不自觉地使用各种非语言沟通来代替有声语言，进行信息的传递和交流。在传递交流信息的过程中，采用非语言沟通既省去了过多的"颇费言辞"的解释和介绍，又能达到"只可意会，不可言传"的效果。

方纪的《挥手之间》描述了在抗日战争时期，毛泽东去重庆谈判前与延安军民告别时的动作。"机场上人群静静地站立着，千百双眼睛随着主席高大的身影移动"。"人们不知道怎样表达自己的心情，只是拼命挥着手"。"这时，主席也举起手来，举起他那顶深灰色盔式帽，举得很慢，很慢，像是在举一件十分沉重的东西，一点一点的，一点一点的，等举过头顶，忽然用力一挥，便在空中一动不动了"。"举得很慢很慢"，体现了毛泽东在革命重要关头时重大决策严肃认真的思考过程，同时，也反映了毛泽东和人民群众的密切关系和依依惜别之情。"忽然用力一挥"表现了毛泽东的英明果断和一往无前的英雄气概。毛泽东在这个欢送过程中一句话也没有讲，但他的手势和动作却胜过千言万语。

非语言沟通代替有声语言在舞台表演中的作用最为突出。在表演时，完全凭借手、脚、体形、姿势、表情等身体语言，就能够准确地传递特定的剧情信息。需要指出的是，在管理工作中所采用的非语言沟通与舞台表演时的身体语言应当有所区别。在商务沟通中运用非语言沟通，要尽量生活化、自然化，与当时的环境、心情、气氛相协调，如果运用非语言沟通时过分夸张或矫揉造作，只会给别人造成虚情假意的印象，影响沟通的质量，甚至会起到反作用。

2. 强化效果

非语言沟通不仅可以在特定的情况下替代有声语言，发挥信息载体的作用，而且在许多场合，还能强化有声语言信息的传递效果，如，当领导在会上提出一个远大的计划或目标时，他必须用准确的非语言沟通来体现这个目标的重要性。他应该用沉着、冷静的目光扫视全体人员，用郑重有力的语调宣布，同时脸上表现出坚定的神情。在表达"我们一定要实现这个目标"时，要有力地挥动拳头。在表达"我们的明天会更好"时，要提高语调，同时，右手向前有力地伸展等。这些非语言沟通大大增强了说话的分量，体现出决策者的郑重和决心。

3. 反映真相

非语言沟通大多是人们的非自觉行为，其所载荷的信息往往都在交际主体不知不觉中显现出来的，一般是交际主体内心情感的自然流露，与经过人们的思维进行精心构思的有声语言相比，非语言沟通更具有显现性。非语言沟通在交际过程中可控性较小，他所传递的信息更具有真实性，正因为非语言沟通具有这个特点，因而非语言沟通所传递的信息常常可以印证有声语言所传递信息的真实与否。在现实交际中常出现"言行不一"的现象，正确判断一个人的真实思想和心理活动，要通过观察他的身体语言，而不是有声语言。所以，日常工作中，同事之间的一个很小的助人动作，就能验证谁是你的真心朋友。在商务谈判中，可以通过观察对方的言行举止，判断出对方的合作诚意和所关心的目标等。

我国新闻界的前辈徐铸成先生有一次谈到他早年采访中的一段经历。1928年，阎锡山和冯玉祥曾经酝酿联合推翻蒋介石，可是当冯玉祥到达太原时，阎锡山却把他软禁起来，借此行动向蒋介石要钱要枪。后来冯玉祥的部下做了一番努力，才逐步扭转危局。那天徐铸成到冯玉祥驻太原的办事处采访，看到几个秘书正在打麻将，心里一动，估计冯玉祥已经脱身出走了，因为冯治军甚严，如果他在家的话部下是不敢打牌的。徐铸成赶紧跑到冯玉祥的总参议刘志洲家采访，见面就问："冯玉祥离开太原了？"对方大吃一惊，神色紧张地反问："啊？你怎么知道？"这个简短的对答，完全证实了徐铸成的判断。徐铸成就这样通过一桌麻将和采访对象的神色语气，获得了冯玉祥脱身出走的重要信息。以后他又经过深入的访谈，摸清了冯玉祥、阎锡山将再度联合的政治动向，在当时这是一条极其重要的政治新闻。

（资料来源：黄漫宇.商务沟通.北京：机械工业出版社，2006）

4. 表达情感

非语言行为主要起着表达感情和情绪的作用。例如，相互握手表示良好人际关系的建立；父母摸摸小孩子的脑袋表示爱抚；夫妻、恋人、朋友间的拥抱表示相互的爱恋和亲密。在历史上，管宁通过"割席"这个无声的行动拉开了与不专心学习的伙伴华歆的距离；汉文帝垂询贾谊时，"夜半虚前席"则缩小了君臣之间的距离。再如，吴敬梓的《儒林外史》第五回和第六回中写严监生病入膏肓，弥留之际已不能说话，但是还不咽气，把手从被单里拿出来，赵氏慌忙揩揩眼泪，走近上前道："爷，别人不明白，只有我晓得你的意思！你是为那灯盏里点的是两茎灯草不放心，恐费了油。我如今挑掉一茎就是了。"说罢，忙走去挑掉一茎。众人看严监生时，他点一点头，把手垂下，顿时就没有了气。这段描写固然是夸张地刻画了严监生吝啬的性格特点，但更说明了人在不能说话的情况下也能用体态语言来表情达意。

3.3 非语言沟通的表现形式

1. 副语言

副语言又称类语言，是指有声音而没有固定语义的语言。有声是相对于无声而言的，从发声的角度讲，人类的交际活动主要分为有声语言交际和无声语言交际两类。无声类主要包括体态语言，如表情、眼神、动作等。有声类主要包括常规语言和副语言。常规语言是指我们平时交谈时运用的分音节语言。副语言与常规语言的区别在于：其一，常规语言是分音节的语言，而副语言的语音形式诸如重音、语调、笑声、咳嗽等都不是正常的分音节语言。其二，常规语言绝大多数有较为确定的语义，而副语言本身没有固定的语义，只有在具体的语境中才能表达特定的意义。正是因为副语言语义的不确定性，所以，在交际过程中适当地运用副语言能产生特殊的表达效果。

副语言主要包括两类：一类是伴随有声语言而出现的声音特性，如停顿、重音、语速、语调等。另一类是功能性发声，如笑声、哭声、呻吟、叹息、咳嗽等。前者往往与常规语言同时发生，表现为常规语言的表达方式。后者可以单独使用，在具体的语境中有相对独立的语义。相比常规语言，副语言更加依赖语境。脱离语境，副语言只剩下了一些功能性的发声，是纯粹的语音形式而没有确切的语义。

副语言在不同语境中的运用使其丰富的语义信息由此产生，副语言的交际功能就是由其丰富的语义信息决定的。概括起来，副语言主要有以下几个方面的交际功能：① 强调功能。副语言借助重音、停顿或语速、语调的变化等形式强调所要表达的内容。② 替代功能。在交际过程中，副语言有时能直接替代常规语言并产生特别的表达效果。比如，当甲问乙："你家儿子考上大学没有？"乙一声"叹息"，就等于回答了甲："没有考上，别提了。"③暗示功能。副语言的声音里有特定的含义，常代表一种"声音暗示"。例如，咳嗽声可以表示默契、暗中提醒；打哈欠声可以表示厌烦；打喷嚏声可以表示嗤之以鼻；笑声可以表示蔑视等否定功能。另外，同样的语句因说话者的语调、语气或重音运用的不同，可能会有截然不同的语义。比如，"你来得真早！"既可以是直接肯定对方早来的事实，也可以是对对方迟到的讽刺。这句话的否定意义就是通过加重"真"字的语音并放慢其语速而表达出来的。

1) 音质

音质也叫音色，是声音的特色，是一个声音与其他声音相互区别的根本标志。每个人都有独一无二的音质，我们可以根据声音判别其人。比如，隔壁房间有几个熟悉的人在大声说话，我们就可以根据各人音质的不同来判断是张三还是李四在说话。或者即使是自己不认识的一群人在隔壁说话，也能大概知道是老人还是小孩，是男的还是女的在说话。作为声音的自然特性，音质虽然没有区分语义的功能，但它在语言交际中却能产生特别的表达效果。试想一下，如果我们拿起话筒，听到的是一个明亮、清脆、音调谐婉的女性声音，或者是一个带有磁性的浑厚的男中音时，都会感到特别悦耳、动听。相反，如果女的声音宽厚，男的声音尖细则会让我们感到不舒服。

正因为音质是一个人的声音特征，是每个人特有的说话方式，所以音质有时能够透露出一个人的性格和个性。有学者研究得出：说话带呼吸声的男性是年轻并且富有艺术感的；女性则长相漂亮，有女人味，但较为浅薄。声音细弱的男性普普通通，没有什么特殊能力，无足轻重；声音细弱的女性则不够成熟。声音紧张的男性年龄较大，不易屈服；声音紧张的女性大多年龄较小，容易动感情，智商稍低。声音清晰、有活力的男性身心健康，富有热情；女性则富有朝气，态度随和，人缘好。声调富于变化的男性充满活力，富有同情心和爱美之心；女性声调富有变化则显得充满活力，能体贴人，善于与人沟通等。

音质有时会发生"性别错位"和"年龄错位"。成熟的男性如果说话声音尖细，就是"娘娘腔"；女性发音厚重，则被认为没女人味，这是"性别错位"。如果年少而声音苍老，或者年长而声音稚嫩，则属于音质的"年龄错位"。音质错位会给交际带来消极影响，因此，我们要注意自己的音质，并改善自己的发声。虽然音质是由一个人发声器官的生理特征决定的，但如果注意自己的发音方法和习惯，有意改变自身的发音弱点，音质是可以得到一定的改善的。

2) 音调

音调是指语句的语调。语调是指说话者为了表达意思和感情而表现出来的抑扬顿挫的语句调子。在普通话里，最常见的语调有升调和降调两种。升调是句尾升起的调子，一般疑问句用升调。降调是句尾降低的调子。陈述句、祈使句、感叹句一般用降调。同样的句子，因语调不同，其语义大不相同，如"你们能赢"这句话，如果是用来鼓励对方，或相信对方一定能赢，则用降调表达肯定的语气。反过来，对方已经赢了，但说话者对此表示怀疑，说"你们能赢？"用的是升调，则会令对方不愉快。

语调的升降同句义的表达有密切的关系，如果把特定的语义和说话者的感情变化包括在内，句子升降的类型实际上并不止两种。比如："你好啊。"(平直调，说话者日常地问候对方)；"你好啊。"(升调，说话者关切地询问对方的身体或其他情况的变化)；"你好啊。"(高升调，说话者夸赞对方做出了令人惊讶的事情)；"你好啊。"(曲折调，说话者厌恶或讽刺对方)。同样的语句因语调的不同而有多种不同的语义，这一特点说明，在语言交际中，要重视语调的作用，善于运用不同的语调来确切的表达语义和情感。

3) 语速

语速是指说话的快慢。每个人说话都有一个比较恒定的语速。有人说话语速较快，有人说话语速较慢，这与说话者的个性相关。一般来说，性子比较急的人说话速度偏快，慢性子的人说话速度偏慢。语速在交际中的作用在于说话者可以利用语速来调整感情，更好地表达情意。一般来说，人在激动、兴奋、喜悦、愤怒时语速较快，在悲伤、沉郁、忧郁、疑虑时语速较慢。在演讲或说话时，为了强调某些特定信息，讲话者有意放慢语速，并加重语气。对于不太重要的信息，则快速带过。比如，我们常在电影或书本中看到革命者面对敌人的拷问，一字一句地回答："不—知—道！"或者自豪地说："我是共—产—党—员！"

同样的句子因不同的语速所表达的语言信息是不同的，如在召唤某人时，他回答："来啦！"这两个字如果拉长语气即放慢语速说的话，则表示高兴、欢快的情绪；如果是快速的语气，则表示他不情愿、不耐烦的态度。演讲和说话时，讲话者可通过调整语速来调节和控制现场气氛，以达到更好的表达效果。例如，林肯"他会以很快的速度说出几个字，当他希望强调某个单字或句子时，他会让他的声音拖长，并一字一句，说得很重，然后就像闪电一般，迅速把句子说完……他会把他说出的他所要强调的单字或句子的时间尽量拖长，几乎和他说其余五六句不重要句子的时间一样长。"相反，如果讲话者一直以没有变化的语速和平直的语调发言，听者会感到乏味，气氛也会沉闷，那么，这时则可以加快或放慢语速，并结合语调的变化，来引起听者的注意。

4) 停顿

停顿是语流中声音的暂时中断，这是副语言中特殊的一种类型。因为副语言是一种有声的语言，对通过声音来传达信息，人们早已有所认识；停顿虽然没有声音(这里我们可以理解停顿是一种音量值为零的语言)，但在语言交际中，适当地运用停顿，也可传达信息，并产生较好的表达效果，正所谓"此时无声胜有声"。我们这里所讲的停顿是副语言范畴中的停顿。停顿分为常规停顿和超常规停顿。常规停顿是指语法停顿和逻辑停顿，这种停顿并没有产生特殊的语义；副语言中的停顿是一种违反常规的停顿，停顿能传达特殊的信息，并产生特别的表达效果。进行口语交际时，适当地运用停顿可调节言语的节奏，并能控制语速，这样有利于讲话者迅速地调整思维，对自己的言语进行编码，也便于对方接受，使谈话达到最佳效果。比如，提出问题以后的停顿，不管是让人回答还是自问自答，都可以给对方提供思考的时间；在句群和段落之间，适当的停顿可提示对方谈话层次的转换。

停顿作为一种辅助性的交际手段，它的作用主要表现为对语言信息的强调。马克·吐温说："停顿经常产生非凡的效果，这是语言本身难以达到的。"例如，英国政治家赖白斯有一次在伦敦发表了一个关于劳工问题的演讲，他讲到中间，突然停顿了 27 秒之久，正当听众不可思议时，赖白斯突然大声说："诸位适才所感觉到的局促不安的 27 秒的时间，就是普通工人垒起一块砖所用的时间。"赖白斯的停顿使得听众对停顿之后所说的话引起了特别的注意。停顿在演讲时的开场白之前运用能"压场"；而演讲即将结束时运用较长时间的停顿，往往会产生铿锵有力的效果。

5) 重音

重音是指说话和朗读时，把句子里的某些词语念得比较重的语言现象。语言学中的重音有语法重音和逻辑重音两种。根据语法结构的特点而把句子的某些部分重读的，叫语法重音。一般短句中的谓语部分以及句子中的修饰、限制成分如定语、状语、补语部分常常需要重读。例如：春天到了。("到"是谓语，读重音。)她是个很漂亮的姑娘。("很漂亮"是定语，读重音。)月亮慢慢地升起来了。("慢慢"是状语，读重音。)屋里打扫得很干净。("很干净"是补语，读重音。)根据表情达意的需要，对句子中需要突出和强调的词语重读，叫逻辑重音。例如：我知道你会唱歌。("我"读重音，表示别人不知道你会唱歌。)我知道你会唱歌。("知道"读重音，表示你不要瞒着我了。)我知道你会唱歌。("你"读重音，表示别人会不会我不知道。)我知道你会唱歌。("会"读重音，表示你怎么说不会呢。)我知道你会唱歌。("唱歌"读重音，表示会不会唱歌我不知道)。重音主要通过增加声音的强度来体现。语法重音是一种常规性的重读，其语音强度并不很强；逻辑重音具有突出强调的作用，其强度比语法重音要强。

此外，在谈话或演讲时，讲话者对所讲的内容充满特殊的感情，用重音来表达。有人称之为感情重音。比如，京剧《智取威虎山》一段，当杨子荣问小常宝的父亲在深山老林里住了多久时，小常宝父亲满腔悲愤，重重地吐出六个字"八年了，别提它。"再如，《生的伟大，死的光荣》一文中刘胡兰面对敌人铡刀的威胁，铁骨铮铮地回答道："怕死不当共产党员！"这句话用饱含强烈感情的重音，表现了刘胡兰对党的无限忠诚和大无畏的英雄气概。

6) 笑声

笑声是一种功能性发声。因为笑声是有声音的传出的，且声音本身有一定的含义。功能性发声大多都有相应的文字符号，如哈哈大笑，咯咯地笑等。笑声既是一种生理现象，也是一种心理现象，是人们内心情感的外部显示。同时它还是传递信息的手段。人类的笑多种多样，文字中对笑的形容也丰富多彩。诸如开怀大笑、哈哈大笑、放声大笑、捧腹大笑、笑弯了腰、笑出了眼泪、笑得肚子痛、笑得发抖、狂笑、欢笑、嬉笑、傻笑、耻笑、噬笑、憨笑、奸笑、干笑、冷笑、阴笑、苦笑、哭笑、嘲笑、皮笑肉不笑、怪笑、媚笑、浪笑、假笑等。每一种笑声里都有特定的信息，并且通过面部表情表现出来，当然，笑容是一种表情，属于体态语言。

笑声在交际中的作用是显而易见的。首先，无论是爽朗的笑声还是清脆的笑声都能给人带来愉快的情绪，活跃交际气氛。其次，人们从各种不同的笑声中能解读出不同的语义，体察笑者真实的情感。比如，面对敌人的威逼利诱，革命者哈哈大笑，那是对敌人极大的蔑视，表明了革命者坚定的信念和开阔的襟怀，同时笑声里也传达出革命者讽刺和愤怒的情绪。再次，由于笑声是一种生理和心理的复合现象，即笑声可以是一种条件反射，情不自禁的情绪反应，也可以是一种自觉意识的表现，亦指人们可以故意地发出笑声并通过笑声来传情达意。比如，在听了别人一个并不可笑的笑话故事后，人们用笑声来鼓励和安慰讲故事者。此外，诸如假笑、干笑、冷笑、阴笑以及嘲笑等都是有意为之的笑，能传达出特殊的信息。

7）咳嗽声

咳嗽本来只是一种生理现象，嗓子发痒或因呼吸系统病变就会引起咳嗽。但它有时候也是一种功能性发声，人们有意发出咳嗽声并借此传达特定的信息，如在发言之前，讲话人习惯咳嗽一两声，一为镇定自己的情绪，二为提示别人安静下来。咳嗽还可以用来填补语隙，如果在说话时出现因一时的思维障碍而可能导致讲话突然中断，说话人习惯用咳嗽声来填补语言间隙，从而使说话显得连贯。

8）叹息声

叹息首先是一种生理性的反应，当人们伤感、郁闷时，常常不由自主地发出叹息，借以排解内心苦闷的情绪。同时其又是一种功能性发声，它可以作为信息传递的一种方式，在具体的语境中，有其较明确的含义。比如，当别人向你诉说令人悲伤的事情时，你适时地叹息一声，这叹息是表示同情予以安慰的意思。当你恰逢生活或工作遇到不如意情况时，别人问及了你，你的一声叹息也等于回答了别人，不愿多说也无须多说。一个经常性地长吁短叹的人，似乎总是在向别人诉苦，时间久了，别人的同情也会转成厌烦。正是因为叹息是负面情绪的外化形式，所以，在交际中要注意其使用。当别人高兴之际，你的叹息会引起别人的不快；而当别人悲伤之时，你无动于衷，不作一声，悖于常情，也会令人不满。

9）嘘声

嘘声表示语义的功能是非常明显的，而且情绪化色彩很强，在公众场合用得较为普遍。嘘声常常表现为观众的一种否定、对抗甚至是反抗的激烈情绪。比如，演员和球员在台上或场上的表现不令人满意时，观众常发出一片嘘声，促其下台或下场。在交际过程中，嘘声作为交际主体单方面发出的声音信号，虽然传达了特定的语义和情绪，但对交际客体来说是一种伤害，是交际客体主观上不愿意接受的。这样，嘘声就违背了交际中合作、礼貌和协调的基本原则。从这个意义上来讲，它不应该参与到交际过程中来。严格地说，嘘声表现的是一种不文明的行为。

2. 沉默

沉默即言词、话语间的短暂停顿。沉默常常出现在高信息内容或低概率词项之间，是超越语言力量的一种高超的传播方式。因此，恰到好处的沉默也是一种艺术。比如：有一次，周总理主持记者招待会，有外国记者问："中国有没有妓女？"回答："有！"然后停下来。此时全场哗然。几秒钟后，他接下来说："在中国的台湾。"少顷，掌声大作。这一恰到好处的停顿——默语，使后续的话语产生了惊人的效果。

所谓"沉默是金"是深刻的至理名言。例如，在舌战中适当的沉默一会儿，是自信和有力的表现，是迫使对方说话的有效方法。只有缺乏自信，忐忑不安的人才会用喋喋不休来掩饰，只有愚人才不给对方以改变的机会。例如，青年男女之间倾心相爱，双眸含情脉脉，无言而对，这种沉默所传递的信息量要比言语大上几十倍，这绝对可以称得上"此时无声胜有声"。

沉默所表达的意义是丰富多彩的，它以言语形式上的最小值换来了最大意义上的交流，显示了精彩的艺术美。它可以是无言的赞许，也可以是无声的抗议；它可以是欣然的默认，也可以是保留己见；它可以是威严的震撼，也可以是心虚的无言；它可以是毫无主见，附和众议的表示，也可以是决心已定，无须多言的标志。

在一定的语境中，沉默是相对明确的，就像乐曲中的休止符一样，它不仅是声音上的空白，更是内容的延伸与升华。沉默确实是沟通中很厉害的武器，但是必须有效使用。否则，无论是在平时的日常生活中还是在商务沟通中，很容易使另外一个沟通者无法判定行为者的真实意图而产生惧怕心理，从而不能达到有效的沟通。

3. 时间①

时间作为非语言表现形式，主要是因为我们可以根据沟通者对待时间的态度来判定沟通者的性格、观念和做事的方式，从而达到有效的沟通，准确地了解沟通者，做出符合自己利益的决策。

(1) 不同民族、社会、文化对时间的感受不同。

我们往往容易做出人人都以同样的方式感受不同时间的假定。毕竟一小时就是一小时，不是吗？然而不同的民族、不同的社会和不同的文化对时间的感受是不同的。

在西方人们信奉基督教，故而将复活节、感恩节、圣诞节这样一些宗教节日视为民族大节日，非常重视并开展大量庆典活动。而在我国，老百姓比较喜欢按照阴历计算日子和节日，因此诸如中秋节、春节等节日才是中国老百姓喜欢过的传统节日。

(2) 即使在某种文化之内，不同的社会团体也将时间分为不同时段。

工商界关注从周一到周五的工作日，而零售店的经营者则更多关心周末的工作日；像宾馆、酒店等从事第三产业的经营者会把黄金销售期定在"黄金周"和双休日，而农民可能不怎么关心工作日和周末，他们会根据农业活动和季节(如耕作季节、播种季节和翻晒季节)安排时间。

(3) 人们对时间有不同的估价。

由于对时间的监管并不总是明确的，所以以更重要的或许是每个人都有不同的时间划分。根据人们的地位和所处的环境，人们对时间有不同的估价，如一个大公司的总经理和退休老夫妻对于时间的态度会有很大的区别。

对人际沟通产生明显影响的也包括使用时间的方式。如果你在上午10点安排了一个约会，却在上午10点半露面，那么你可能在传递着某些信息：你对约会的态度、对那个人的态度或对自己的态度和时间对你的重要性。如果你提前出席一个讲座，就能说明你的兴趣和热情，你可能在利用时间表达你的热心。

(4) 人们在时间的使用上有不同文化。

在中国，很多人并没有时间观念。在北美国家，"时间就是金钱"，他们会纪录约会日程并按日程计划和时间表生活，因此准时和及时对于北美国家是很重要的。在欧洲，一些国家的时间观念会比北美国家差一些，但是准时也是他们的特征。在德国，公共交通工具从来都是按照时刻表准确运行的，一旦因为晚点而给乘客造成损失，相关部门会给予适当的赔偿；而在南美洲的国家中，人们在参加宴会或者谈判时，迟到是很普遍的现象。因此，和不同文化背景的沟通者进行沟通需要了解和尊重对方的文化。

---

① 黄漫宇. 商务沟通. 北京:机械工业出版社，2006

4. 着装打扮

在现代生活中，人们的着装打扮已远远超越了最基本的遮羞避寒的功能，其更重要的功能是能向别人传递属于个人风格的信息。服装、饰物及化妆都作为沟通手段发挥着重要作用。

1) 服装

服装对非语言沟通极为重要。衣服的颜色、款式和风格等能够传递许多信息，其不仅可以表示一个人的社会地位、身份和职业性质，而且能够反应人的心理特点和性格。服装能够透露人的感情信息，常常是你如何感觉的就会如何穿着，而穿着如何同时又会影响你的感觉。

2) 饰物

饰物在人的整体装饰中至关重要，一件佩戴适当的饰物好似画龙点睛，能使你气质出众。佩戴饰物一般有四点要求：

(1) 在选择饰物的种类及选择佩戴方法时，首先要做到恰到好处，然后再考虑锦上添花，绝不可画蛇添足。例如，在黑色羊毛衫上面佩戴一枚闪光的彩色胸花，是很别致的。但如果再配上一条项链的话，就显得繁琐。

(2) 饰物的佩戴要与自身的体形、发型、脸形、肤色及所穿服装的款式、面料、颜色保持协调一致。例如，夏天，穿一身飘逸的连衣裙，背一个精巧的浅色双肩小包的女孩看上去就很协调，如果挎一个黑色皮包就不搭调。

(3) 由于现代饰物品种繁多，各种质地的饰品琳琅满目，在选择时首先要考虑自身所处的环境及身份，绝不可乱戴。例如，上班时，闪闪发光的手链、奇形怪状的戒指与身处的工作环境会很不相配。有一定身份的人，绝不可只图好看而选戴劣质饰品。

(4) 饰物的色彩、款式要与季节相配，这一点多用于在皮包、眼镜、领带的选择上。例如，夏季和春季，女士应选择色彩亮、体积小的皮包，男士应选戴以浅色为主的领带。而冬季着装则比较厚，皮包相应要大一点才能与穿着协调。

3) 化妆

化妆跟衣服一样，是皮肤的延伸。常见的化妆品有眉笔、胭脂、粉、唇膏、指甲油、香水等。化妆的目的在于重整面部焦点的特征，如单眼皮变双眼皮，细小的眼睛变大的眼睛、扁平的鼻子显得高耸、青白的面色变得红润等。化妆是一种身体语言，一位女士精心打扮，除了令自己更好看，还"告诉"人们三点：一是我肯花时间在化妆上，而时间就是金钱，所以我的社会地位不低。二是我的化妆品是贵重的，这反映了我的财富。三是我与其他同样精心化妆的人是特别的一群，与你们不同。

5. 环境布置[①]

环境布置不仅影响人的工作效率和效果，而且也反映出许多信息。在管理过程中，环境布置的重点主要集中在办公室设计、房间颜色搭配及办公室陈设等方面。

1) 办公室设计

办公室设计主要有两种模式，即传统式与开放式。传统式办公室设计的特点是：四周

---

① 王建民. 管理沟通理论与实务. 北京：中国人民大学出版社，2005

设有若干办公室，中间有大厅。周边的大办公室供老板使用；有两扇窗户的办公室属于资深主管；而转角办公室——两面墙上带有窗户的房间，通常是高级主管或合伙人的办公室；建筑物内侧的办公室是资历较浅的主管的，那里没有窗户，但有一扇门，因此这里还是一个可以称为自己小天地的地方；中间大厅是属于低层职员和临时工的地方，在这里你的桌子就好像放在走道里，没有隐私可言，要在这里咒骂或抱怨实在困难，因为你被置于众目睽睽之下。近年来，开放式办公室的概念已获得大部分公司的青睐。20 世纪 90 年代半数以上的美国公司都采用开放式，大部分空间为员工而非经理所用的办公室。开放式办公室的拥护者声称，开放式办公室有助于建立民主的气氛，以及增加同事之间的沟通，甚至有研究认为，开放式的办公环境提高了员工的生产力。

2) **房间颜色搭配**

研究显示，办公环境的颜色影响着员工和顾客的心理与感情。颜色能被看见，也能被感受到。红色、橙色、黄色会产生侵略性刺激，人们所处房间的地板、墙壁、天花板和家具如果是鲜艳的色彩，会使人血压增高，心跳加快，并增加脑部活动。清凉的色彩使人的生理器官正常活动，如蓝色具有镇静的效果，而淡绿色则让人觉得安静平和。

3) **办公室陈设**

办公室陈设的摆放能够影响人们在此停留的时间。另外，办公桌的大小、外形也能影响来访者对主人的印象，而且能决定这个办公室开放性沟通的程度如何。

6. 态势语言

人们说话时，态势语言又称为"行为语言"、"人体语言"、"动作语言"，是一种伴随着自然有声语言而实现交际功能的辅助性无声语言。当然，要完成交际任务，应以自然有声语言为主，态势语言只起强调、修饰、喧染的作用，但在某种特殊情况下，态势语言不但可以单独使用，甚至还可表达出有声语言难以表达的思想感情，直接替代自然有声语言。成功的语言交际者就在于能将有声语言和态势语言配合得非常默契，将它们有机地协调起来。反之，如果在日常交际中，忽略了态势语言的选择和运用，不仅会直接影响有声语言的表达效果，而且还会给别人留下不良印象，有损自身和所代表组织的形象。

1) **面部表情语**

在人体语言中，面部表情是最丰富、最具有感染力的。"体语学"创立者雷·伯德惠斯特尔指出："光人的脸，就能做出大约 25 000 中不同的表情。"美国著名记者根室在《回忆罗斯福》中写到：在 20 分钟里，罗斯福的面部表情呈现出诧异、好奇、焦虑、同情、坚定、幽默、尊严和无可抵挡的魅力等不同的变化，而在这一段时间里他几乎没有说过一句话。

人类的面部表情还具有一致性。1957 年，美国心理学家艾斯曼做了一个心理学实验。在这个试验中，他从美国、日本、巴西、阿根廷、智利五个国家选择了受试者，让这些受试者辨认分别表现喜悦、厌恶、惊奇、悲哀、愤怒和恐惧六种情绪的照片。结果，绝大多数的辨认趋向一致。实验结果证明，人类的面部表情有较为一致的表达方式，面部表情可以说是一种"世界语"。下面我们从眼神和眉、嘴与微笑两个方面来分析。

(1) **眼神**。

它在人类的面部表情中，眼神无疑是最具交流能量的了。有研究证明，在信息交流中，人们用大约 30%～60% 的时间与他人眉目传情。因此，在语言中有"眼睛是心灵的窗口"、

"目成心许"、"一见钟情"等说法。

王建民教授在其《管理沟通理论与实务》(中国人民大学出版社，2005 年)中对眼神的功能有如下归纳：一是专注功能：反映一个人的注意程度和感兴趣程度。因此进行商务交流时，要特别注意交流对象的眼神的变化，当我们在向交流对象介绍某项业务或产品时，对方眼神无光，可能说明对方对我们的业务、产品没兴趣，或者对我们的介绍方式不感兴趣。此时就要做及时的调整，重新激发对方的兴趣。二是说服功能：在劝说过程中，为了使被劝说者感到真诚可信，必须与对方保持较亲密的视线接触。三是亲和功能：与尽可能多的人保持友善的视线接触，是一个人建立良好人际关系的必要前提。我们很多人际关系的建立，正是从眼神交流开始的。屈原《九歌·少司命》中有："满堂兮美人，忽独与余兮目成。"说的就是眼神交流所达到的亲和功能。四是暗示功能：眼神交流的暗示功能最典型的例子就是《国语·召公谏厉王弭谤》中的"道路以目"。暴虐的厉王严禁百姓议论朝政，违者处斩，于是"国人莫敢言，道路以目"。老百姓在路上不敢再用语言交流了，而是用眼神来暗示内心的不满。除了在这种特殊时期外，我们在一些特殊场合也会用到这种功能，如谈判、重要会议等。五是表达情感的功能：人的眼神中可以很准确地表现出喜悦、厌恶、愤怒、悲伤、嫉妒等感情。在进行商务交流时，我们一定要高度关注交流对象眼神中的情感表现，并及时调整自己的交流内容和方式。同时，在用语言传递信息时，我们的眼神所表现出的感情内涵一定要与之密切配合。六是表示地位与能力的功能：人的眼神可以表现出它的社会地位、在工作单位的地位，以及其领导能力。地位高的人、自信的人往往目光坚定有力，反之则往往目光暗淡、散乱。街头卜卦算命者之所以常常能令接受服务的人信服，就是因为他们通过对对方眼神的探究进行推测而实现的。

眼神交流的方式主要由视线交流的长度、方向和瞳孔的变化三部分组成。视线交流的长度是指说话时视线接触的时间长短。一般来说，除关系特别密切的以外，视线交流的长度为 1～2 秒。视线交流的方向表示着不同的含义；视线向下(俯视)，表示"爱抚、宽容"，也可以表示"轻视"；视线平行接触(正视)，表示"平等"，也可以表示"欣赏"；视线向上(仰视)，表示"景仰、期待"；视线侧面接触(斜视)，表示"厌恶、轻视"等。要想对视线交流方向做系统的感觉和体会，我们不妨仔细观看电影中镜头的拍摄角度，在平拍、俯拍、仰拍等镜头中，都会或隐或显地表现出拍摄者的隐含之意。在古汉语中，有"青眼"、"青睐"、"白眼"等说法，其实说的就是视线交流的方向，"青眼"、"青睐"就是正眼相看的意思，"白眼"当然就是斜视之意。瞳孔的变化是指视线接触时瞳孔的放大和缩小。交流者在产生共鸣时会兴奋、愉悦，此时瞳孔就会放大，眼睛就会有神采，"神采奕奕"、"炯炯有神"说的就是这样的眼神。而当痛苦、厌恶时，瞳孔就会缩小，眼神就会黯然无光。

在沟通过程中，与朋友会面或被介绍认识时，可凝视对方稍久一些，这既表示自信，也表示对对方的尊重。双方交谈时，应注视对方的眼鼻之间，表示重视对方及对其发言感兴趣。当双方缄默不语时，就不要再看着对方，以免加剧因无话题显得冷漠、不安的尴尬局面。当别人说了错话或显拘谨时，务必请马上转移视线，以免对方把自己的眼光误认为是对其的嘲笑和讽刺。如果你希望在争辩中获胜，那就千万不要移开目光，直到对方眼神转移为止。送客时，要等客人走出一段路，不再回头张望时，才能转移目送客人的视线，以示尊重。

在谈判中也很讲究眼神的运用。一方让眼镜滑落到鼻尖上，眼睛从眼镜上面的缝隙中窥探，就是对对方鄙视和不敬的情感表露。一方在不停地转眼珠，就要提防其在打什么新主意。双目生辉，炯炯有神，是心情愉快、充满信心的反映，在谈判中持这种眼神有助于取得对方的信任和合作。相反，双眉紧锁、目光无神或不敢正视对方，都会被对方认为无能，可能导致对自己的不利结果。

眼神还可传递其他信息，已被人注视而将视线移开的人，大多怀着相形见绌之感，有很强的自卑感。无法将视线集中在对方身上或很快收回视线的人，多半属于内向型性格。仰视对方，表示怀有尊敬、信任之意；俯视对方表示有意保持自己的尊严。频繁而急速的转眼，是一种反常的举动，常被用做掩饰的一种手段，或内疚，或恐惧，或撒谎，需据情况作出判断。视线活动多且有规则，表明其在用心思考。听别人讲话，一面点头，一面却不将视线集中在谈话人身上，表明其对此话题不感兴趣。说话时对方将视线集中在你身上的人，表明他渴望得到你的理解和支持。游离不定的目光传递出来的信息是心神不宁或心不在焉的。

眼神表达出异常丰富的信息，但微妙的眼神有时是只可意会，难以言传。只能靠我们在社会实践中用心体察、积累经验、努力把握，方能在沟通中灵活运用眼神。

(2) 微笑。

著名画家达·芬奇的杰作《蒙娜丽莎》是文艺复兴时期最出色的肖像作品之一。画中女士的微笑给人以美的享受，使人们充满对真善美的渴望，至今让人回味无穷。

微笑，是一种特殊的语言——"情绪语言"。它可以和有声语言及行动相配合，起"互补"作用，沟通人们的心灵，架起友谊的桥梁，给人以美好的享受。工作、生活中离不开微笑，商务交往中更需要微笑。微笑是世界通用的体态语，它超越了各种民族和文化的差异。微笑是人人都喜爱的体态语，正因为如此，无论是个人或组织，都充分重视微笑及其作用。美国有一个城市被称为微笑之都，它就是爱达荷州的波卡特洛市，该市通过一项法令，该法令规定全体市民不得愁眉苦脸或拉长面孔，否则违者将被送到"欢容遣送站"去学习微笑，直到学会微笑为止。波卡特洛市每年都举办一次"微笑节"，可以想象，"微笑之都"的市民的微笑绝不比"蒙娜丽莎"逊色。近年来，日本许多公司的员工都在业余时间参加"笑"的培训，他们认为这样可以增强企业内部凝聚力，改善对外服务，提高企业效益。根据日本传统，无论男人和女人，遇到高兴、悲伤或愤怒时，都必须学会控制情绪，以保持集体和睦。因为日本人认为藏而不露是一种美德。但自从日本经济进入衰退期后，生意越来越难做，商家竞争日趋激烈。于是乎，为招揽顾客，日本商家，特别是零售业和服务业，新招叠出。其中之一就是让员工笑脸迎客。在当今的日本，数以百计的"微笑学校"应运而生。日本一些公司的员工一般在下班后去学校接受培训，时间为90分钟，连续受训一个星期。据称，经过微笑培训，日本不少公司的销售额"直线上升"。日本许多公司招工时，都把会不会"自然地微笑"作为一个重要条件。

微笑是有规范的，一般要注意四个结合：一是口眼结合。要口到、眼到、神色到，笑眼传神，微笑才能扣人心弦。二是笑与神、情、气质相结合。这里讲的"神"，就是要笑得有情入神，笑出自己的神情、神色、神态，做到情绪饱满，神采奕奕；"情"，就是要笑出感情，笑得亲切、甜美，反映美好的心灵；"气质"就是要笑出谦逊、稳重、大方、得体的良好气质。三是笑与语言相结合。语言和微笑都是传播信息的重要符号，只有注意微笑与美好语言相结合，声情并茂，相得益彰，微笑方能发挥出它应有的特殊功能。四是笑与仪表、举止相结合。以笑助姿、以笑促姿，形成完整、统一、和谐的美。尽管微笑有其独特的魅力和作用，但若不是发自内心的真诚的微笑，那将是对微笑语的亵渎。有礼貌的微笑应是自然坦诚的，是内心真实情感的表露。否则强颜欢笑，假意奉承，那样的"微笑"则可能演变为"皮笑肉不笑"、"苦笑"。比如，拉起嘴角一端微笑，使人感到虚伪；吸着鼻子冷笑，使人感到阴沉；捂着嘴笑，给人以不自然之感。这些都是失礼之举。

(3) 眉与嘴。

眉毛也可以表现出情绪、情感的变化。人们在表示疑问、兴奋、惊恐、愤怒时，眉毛会出现不同的变化。嘴的动作也能反映人的内心世界。嘴部的表情是通过嘴形变化呈现的。

2) 肢体语言

肢体语言是指躯干和四肢语言。在沟通中比较重要的有头部语言、手部语言、腿部语言等，莫文虎先生在其《商务交流》(中国人民大学出版社，2008 年)中对此进行了专门的阐述。

(1) 头部语言。

法国舞蹈教师萨尔特说："作为表现媒介的人体可以分为三个区域：头部和颈部为精神区域，躯干为精神—情感区域，臀部和腹部为物质区域……"，这个说法很有见地。头部处于人际交流最上端的位置，是交流时对方比较关注的部位，头部语言是否得体，对交流的成功与否起着重要作用。头部微微抬起，表示自信、自豪。但抬得太高，则容易让人产生骄傲自负的感觉。头部低垂，往往表示情绪低落、沮丧。头部正对着交流者，表示对对方的关注；在谈话中，忽然将正对对方的头部转向其他方向，可能表示对对方话题的回避。《孟子·梁惠王下》中"王顾左右而言他"说的就是这种情况。点头，既可表示同意，也可表示理解，还可表示礼貌、问候，意义随着场合不同而各有变化。摇头则多表示拒绝、否定之意。头部作为精神性区域，它比较容易受到理智的控制。我们在沟通中要考虑交流场合、目的，设计合宜的头部语言。

(2) 手部语言。

手部是人类肢体中最灵活的部位，手和手臂相互配合，可以产生许多姿态和动作，形成丰富多样的手部语言。

手部语言很重要的表现形式是手势语，不同文化的手势语其种类、含义都有较大差别。美国人面对开过来的车辆，右手竖起大拇指向右肩晃动，表示要求搭便车。在其他时候，竖起大拇指，可表示友好、赞赏。但这一手势在澳大利亚和新西兰，则被认为是淫荡之意。前任美国总统布什由于不了解这一文化差异，结束了对澳大利亚的访问，在机场与澳大利亚欢送者告别时，竖起大拇指，就引起了澳大利亚人的误会。此外，不同民族的手势使用频率也是不一样的，美国人、北欧人对手势的使用比较节制，而中东、南欧和南美人使用得比较多。西欧有一句谚语："意大利人的双臂如果被截去，他们宁可不说话，"说的就是这种情况。美国心理学家麦克·阿尔基对各国手势语的使用进行了调查，结果发现，在 1 个小时的说话中，意大利人做手势 80 次，法国人 120 次，墨西哥人 180 次，而芬兰人只有 1 次。

手部语言种类繁多，在人际沟通中使用最频繁的是握手。握手是现代社会最常见的见面礼仪，根据握手的力量、姿势和时间的长短，可以传递出不同的信息。一般来说，主人、身份高者、女性、年长者先伸手，客人、身份低者、男性、年少者后伸手。在握手时，用力过大、软弱无力、用指尖和手背握手、戴着手套握手都是不礼貌的。手势语言在各国有不同的类型和各自的含义，我们在进行跨文化交流时，要特别注意了解我们与之交流的国家的手势语知识，以避免误会。1959 年，赫鲁晓夫访问美国时，把双手举过头鼓掌。这个手势在俄罗斯表示友谊，可是在美国，通常是在战胜对手后表示骄傲的意思。苏、美在 20

世纪五六十年代本来就是冷战的对手，赫鲁晓夫这一举动使许多美国人感到十分不快。

(3) 腿部语言。

腿部语言也能表现出情绪和情感。站立时双腿交叉，给人以自我保护或封闭防御的感觉。相反，说话时双腿和双臂张开，脚尖指向谈话对象，则是友好交谈的姿势。架腿而坐，表示拒绝对方并保护自己的势力范围。不断变换架腿的姿势，或者无意识地抖动小腿、脚后跟，是情绪不稳定、焦躁的表现。

在人际沟通中，我们首先要控制好自己的身体语言，使我们的身体语言的表现与交流目的相一致。同时要注意观察对方的身体语言的表现，"观其言察其行"，由身体语言的表现，探究其内心情绪、性格等，为确定合适的交流策略提供信息基础。

7. "空间"语言

空间语言也叫界域语。从生物学的角度看，每一个生命都有自己的领空，人们叫它"生物圈"。一旦异物侵入这个范围，就会使其感到不安并处于防备状态。美国心理学家罗伯特·索默经过观察与实验认为，人人都具有一个把自己圈住的心理上的个体空间，它像生物的"安全圈"一样，是属于个人的空间。一般情况下每个人都不想侵犯他人空间，但也不愿意他人侵犯自己的空间。双方关系越亲密，人际距离就越短。

美国人类学家和心理学家霍尔将人类的交往空间划分为四种区域，这就是所谓社交中的空间语。它包括四个方面：一是亲密距离(0 cm～45 cm)，又称亲密空间，其语义为亲切、热烈，只有关系亲密的人才可能进入这一空间，如夫妻、父母、子女、恋人、亲友等。亲密距离又可分为两个区间，其中 0 cm～15 cm 为亲密状态距离，常用于爱情关系、亲友、父母、子女之间的关系；16 cm～45 cm 为亲密疏远状态，身体虽不相接触，但可以用手相互触摸。二是个人距离 46 cm～120 cm，其语义为"亲切、友好"，语言特点是语气和语调亲切、温和，谈话内容常为无拘束的、坦诚的。比如个人私事，在社交场合往往适合于简要会晤、促膝谈心或握手。这是个人在远距离接触所保持的距离，不能直接进行身体接触。个人距离的接近状态为 46 cm～75 cm，可与亲友亲切握手，友好交谈；个人距离的疏远状态为 76 cm～120 cm，在交际场所的任何朋友、熟人都可自由进入这一区间。三是社交空间 120 cm～360 cm，其语义为"严肃、庄重"。这个距离已超出了亲友和熟人的范畴，是一种理解性的社交关系距离。社交距离的接近状态为 120 cm～210 cm，其语言特点为声音高低一般、措辞温和，它适合于社交活动和办公环境中处理业务等；社交距离的疏远状态为 210 cm～360 cm，其语言特点为声音较高、措辞客气，使用于比较正式、庄重、严肃的社交活动，如谈判、会见客人等。四是公共距离(360 cm 以上)，这是人们在较大的公共场所保持的距离，其语义为"自由、开放"，适用于大型报告会、演讲会、迎接旅客等场合。其语言特点为声音洪亮，措辞规范，讲究风格。在人际沟通中要讲究如下界域规范：

1) 保持距离

距离产生美感，在与人交谈的时候，要注重远近适当，太远了使人感到傲慢，架子大；太近了，又显得不够尊重。在行进中不但要保持距离，而且要适当的变换，比如不要以 2 米左右的距离尾随在陌生人的后面，以免引起误会；骑自行车或开车时，不要离前面的车靠得太近，不要强行超车；看到别人围成一个圈形成封闭式的交谈，就要绕开行走，不要从中穿越；公园的长椅上，如果已经有人坐了，就不要再去挤座位。

2) 变换体位

体位是指身体所处的位置，根据交际的目的和场合，我们还要经常改变自己身体所处的位置，如从前往后，从左到右，由坐而站等。

(1) 移动位置。

移动位置是我们向对方表示诚意的界域行为。例如，我国对外国国家元首的迎送仪式中就有这方面的规定："国宾抵达北京首都机场(车站)时，陪同团团长等赴机场(车站)迎接并陪同来访国宾乘车前往宾馆下榻。国宾离京回国，我方出面接待的领导人到宾馆话别，由陪同团团长前往机场(车站)送行。"对一般的来访者也是如此："对应邀前来访问的来访者，无论是官方人士、专业代表团、民间团体、知名人士，在他们抵离时，均安排相应身份的人前往机场(车站、码头)迎送。

美国学者莫里斯把这种移动称为"不便的展示"。他说："客人前来和主人去接的距离也是一种不便。不便越大，表示诚意越高。国家元首去机场迎接重要客人，兄弟驾车去机场迎接外国来的姊妹。这种移位的举动，是主人所能表现的最大的不便。各种不同级别层次的相对缩减，要看主人的距离而定，因此，有的去当地车站，有的侯在门前，有的等门铃响了再去。有的干脆就在他自己的房内等侯，让仆人或小孩去开门……。分别时，不便的展示再度重演。"

移位可以表示尊重，也可表示妥协或服从。比如当你开汽车或骑自行车违章被交通警察拦住时，就应马上下车，赶快主动撤到指定地点。然后在警察接近车子之前走近警察，因为警察离他的岗位越远，不信任和敌意就会更强烈。总之，主动迅速的向警察靠近，表示出对他的服从态度，可以避免相应的处罚。

(2) 改变高度。

改变高度是变换体位的另一种方式。比如降低身高，表示对对方的尊重，能获得好感。朱利叶斯·法斯特介绍说，我认识一个青年，他足有六英尺高，在做买卖时，他极其走运，原因是他有感化合伙人的本事。观察了一些他成功做买卖的动作后，我发现，他随时随地只要有可能就偏向弯腰。或者半坐下来，以便让合伙人得到统治权，感到优越。

降低身高要看场合，有的时候降低了，反而不尊敬了。比如和晚辈在一起聊天，长辈到场，晚辈需站起来，如果仍旧保持低位，或坐、或躺，那么就说明他对来者的蔑视。莫里斯是这样分析原因的："弯身表示服从动作，主要作用是要使行礼的人感到不便和不舒服，让居高位的人舒舒服服地坐着，不会因为降低高度就丧失他的威严。"从历史的发展变化来看，古代的皇位设于高处，君主坐在那里当然要比站在下面的臣子还要高。现在不设高位了，大家在一张桌子旁议事，地位低者站立的习惯却仍旧保留下来，或用于高位者到场时的一种礼节性动作。

总之，无论是横向的移动，还是纵向的升降，我们都应根据不同的交际目的，以及当时的情景，随时变换我们的界域行为。一个坐下后，就不知起来的人，会给他人留下傲慢至少是懒惰的印象，进而影响交际的顺利进行。

3) 尊重他人的领域权

尊重他人的领域权首先不乱动他人物品。主人不在场时，不要私自动用其领域内的物品。未经许可，一般不要翻动亲友，甚至是子女的抽屉、书包、信件等，因为这种揭人隐私的行为会伤害对方的自尊。

其次不随意进入他人领域。在进入他人领域之前，一定要征得同意，经过允许，如到朋友家做客，进门先按铃或敲门，经主人允许后方可进入。不经主人邀请，或没有获得主人同意，不得要求参观主人卧室。即使是比较熟悉的朋友，也不要去触动他的个人物品和室内陈设，对其家庭成员也应尊重。在公众场合，要尽量避免侵犯他人的空间。有一些人往往不注重自己的界域行为。在无意之中，伤害了他人，也损害了自己的形象。比如在公共汽车上，横着站，两手抓两边的把手，使别人无法通过。坐着时跷起二郎腿，让路过的人给他擦皮鞋。在剧场里，或扒在前面的背椅上，或把腿登在前排的座椅上等。

目光侵入也属于侵犯空间。孔子说："非礼勿视"。我们现在有的地方却无视这个问题，有这样的旅馆，每个客房门上都开着一个玻璃窗口，窗帘安在外边，管理人员可以随时监控，真让客人们哭笑不得。还有些人喜欢在地铁里面看旁边人的报纸。主人看正面，他看反面，主人翻报纸时，他甚至干涉说先别翻，我还没看完呢。这种界域行为中国人还可以容忍，西方是不可以接受的。

再次是不污染他人的界域。一是空气污染，比如当众抽烟，冲着人打喷嚏，张着嘴出气，在餐桌上端起碗来用嘴吹等。国家之间比如核电站泄漏事件，都属于污染别人的界域，因为别人的身体虽然没有被侵入，但是空气被污染了。二是噪音污染，比如音乐会时，手机、呼机此起彼伏，在北京国际音乐节上，这把指挥大师都气坏了，以至于停下来，以示抗议。再如在楼道里大声喧哗，影响邻居们休息。记得侯宝林大师有这样一个段子：有一小伙子，下了夜班，上楼的脚步特别重，吵得楼下的老先生神经衰弱，每天夜里都要等小伙子噔噔噔噔上楼，开门，脱下皮鞋噔—噔两声一摔之后，才能心跳渐趋正常，再慢慢入睡。有一天，老先生给小伙子提了个建议，小伙子满口答应，下班后，他已经忘记了这事，又噔噔噔噔上楼。进门之后，脱了一只鞋往地上一摔之后，突然想起来，于是第二只鞋就轻轻的放在了地上，第二天，他问老人："昨天睡的好点吗？"老人说："我昨天一夜都没有睡！""怎么了？"，"我等你那第二只鞋呢！心一直悬着！"

可见，讲究界域礼貌，不污染他人的界域是非常重要的。

此外，在空间距离的处理上还应注意交往对象的生熟、性别、性格等方面的差异。俗话说"熟则远，亲则近"，空间距离与交际对象陌生还是熟悉是有一定区别的。交往的双方，互相认识，又是亲朋好友，可以近些，以至拍肩碰肘、抚摸、拥抱、依偎等都没有什么不好，有时反而能促进关系的密切。相反，交往双方是初次见面，要做上述举动，会引起对方的不快和反感。

交往对象的性别不同，交往时空间距离是有明显区别的。心理学家做实验发现：男子挤在一间小屋子里，容易引起相互的怀疑，甚至发生斗争；女子在这种环境中，更友善，更亲密，更容易找到共鸣。如果给一个女子换一个大些的房间，她们会感到不大理想。正由于男女间的这种心理差别，男子与男子交谈的距离不易太近，近则会有不和谐之感，女子与女子交谈的距离不易太远，远则会有不投机之嫌。

在交往中对不同性格的人，在空间距离上应有不同的区别。与内向型的人交往，空间距离可稍远些，因为距离太近，性格内向的人会感到不自在；与性格外向的人交往，距离可近些。若与性格外向的人相聚，可老远打招呼，以表示热情；与内向型的人相遇，若老远打招呼，不一定会得到回应，往往是用微笑或点头来代替回答。

【实践训练】

1. 沟通游戏：非语言沟通

游戏目的：证明沟通有时完全可以通过肢体动作完成，而且同样行之有效；证明通过手势和其他非语言的方法完全能够实现人与人之间的沟通。

游戏形式：全体学员，每两人一组。

游戏时间：10分钟。

游戏要求：

(1) 向对方介绍自己。一方先通过非语言的方式介绍自己，3分钟后双方互换。

(2) 在向对方进行自我介绍时，双方都不准说话，整个介绍必须全用动作完成，大家可以通过图片、标识、手势、目光、表情等非语言手段进行沟通。

(3) 请大家通过口头沟通的方式，说明刚才通过肢体语言所表达的意思，与对方的理解进行对照。

相关讨论：

(1) 你用肢体语言介绍自己时，表达是否准确？

(2) 你读懂了多少对方用肢体语言表达的内容？

(3) 对方给了你哪些很好的线索使你了解他？

(4) 我们在运用非语言沟通时存在哪些障碍？

(5) 我们怎样才能消除或削弱这些障碍？

(资料来源：王建民. 管理沟通理论与实务.北京：中国人民大学出版社，2005)

2. 课堂讨论：观看辩论会

1993年的第一届国际(中文)大专辩论会，复旦大学硕士生蒋昌建被评为此届辩论会"最佳辩论员"。当日辩题"人性本善/恶"，复旦大学队以"反方"应对台湾大学队。精彩的自由辩论结束后，复旦队四辩蒋昌建以高屋建瓴之势慷慨陈词，结尾一句"黑夜给了我黑色的眼睛，我却要用它去寻找光明"，被评论为"犹如云层激发出雷电，把整场辩论升华到极高的价值观念境界，可谓气势磅礴"。

请仔细观看在本届大专辩论会上蒋昌建"人性本恶/善"的总结陈辞的视频资料(视频：http://v.youku.com)，完成下面的讨论题：

(1) 蒋昌建使用了哪几种类型的手势？最具表现力和美感的是哪几个手势？

(2) 蒋昌建的手势、身姿、面部表情、语调、语气配合得如何？有何特色？

(3) 试着模仿蒋昌建的态势，讲述其中几句话。(任选几句)

〔资料〕蒋昌建的总结陈辞：

谢谢各位，一个严肃的辩论场需要一个严肃的概念。对方多次问我们人性怎么样？人性怎么样？始终没有问我们人性本怎么样？我想请问对方，人性是什么和人性本是什么是同样的一个概念吗？你们如果连这个概念都没有根本建立基础的话，那你们的立论从何而来呢？我们多次问对方的善花里面如何结出恶果，对方说要浇水，要施肥呀。那我就不懂了，大家都承蒙这个阳光雨露的话，为何有那么多罪行横遍这个世界呢？难道这个水，那个肥还情有独钟吗？为何要跟恶的人作一个潇洒的"吻别"呢？(笑声、掌声)

今天我们本着对真理的追求来同对方一起探讨这个千年探讨不完的话题。无论是从性善论的孟子还是性恶论的荀子，又有哪一家哪一派不要我们抑恶扬善呢？抑恶扬善是我方今天确立立场的一个根本出发点。下面我再一次总结我方的观点。

第一，只有认识人性本恶，才能正视历史和现实。回顾历史的时候，我的内心总感到痛苦而颤抖。从希波战争到十字军东征，从希特勒的奥斯维辛集中营到日寇在华北的细菌试验场，真可谓是"色情与贪婪齐飞，野心共暴力一色。"以往的人类历史，可以说是交织着满足人类无限贪欲而展开的狼烟与铁血啊！可见，本恶的人性如果不加以控制的话，将会给这个世界带来什么呢？

第二，只有认识人性本恶，才能重视道德、法律教化的作用，才能重视人类文明引导的结果，培养健全而又向上的人格。在历史的坎坷当中，人类并没有自取灭亡。尤其是在面对彬彬有礼、亲切友善的新加坡朋友面前，我们更有理由相信，人类明天会更好，这其中我们要感谢新加坡孜孜不倦地建立起他们优良的社会教化系统。人类文明是在人类智慧之光照耀下不断茁壮成长的。饮水思源，借此我们要感谢那些在人类教化路途中洒进他们含辛茹苦汗水的这些中西先哲们。正因为从他们的理论智慧当中，从他们的身体力行当中，人们才有可能从外在的强制走上理性的自约，自约人的本性的恶，从而培养一个健全而又向善的人格。可见，人性本恶，并不意味着人终身成为恶，只要通过社会的教化系统就可以弃恶扬善，化性起伪啊！

第三，只有认识人性本恶，才能调动一切社会教化的手段来扬善避恶。光阴荏苒，逝者如斯，在物质和科学技术突飞猛进的同时，而人类的精神家园可谓是花果飘零。在这个时候，我们要警惕，人性本恶这个基本的命题。可喜的是，在东方的大地上，我们说传统文化的发扬光大，已经从一阳来复开始走向了新的春天。我们也相信，通过传统文化的精华，必将使人类从无节制的欲望中合理地扼制并加以引导，从他律走向自律，从执法走向立法。人类才可能挽狂澜于既倒，扶大厦于将倾。"黑夜给了我黑色的眼睛，而我却要用它来寻找光明！"谢谢各位！(掌声)

3. 测试

你了解身体语言吗？

① 当一个人试图撒谎时，他会尽力避免与你的视线接触。(对/错)

② 眉毛是一个传达感情状态的关键线索之一。(对/错)

③ 所有的运动和身体行为都有其含义。(对/错)

④ 大多数身体语言交流是无意识行动的结果，因而是个人心理活动的最真实流露。(对/错)

⑤ 在下面哪种情况下，一个人最可能采用身体语言交流方式？

A. 面向 15～30 个人发表演讲

B. 与另外一个人进行面谈

⑥ 当一位母亲严厉斥责她的孩子，而又面带微笑时，孩子将会：

A. 相信语言信息

B. 相信身体语言信息

C. 同时相信两种信息

D. 两种信息都不相信

E. 变得迷惑不解

⑦ 如图 3-1 所示，如果你坐在位置 1 的时候，另外一个坐在哪个位置能够最充分显示出合作的姿态，并最有利于非语言交流？

图 3-1　座位示意

⑧ 如果你想表示要离开，那你将采用什么样的动作？请写下来。

⑨ 别人对你的反应取决于你通过交流留给他们的印象。(对/错)

⑩ 下面哪些举动能使你给人留下更好的印象？

A. 谈话中不使用手势

B. 避免较长的视线接触

C. 只偶然地露出微笑

D. 上述所有动作

E. 不包括上述任何动作

⑪ 身体语言交流相对于口头交流或局面交流有许多优势，你能列举出一些吗？

参考答案如表 3-1 所示。

表 3-1　参 考 答 案

题号	答案	说　　明
①	错	因为人们已变得更加难以预料。"撒谎者不敢看他人的眼睛"已成为一般常识，所以狡猾的撒谎者常常能够在双目直视你的情况下撒谎，要识别谎言，我们需要捕捉其他更能说明问题的信号
②	对	我们的眼睛是最能表达内心活动的面部因素之一，另一个则是嘴唇
③	对	我们可能并没有在每一个姿势中都有意地去传达某种信息，但这些动作和姿势却不可避免地落在对方眼里并产生一定的影响
④	对	通过身体语言，可以发现别人的心理活动，这一点取得了专家共识
⑤	A	当面对 15～30 个人讲话时，你需要对 15～30 双眼睛和嘴唇做出反应。这将比只与一个人面谈更能刺激你使用身体语言交流
⑥	E	尽管身体语言信号(微笑)比语言信号(责骂的语句)有更强的作用，但两者的混合导致的结果将是迷惑不解

续表

题号	答案	说 明
⑦	5	位置1和5之间有桌角相隔，两个人可以随时调整自己与桌角的距离，从而改变两个人之间的距离。因此，在谈判中，坐在位置1和5的两个会较少地受空间环境的影响，更易于非语言交流
⑧		最好的信号是有意无意地用眼睛扫一下你的手表、站起身来、在慢慢站起来时拍拍大腿，并慢慢地挪向门附近或是靠在门框上等
⑨	对	因为我们总是根据别人给我们的整体印象做出反应，其他人对我们的反应也是同样的
⑩	E	当你自然地使用手势、目光接触、微笑等身体语言时，会给别人留下好的印象
⑪		身体语言给你的印象更深刻，它们有助于传达真诚、信任等语言交流所达不到的效果；它们能够传达更微妙的言下之意；身体语言信息有助于我们洞察他人的真情实感。当然，身体语言信息也存在一些严重的缺陷：它们可能会泄露我们的秘密；它们很容易被误解；它们的含义因不同的文化背景而不同；它们可能需要长时间地重复进行才能被人理解

(资料来源：张喜春，刘康声，盛暑寒. 人际交流艺术. 北京：北京交通大学出版社，2009)

【自主学习】

1. 请根据语句的内容给出相应的手势语和表情语。

(1) 请大家安静，安静！

(2) 什么是爱？爱，不是索取，而是奉献！

(3) 他转身朝着黑板，拿起一支粉笔，使出全身的力量，写了几个大字："法兰西万岁！"然后他呆在那儿，头靠着墙壁。话也不说，只向我们做了一个手势："散学了——你们先走吧！"

(4) 在过去的一年中，在座各位，各位将我们的销售额不可思议地提高了17.17%！这在公司的整个历史上还从来没有过，从来没有！由此我们的利润不只是提高了5%或10%，而是13%，整整13%！

(5) 大家不要慌，请大家跟我来！

(6) 我现在要明确地告诉对方辩友，他们犯了一个严重的逻辑错误！

(7) 现在，请让我们大家在此，心平气和地交换一下对这个问题的看法。

(8) 现在，摆在我们面前的有两条道路：一是勇往直前奋战下去，有成功的可能，但也有失败的风险；二是原地踏步，坐以待毙。

(9) 这几天，大家晓得，在昆明出现了历史上最卑劣最无耻的事情！李先生究竟犯了什么罪，竟遭此毒手？他只不过用笔写写文章，用嘴说说话，而他所写的，所说的，都无非是一个没有失掉良心的中国人的话！大家都有一支笔，有一张嘴，有什么理由拿出来讲啊！有事实拿出来说啊！

(10) 我要感谢我的竞选伙伴。他发自内心地投入竞选，他的声音代表了那些在他成长的斯克兰顿街生活的人们的声音，代表那些和他一道乘火车上下班的特拉华州人民的声音。现在，他将是美国的副总统，他就是乔·拜登！

2. 态势语设计

(1) 熟读下面一段独白，设计相应得体的态势语。

当 我 老 了

佚名

当我老了，不再是原来的我。请理解我，对我有一点耐心。

当我把菜汤洒在自己的衣服上时，当我忘记怎样系鞋带时，想一想当初我是如何手把手地教你。

当我一遍又一遍地重复你早已听腻的话语时，请耐心地听我说，不要打断我。你小的时候，我不得不重复那个讲过千百遍的故事，直到你进入梦乡。

当我需要你帮我洗澡时，请不要责备我，还记得小时候我千方百计哄你洗澡的情形吗？当我对新科技新事物不知所措时，请不要嘲笑我。想一想当初我怎样耐心地回答你的每一个"为什么"。

当我由于衰老而无法行走时，请伸出你年轻有力的手搀扶我。就像你小时候学习走路时，我扶你那样。当我忽然忘记我们的谈话主题时，请给我一些时间让我回想。其实对我来说，谈论什么并不重要，只要你能在一旁听我说，我就很满足。当你看着老去的我，孩子，你不要悲伤。理解我，支持我，就像你刚开始学习如何生活时我对你那样。当初我引导你走上人生之路，如今请陪伴我走完最后的路程。给我你的爱心和耐心，我会报以感激的微笑，这微笑中凝结着我对你无限的爱。

(2) 学生自己选择感兴趣的内容，用五分钟时间做准备，做一次简短的讲话，要求使用用得体的态势语。通过录像回放，首先要训练者进行自评，然后教师与学生再给予评价。

3. 观摩演讲或观看电影

有目的地观察别人的手势、表情，仔细研究，博采众长，并经常对镜练习、矫正。多积累，烂熟于心，形成自己的动作。

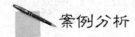案例分析

案例1：管理沟通与闲聊

星期五下午 3:30.

宏达公司经理办公室。

经理助理李明正在起草公司上半年的营销业绩报告。这时公司销售部副经理王德全带着公司销售统计材料走进来。

"经理在不在？"王德全问。

"经理开会去了。"李明起身让座，"请坐。"

"这是经理要的材料，公司上半年的销售统计材料全在这里。"王德全边说边把手里的材料递给李明。

"谢谢，我正等着这份材料哩。"李明拿到材料后仔细的翻阅着。

"老李，最近忙吗？"王德全点燃一支烟，问道。

"忙，忙得团团转！现在正忙着起草这份报告，今晚大概又要开夜车了。"李明指着桌上的文稿回答道。

"老李，我说你啊应该学学太极拳。"王德全从口中吐出一个烟圈说道，"人过四十，应该多多注意身体。"

李明闻到一股烟味，鼻翼微微翕动着，心里想："老王大概要等抽完了这支烟才离开，可我还得赶紧写这篇报告。"

"最近，我从报上看到一篇短文，说无绳跳动能治颈椎病。像我们这些长期坐办公室的人，多数都患有颈椎病。你知道什么是'无绳跳动'吗？"王德全自问自答地往下说，"其实很简单……"

李明心里有些烦，可是碍于情面不便逐客，他瞥了一眼墙壁上的挂钟，已经4：00了，李明把座椅往身后挪了一下，站起来伸了个懒腰说："累死我了。"李明开始动手整理桌上的文稿。

"'无绳跳动'与'有绳跳动'十分相似……"王德全抽着烟，继续着自己的话题……

（资料来源：王建民. 管理沟通理论与实务. 北京：中国人民大学出版社，2005 年版）

思考与讨论：

(1) 王德全的行为是管理沟通还是聊天？为什么？

(2) 李明用哪些非语言行为暗示了自己的繁忙或是不耐烦？如果你是王德全，遇到这种情况会怎么办？

(3) 你认为李明该怎么做才能更明确地传递信息？

案例2：审讯

以下是第二次世界大战时期著名反间谍专家奥莱斯特·平托上校是如何审讯一个纳粹间谍的：

当时盟军部队已经进入比利时，德军仓皇溃退。一天，两名士兵在驻地附近逮捕了一个叫艾米里约·布朗格尔的人。平托上校感觉到：这个人的穿着和谈吐虽然是典型的北方农民，口音也是地道的瓦隆地区（比利时某地区）的土音，但他粗壮的颈部和魁梧的运动员体型，与当地常见的惰性十足的人截然不同，于是决定对他进行审讯。

第一次审讯：

问：你是农民吗？

答：过去是，现在不是。德国鬼子抢走了我的牲畜，杀死了我的家人。

问：会数数吗？

答：数数？

问：对，把桌上这盘豆子数一数吧。

答：一、二、三……(慢慢地用法语数)

在第一次审讯中，上校未发现任何破绽，但仍不气馁，决定进行第二次审讯。这次审讯换用了特殊的方式：他派人在布朗格尔的住处放了几捆草，一个士兵点着了后，烟从门的下面进到了屋里，值勤的士兵用德语大喊："着火了！"布朗格尔惊醒，动了动，又睡了。接着平托上校用法语大声喊到："着火了！"布朗格尔一下子跳了起来，绝望地敲打着门。这一次，上校仍未发现破绽。

第三次审讯，上校又用了新的方案。在布朗格尔被带来时，上校拿起一支从他身上搜出的铅笔。

    问：你带这个干什么？

    答：不就是支铅笔吗？

    问：用他来写情报？

    答：(流露出不屑回答的样子)

    "可怜的家伙"上校用德语向身边的军官说，军官也用德语反问："为什么？"上校说："他还不知道明天上午就要被绞死，已经21点了。他肯定是个间谍，不会有别的下场。"

    平托上校一边说一边用眼睛斜视桌边的布朗格尔，特别注意他的眼睛和喉头。但布朗格尔没有任何表示，他以神态证明自己不懂德语。很明显，第三次审讯没有结果，到此为止，上校几乎绝望了，开始怀疑自己以前的判断。但直觉让他进行最后一次审讯——第四次审讯。如果再没有突破，就决定立即释放了。

    最后一次审讯是这样进行的：当布朗格尔像平时一样走进平托上校的办公室时，上校装作正看一份文件，看完后拿起铅笔在上面签了字，然后抬起眼睛突然用德语对布朗格尔说："好啦，我满意了，你自由了，现在就可以走了。"布朗格尔长长地出了一口气，动了动肩膀，像是卸了一个沉重的包袱，他仰起脸，眼睛放着光，愉快地呼吸着自由空气。当他发现平托上校嘲笑的眼光时，一切都已经晚了，身后的士兵已紧紧地抓住了他。

    思考与讨论：

    (1) 此案例反映了非语言沟通的哪些特点？

    (2) 本案例对你有哪些启发？

任务 4

沟 通 技 能

- 了解倾听的作用；
- 明确倾听的障碍，并善于排除这些障碍；
- 掌握有效倾听的策略；
- 了解面谈的含义、特性、作用以及优势和劣势，熟悉三种类型的面谈；
- 能够制定面谈计划，能够顺利有效地实施面谈。

重 在 倾 听

美国著名的主持人林克莱特在一期节目上访问了一位小朋友，问他："你长大了想当什么呀？"小朋友天真地回答："我要当飞机驾驶员！"林克莱特接着说："如果有一天你的飞机飞到太平洋上空时，飞机所有的引擎都熄火了，你会怎么办？"小朋友想了想："我先告诉飞机上所有的人绑好安全带，然后我系上降落伞，先跳下去。"

当现场的观众笑得东倒西歪时，林克莱特继续注视着孩子。没想到，接着孩子的两行热泪夺眶而出，于是林克莱特问他："为什么要这么做？"他的回答透露出一个孩子真挚的想法："我要去拿燃料，我还要回来！还要回来！"

（资料来源：http://blog.sina.com.cn/s/blog_4b0bed7d010007mf.html）

问题：结合本案例谈谈倾听的重要性。

4.1 倾 听

1. 倾听的作用

有人曾向日本的"经营之神"松下幸之助请教经营的诀窍，他说："首先要细心倾听他人的意见。"松下幸之助留给拜访者的深刻印象之一就是他很善于倾听。一位曾经拜访过他的人这样记叙道:"拜见松下幸之助是一件轻松愉快的事,根本没有感到他就是日本首屈一指的经营大师,反而觉得像是在同中小企业经营主谈话一样随便。他一点也不傲慢,对我提出的问题听得十分仔细,还不时亲切地附和道'啊,是嘛',毫无不屑一顾的神情。见到他如此的和蔼可亲,我不由得想探询:松下先生的经营智慧到底蕴藏在哪里呢?调查之后,我终于得出结论:善于倾听。"

倾听,貌似简单,其实不易。"听"的繁体字为"聽",它由"耳"、"王"、"十"、"目"、"一"和"心"六个字组成。代表着"听"首先是用耳朵接受他人的声音,但仅此是远远不够的,还需"十目一心"地仔细观察对方说话的神态、用心揣摩对方话中之话。只有这样,才能真正感受到对方所要传递的信息。倾听是一种本能,也是一门技术,更是一门艺术,它源自本能,修自后天。

听是人类最基本的能力之一,是用耳朵接收声音,除了少数人听不到声音之外,我们大多数人都享有这种与生俱来的天赋功能。如今,国际倾听协会是这样对倾听下定义的:倾听是接受口头及非语言信息、确定其含义和对此做出反应的过程。口语交际中,听的重要性并不被多数人认同。很多人认为听是一种被动的行为,他们很可能会感到烦闷,如果他们不参与谈话还可能会感到无精打采。这种认识显然存在着很大的误区。

古今中外很多谚语和传说表明了听的重要性:"听君一席话,胜读十年书。"俗话又说:会说的不如会听的。英国谚语:"沉默是金,说话是银。"传说上帝在造人时之所以给人一张嘴巴、两只耳朵,就是因为他认为听比说更重要。可见人们是如何看重听的。

对于我们大多数人来说,倾听是从我们听到别人讲话声音开始的,但倾听与听有什么区别呢?一般学者认为:"听"是人体感觉器官接收到的声音;或者换句话说,"听"是人的感觉器官对声音的生理反应。只要耳朵听到谈话,我们就在听别人。想想你在听到电影中的外语对话时,你就会明白,听到并不意味着理解,"充耳不闻"说得就是这种情况。

倾听虽然以听到声音为前提,但更重要的是我们对声音必须有所反应,必须是主动参与的过程,在这个过程中,人必须思考、接受、理解,并做出必要的反馈。同时,倾听的对象不仅仅局限于声音,还包含理解别人的语言、手势和面部表情等。在此过程中,我们决不能闭上眼睛只听别人说话的声音,而且还要注意别人的眼神及感情表达方式。

【相关链接:】

"听"来的钢盔

第二次世界大战期间,一位叫亚德里安的美国将军利用战斗的间隙到战地医院探望伤员。他毫不张扬地走进病房,静静地坐在病床边,倾听每一位伤病员讲述自己"死里逃生"的经历。其中一位炊事员说,他听到炮弹呼啸而来,就不假思索地把一口锅扣在自己的头上,虽然弹片横飞,战友倒下了一大片,他却幸免一死。听到这里,亚德里安将军略有所悟地点了点头,走到这位炊事员床前同他握手,脸上露出赞赏的微笑。

后来他发布一道命令：让每个战士都戴上一口"铁锅"。

于是，在人类战争史上，"钢盔"这个重要的发明，就因为一位将军有耐心和雅量倾听一个炊事员的"唠叨"而诞生了。据说，这个别出心裁的"发明"，使七万余名美军在第二次世界大战中免于战死。

将军诚意的倾听，表达的是对战士生命安全的关注和高尚的人品，他满足对方的倾诉并获得尊重的愿望，而自己也在获得尊重的同时，获得了创造的灵感，而作出重大决定。

(资料来源：李元授. 口才训练. 武汉：华中科技大学出版社，2005)

倾听的作用概括起来，主要包括如下方面：

(1) 倾听是获取信息、开阔视野的重要途径。

"听君一席话，胜读十年书"，这句俗语从倾听的角度说明了倾听是人获取信息、开阔视野的重要途径。有数据显示，在我们获取信息的途径听、说、读、写所占的时间中，听占到了53%。虽然现在是网络化时代，面对面沟通被有些人所忽视，由此产生的"宅男"、"宅女"现象越来越引起人们的担忧。这从另一个角度说明倾听的缺失对现代人造成的不良影响。与其将自己封闭在一个狭小的空间里，还不如走出家门倾听来自各界的声音，那样对你的未来才更有帮助。

(2) 倾听是对别人的尊重和鼓励的特殊方式。

根据人性特点，我们都知道，人们往往对自己的事更感兴趣，对自己的问题更关注，更喜欢自我表现。一旦有人专心倾听我们的话，就会感到自己被重视。我们真诚投入地倾听他人的倾诉，恰到好处的反应，是对他人尊重和鼓励的最好方式。

(3) 倾听是为自己争取主动的关键。

在时机未到时选择倾听并保持沉默是一种"大智若愚"的艺术。在商业活动中多听、少说甚至不说，这样做的目的是为了获得最大的利益。少开口不做无谓的争论，对方就无法了解你的真实想法；反之，你可以探测对方的动机，逐步掌握主动权。因此"雄辩是银，倾听是金"。

(4) 倾听可增进彼此的理解与信赖。

表露内心的事，可以消除两人之间的误会、隔阂、不信任与敌对，使两人之间关系更为密切。由此来看，倾听可谓是彼此沟通的桥梁，误解与愤恨都会随着有效的倾听而化为乌有，感情也会伴随着彼此的倾听而更进一步。

(5) 倾听可改善周围环境的气氛，有利于获得身心健康与成功。

心理学家们指出，善于倾听的人容易克制冲动，控制愤怒，拥有一个较为平和的人际环境，这对于成功与健康是有百益而无一害的。

2. 倾听的障碍

一般来讲，倾听有五个层次：一是充耳不闻。如同耳边风，"左耳进右耳出"，完全没有听进去。二是敷衍了事。"嗯…"、"喔…"、"哎…"、"好好好"，略有反应其实是心不在焉。三是选择的听。只听合自己心意的，与自己意思相左的一概自动过滤掉。四是专注的听。有些沟通技巧的训练会强调"主动式"、"回应式"的聆听，以复述对方的话表示确实听到，即使每句话或许都进入大脑，但是否都能听出说话者的本意、真意，仍是值得怀疑的。五是同理心的倾听。一般人聆听的目的是为了做出最贴切的反应，根本不是想了解对方。所以同理心的倾听的出发点是为了"了解"而非为了"反应"，也就是透过交流去了解别人的观念、感受。在商务沟通中应重视倾听，尽可能做到高层次的倾听，避免低层次的倾听。但事实上并不是所有倾听都能达到理想效果，因为倾听存在着各种各样的障碍，它们会直接或者间接地影响倾听的效果。

1) 来自环境的倾听障碍

环境干扰是影响倾听最常见的因素之一，交谈时的环境各种各样，时常转移人的注意力，从而影响专心倾听。有学者做过试验，一个人同时听到两个信息时，他会选择其中的一个，放弃另一个。这样的话，就很容易忽略另外一个人的信息。具体来说，环境障碍主要从两方面施加对倾听效果的影响。

(1) 干扰信息传递过程，消减、歪曲信号。比如在嘈杂的课堂上，老师的声音几乎被学生的吵闹声淹没了，坐在后排的同学根本就听不到老师在说什么，这跟一个安静的课堂所能达到的效果是迥然不同的。

(2) 影响沟通者的心境。这也就是说，环境不仅从客观上，还从主观上影响倾听的效果，这正是为何人们很注重挑选谈话环境的原因。比如领导在会议厅里向下属征询建议，大家会十分认真地发言，要是换作在餐桌上，下属可能就会更随心所欲地谈谈想法，有些自认为不成熟的念头可在此得以表达。反之亦然，在咖啡厅里上司随口问问你西装的样式，你会轻松地聊上几句，但若上司特地走到你的办公桌前发问，你多半会惊恐地想这套衣服是否有违公司仪容规范。这是由于不同场合带给人们的心理压力、氛围和情绪都大有不同的缘故。

2) 倾听者自身的倾听障碍

倾听者本人在整个交流过程中具有举足轻重的作用，倾听者理解信息的能力和态度都直接影响倾听的效果。但由于每个人都有自己的思想和经验，难免在倾听时加上自己的感情色彩，在无形中树立了障碍，无法准确地理解别人传递的信息，从而影响了沟通。

来自倾听者自身障碍的表现有以下方面：

(1) 注意力不集中。倾听者受到内部或外部因素的干扰而无法集中注意力，这是最常见的阻碍倾听的因素。当疲倦时，胡思乱想时，或是对说话者所传递的信息不感兴趣时，都很难集中注意力。

(2) 打断说话者。倾听者打断说话者也是阻碍倾听的因素之一。在回应说话者之前，应该先让他把话说完。对说话者缺乏耐心甚至粗鲁地打断他们，这是对说话者本人及其信息不尊重的表现。

(3) 缺乏自信。倾听者缺乏自信也是阻碍倾听的因素之一。这是因为缺乏自信会令倾听者产生紧张的情绪，而这种情绪一旦占据了他的思维，就会使他无从把握说话者所传递的信息。也正是为了掩饰这种紧张情绪，许多倾听者总是在应当倾听时擅自发言，打断说话者。

(4) 过于关注细节。阻碍倾听的另外一个因素是倾听者过于关注细节。如果倾听者尝试记住所有的人名、事件和时间，那么就会觉得倾听"太辛苦"了。这种紧紧抓住信息中的细节而不抓要点的做法非常不可取，这样做就可能完全不能明白说话者的观点。

(5) 排斥异议。有些人喜欢听和自己意见一致的人讲话，偏心于和自己观点相同的人。

这种拒绝倾听不同意见的人，不仅拒绝了许多通过交流获得信息的机会，而且在倾听的过程中注意力就不可能集中在讲逆耳之言的人身上，也不可能和任何人都交谈得愉快。

(6) 心存偏见。倾听者心存偏见会在很大程度上阻碍倾听。偏见让倾听者无法对说话者所传递的信息保持开放和接纳的心态。这是因为，偏见使人在倾听之前就已经对说话者或他所传递的信息做出了判断。

(7) 太注重说话方式与个人外表。人们倾向于根据一个人的长相或讲话的方式来判断一个人，因此听不到他真正说了什么。有些人常被说话者的口音和个人外表以及行为习惯扰乱心绪，从而影响了倾听效果。

(8) 厌倦。由于大脑思考的速度比说话的速度快很多，前者至少是后者的 3～5 倍(据统计，人们每分钟可说出 125 个词，理解 400～600 个词)，很容易在听话时感到厌倦。因为人们可以接纳一个人说的话，但同时还有很多空余的"大脑时间"，人们很想中断倾听过程，去思考别的一些事情。"寻找"一些事做，来占据大脑空闲的空间，这是一种不良的倾听习惯。

3. 有效倾听的策略

1) 创造良好的倾听环境

(1) 选择合适的场所。场所合适与否直接关系到沟通双方的心理感受和外在噪音的干扰。在公众场合下，应避免在噪音比较大的地方交谈，如施工场所、十字路口。应尽量寻找安静、舒适、典雅、有格调的咖啡厅、茶室等，同时力求避免电话、手机和他人的干扰。如果是在家中聚会，有必要将电视音量关小，保证室内空气清新、舒适，假如临近街道，可以将门、窗关紧，同时注意室内家具的摆放、颜色的搭配等细节问题。

(2) 选择恰当的时间。公众场所都有相应的高峰期，如公园、商场、风景区，节假日人比较多，咖啡厅晚上人流不息，而餐馆则在中午、下午 6 点以后客人较多。选择场所时还应考虑时间的不同对谈话双方的效果也将不同。

(3) 保持一定的距离。说话者跟听话者感情好，私下交谈时则相互挨得紧，恋人更是如此。但如果在正式场合，不论亲疏，都应保持一定的距离。过远，则不容易听清；过近，容易使说话者感到紧张。

2) 良好的心理准备

倾听，要求倾听者要有良好的精神状态，集中精力，随时提醒自己交谈到底要解决什么问题，听话时应保持与谈话者的眼神接触，但在时间的长短上应适当把握好，如果没有语言上的呼应，只是长时间盯着对方，会使双方都感到局促不安。另外，要努力维持大脑的警觉，保持大脑警觉则有助于使大脑处于兴奋状态。

倾听时，应该保持开放的心态，是提升倾听技巧的指导方针之一。这样做不但使人能考虑到事情的各个方面，还能减少与说话者之间的防御意识，而这种意识会极大阻碍交谈双方之间的良好沟通。回应说话者时，即使不同意他的观点，也应对其信息保持积极的态度。

3) 正确的态势语言

人的身体姿势会暗示出他对谈话的态度，自然开放性的姿态，代表着接受、兴趣与信任。根据达尔文的观察，交叉双臂是日常生活中最普遍的姿势之一，一般表现出优雅富于感染力，让人看上去自信心十足。但这常常会自然地转变为防卫姿势，当倾听意见的人采用这种姿势时，大多是持保留的态度。向前倾的姿势是集中注意力、愿意听倾诉的表现。倾听时交叉双臂、跷起二郎腿也许很舒服，但往往让人感觉这是种封闭性的姿势，容易让人误以为不耐烦或高傲。

4) 提升倾听的技巧

(1) 对主题或说话者产生兴趣。

这样做有助于倾听者以积极的态度进行倾听。倾听时，您的目标应当是从每个说话者那里获取知识，但如果您对他们不感兴趣，就很难集中注意力。因此，应当消除自己对主题或是说话者的偏见，使自己对其产生兴趣。倾听时，应该关注说话者提供的信息，而不是他们的外表、性格或是说话方式，不要因为这些因素而对他们加以定论，应该根据他们提供的论据来判断信息的价值。另外，也不要仅仅因为说话者的出色表达就立即对他们做出肯定的判断，因为出色的表达并不意味着说话者传递的信息有价值。因此，应该等到说话者完整地传递了信息之后，再做出判断。

(2) 积极关注自己不熟悉的信息。

要提升自己的倾听技巧，还应该学会积极关注自己不熟悉的信息。如果在倾听时遇到此类信息，就更需要高度集中注意力。因为如果不这样做，就有可能抓不住信息中的重点。当对方传递的是自己不熟悉的信息时，可以采取下列方法来改变自己：不要因为信息复杂而气馁，而要提高学习兴趣，通过提问以确认说话者的观点。

(3) 专注于说话者的主要观点。

倾听时，一定要专注于说话者的主要观点，为了全面理解讲话者的言辞中包含的内容和情感，倾听者要集中精力努力捕捉信息的精髓。这样做能避免强烈情感让你感到混乱和沉闷，并且能集中精神理解讲话者所述观点中的重点。

(4) 不要过早下结论。

要提升自己的倾听技巧，倾听者在倾听时就不要过早下结论。当你不同意说话者的看法时，最自然的反应就是立即不再理会他所传递的信息。尽管你不需要同意说话者的所有观点，但是在下结论之前，还是应该听完他的话。只要听完了全部的信息，就可以彻底地检验并公正地评估说话者的观点、论据和论证过程。

(5) 复述说话者所传递的信息。

通过复述，倾听者可以确定自己是否完全理解了该信息。复述时，倾听者可以用自己的话向说话者概括信息的主要内容，这样能减少对信息的误解和错误的推测。

(6) 不到必要时，不打断他人的谈话。

善于听别人说话的人不会因为自己想强调一些细枝末节、想修正对方话中一些无关紧要的部分、想突然转变话题，或者想说完一句刚刚没说完的话，就随便打断对方。经常打断别人说话就表示我们不善于倾听，个性激进、礼貌不周，很难和人沟通，所以除了是在不得不说的情况下，否则是不应打断对方谈话的。

(7) 尊重说话者的观点。

每个人都有自己的观点，要鼓励别人说出自己的看法，而不能因为自己的主观意愿，否定自己不同意的观点，如果无法接受说话者的观点，那可能会错过很多学习的机会，而且无法和对方建立起融洽的关系。

(8) 换位思考。

站在对方的角度去考虑他所说的话，以客观的心态去面对说话者，用心去感受说话者的心情，感受他的喜悦或悲伤，这也是做到最高层次倾听的体现。这样做可以避免因心理定势和偏见等产生的障碍。

(9) 倾听者不应该过于拘谨。

倾听者在倾听时过于拘谨会使倾听变成一种被动行为，此时，倾听者绝不会表达自己的观点，他们根本不参与交流，常常只是以"很好"和"我明白你的意思"之类的话来回应说话者。倾听者在倾听时过于拘谨可能是因为害羞，也可能仅仅出于不想给说话者带来麻烦，无论是什么原因，他们的行为都会阻碍有效的沟通。要避免在倾听时过于拘谨，应当遵循以下原则：乐于表达自己的想法；通过提问参与对话；回答问题要干脆；与说话者进行眼神交流。

5) 善于运用其他形式沟通

毕竟只是听的话，所记住的信息有限，这时候就需要借助一些其他的方式来帮助自己更好地记忆。比如做笔记，这样能更有效地记住对方所说的话。同时通过做笔记也能有选择地记下自己认为更重要的信息，从而避免因为什么都要记下而费时费力。

4.2　面　　谈

1. 面谈的含义

面谈属于面对面的口头沟通，但不能把任何一种面对面的口头沟通都称为面谈。面对面的口头交流可以分为面谈和闲聊两种不同的形式。闲聊是指交流对象之间没有明确目的的一种口头交流活动，轻松、愉快、随意、漫无方向是闲聊的主要特征。闲聊本身也并不是没有目的的，人们之间闲聊的目的通常是打发时间、娱乐、联络感情。由于不具有说服的性质，闲聊过程中通常不会产生大的分歧和矛盾。由于没有明确的说服目标，在闲聊之后，大部分人都无法准确说出闲聊的内容。

面谈则是指组织中与工作有明确关系的、有目的的和受控制的两个人或多个人参与的面对面的沟通方式，是一种有组织、有计划的交换信息的活动。由于面谈是面对面的及时沟通，所以它需要比书面沟通更快的反应，在信息的组织和表达上也更灵活，对面谈者谈话内容、表情、动作等及时分析的技能也有较高要求。

2. 面谈的特性

(1) 目的性。面谈与普通的聊天、谈话是不一样的。一个简单的例子，当你逛街的时候碰到一位朋友，你们可能就在碰面的那个地方闲聊几句，这种聊天显然不是面谈，因为它是没有任何目的性的见面打招呼。

(2) 计划性。当选择与某个人进行面谈前，一般情况下人们都事先会做好准备。例如，了解对方的谈话方式、性格特点，从而选择适当的谈话策略与沟通策略。制订出一套面谈计划，既可以使自己在面谈中游刃有余，同时也能避免面谈中出现无话可说的尴尬局面。

(3) 技巧性。面谈是一项极具技巧性的沟通方式。当进行面谈时，人们说话及思考语句的速度十分快，很多时候既要注意接受理解对方的谈话内容，同时也要在适当时候发表出自己的意见与看法，这在很大程度上靠的便是在谈话中的技巧性，如快速的反应、灵活的信息组织技巧和及时的分析技能。

3. 面谈的作用

面谈的作用主要可以分为以下四个方面。

(1) 信息的传播。探寻或传播特定信息是面谈最常见的目的之一。例如，教师向学生教授知识、新闻报刊记者的采访、产品介绍会等就属于这种情况。

(2) 寻求信念或行为的改变。说服也是面谈常见的目标之一。例如，推销员与潜在顾客之间的面谈、领导对下属的指导、家长对子女的劝告、申诉等。大部分的商务面谈都具有说服的性质。

(3) 进行评估和决策。进行评估和决策类型的面谈，以了解事实的真相、做出决定为特征，一般表现为招聘面试、绩效评估、看病等。

(4) 探求与发现新信息。探求与发现新信息的面谈是指采用某种统计方法获得有关某一问题的信息，如某种学术团体和社会团体所做的调查工作、市场调查、民意测验等。

4. 面谈的优势和劣势[①]

与双方互不见面的电话交流相比，面谈具有一些明显的优势和劣势。

1) 面谈的优势

面谈的优势主要表现在以下几个方面：

在面谈过程中，除了利用语言信息外，还可以利用各种非语言信息。可以说，在面谈过程中双方可以采取任何一种沟通形式。这一点也决定了面谈适合于处理复杂的事情，特别适合双方对讨论的问题知之甚少或者分歧比较严重的情况。

面谈有利于双方做出反馈，特别是非语言反馈。

在面谈过程中，可以综合运用各种沟通方式，如口头语言、书面语言、图画、示意图、手势等。大家可以想象，要在电话里说明一幅图画会是多么困难的事情，但面谈却可轻松实现。

在面谈过程中，可以利用各种视觉辅助手段，如白板、投影仪、音像资料、模型等，这可以大大提高沟通的效率和趣味性。

面对面的沟通会给人以亲切、自然、双方比较重视的感觉，会提高沟通成功的可能性。

2) 面谈的劣势

在具有上述优势的同时，面谈也有一些劣势，主要表现在以下几个方面：

面谈通常需要比较多的时间。面谈双方要为见面以及面谈过程而花费大量的时间，包括必要的寒暄、可有可无的评论、反复的讨价还价等。这也许是因为面谈方式通常不涉及电话那样的计时费用，或者是觉得见一面不容易等原因。

面谈对于时间和地点的要求比较高。首先，通常双方必须同时拥有一段比较长的时间才可能进行面谈；其次，面谈过程通常需要专门的场所，如谈判室、饭店房间、茶馆、酒吧等。

---

① 王浩白. 商务沟通. 杭州：杭州大学出版社，2011

面谈过程中不利于掩饰。面谈过程中双方可以通过大量的非语言线索来判断对方所说的话的真伪，不利于掩饰一些事情。因此，需要婉拒之类的事情不适合采用面谈的方式。

面谈过程中不容易控制情绪。面谈过程中非语言信号比较多、肢体接触也比较容易，在双方意见分歧和冲突比较大的情况下不容易控制各自的情绪，往往会导致过激反应，甚至闹得不可收拾。

面谈过程容易形成不良印象。面谈过程中各种非语言比较多，可对对方进行全面的考察。另外，一般人对面对面沟通中的判断结果比电话等形式的沟通判断结果更加自信。

5. 面谈的类型

1) 招聘面谈

采取招聘面谈的方式来选取适合岗位的人才，这是如今很多企业单位普遍采取的方法。招聘面谈的过程，是企业与求职人员双向选择的过程，企业必须在招聘面谈过程中取得最高的效率。求职人员在进行工作的挑选时，除了薪酬和工作地点外，还要考虑公司的前景和自己受重视程度。由于薪酬和工作地点可选择的变化很小，因此招聘人员要想在面谈阶段获得求职人员的人心，首先必须本着对公司与求职人员负责的态度来工作。由于求职人员对公司的接触不多，也许是第一次接触，因此更多的是依靠自己在应征过程中的感受来辨别，所以，从一开始招聘人员就必须本着对公司与应征人员负责的态度来工作。在招聘过程中，不论何种情况，均必须热情、诚恳和耐心，千万不可采取高高在上的态度，切记求职人员就是我们的顾客。例如，不少企业在参加现场招聘会时，由于环境嘈杂引致心烦意乱，对询问的人员敷衍了事，甚至还有的随意遗弃求职者的个人简历，这样便给别人留下一个很坏的印象。

在经过初次甄选和二次面谈后，对有希望的人选可开诚布公地介绍更多的情况，包括公司的期望、个人在公司可能的职业发展机会以及今后工作中可能遇到的困难等，还可以安排简单的公司参观。让求职人员更详细地了解公司，免除了进入公司之后由于期望和现实的反差，造成新进人员快速离职，浪费双方的时间和精力。在招聘面谈时，不论心情如何恶劣，只要进行招聘面谈就要保持微笑，尽量使气氛宽松，将恶劣的心情抛到九霄云外。如果面谈气氛紧张，将难于让应征者进行自然的表露，造成衡量偏差。在招聘面谈的最后时刻，可以问问求职人员是否还有其他的问题，这样不仅可以加深互相了解，还可以避免一些疏忽，同时给应征者留下了公司非常诚恳的印象。如果条件许可，还可以为求职人员到公司面谈的来回路途提供一些便利。总而言之，负责招聘的人员一定要记住：求职者就是我们的顾客。

企业招聘面谈问话提纲如表4-1所示，仅供参考。

表 4-1 面谈问话提纲

面谈项目	评价要点	提问要点
仪表与风度	体格外貌，穿着举止 礼节风度，精神状态	
工作动机与愿望	职员工作的更换与求职原因，对未来的追求与目标，本公司所提供的岗位或工作条件能否满足其工作的需要和期望	(1) 谈谈你现在的工作情况，包括待遇、工作性质、工作满意程度。 (2) 你为什么要选择本公司？ (3) 你在工作中追求什么？个人有什么打算？ (4) 你想怎样实现你的期望和目标

续表

面谈项目	评价要点	提问要点
工作经验	从事所聘职位的工作经验丰富程度，职位的升迁状况和变化情况，从其所述工作经历中判断其工作责任心、组织领导能力、创新意识	(1) 毕业后的第一个职业是什么？ (2) 在这家企业里，你担任什么职位？ (3) 你在这家企业做出了哪些值得你骄傲的成绩？ (4) 你在主管部门中，遇到过什么困难？你是如何处理的？ (5) 请你谈谈职务的升迁和工资变化的情况
经营意识	判断应聘者是否具有商业意识、竞争意识以及是否具备基本的商业知识	(1) 应聘者是否具有应聘岗位所需要的专业知识和专业技能，或者相关的工作经验。 (2) 通过经营小案例来判断其是否有这方面的观念和意识。 (3) 询问一些营销术语和有关专业的问题
精力 活力 兴趣 爱好	应聘者是否精力充沛、充满活力，兴趣和爱好是否符合应聘岗位的要求	(1) 喜欢什么样的运动？ (2) 你怎样安排你的休息日和节假日？ (3) 你经常参加什么样的交际活动
思维力 分析力 语言表达能力	对主考人员所提的问题能否说理透彻、分析全面、条理清晰，是否能合理地说出自己的意见和观点，用流利的言语表达出来	(1) 你如何面对成功和失败？ (2) 如果让你筹建一个新的部门，你将从何入手？ (3) 根据提出的这些小的案例，你将如何解决
工作态度	工作态度如何，谈吐是否自然流畅，是否诚实，是否热爱工作、奋发向上	(1) 你曾经工作的公司要求严格吗？在工作中看到别人违反制度和规定，你是怎么做的？ (2) 你处理各类问题时经常向领导汇报吗？ (3) 你在领导与被领导之间喜欢哪种关系
其他	应聘者是否能发现自己的优缺点，同时在遇到批评、挫折以及工作中的压力时，能否克服，理智对待	(1) 你认为你的优势在哪儿？ (2) 你准备如何改正自己的缺点？ (3) 为何要到本公司来？ (4) 你适合哪些工作？ (5) 你与同事间相处的如何？ (6) 你喜欢和哪些人交往 ……

（资料来源：赵云龙. 电话营销学. 北京：中国经济出版社，2003）

2) 绩效面谈

绩效面谈是指在绩效管理过程中，由管理者与其下属通过面谈的方式就下属绩效表现进行回顾，帮助下属总结经验，找出不足，商讨解决的办法，并就员工发展以及下一考核周期的目标设置等方面进行的正式沟通。

面谈是最直接的沟通方式，沟通程度较深，可以对某些不便公开的事情进行交流，使员工容易接受，管理者可以及时对员工提出的问题进行回答和解释，减少沟通障碍，利于员工绩效与组织绩效的有效结合。因此，绩效面谈不仅可以提高员工的工作效率，还可以增进了员工和主管之间的沟通。

以下是绩效面谈的一般流程：

(1) 绩效面谈前的准备。面谈前的准备工作主要有以下几点：第一，明确面谈的目的。双方就被考核者的表现，达成一致的看法；指出被考核者优点之所在；辨明被考核者的不足与努力方向；共同为被考核者制订相应的改进计划。第二，合理地安排面谈时间。让进行面谈的员工有充分的时间做好准备，让他们能够对自己的工作进行审视、分析，以便在之后的面谈中有时间让他们提出自己的意见和看法。同时，面谈时间应该尽量安排在被考核者方便的时候。第三，安排合理的面谈地点。面谈地点的选择是十分重要的，一场轻松愉悦的面谈能够使双方都能将自己的真实想法表达出来，使面谈效果更为显著。面谈场所最好选择相对封闭，方便双方进行沟通、安静且不易被打扰的环境。

(2) 绩效面谈的进行。绩效面谈是一门艺术，也是一项技术性很强的工作，它没有专门的固定模式，是随着交谈对象的不同而呈现出不同的特点，因此，绩效面谈的进行需要掌握以下几个要点：一是谈话内容要具体；二是讲话要直接明了；三是让员工多开口；四是给员工制订工作计划。

3) 收集信息的面谈

信息收集面谈是想要获取某一方面的信息资料或想要获得某种帮助时进行的面谈。若想了解某一方面的信息，就可以去该领域找相关人员进行面谈，为了准确有效地获取想要的信息，可以提前做好准备计划，包括目的、人员分析、安排时间、地点、准备预期问题等。在信息收集的面谈过程中应请注意以下问题。

(1) 面谈应结构化。在面谈之前应确定收集信息的内容并制定详细的提问单，把握住所提问题与目的间的关系，并注意挑选参加面谈的人员。

(2) 面谈过程中应保持友好、亲善的态度。

(3) 进行信息收集面谈的发起者应和有着较多经验或对该领域较为熟悉的人员进行面谈，从而使所获得的面谈资料更为准确可信。

信息收集的面谈很像闲聊，有些时候在进行信息收集的面谈时，谈话的对方可能都没有意识到你正在收集信息，因此，很多时候谈话的内容、主题会背离你的初衷。所以，作为面谈的发起人必须要灵活有技巧地进行谈话，循序渐进，引导对方向主题靠拢。

6. 面谈计划的制定

为了提高面谈效率，在举行面谈前应对面谈过程进行认真的计划。即使拥有高超面谈技巧的人也并不是天生具有这种能力的，它是后天训练出来的。面谈者如果事先对各方面进行过细致的分析，再经过长期的训练，他们表面上会显示一派自然、轻松的姿态，好像所有一切都是自然流露。

尽管不同性质和目的的面谈过程千差万别，但其准备工作却大同小异，都需要对沟通的基本方面进行全方位的分析。

1) 面谈目的分析

目的决定手段和策略。在进行面谈之前首先要分析自己和对方面谈的目的是什么，具体来说，要搞清楚以下几个方面的问题。

(1) 面谈的目的是传递信息还是寻求对方信念或态度的改变？

(2) 解决问题的性质是什么？

(3) 面谈的主要类型是什么？

(4) 面谈中的主要信息类型是什么？

(5) 面谈中的最高目标是什么？面谈中的最低目标是什么？

(6) 如果面谈失败，会产生什么样的后果？如何进行补救？

2) 面谈的对象分析

这里所讲的"面谈的对象"，不仅仅是指对方的名字是什么，更重要的是了解对方的背景和他们对所面谈的问题的可能看法。具体来说，主要包括以下几个方面。

(1) 面谈对象的年龄、教育、职业、民族、国籍等基本背景资料。

(2) 面谈对象的主要性格特点。

(3) 面谈对象的主要兴趣点和禁忌。

(4) 面谈对象对相关问题的看法。

3) 面谈时间和地点的确定

面谈的时间和地点也就是面谈的场合问题，要通过询问下列问题加以明确。

(1) 面谈适合在什么时间进行？办公时间还是业余时间？

(2) 地点安排在哪里比较好？

(3) 如何保持环境的安静？

(4) 面谈时间多长为好？

(5) 如何避免可能出现的干扰，包括人、电话铃声等？

4) 面谈主题的确立

面谈的主题也就是话题，或者说面谈的切入点，主要包括以下两个方面。

(1) 如何描述此次面谈的主要议题？

(2) 如何描述此次面谈对双方的好处？

5) 面谈方式的选择

面谈的方式是面谈计划的核心，涉及我们前面讲到的各个方面，例如：

(1) 以什么样的方式开始面谈？

(2) 如何切入主题？

(3) 如何回应对方的质疑？

(4) 是声东击西还是直奔主题？

(5) 采取轰炸战术(不停地说)，还是给予对方充分的时间思考？

(6) 是从一般性问题谈起还是从具体问题谈起？

(7) 如何促使对方表态?

表 4-2 是一份面谈计划清单,可以帮助梳理面谈要做的各项工作。

表 4-2 面谈计划清单

计划要素	相 关 问 题
Why	1. 面谈的主要类型是什么 2. 面谈希望达到的目的是什么 3. 你寻求和传递信息吗?如果是,是什么类型的信息 4. 会寻求信念和行为改变吗 5. 要解决问题的性质是什么
Who	1. 他们可能的反应和弱点是什么 2. 他们有能力进行你所需要的讨论吗
When/Where	1. 面谈在一天的什么时候进行 2. 面谈可能会被打断吗 3. 面谈在何地进行 4. 面谈前可能会发生什么 5. 你在这件事情中处于什么地位 6. 需要了解事情的全貌,还是只需要提示一下迄今为止的最新情况
How	1. 如何实现你的目标 2. 你应该如何表现 3. 以友好的方式和直接切入主题,哪一种更好 4. 你必须小心处理、多听少说吗 5. 先一般性再具体问题,还是先详细信息再一般性问题 6. 你如何准备桌椅 7. 如何避免被打扰
What	1. 确定包括的主题和提问 2. 被问问题的类型

(资料来源:丁宁. 管理沟通. 北京:北京交通大学出版社,2011)

6) 面谈的问题设计

问题是面谈中获取信息的基本手段,在面谈中极为重要。面谈的问题设计要坚持两个原则。一是坚持依据面谈目的设计问题的原则。问题来源于目的,有什么样的目的就会有什么样的问题,问题的设计是为达到面谈目的服务的。二是坚持依据被面谈者的特点组织语言,使对方能听懂,加强相互之间的有效沟通的原则。面谈的问题设计所应考虑的具体方面如下:

(1) 综合运用开放式问题和封闭式问题,获取各具特点的信息。

问题来源于你的目的,它是在面谈中获取信息的基本手段。任何访谈者都会提问,只有精心准备的访谈者才能提出来有效的问题,从而获取他们所需的信息。在准备问题时,很重要的一点是根据被访问者的特点组织语言,要用对方能懂的语言,加强相互之间的有效沟通,准备传达你的信息。在具体问题设计上,可采用两种类型的问题:开放式问题和封闭式问题。这些不同类型的问题可以达到不同的效果，获取各具特点的信息。

开放式问题，如"你的工作干得怎样"或"新的规章对部门士气影响怎样"，一方面可引出一般性的信息，让被访者感到谈话过程无拘无束，因为开放式问题允许被访者自由谈论他们有何感受，他们优先考虑的是哪些问题，以及他们对某一问题了解多少。另一方面，开放式问题有利于发展和增进双方相互之间的联系。但必须记住，开放式问题往往回答比较困难，特别是在被访者滔滔不绝时，话题可能会不着要点。开放式问题也很耗时，频繁使用会使访谈者很难控制面谈进程。

封闭式问题，如"你最后一次在哪里就职"或"你是愿意在项目 A 还是项目 Z 中工作"，这样的问题有助于引出你需要的特定信息。封闭式问题限定了被访者可能给出的回答，适用于当你时间有限或你想要弄清开放式问题的某一点信息的时候。

(2) 确定问题的结构或问题的顺序。

最常见的顺序有三种。一种是从一般到特殊，从大方面问起逐步缩小范围，称为漏斗型。一种是从特殊到一般，从小方面问起逐步扩大范围称为倒漏斗型。例如：

漏斗型：从一般到特殊，如"有关在大楼内吸烟的规章，你认为怎么样？这规章公平吗？这些规章是否限制了员工的抽烟，实施状况如何？"

倒漏斗型：从特殊到一般，如"这些规章怎样限制了员工的抽烟状况？这些规章公平吗？对于有关在大楼内吸烟的规章，你认为究竟怎么样？"

这两种顺序是用一系列相关问题进行深入的了解。第三种顺序是各个不相关问题的平行组合，称为隧道型。其适用于只要求获得对各种问题的最初答案，而不要求作进一步了解的情况。

7. 面谈的实施

1) 开始面谈

(1) 建立融洽氛围。

一个有着融洽氛围的开头是所有成功面谈的基础，面谈对象、主题及目的的不同需要不同的面谈开始方式。面谈开始方式有很多种。但是它们的目的原则只有两个：一个是开诚布公；另一个便是融洽氛围的营造。有资料显示，面谈开始时至少有5%的时间是要用来建立融洽氛围的。简短的题外话有助于迅速拉近彼此间的距离，可以融洽气氛、增进感情。题外话通俗叫闲聊，也就是沟通。闲聊很关键，可以化解下属见上司的紧张情绪。说题外话的时间一分钟最佳，也可以开一句玩笑。如果能把第一句话说好，那么这个头基本上就开得很好了。

(2) 开始面谈的方式。

不管面谈的目的如何，精心安排面谈的开始是很重要的，因为每一次面谈的开始阶段，给予对方的初步印象和建立起来的面谈的"潜规则"对于其后面谈的发展方向具有决定性影响。一般来说，开始面谈的方法有以下几种。

第一种，开门见山法：这种方法就是开门见山讲问题，适用于对方对所讨论问题有一定了解或具有良好沟通基础的情况。企业内部的大部分业务沟通都属于这种情况，企业与一些老客户的沟通可以采用这种方式。这种方式的优点就是直奔主题，沟通效率高；缺点是不适合双方存在一定分歧或矛盾的情况。因为，如果双方存在一定分歧，而发起沟通的一方对此一无所知，那么很容易导致沟通失败。

第二种，循序渐进法：通过介绍发现问题的过程，双方可以循序渐进地共同"发现"存在的问题。这种方法在形式上比较客观、公正，适用于双方立场、利益不同的主体之间的沟通，可以减少可能出现的意见分歧。

第三种，深入挖掘法：这是一种程度非常深的沟通方式。面谈开始时不谈问题本身，而只谈背景、原因和起因。这种方式适用于两种情况：一是问题比较复杂，只有寻根溯源才能够准确提出问题、界定性质并提出解决办法；二是双方存在比较大的分歧或对立情绪，拒绝直接讨论问题的情况。

第四种，换位思考法：它是指向被面谈者例举出采用你的建议解决问题的好处，这种方法从表面上看就是"换位思考"。为了避免对方的怀疑心理，这种方法最好用在双方关系比较密切或者对讨论的问题比较了解的情况下。

第五种，虚心求教法：这是指就特别问题征求意见或寻求帮助的面谈的开始方式。由于大多数人都愿意处于强者的地位，采用这种方法比较容易被对方接受。但是这种方法要注意两个问题：一是所求的意见或者帮助对对方不应该是很困难或者很麻烦的；二是态度一定要真诚，切不可给人留下因有求于人才甜言蜜语的感觉。

第六种，引人注目法：这是以耸人听闻或引人注目的事件、观点来开始面谈的方法。这种方法最大的好处是可以迅速引起对方的注意。由于这种方法有时容易引起对方的反感，因此，在使用过程中一是注意技巧，巧妙过渡到正题。二是要迅速切换主题。

第七种，强调观点法：这是指在面谈开始时就提及被面谈者对特别问题已提出过的看法。它是一种比较高级的方法，任何人都喜欢自己的观点、看法得到别人的重视、认同，采用这种方法可以使本来很陌生或存在歧义的双方迅速拉近心理距离。不足之处是，这种方法实施起来难度较大。其原因有二：一是基本素材很难获得；二是不恰当的叙述和评论会引起对方的反感。

2) 展开面谈

(1) 面谈过程的控制。

面谈是否成功一方面取决于是否经历了周密的计划，另一方面取决于对面谈过程的控制。不同类型的面谈所需要的控制程度不一样。按照面谈者对面谈过程的控制程度的高低，可以把面谈分为非结构化的面谈、一般结构化的面谈、高度结构化的面谈和标准化的面谈四种[①]。

第一种，非结构化的面谈。非结构化的面谈是指面谈过程预先没有准备具体的计划，只是对可能涉及的主题、目的进行了简单考虑的面谈。非结构化的面谈也可以称为开放式面谈，在这种面谈中双方都可以根据自己的兴趣、目的对面谈的主题进行调整。非结构化的面谈主要用于对某具体事件有一般了解的情况。例如，商务伙伴初次接触，他们对于可能的合作都缺乏具体的认识，希望通过面谈建立初步的了解。之所以采用非结构化的面谈，主要是因为对面谈主题缺乏足够的了解。

第二种，一般结构化的面谈。一般结构化的面谈是指对面谈目的、主题事先只进行了

---

① 王浩白. 商务沟通. 杭州：杭州大学出版社，2011

策略的计划，详细的内容需要在面谈过程中加以确定的面谈。例如，对应聘对象的初试、与销售对象的初步接触等。一般结构化的面谈主要适用于事先无法确定面谈对象具体情况的情形。

第三种，高度结构化的面谈。高度结构化的面谈是指对面谈目的、主题、问题等内容事先都进行了详细计划。如考试面谈、特定对象的销售面谈、咨询面谈等，一般都采用高度结构化的面谈形式。

第四种，标准化的面谈。标准化的面谈是指事先不仅对面谈的问题进行了详细的计划，并且预先给出了可能的答案，被面谈者只能从限定的答案中选择和决定的面谈，如很多调查数据的采集都采取标准化的面谈形式。

(2) 进行提问。

进行提问是面谈的主体阶段，在这一阶段中应做到提出和回答问题、寻求问题的答案、努力说服被面谈者接受你的观点或产品。不同问题类型其作用是不一样的，因此在提问时运用的技巧也是不一样的。

第一，直接提问法。直接提问法是指提问者从正面直接提问，开诚布公、干脆利落、直截了当地讲明询问目的，开门见山地提出问题。在运用正面提问法时要注意情感的铺垫，使对方心理上会舒缓一些，也能主动合作，同时也防止提问过于直白，以免显得过分生硬，容易造成询问对象的心理排斥，难以获得有价值的信息和材料，并且还会给人一种笨嘴拙舌的感觉。

第二，限定提问法。人们有一种共同的心理就是认为说"不"比说"是"更容易也更安全。所以，一般在沟通过程中，提问者向回答者提问时，应尽量设法不让对方说出"不"字来。提问者在问题中给出两个或多个可供选择的答案，此时可采用限定提问法，即两个或多个的答案都是肯定的。

第三，迂回提问法。迂回提问法是指从侧面入手，采用攀谈的形式，然后逐步将问答引上正题。这种提问方式一般时间性不太强，谈话也不受特定场合的限制。当沟通对象感到紧张拘束，或者思想有所顾虑不大愿意交谈，或者虽然愿意谈，却又一时不知该怎么谈的情况下，提问者可以采取侧面迂回的提问方式，逐渐将谈话引上正题。应当明确的是，旁敲侧击只是一种手段而不是目的。因此，攀谈的内容应当是有目的、有选择的，表面上似乎和面谈的主题无关，实质上应该是有关联的。

第四，诱导提问法。当遇到询问对象了解许多信息，却因谦虚不大愿意说，或者由于性格内向不会说，或者要谈的事情需要一番回忆，或者对方想说又不便自己主动说等情况时，都可以采取诱导提问方法。采用启发诱导的方式，可以引导对方的思路，又可以诱发对方的情感，进一步引导对方明确沟通的范围和内容，渐渐打开对方的"话匣子"，也可以激活对方的思路，引起对方的联想，从而有针对性地把沟通对象掌握的信息引导出来。

第五，追踪提问法。所谓"追踪提问法"，是指提问者把握事物的矛盾法则，抓住重点，循着某种思路、某种逻辑，进行连珠炮式的提问。这种提问既要按照事物的内在联系，把基本情况和事实真相了解清楚，又要抓住重点，深入挖掘，达到应有的深度。一般来说，提问者对于触及事物本质的关键性材料，以及对方谈话中的疑点，或者从对方谈话中发现的有价值的新情况、新线索，往往会抓住不放，打破砂锅问到底，直至水落石出。但是追问，既要问得对方开动脑筋，又要让对方越谈越有兴趣，需要追问者在态度、语气上都要与谈话的气氛协调一致，不要把追问搞成逼问，更不要变成变相"审问"。

第六，假设提问法。假设提问法是指提问者通过假设的方式提出一些假设性的问题，是一种"试探而进"的提问方法。这种提问方法采用"如果"、"假如"一类的设问方式，不但可以了解面谈对象的观点、看法和见解，而且还能深入了解对方的内心世界。假设提问法往往用来启发沟通对象的思路，引导对方谈出对某个问题、某种事情的真实想法；或者设身处地地为对方着想，积极帮助对方回忆某种情景；或者用来调节对方的情绪，促使对方谈出一些不大想说、不大好说的事情或想法；或者由提问者对人物或事物进行合乎规律的推断、预测，促使对方产生联想和想象；或者提问者已经有了一定的认识，再提出一些假设性问题，同沟通对象开展讨论，促使自己认识的深化。

第七，协商提问法。协商提问法是指以征求对方意见的形式提问，诱导对方进行合作性的回答。采用协商型提问的时候，一般已经是针对某个既定的事实进行了确认，但是不使用强硬的语气，对于回答者会比较容易接受。在协商型提问中，即使有不同意见，也能使沟通双方保持融洽关系，双方仍可进一步洽谈下去。

第八，错问提问法。错问提问法是指"以误求正法"，即指提问者故意提出错误的问题，以考察、试探、激发采访对象，以便了解真实的材料，探求事实真相。需要注意的是，运用错问提问法，可能会造成面谈对象的某些误解。因此，在沟通结束时，提问者应当说明原因，消除误解，以免留下后遗症。

第九，插入提问法。插入提问法就是指在沟通过程中，做必要而适当的插入。比如重复、强调面谈对象说的某个重要问题或某句关键性的话，纠正对方的口误，补充对方没有讲全、需要及时补充的内容以及对方没有谈到、需要及时提醒的内容，尚未听清、听懂的话等。在沟通过程中，插入提问法可以使沟通双方有效地抓住有价值的材料。

(3) 准确核实。

沟通对象在谈话过程中会透露出一定的信息，这些信息有些是无关紧要的，而有些则对整个沟通过程起着至关重要的作用。对于这些重要信息，沟通者应该在倾听的过程中进行准确核实。这样一方面可以避免漏洞或误解客户意见，及时有效地找到解决问题的最佳方法；另一方面，客户也会因为找到了热心的听众而增加谈话的兴趣。值得注意的是，准确核实并不是简单的重复，它需要讲究一定的技巧，否则就难以达到鼓励客户谈话的目的。核实的方法有下述几种。

第一，重述。重述指的是复述刚刚所听到的话，这是一种很重要的沟通技巧。我们的反应可以让对方知道我们一直在听他说话，而且也听懂了他所说的话。

第二，听取关键词。所谓的关键词，指的是在谈话时描述具体事实的重要词语，这些词语透露出某些讯息，同时也显示出对方的兴趣和情绪。透过关键词，可以看出对方喜欢的话题，以及说话者对他人的信任程度。另外，找出对方话中的关键词，也可以帮助我们决定如何回应对方的说法。

第三，梳理各种暗示。很多人都不敢直接说出自己真正的想法和感觉，他们往往会运用一些叙述或疑问，百般暗示，来表达自己内心的看法和感受。但是这种暗示性的说法有碍沟通，因为如果遇到不良的听众，他们话中的用意和内容往往会被人误解，最后就可能会导致双方的失言或引发言语上的冲突。所以一旦遇到暗示性强烈的话，就应该鼓励说话的人再把话说得清楚一点，以免产生误会和冲突。

(4) 注意的问题。

在面谈过程中要注意避免一些影响有效沟通的问题发生，例如：

第一，面谈的时间过长。人们的注意力都是有限的，很多人的时间是宝贵的，过长的面谈会使人感到疲劳，给人以精神折磨的感觉。

第二，把讨论重点放在了枝节问题上。面谈的重点要放在对核心问题的讨论上。事实上，很多时候枝节问题比核心问题更复杂、更难以确定。

第三，整个面谈过程成为一言堂。谈话中一方说得过多，而不让另一方插嘴，会给人一种强加于人的感觉。

第四，面谈未取得预期结果时大发雷霆，表达不满。谈话是一个交流的过程，一次谈话不能说服对方接受自己的意见和想法是很正常的，以后可以反复说服。如果在未取得预期结果时立即表达不满，会引起对方的抵触情绪，使得以后的说服变得更加困难。

第五，努力隐瞒面谈目的，让对方摸不着头脑。这种做法会使对方怀疑你有不可告人的目的，拒绝进行有效的沟通。

第六，使面谈陷入一场争论甚至变成相互攻击。沟通的目的就是求同存异，要从相同的地方入手，寻求共同点。

3) 结束面谈

(1) 掌握结束面谈的恰当时机。当时间已到，当已得到所需信息，当已设法说服被面谈者接受你的建议或购买你的产品，当问题已经解决，或者由于需要更多的信息或还要与其他人面谈，使得该面谈再进行下去显然无益时，就应该结束面谈。

(2) 简要总结面谈结果。长时间的谈话会使双方头昏脑胀，甚至对双方分别做出了哪些让步、取得了哪些共识都记不清楚了。因此，为了有效保证面谈的成果，在面谈结束时应总结面谈的成果或者重复自己的看法。

(3) 感谢被面谈者参与。无论结果如何，面谈双方都付出了时间与努力，对这一点要充分理解。因此，在面谈结束时向对方表示感谢，有助于双方在今后建立更加紧密的关系。

(4) 商定下一步行动。一次面谈不一定能够解决全部问题，有必要在面谈结束时商定下一次的会面时间和地点。即使面谈有了一定结果，也要考虑实施和评估的问题，这都需要在面谈结束时约定。

4) 面谈的跟踪

面谈有很多种类，有些面谈，如绩效考评面谈，往往需要进行事后的跟踪。面谈后的跟踪往往是对面谈的继续，以及对面谈中商议的事项的落实。一般情况下，人们采取的跟踪方式主要有以下几种[①]。

(1) 核对面谈后的结果是否符合自己的计划目标。尽管有些时候很好地计划了这次面谈，并将事前准备好的问题、疑问都提出了，并且对方也回答了提问，但是，由于谈话中信息量的庞大，以至于有些时候，忘记对方是怎么回答的了。这时候，最好是麻烦对方再做一次确认，以保证所获信息的准确性。

(2) 确保面谈中达成承诺的兑现和落实。在很多情况下，面谈双方的谈话很愉快，签

---

① 丁宁. 管理沟通. 北京：北京交通大学出版社，2011

署协议也很迅速，但是当真正到要执行或操作时往往很长时间才能得到落实。这时候，进行跟踪是十分有必要的，可以进一步确保面谈的成功。

(3) 对面谈后的结果及时作出反馈。面谈中提出的假设，在面谈后采取的实质行动，具体进展如何等情况往往需要反馈，及时有效地反馈有利于双方信息的对称，进一步保证了双方面谈的成果。

(4) 查看是否还有新的疑问产生。面谈按照事前准备好的计划和步骤进行，也按照事前准备的问题进行研究，但是往往在面谈进行中会发现更多的问题，这些问题是临时的，是必须解决的。

(5) 对于谈话者提出的难题进行解答和帮助。在很多情况下，发起面谈的面谈者只考虑到了自己的情况，而忽略了对方的情况。在达成协议时，对方也可能有难处，这时，要尽可能地为对方排忧解难，因为这不但是为对方解决问题，更是为大家的共同利益着想。

【实践训练】

1. 倾听技能训练

形式：集体参与。

时间：10分钟。

场地：教室。

材料：任何一则包含一些数字或确切事件的新闻。

程序：

(1) 事先从报纸或文摘上选取一则200～300字的故事，注意最好是有简单情节的故事，而不是评论性文章。在课上很不经心地向学员提起，告诉他们你要为他们念一段很有意思的故事。

(2) 大声朗读这则故事。

(3) 结束后，你会发现学员们对这个故事毫无兴趣，露出厌倦和疲累的表情。

(4) 这时拿出一个精致的礼品，说："故事念完了，现在我会就这个故事的内容提几个问题，谁能答对，我就把这个礼物送他。"

(5) 然后问5～7个问题，都是一些关于故事的时间、地点、名字和简单情节的问题。

(6) 尽管问题简单，你会发现几乎没有一个人能全部答对。

分享：

(1) 既然大家都是具有一定素质的人，既然都听了这个故事，为什么却没有人能记得非常清楚？

(2) 我们不去认真听的原因是什么呢？我们该怎样改进倾听技巧？

(3) 如果事先把奖品拿出来，学员们的倾听效果会不会不一样？这是为什么？在没有物质刺激的情况下，我们应怎样提高自己的倾听效果？

(资料来源：谢玉华. 管理沟通. 大连：东北财经大学出版社，2010)

2. 倾听能力自测

你是一个善于倾听的人吗？

(1) 你喜欢听别人说话吗？

    A. 喜欢，我从别人的谈话中可以得到许多信息

    B. 我不会花太多的时间听人说话，现在很多人说话都是口是心非

    C. 我不大关心别人说什么

(2) 为了要完整地弄清事情，你是否会广泛地听取各方意见？

    A. 我可没那么好的耐心

    B. 我会尽量多地听取意见

    C. 方便的话，会这样

(3) 有人在跟你说话时，你会注视着对方吗？

    A. 会的，我会一直给对方以应有的尊重

    B. 如果话题不感兴趣，我会东张西望地不耐烦的

    C. 我根本就不知道讲话时该看着对方

(4) 当别人希望通过谈话来缓解压力时，你会：

    A. 尽量鼓励他说下去

    B. 忍不住地要抢话题

    C. 不耐烦地打断他的话

(5) 无论说话者是不是你喜欢的人，你都会认真地看着对方吗？

    A. 会的，我觉得这是对人基本的尊重

    B. 对不喜欢不欣赏的人不会这样，我不会有那么好的涵养

    C. 只能保持一会儿这样的状态

(6) 当别人的谈话不入你的耳，你会：

    A. 由他去，不理他

    B. 听他讲完后再回敬他

    C. 不耐烦地打断他

(7) 当你觉得对方说话比较幼稚时，你会：

    A. 毫不客气地打断他

    B. 不答理他

    C. 告诉他比较成熟的观点

(8) 当你和比你矮许多的人说话时，你会：

    A. 尽量地蹲下来，和对方平视

    B. 仍站着和他居高临下地说话

    C. 不理睬他，直视前方

(9) 当对方说讨你喜欢的话时，你会：

    A. 理所当然地高兴

    B. 冷静地思考一下此话的真实性

    C. 觉得他真会哄人

(10) 不论说话者说的话中不中听，你都会分析一下吗？

    A. 能理解就理解，不能理解就算了

    B. 会的，因为人们经常会说一些言不由衷的话

C. 不用，他说他的，我做我的，否则多累

(11) 别人正在跟你说话时，你突然想起要打一个电话，于是你：

    A. 告诉对方，你忽然有一个很急的电话要打，请他等待再说

    B. 把对方晾在一边，只顾自己打电话

    C. 打断对方，也不解释什么，拿起电话就打

(12) 当对方的谈话中有一些是你听不懂的话时，你会：

    A. 能懂就懂，不懂就算了

    B. 仔细地询问一下，直到弄明白

    C. 觉得重要的就问，不重要的就算了

(13) 当对方说话有些犹豫时，你会：

    A. 鼓励他别急，耐心地等待他说完

    B. 不耐烦地打断他

    C. 尽量忍耐

(14) 当你有听不明白的话时，你是否会重复说话者说过的话，弄明白了再问问题？

    A. 干脆什么也不问

    B. 没弄明白就问问题

    C. 会的，这样不会造成误会

(15) 当你不是很明白对方的意思时，你是不是会把你理解的意思说出来，让他证实？

    A. 多想想就是

    B. 按自己理解的方式办事就行

    C. 一般我会跟对方证实一下

计分方法如表 4-3 所示。

表4-3 计 分 方 法

题号	(1)	(2)	(3)	(4)	(5)	(6)	(7)	(8)	(9)	(10)	(11)	(12)	(13)	(14)	(15)	总分
A	3	1	3	3	3	1	3	1	2	3	1	2	1	2		
B	2	3	2	2	1	3	2	3	3	1	3	3	2	1		
C	1	2	1	1	2	1	2	1	2	1	2	1	3	3		
得分																

得分分析：

15～25 分：粗糙型。

你是一个不善于倾听的人，这样的你会只是活在自我中，难以从别人那儿学到新的知识，得到新的信息。

26～35 分：马虎型。

你是一个很马虎的听众，或者说是一个不怎么合格的听众。你不会完整地听完别人的叙述，也不会思考别人的谈话，你活在很浅的层次，难以进步。试试，尽量把别人的话听完，看看你会有什么意外的收获。

36～45 分：倾听型。

你是一个优秀的听者，这会帮助你成为一个很了不起的人，一个优秀的听者随时都有

提升自己、修炼自己的机会，试想，不要付学费就能学到很多东西，这种好处哪里还会有。

(资料来源：张喜春，等. 人际交流. 北京：清华大学出版社，北京交通大学出版社，2009)

3. 面谈情景模拟训练

实训目的：掌握面谈的过程和技巧，有效地开展面谈。

实训学时：2 课时。

实训地点：教室。

实训背景：

YY 公司在年末审计中发现，销售代表老赵在这一年中未经允许私自打了 8000 元的个人电话。老赵是公司的一位老员工，因为他能力突出、人缘极好，在销售人员中威信很高，公司副总老方很器重他，近期还向公司推荐老赵担任公司负责销售的副总监。在任职的 6 年中，老赵在职员、顾客、社区居民中都交了许多重要的有影响的朋友，许多客户对他的评价极好，表示只跟他做生意，更重要的是，他拥有公司最多的客户。

有员工认为以老赵的表现和贡献，这一点点话费算不了什么；也有人认为，不管贡献大小都应该公私分明；也有人不相信，认为老赵不是那种爱占便宜的人，也可能审计搞错了。

老赵听到消息后，情绪波动很大，工作明显受到影响，在下达下一年的销售计划时他表现出明显的抵触情绪。

公司董事长要求副总老方用最快和最佳的方式解决老赵的电话费问题，并且要求他尽快和老赵进行一次面谈，既要申明公司的纪律，又不能影响他个人工作热情和工作效益，方副总立即查找了公司所有规定，公司过去只颁发了一些原则性的文件规定，对于个人利用公司电话打长途的界定也不清晰，对此类事件的具体条款也不清楚，他感到压力很大，不知道如何开展这场面谈。

实训方法：

(1) 两两同学一组，分别扮演老赵和老方进行这次面谈情景演练。

(2) 选择有代表性的一组在全班公开表演，师生共同点评。

(资料来源：武洪明，许湘岳. 职业沟通教程. 北京：人民出版社，2011)

【自主学习】

1. 请总结一下你倾听时存在哪些不良习惯。

2. 为什么沟通过程中倾听占有十分重要的地位？请谈谈你的体会。

3. 两个同学为一组，每个同学准备一篇有一定信息量的约 800 字的文章，一位同学将文章读给另一位同学听，倾听者要注意运用以上技巧使自己保持专注。文章宣读完毕，由倾听者陈述自己获得的信息，宣读者检查对方信息是否准确无误。然后，角色互换，再进行一轮。最后双方谈谈自己在倾听中的感受。

4. "听"的能力训练。

尽管"听"是我们与生俱来的能力，但是它并不是一件容易的事情。以下练习就是最好的说明。

练习 1：教师对学生说："请拿出一支铅笔，一张纸。在纸上画一条约 10 厘米长的垂直线。把你姓氏的第一和最后一个字母写在直线的上方和下方。"注意不要强调最后一个句子中的两个"和"字。教师会发现大多数人会把第一个字母写在线上方而最后一个字母写在线下方。

练习 2：教师让学生迅速回答下列问题：

"有的月份 31 天，有的月份 30 天。那么有多少个月份有 28 天？"

不少学生会回答："一个。"而事实上所有的月份都有 28 天。

(资料来源：史振洪，朱贵喜. 秘书人际沟通实训. 北京：人民大学出版社，2008)

问题：

(1) 以上两个小练习分别说明了倾听中的什么问题？

(2) 从以上练习中我们应该汲取哪些倾听经验？

5．到养老院做义工，陪老人聊聊天，注意运用有效倾听的技巧，看看效果到底如何。

6．面谈的含义和特性是什么？

7．系统阐述一下面谈的过程。

8．在工作中、生活中、小说中、影视中有不少成功面谈或失败面谈的范例。结合本任务的有关内容分析这些案例，并且与其他同学一起交流体会。

9．两名同学一组，每组同学相互谈谈自己在与他人交谈时，有过哪些沟通的不良体验？造成了什么后果？对自己有什么启发？

10．与你的同伴就如下情景练习面谈。

(1) 你的老板突然对你变得很冷淡，却又没有任何解释，你想问问发生了什么事。

(2) 你用了很长时间完成的一份报告却被领导贬得一无是处，你想当面解释。

(3) 新学期开始，班上一位同学因为家境贫寒，生活拮据，产生自卑感，不愿和大家交往，性格有点孤僻。一次，班级组织大家春游，同学们都踊跃报名，只有他一声不吭地待在寝室里。班主任让你找他谈谈，动员他参加这次集体活动。你面对他打算从哪里谈起？

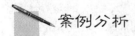
案例分析

案例 1：人事处罚引起的矛盾

张先生是一位已有五年工龄的模具工，他工作勤奋，爱钻研。半年前，张先生利用业余时间自行设计制作了一套新型模具，受到设计部门的嘉奖。为了表扬和鼓励张先生的这种敬业精神，当时的生产部主任王先生特别推荐他上夜校学习机械工程学。从那以后，张先生每周有三天必须提前 1 小时下班，以便准时赶到夜校。这也是经原生产部主任王先生特许的，王先生当时曾说过他会通知人事部门。

然而，上周上班时，张先生被叫到现任生产部主任鲁先生的办公室进行了一次面谈。鲁先生给了他一份处罚报告，指责他工作效率低，尤其批评他公然违反公司的规定，一周内三次早退，如果允许他在公司继续如此工作下去，将会影响其他员工。因此，鲁先生说要对张先生进行处罚，并警告说照这样下去他将被解雇。

张先生接到处罚报告后感到十分委屈。他曾试图向鲁先生解释缘由。然而，每次鲁先生都说太忙，没有时间同他交谈，只告诉他不许早退，并要求他提高工作效率。张先生觉得这位新上司太难相处，不禁感到万分沮丧。

（资料来源：康青. 管理沟通教程. 上海：立信会计出版社，2003）

思考与讨论：

(1) 张先生和鲁先生之间是否产生了倾听障碍？出现这一问题的原因应归于张先生、鲁先生、前任上司王先生，还是人事部门？

(2) 如果你是张先生，你会怎么办？

案例2：用心倾听的邱次雪

蝉联过去10年台湾奔驰车销售前三名的超级业务员邱次雪就是因为懂得听，10年卖出了500辆奔驰车。"每个顾客都像一本书，你要用心听才能读得懂。"她说。

20年前，她是个蹩脚的业务员。客人上门，三句话后她就不离"车"，业绩总是挂零。直到有一次，一位顾客要她先闭嘴，对她当头棒喝。"后来，我都要求自己先不要说话"。她说，让客人先说话，才听得到他的需求与考量点，而不是先径自推销。

不久前，一位阔太太下巴抬得高高地走进店里看车。同事亲切地上前问候："您要看车吗？"女客人不悦地回答道："来这里不看车，还能看什么？"这时，只见邱次雪静静地端上一杯水，不发一语。女客人开口："你们业务员服务态度很差，卖的车又贵。"邱次雪虚心请教："那我们应该如何改善呢？"她挽着对方的手到贵宾室坐下，门一关，30分钟后，一笔60万元的订单就到手了。

"在这个过程里我一直都没说什么，只是听她抱怨了20分钟。"原来，这位顾客早就锁定了一款车型，但逛了几间车行都没有碰到满意的业务员。邱次雪一边用心地听她抱怨，一边响应，同时也在整理自己的思绪。等客户气消后，她开始与对方聊起家庭生活的经验。不过30分钟，交易就完成了。

（资料来源：莫林虎. 商务交流. 北京：中国人民大学出版社，2008）

思考与讨论：

(1) 谈谈你对邱次雪"每个顾客都像一本书，你要用心听才能读得懂。"这句话的理解。

(2) 邱次雪为什么能够取得成功？本案例对你有什么启示？

案例3：怎样面谈更好

凯茜是一个项目团队的设计领导，该团队为一个有迫切需求的客户设计一项庞大而技术复杂的项目。乔是一个分派到她的设计团队里的工程师。

一天上午九点左右，乔走进凯茜的办公室，凯茜正在埋头工作。

"嗨，凯茜，"乔说，"今晚去观看联赛比赛吗？你知道，我今年志愿参加。"

"噢，乔，我实在太忙了。"

接着，乔便在凯茜的办公室里坐下来，说道："我听说你儿子是个非常出色的球员。"

凯茜将一些文件移动了一下，试图集中精力工作。她答道："啊？我猜是这样的。我工作太忙了。"

乔说："是的，我也一样。我必须抛开工作，休息一会儿。"

凯茜说："既然你在这儿，我想你可以比较一下，数据输入是用条形码呢，还是用可视识别技术？可能是……"

乔打断她的话，说："外边乌云密集，我希望今晚的比赛不会被雨浇散了。"

凯茜接着说："这些技术的一些好处是……"她接着说了几分钟，又问："那么，你怎样认为？"

乔回答道："噢，不，它们不适用。相信我，除了客户是一个水平较低的家伙外，这还将增加项目的成本。"

凯茜坚持道："但是，如果我们能向客户展示这种技术能使他省钱并能减少输入错误，他可能会支付实施这些技术所需的额外成本。"

乔惊叫起来："省钱！怎样省钱？通过解雇工人吗？我们这个国家已经大幅度裁员了，而且政府和政治家们对此没有任何反应。你选举谁都没关系，他们都是一路货色。"

"顺便说一下，我仍需要你提供编写进展报告的资料，"凯茜提醒他，"明天我要把它寄给客户。你知道，我大约需要8到10页。我们需要一份很厚的报告向客户说明我们有多忙。"

"什么？没人告诉我。"乔说。

"几个星期以前，我给项目团队发了一份电子邮件，告诉大家在下个星期五以前我需要每个人的数据资料。而且在明天下午的项目情况评审会议中你可能要用到这些材料。"凯茜说。

"我明天必须讲演吗？这对我来说还是个新闻。"乔告诉她。

"这在上周分发的日程表上有。"凯茜说。

"我没有时间与篮球队的所有成员保持联系，"乔自言自语道，"好吧，我不得不看一眼这些东西了。我用我6个月以前用过的幻灯片，没有人知道它们的区别。那些会议只是一种浪费时间的方式，没有人关心它们，人人都认为这只不过是每周浪费两个小时。"

"不管怎样，你能把你对进展报告的资料在今天下班以前以电子邮件的方式发给我吗？"凯茜问。

"为了这场比赛，我不得不早一点离开。"

"什么比赛？"

"难道你没有听到我说的话吗？联赛。"

"或许你现在该开始做这件事情了。"凯茜建议道。

"我必须先去告诉吉姆有关今晚的这场比赛，"乔说，"然后我再详细写几段。难道你不能在明天我讲述时做记录吗？那将给你提供你做报告所需的一切。"

"不能等到那时，报告必须明天发出，我今晚要很晚才能把它搞出来。"

"那么，你不去观看这项比赛了？"

"一定把你的资料通过电子邮件发给我。"

"我不是被雇来当打字员的，"乔声明道，"我手写更快一些，你可以让别人打印。而且你可能想对它进行编辑，上次给客户的报告好像与我提供的资料数据完全不同，看起来是你又重写了一遍。"

凯茜重新回到办公桌并打算继续工作。

(资料来源: 谢玉华, 李亚伯. 管理沟通. 大连: 东北财经大学出版社, 2010)

思考与讨论:

(1) 交流中的问题有哪些?

(2) 凯茜应该怎么做?

(3) 你认为乔要做什么?

(4) 凯西和乔怎样处理这种情况会更好?

案例 4: 罗芸的问题

罗芸在汇丽食品公司担任地区经理快一年了。此前,她在一家名牌大学获得了 MBA 学位,又在公司本部科室干过四年多的职能管理工作。她分工管理 10 家供应站,每站有一名主任,负责向一定范围内的客户销售和服务。汇丽公司主要向成批订购盒装中、西餐的单位提供所需食品。供应站主任主要负责计划、编制预算、监控分管指定客户的销售服务活动。罗芸上任的头一年,主要是巡视各供应站,了解业务情况,熟悉各站的所有工作人员。通过巡视,她收获不小,也增加了自信。罗芸手下的 10 名主任中资历最老的是陈万龙。他只念过一年大专,后来进了汇丽公司,从厨房代班长干起,直到三年前当上这个供应站的主任。老陈很善于和他重视的人,包括他部下搞好关系。他的客户都是铁杆,三年来没一个转向汇丽的对手去订货。他招来的部下,经过他的指导培养,有好几位已经提升,当上了其他地区的经理。不过,由于他的不良饮食习惯给他带来了严重的健康问题,身体过胖、心血管病加胆囊结石,使他一年中请了三个月的病假。

其实医生早就给他提过警告,但他置若罔闻。再则,他太爱表现自己了,做了一点小事,也要来电话向罗芸表功。他给罗芸的电话次数,超过了其他 9 位主任的电话总数。罗芸觉得过去的同事中没有一个是这样的。

由于经营的扩展,早已盛传要给罗芸添一副手。老陈公开说过,各站主任中他资格最老,他觉得地区副经理非他莫属。但罗芸觉得老陈来当她的副手,真叫她受不了,两人管理风格太悬殊;再说,老陈的行为准会激怒地区和公司的工作人员。

年终的绩效评估到了。公正地讲,老陈这一年的工作,总的来说,是干得不错。汇丽的年度绩效评估表总体是 10 级制,10 分最优;7~9 分属良,虽然程度有所不同;5~6分属于中等、合格;3~4 分是较差;1~2 分为最差。罗芸不知道该给老陈评几分。评高了,他就更认为该提升他;太低了,他准会发火,会吵着说对他不公平。

老陈自我感觉良好,觉得跟别的主任相比,他是鹤立鸡群。他性格豪迈,爱去走访客户,也爱跟手下人打成一片,他最得意的是指导部下某种操作方法,卷起袖子来亲自下厨,示范手艺。跟罗芸谈过几次后,他就知道罗芸讨厌他事无巨细,老打电话表功,有时一天三四次,不过他还是想让她知道自己干的每项成绩。他也知道罗芸对他不听医生劝告,饮食无节制有看法。但他认为罗芸跟他比,实际经验少多了,只是多学了点理论,到基层来干,未见得能玩得转。他为自己学历不高,但成绩斐然而自豪,觉得这副经理的职位是非他莫属,而这只是他实现更大抱负过程的又一个台阶而已。

考虑再三,罗芸给他的绩效打了个 6 分。她觉得这是有充分的理由的:因为他不注意卫生，病假三个月。她知道这分数远远低于老陈的期望，但她要用充分的理由来支持自己的评分。然后她开始给老陈的各项考评指标打分，并准备怎样和老陈面谈，向他传达所给的考评结果。

(资料来源：魏江，严进. 管理沟通：成功管理的基石. 北京：机械工业出版社，2006)

思考与讨论：

(1) 罗芸对老陈的绩效考评是否合理？罗芸在面谈前应做好哪些准备？

(2) 预计老陈听了罗芸对他的绩效评定，会做何反应？罗芸应怎样处理？

(3) 你是老陈，对罗芸的考评结果会采取怎样的态度和做法？

任务5

沟通工具

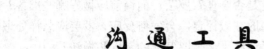

【任务目标】

- 认识书面沟通的优点和缺点，明确书面沟通的原则和过程；
- 往来信函、公关谏贴的撰写和使用符合规范；
- 能够撰写调查报告和工作总结，能够撰写实习报告；
- 了解电话沟通的优势和弊端，把握电话沟通的基本要求；
- 掌握接电话和打电话的技巧，对特殊电话能够妥善处理；
- 了解网络沟通的特征，熟悉网络沟通的主要工具，把握网络沟通的策略；
- 明确网络沟通的礼仪规范。

【案例导入】

沟通工具：从烽火狼烟到即时通讯

沟通工具，我们不妨将其定义范围做一个放大，只要是用来解决无法面对面交谈这种问题的工具，都可以算是沟通工具，如果这种应用是管理方面的，则视作"管理沟通工具"。按照这样的考量，如果追溯到更远的年代，烽火算得上较早时期的一种沟通工具，边境告急，寻求朝廷派兵增援，或国都遇袭，征诸侯兵马。秦以前，烽火扮演了重要的角色，燃起烽火则代表着兵戈、军情或某种紧急事务。即使汉朝以来骏马成为重要的交通工具，这也可以说是一种重要的沟通工具，因为在这时期，书信已经成为名符其实的沟通工具了，所谓"鸿雁传书"是也。

一直到电话的发明，E-mail 的风靡，以至于 QQ、MSN 等即时通信工具的盛行，人类的沟通工具走向多元。一方面人们面临更多的沟通工具选择，相应地，管理沟通工具也发生了相同路径地变化，另一方面，开始淘汰曾经风靡一时的众多沟通方式。

电话兴盛的时期，无论是组织内部，还是组织之间的事务交流，打电话成为首选；紧接着电子邮件很快成为一种时髦，"伊妹儿"这种称呼是其受青睐最直接的证明，于是，到处可见 OUTLOOK、Foxmail 及各类电子邮件服务商的身影。发展到现在，即使两个相邻工位间的同事，都养成了发一封邮件沟通工作的习惯，而公司的高层向中层交待任务，中层分解目标与计划时，都喜欢采用邮件进行安排。发一封邮件，然后打个电话确认，成为最常见的现象。

逐渐地，在很多 80 后一代人中发现了一种新的管理沟通工具，即 QQ、MSN 等即时通信工具。如果说 60 后闯江湖、创事业之时，书信、电话是主流，电子邮件为辅，那么到 70 后这个时期的商业人士，电子邮件则占据了一种不可替代的地位，而发展到 80 后这一批伴随着 QQ 成长起来的年轻人，即时的通信工具自然而然地完成了娱乐休闲生活的过渡，走入了工作时空。

（资料来源：邓超明，http://www.ceconline.com/leadership/ma/8800049385/01/）

问题：你喜欢用哪些沟通工具进行沟通？

【知识储备】

5.1 书面沟通

1. 书面沟通概述

书面沟通是一种传统的沟通方式，一直作为可靠的沟通方式为大家所采用，每一个管理者在工作中都不可避免地要运用文字来沟通信息，"口说无凭，落笔为准"就充分地说明了书面沟通在现实生活中的重要作用。所谓书面沟通，就是利用书面文字作为主要的表达方式，在人们之间进行信息传递与思想交流，如企业在处理日常事务时经常使用的信函、计划书、各类报告等都是重要的书面沟通方式。

1) 书面沟通的优点和缺点

书面沟通在人们的生活和企业管理过程中扮演着重要的角色，具有其他沟通形式所不可替代的作用。概括起来，书面沟通的优点和缺点如表 5-1 所示。

表 5-1 书面沟通优点和缺点列举

书面沟通的优点	书面沟通的缺点
可供阅读，可长期保存，并可作为法律凭证，失真性相对较少	耗费时间较长，在同等的时间内进行交流，口头比书面所传达的信息要多得多
可使下属直抒胸臆，放开思想，避免由于言辞激烈与上级发生正面冲突	发送者无法确保接受者对信息的理解是否符合其本意，容易产生沟通障碍
内容易于复制，有利于大规模的传播	缺乏内在的反馈机制，不能及时地提供信息反馈，信息反馈速度慢
讲究逻辑性和严密性，说理性更强，信息能够被充分、完整地表达出来，减少了情绪和个人观点等因素对信息传达的影响	无法运用情境和非语言要素，对于有些"只可意会，不可言传"的内容，运用书面沟通很难解释清楚
可以反复推敲、修改，直到满意为止	

2) 书面沟通的原则

书面沟通通常遵循"7C"原则：完整(Complete)、准确(Correctness)、清楚(Clearness)、

简洁(Concreteness)、具体(Concreteness)、礼貌(Courtesy)、体谅(Consideration)。

完整是指书面沟通应完整地表达所要表达的内容和意思，何人、何时、何地、何事、何种原因、何种方式等都需交代清楚。

正确是指主题正确，观点正确，运用的理论和方法正确，语言表达准确，数据准确，结论正确。

清楚是指思路清楚、层次清楚等。特别是选用的所有语句都应能够非常清晰明确地表现真实的意图，避免双重意义的表示或者模棱两可。

简洁是指在无损于礼貌的前提下，用尽可能少的文字清楚地表达真实的意思，让人一目了然，易于理解。清楚和简洁经常相辅相成，摒弃行文中的陈词滥调和俗套，可以使交流变得更加容易和方便。

具体内容当然要具体而且明确，不能丢三落四。

礼貌是指文字表达的语气上应表现出一个人的职业修养，客气而且得体。最重要的礼貌是及时回复对方，最感人的礼貌是从不怀疑甚至计较对方的坦诚。相互交往中肯定会发生意见分歧，但礼貌和沟通能化解分歧而不影响双方的良好关系。

体谅是指在书面沟通时，始终应该以对方的观点来看问题，根据对方的思维方式来表达自己的意思，只有这样，与对方的沟通才会有成效。

3) 书面沟通的一般过程

书面沟通的过程实际上就是写作的过程，通常管理写作一般要经过五个步骤[1]，如图5-1。

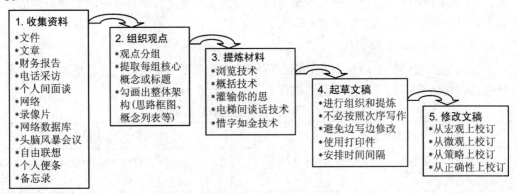

图 5-1　管理写作的有效写作过程

第一步：收集资料(gather information)。

互联网和计算机技术的飞速发展，为信息资料的收集提供了便利条件，尤其是网络搜索、大型检索数据库的日益增多，使得信息资料的收集快捷而容易。

收集资料的途径很多，主要有文件、文章、书籍、统计数据、电话访谈、互联网检索、数据库检索、头脑风暴会议、实地调研等。

目前最为快捷的资料收集方法是运用谷歌、百度等进行检索；其次是到国家、地方和

① Munterm.Guide to Managerial Communication: Effective Bussiness Writing and Speaking. Fifth Edition. Prentic Hall,1999

大学、企业的图书馆进行查阅，或通过其购买的数据库进行检索；再次是直接进入政府统计网站、企事业单位网站进行检索。

第二步：组织观点(organize your thoughts)。

这一步是将收集到的大量零散资料按照其重要程度、逻辑关系、时间或历史的发展过程、核心概念等进行分类或分组，分组之后再进行筛选，归纳出每组内容的关键问题及标题，最后有策略地进行编排，理清层次结构和逻辑顺序。

组织观点最重要的是提炼出核心观点，也就是中心思想，然后确定标题或主题，再确定子观点、论据、结论等。

第三步：提炼材料(focus the message)。

提炼材料是把已有的信息资料根据确定的子观点进行取舍。取舍的方法有以下几种：一是根据每个子观点的需要进行提炼；二是根据现有资料去提炼新的观点；三是有选择地根据沟通对象的需要提取；四是利用多种方法进行提取。比如，设想读者只是浏览，因此材料必须高度概括与提炼，立即能够引起读者的关注与兴趣；或是概括你的观点，或是灌输你的观点，或是利用"电梯间谈话"技术即化繁为简，或是采用"惜字如金"技术。

第四步：起草文章(draft the document)。

起草文章，首先要审视标题、结构、中心思想、论点和论据等是否清晰、合理，有无需要调整之处，然后再根据自己对主体的理解，参考已有资料进行写作。起草文章可以不在乎写作顺序，哪个地方思考成熟了，就可以动笔；不要边写边改，写完一部分或全文后再进行修改，这样可以避免过早删去可能有用的内容；最好使用打印件，以随时保存，修改比较方便；起草后如果时间允许的话，不要马上送交有关部门，而是要暂时放一放，安排一定的时间间隔。因为过一段时间后再重新审视文章，可能会发现有些内容需要修改、完善或删除等。

第五步：校订文稿(edit the document)。

校订文稿是管理写作的必要环节，因为在管理写作过程中可能会有观点、结构、逻辑、内容、格式、符号、图表等多方面的问题。因此，校订文稿时确保文章准确是首要条件。

校订实际上就是对写作内容进行编辑、修改，具体方法既可以从策略上、宏观上、微观上、正确性上进行修改，也可以就写作内容的正确性与有关部门或领导进行协商后修改，最后定稿。

2. 常用文书写作

1) 往来信函

(1) 信函的一般礼仪要求。

信函通常指信件，一般包括社交信函、商务信函、公务信函等。信函的格式和要求，各个国家有不同的标准，这里先介绍一下中国的信函及其礼貌用语。

信是一种按照习惯的格式把要说的话用文字等符号写下来，给指定对象阅读的一种文书。信又称书信、信件等，是人们在社交活动中经常采用的一种交际工具。

书信可分为社交书信和公务书信两种。社交书信一般指私人间来往的信件；公务书信指用在公务活动中的各种信件，如介绍信、证明信、保证书、申请书等。函的原义是指信的封套，后转义将别人来的信件尊称为"函"。函目前是我国行政机关确定的公文的一种，用于平行机关或不相联隶属机关之间商洽工作，询问和答复问题时使用的一种公文。

上级机关对下级机关有所询问或答复询问时也可以用函。函可分为公函、便函两种。公函是指按照正规公文手续处理较重要的问题时所使用的函件，它有完备的公文格式。便函则是指处理一般性事务时所使用的函件，它行文较自由，格式要求不太严格。

信函的格式通常包括称呼、正文、署名、日期以及信封等几部分。

第一，称呼。称呼表明发信函者与收信函者之间的关系，要求在第一行顶格写，称谓要使用礼貌用语，并加上冒号，表示下面有话要说。

第二，正文。正文是信函的主要内容。正文通常包括问候语、起始语、正文主体、结束语、祝颂语三部分。

◆ 问候语。正文通常以问候语开头。问候对方是书信中的一种礼节礼貌，它体现出发信函者对收信函者的一种关心。书面问候与口头问候语有所不同，书面问候语一般比较简洁文雅，常用的书面问候语是"您好"、"近好"、"新年好"等，问候语一般在称呼之下另起一行空两格书写，并自成一段。

◆ 起始语。起始语是在正文开始之前的引子。通常是表达双方之间互通信息情况、情感、思念、钦佩、关切、问安、祝贺、致谢、致哀等。试举几例如下：

表情感：惠书敬悉，甚以为慰；久不通函，甚是为念；数封手书，热情诚挚之情溢于言表。

表思念：见信如面，分手多日，别来无恙；鸿雁传书，千里咫尺，海天在望，不尽依依。

表钦佩：奉读大示，向往尤深；新作拜读，敬佩之至。

表时令问候：春光明媚，想必合家安康；气候多变，起居何似？

表问安：闻君贵体欠安，甚念。

表自述：贱体初安，可请勿念。

表贺喜：喜闻足下新婚燕尔，特申祝贺。

表致谢：承赐忠喜，心感至极。

表致歉：久未通信，甚以为歉。

表致哀：惊悉×老不幸逝世，不胜哀悼。

◆ 正文的主体。这是发信函者要书写的中心内容。无论中心内容是什么，在书写时都要注意语言的表述，一要真诚，这是书写信函的关键；二要得体，即符合双方的关系及实际；三要简洁，即语言精练、简洁，字迹工整、清楚，切不可字迹潦草；四是表述要准确。信函的内容一旦跃然纸上，发给对方，便是"君子一言，驷马难追"，故对表述内容要仔细考虑，三思而后写，切不可草率下笔，自寻烦恼。

◆ 结束语。结束语通常是总结全篇，表达书写者的情感和意图等。俗话说"编筐编篓，全在收口"，有礼貌的结束语会令人回味。结束语的内容常用于请托、承诺、婉辞、请教、商讨、馈赠礼物、邀约、催办、附言、代言以及其他客套用语等。试举几例如下：

表请托：拜托之处，乞费神代办，不胜感激。

表承诺：托付之事，不敢忘怀，敬请放心。

表婉辞：所托之事，能力所限，无法奉命，尚希鉴谅。

表请教：拙作幼稚，恳请大加斧正。

表商讨：相见以诚，请恕不谦。

表赠物：千里鹅毛，聊表寸心。

表邀约：祈望一会，共叙友情。

表催办：如蒙速复，不胜感激。

表情感：言不尽思，再祈珍重。

◆ 祝颂语。祝颂语是对对方的一种祝福、祈愿。祝颂语可分为两部分，第一部分是一般祝颂语，常紧接正文之后写或另起一行空两格书写；第二部分是特殊祝颂语(专门祝颂语)，一般要根据具体情况来选择使用，常另起一行顶格书写。祝颂语是一种礼貌用语，常用的祝颂语参见表5-2。

表5-2 常见祝颂语

一般祝颂语	专门祝颂语	针对对象、环境等
此致、此祝 此询、此贺 此问 祝好 敬祝、敬贺 敬询、敬候 恭祝、恭请 恭问、恭贺 恭候 顺祝、顺贺 顺询、顺问 顺颂 肃颂、肃清 谨祝、谨贺 谨问、谨请 即颂、即请 礼	敬礼、礼、日安、近安、近祺、 刻安、日绥、近绥、时绥、顺意、 万事如意、万事皆佳	一般性问候
	大安、金安、崇安、荣寿	长辈、尊者
	春安、夏安(暑安)、秋安、冬安 春祺、夏祺、秋祺、冬祺	四季
	新喜、春喜、新年好	新年、新春
	撰安、撰祺、著安、著福 文安、文祺、教安、教祺 编安、编祺	作家、学者 教师、编辑 等知识分子
	学安、学祺、进步	学生
	勋祺、勋祉、戎绥、戎安	军人
	痊安、愈安、健康、早愈	病人
	旅安、客安、行安、游安	出门远行者
	俪安、俪祉	夫妇
	阖家欢乐、阖府康福、合家安好	全家人

第三，署名与日期。署名和日期一般都写在祝颂语下一行末端处。署名占一行，日期另起一行，在末端处紧接上一行署名下书写。

署名也有谦称、敬称等。如果是给朋友、同学的信函，可直接署上自己的名字或用习惯的自称，如王刚、小王、刚等。如果是写给父母长辈的信函，通常在署名前加上相应的自称，如小儿(小女)、儿子(女儿)等。如果是长辈给晚辈的信函，一般只署自称，如爸爸、妈妈或者说父字、母字等。如果是夫妻间的书信，则可随意，或署名，或自称，或爱称皆可。如果是普通的私交信函，则应郑重起见，以示尊重。如若是学生给老师的信函，则可署您的学生×××，后面还要写上敬上、谨上等，以示尊敬。如果是公务信函，则可在署名前加上单位或内部科室名称，然后再署全名，有的也可在名称前署上自己的职务、积称等。

日期一项则书写当日时间或确切时刻，也可在日期一栏加上写作地点，如 2011 年 4 月 30 日于半壁斋。

第四，信封。中国的信封有国家统一标准、统一格式。信封上的内容包括收信人的邮政编码、收信人的详细地址、收信人姓名、寄信人详细地址、寄信人姓名及寄信人邮政编码。中国标准信封长 220 毫米，宽 110 毫米，上面左上角为收信人邮政编码，右上角为贴邮票处，中间为收信人的姓名和收信人详细地址，右下角为寄信人详细地址、寄信人姓名，右下角为寄信人邮政编码。

信封上的邮政编码和地址、人名一定要写准确，地址须写省、市、单位或区(县)街道的全称，不能写简称，字迹要工整、清楚，不能潦草，以便于邮政人员辨识以及微机检索。

(2) 商务信函的写作。

在现代商务活动中，商务信函依然是商务通信的基础和重要内容之一。传真件、E-mail 等通信文件的书写也要遵循和借鉴书信礼仪规范，书面商务信函仍然是普遍承认的具有法律效力的经济交往工具。因此，商务信函的地位仍然很重要。商务信函的写作规则包括如下方面：

一是格式正确。商业信函应使用印有公司抬头的专用纸，质量应尽可能优良。这种纸张一般只能用于公司业务，不书写私人信件，以免收信人在阅读全文之前分不清来函的性质。所有信函的结构，大体都分三部分，即开头、正文与结尾。开头是收信者和主题；正文用于说明和讨论问题的细节；结尾则说明发信人将采取何种行动或希望对方采取何种行动以及落款和日期。信函格式应美观大方。不可密密麻麻一大片，令人看而生厌，要留足页边。段落要有长有短，句型要参差有致。重点地方不妨加框，采用列表形式，或使用黑体字、斜体字，给人以美感。

二是称谓得体。称谓也叫称呼语，信函的称呼语要准确，符合寄信人与收信人的特定关系，要正确表现收信人的身份、性别等。称呼语使用不当，可能会得罪人，也可能使收件人没兴趣往下看信件的具体内容。

要正确使用对方的姓名与头衔，这是一个重要的礼节问题。一般平时对对方称呼什么就写什么。在格式上，称呼语在信的第一行起首的位置单独成行，以示尊重。如果是自己尊敬的领导和长辈要写成"尊敬的某某"，写给非亲属的长辈、业务伙伴一般在姓氏、名字或姓名后加职务、学衔或职称，如张经理、卫国书记、赵志坚博士、王工程师等。中国人习惯称职务，欧美人一般愿意被称呼学衔，如果不知道对方的姓名和头衔，在发函前最好先打电话询问收信人的姓名与头衔。

一般称女性为"小姐"是可接受的称呼，公函上常用。如果对方喜欢被称作"夫人"，那就称呼"夫人"，如果弄不清称呼"夫人"还是"小姐"时，不妨统称"女士"，不是万不得已不写"亲爱的先生/小姐"和"致有关人士"的称呼，这等于告诉对方，你连他是谁，是男是女都尚不清楚。如打听不到收信人的姓名，可以用职务等中性名称代替，比如称对方为经理、代表之类，并在前面加上其公司或部门的名称。如果从姓名上判断不出对方的性别，可称其全名，在前面加上"尊敬的"而略去"先生"、"小姐"等字样。

三是内容得当。正文是商务书信的主体，即写信人要说的话，要交代的事情。正文一般从信的第二行前面空两格开始。书信尽管内容写法各不相同，但是都要表情达意，以具体准确为原则，要字迹工整、言之有物、语句通顺，还要措辞得体，根据收信人的特点和写信人与收信人的关系来进行措辞。应避免写错字或打字错误，这不仅不礼貌，还会给人粗心的印象。恰当驾驭语言文字能产生影响力，即使是书面联系也能对他人的感受和行动产生久远的影响，并能通过语言文字的魅力给对方留下好感。有时即使对方不同意你的意见或建议，也会对你流利的书法、通畅的文字和彬彬有礼的态度留下深刻的印象。

写信的目的是为了让人看懂，因此写信时应做到清晰易懂、开门见山、直接了当，以便收信人看过一遍就能完全领会你的意思。信写完后应仔细检查并阅读一遍，如果读起来感觉欠佳，那对方收到后阅读的效果也不会好，应重新进行修改。通信不像打电话或面对面交谈，你的文字和语句没有声调，对方看不见你的表情，听不见你的声音，弄不好就会产生误解。一些无伤大雅的幽默可以使信函更活泼、更亲切，但切记慎用，以防误用而无意中伤害他人，使人产生误解和不快。一般来说，信件还是以简明为宜，不宜啰嗦，尽可能不浪费他人的时间。

内容要丰富，但应尽量简练，避免重复，重复表述相同的意思容易引起混乱。用词也应尽可能简练。例如，"未解决的问题"可以写成"问题"；"预先提出警告"可以简单地写成"警告"等。为了少用词语，有时可列出所有要点，并在每行之前标以序号，既清楚又醒目。要多用常用词，词汇越丰富，用词就越准确。但不可使用只有在大辞典中才能找到的生僻、晦涩的词，这样，对方会认为你在故弄玄虚，卖弄学问；也要避免使用对方不懂的行话。各行各业都有其独特的行话，非本行业的人极难明白其中真正涵义；同样，一些文绉绉的老式用语，也以不用为宜，免得被人视为"老古董"，如"于兹附上"可写成"内附"，"望予俯允"可写成"请求"，"前举"可写成"上述"，"惠予通告"可写成"请告知"等。

四是语言规范。含有性别歧视或易产生歧义的词语不宜使用。要从收信人的角度突出说明："他为什么要关心此事？"，"这事与他有什么关系？"以及"这对他有什么好处？"让读信人一开始就进入角色。要开门见山，把最重要的内容写在最前面，对收信人可能提出的问题应尽量先做回答。这样，即使收信人看了一半时中断阅读，也会了解书信的基本内容。书信中使用反面或否定的语言显得粗鲁，极易使人产生受责备的感觉，因此，要尽量使用正面、肯定的词语。用正面而有礼的表达方式可以增加亲切感，使人更容易接受，如有利、得益、慷慨、成功、务请、为您骄傲等都是正面词语，而失误、遗憾、软弱、疏忽、马虎、无能、错误等都是反面词语。比如，要求对方及时送来报告，写成"请按时将报表寄来"，比"这份报表不可延误"来得婉转。还要正确使用过渡词语，如"因此"、"所以"、"此外"、"例如"、"仍然"、"然而"、"其结果是"、"更有甚者"等，可使文字显得流畅，但不宜滥用，以免啰嗦。注意使用正确的语法、拼写和标点，在这些方面出差错会给人以不好的印象，虽然这些都是小节，不能据此对一个人作出判断，但让人找出错误说明写稿人工作马虎，也显得对对方不够尊重。自己拿不准的地方不妨查查书本，市场上此类参考书很多。

此外，商务信函的语气要亲切、直接、自然，像面对面说话一样。

五是结尾讲究。商务信函的结尾部分一般要有结束语、致敬语、署名或签名，以及日期。结束语如"特此函告"、"专此说明"等，致敬语如"此致敬礼"，"顺致发财"等。署名、签名可并用，也可签名单独用，函件一般还需要加盖公章。人们很重视亲笔签名，有人接到信后还要仔细辨认是亲笔签名还是签章。

六是仔细审校。使用电脑写信时最好打印出一份草稿以便审校，因为有些错误从荧屏上看不出来。如能有人代为审校，那效果就会更好。另外，审校时最好能大声念读，要是听起来不顺耳，则接信人阅读时肯定也不会满意。为避免出错，商务信函写好后最好先核查一遍再寄出。信件在寄出之前，在可能的情况下，最好"凉"上一两个钟头，或等到第二天上班或午饭以后再投递，以便能在冷静下来时再看一遍，看看还有没有不妥之处，如用词是否得体？表达是否清楚？要设身处地地替收信人考虑。

(3) 涉外信函礼仪。

在涉外交往过程中，信函的使用频率较高。涉外信函一般可分为三种类型，即公函、商务信函和社交信函。在国际交往中，尤其是"官方外交"中，公函通常称为礼仪文书。常见的有贺函、贺电、感谢信、感谢电、感谢公告、邀请函、邀请电、复函、慰问函、慰问电、唁函、唁电、国书、照会、备忘录、全权证书、授权证书、委任书等。商务信函通常是工商企业与贸易合作伙伴间的往来文书，常见的有意向书、询问信函、订购信函、信用调查信函、索赔信函、理赔信函、申诉信函、催款信函、推销信函、货物保险信函等。社交信函是指社会交往中的私人信件、感谢信、求职信、贺信、贺电、唁电、唁函等。

第一，国际标准化信函的规定。国外的信函与国内的信函有所不同，其具体规定如下：

◆ 信封规格尺寸。信封的最小尺寸是长 140 mm，宽 90 mm，最大尺寸为长 235 mm，宽 120 mm，信函的最大厚度为 5 mm，一封信函的最大重量是 20 克。

◆ 收信人姓名、地址，应写在信封正面(与信封长度平行的长方形位置内)，至少距信封左边 40 mm，距右边距 15 mm，距底边 15 mm。收信人姓名和地址(名址)的书写顺序为收信人姓名、门牌号码和路名、邮政编码、城市(地区)名、国名。名址均应用英文、法文或寄达国通晓的文字书写，国名用大写字母。

◆ 寄信人姓名、地址，应写在信封的左上角，或写在信封背面的上半部。其书写顺序与收信人名址相同。名址除国外必须用英文、法文或寄达国通晓文字书写外，其它可用中文书写，也可用外文书写。

◆ 收信人和寄信人的名址，必须用蓝色或黑色书写，不得用红色书写。

◆ "透明窗信封"。即在信封的寄件人名址位置(信封右下方位置，至少距信封上边 40 mm，右侧边、下边各 15 mm 位置)，开一开窗，上面贴有薄纸，透过天窗可以看到信封内的收信人姓名和地址，如图5-2所示。

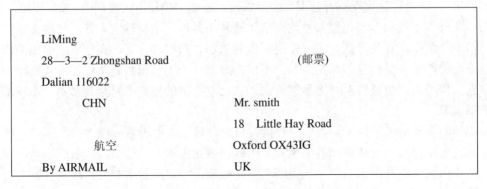

图 5-2　国际信封

图中左上角为寄信人名址，左下角为特种邮寄说明，右上角为贴邮票处，右下角为收信人名址。

第二，中英信函上的差异。国外的信函在格式、用语、文字、用印等方面标准不一。不过各个国家都在逐步地与国际标准化信函的要求接轨。

英文信函的格式具有一定的代表性。通常，英文信函由信头、日期、收信人姓名及地址、称谓及客套语、正文、信尾结束礼语、署名等组成。下面我们仅介绍英美国家在信函格式、礼仪上与我国较为明显的几点不同之处。

◆ 信头。信头是国外一些国家(如英、美等国家)在书信中的习惯用法。信头包括发信人单位、姓名、地址、电话、电报挂号。商务信函的信头一般在第一页信笺右上方位置。信头的格式是先写发信人的单位名称或姓名，再写地址、电话、电报挂号。地址先写住所名称、门牌号码、街道名称，然后写住所所在地区或城镇名称、邮政编码，接着写州、郡或省名、国家名称。

◆ 日期。商务信函的日期通常放在信头下面。社交信函、官方外交公函的日期通常放在信函的末尾处(发信人签名下面)。日期通常采用世界通行的公历表示。日期写法有英式、美式、国际标准化规定三种。英式日期按日、月、年顺序书写，如"1(st)March，2011."；美式日期按月、日、年顺序书写，如"March 1(st)，2011."国际标准化组织规定的简写方法为年、月、日，一位数的月、日前加"0"，如2011.03.01.。

◆ 信内地址。信内地址包括收信人的姓名和地址，写在信笺的左上角。其书写格式通常为第一行为姓名，第二行为职位、头衔，第三行为收信人的单位名称，第四行以下为门牌、街道、地名、州(省)名、邮政编码及国名。门牌、街道之间不用标点符号，地名与国名间用"逗号"。如无特定收信人，则在以人名为公司名称的前面，冠以 Messre 一词，如 Messre · Smith&Co.非人名公司及有限公司则不可冠用 Messre，而要加冠词"The"，如 The National Transport Company.

◆ 称谓。称谓是指写信人对收信人的称呼。一般写在信内地址下面空2行至4行并另起一行与收信人姓名齐头处。英文书信的称谓要视对方的身份、性别、人数及其亲疏程度等来确定，其正式程度层次排列见表5-3。

表5-3 涉外信函的称谓

程 度　　性 别	男 性	女 性
最正式	Sir	Madam
正式	Dear Sir； Gentlemen； Dear Mr. Jones；	Dear Madam； Dear Mrs.Rich；
亲密	Dear Johnson； Dear Dan；	Dear Alice；

◆ 签名。签名一般位于结束礼语的下方。签名在社交信函中通常只是一种礼仪形式，但在正式公函和商务信函中，它还具有法律效力。签名一般用钢笔签，注意保持稳定的签名风格，以免他人以假乱真。若亲笔签名字迹太潦草，不易识别，通常还需在下面打字注明拼法。

（4）便条的礼仪。

便条是日常交际的轻便通讯工具，包括便笺和留言条。与一般书信相仿，便条的使用范围很广泛，几乎不受限制。

第一，便笺礼仪。便笺即便函，俗称便条，其书写要求和格式与一般书信大致相同。特点是文字简短，内容单一。便笺的内容，如果是告知对方某一日常生活事宜的，虽只有三言两语却要情味隽永；若就某一问题发表意见的，应有真知灼见，写得言简意深；如果拜托对方帮办某一具体事情的，宜礼貌周全、简洁明确。

第二，留言条礼仪。留言条是一种临时性的书面留言，通常在访问未遇或在日常交往中未见对方而有事要告知对方时所书写的一种便条。

访谒不遇是留言条用得较多的场合。在这种情形下，留言条一般应写明来访目的、未遇心情，以及希望、要求等。如果以前与对方没有交往，还需作自我介绍。临时想到一件事要告诉对方，或者临时有一活动希望对方参加，而对方恰恰暂时离开，这时也常常采用留言条通知的方式告知对方。

应该说，留言条上的内容，一般都比较简单，写起来也是开门见山。可以把要说的事情写在纸条上，也可以只把再联系的时间、地点、方法提出要求或建议，而不写具体事项。

如果是给从未见过面的人留条，应该比较郑重，可按一般书信的要求和格式书写。如果比较熟悉友好，那么，留言条的写法就有较大的自由性，可以活泼，可以简单，可以语言幽默些，以对方能够完全理解为原则。尤其关系密切的双方，往往有某种默契，更无须对留言条的写法以及遣词用语做严格的规范要求。

（5）特种信函礼仪。

第一，公开信。公开信是组织或个人在节日或特殊日子和背景里，将某事、某意见、某想法公布于众的专用书信形式。公开信的公开形式，有的是在电台播放，有的在报刊上发表，有的张贴，有的宣读。公开信有的是以集体或个人名义通过传播媒介向广大受众发表；有的是机关、团体和个人针对某一问题给有关对象而发出；有的是以领导者、领导机关、群众团体的名义，在传统节日、重大事件、重要活动里给有关单位、集体和个人发出的。

第二，感谢信。感谢信是因得到了某人或某单位的关心、帮助、支持而写给对方的致以感谢之意的专用书信。感谢信要陈述对方给予了自己什么关心、帮助和支持，交待清楚有关人物、事件、时间、地点、原因、结果等，重点放在所产生的效果上。还要用简练的文字，激情洋溢地赞扬对方的先进事迹和良好品质、作风，表达自己的谢意，并表示自己向对方学习的态度和决心。

第三，慰问信。慰问信是组织或个人向有关人员表示关怀、慰藉、问候、鼓励的专用书信。慰问信体现的是组织的关怀、集体的温暖、同志间的友爱。常见的慰问信，或写给作出突出贡献的集体或个人，或写给舍己救人、一心为公的英雄，或写给默默奉献的边防战士、一线职工、人民教师，或写给蒙受病痛、灾害与不幸的个人和组织等。通过慰问信，使他人得到精神慰藉，受到鼓舞，产生战胜困难的勇气和力量。慰问信要写得诚恳、亲切、真挚，有针对性。

第四，介绍信。介绍信主要用于社会组织在派出人员去其他单位和部门联系工作、商办事务、参加会议和参观学习时证明该派出人员身份，并说明所接洽的事务。在程序上，这样显得比较正式和规范。需要指出的是：目前不少社会组织中经常使用一种印刷体介绍信，即事先按一定格式将介绍信印制好，需用时填上相关内容并加盖公章即可。这种格式化的介绍信，如用于一些简单事务的联系，有时倒也不失方便。但从工作的特殊要求来说，在许多情况下，最好还是采用专门撰写并用社会组织专用信笺打印的介绍信，这既表示对对方的尊重，又显得较为郑重其事。

介绍信的撰写一般掌握以下要点即可：A．题头注明"介绍信"字样；B．顶格书写派出人员前往单位的全称；C．写明所派出人员的姓名、职务、性别。在某些特定情况下，还需注明所派出人员的年龄和政治面貌。另外，如派出人员不止一人时，应注明派出人数；D．写明派出人员所要联系的事宜，并表明希望或要求，但文字必须非常简要，不必另加说明性词语；E．介绍信的结尾，一般亦写上"此致敬礼"之类的礼貌用语，并署上签发介绍信的社会组织的全称和发函时间(有时还需要注明该介绍信的有效日期)，加盖公章。

第五，邀请信。邀请信是以组织(单位或团体)或个人的名义就会议、聚会以及其它活动向某组织或个人发出邀请的专用书信。邀请信比请柬容量更大，更注意与被邀请者感情成份的输入。尽管邀请信与请柬一样，带有务实性，即为某事，邀请对方在某时某地出席某个活动，但请柬虽然郑重、简洁，红底烫金，礼数在其表，但字里行间却显干巴无味，而邀请信则可以在字里行间去播撒情谊，在更大的空间范围倾注热情。因此，邀请信往往虚实相间，相得益彰。使被邀请者通过这种专用书信，感受到亲切和热情，从而对被邀请一事采取更为积极、郑重的态度。邀请书信在格式上与普通书信几乎没有什么不同，如问候语、结语等。只是在内容上需围绕邀请一事阐述背景、原因，交待时间、地点、人物，并表明态度。

第六，贺信。对合作伙伴的重大活动，如庆典、升迁、乔迁等表示祝贺，或对其取得重大成就表示庆祝而撰写、发送的信函称为贺信。贺信是逢喜庆之时交流感情、密切双方关系的重要文字形式，有的贺信还可以在报刊、电台、电视等媒体上发表和播放。贺信在得知对方的喜讯之后，立即发送，不要拖延，以显示诚意，否则热烈的气氛会随着时间的流逝而黯然失色。

2) 公关柬贴

(1) 请柬。

请柬是一种礼貌性的书面通知。在我国古代，人们每遇到重大事件，均以文字请友邀亲，用来表示敬意和隆重的就是所谓的请柬或柬贴。如今，人们举行宴会、酒会、茶话会、招待会、舞会、婚礼，以及各种专题性的活动，如博览会、订货会、展销会、联欢会、新闻发布会等，都用柬贴邀请各界宾朋。当然，邀请宾朋的方式很多，如打电话、写信等，但是柬贴这种方式比较正式、礼貌，显示了对所邀宾朋的重视和尊重，是一种比较流行且很受欢迎的社交方式。

请柬的形状、大小可根据各自喜好自行确定，没有统一标准。请柬最好自己设计、制作，极具纪念意义。其基本格式包括以下几个部分：

◆ 封面。颜色、图案可自行设计，封面上写明"请柬"二字。
◆ 称谓。与信函称谓基本相同。
◆ 正文内容。主要包括活动性质、规格、活动时间、地点及其他有关事项。
◆ 祝颂语。与信函的祝颂语基本相同，但较之于信函要简单些。最常用的祝颂语是"敬请光临"。

　　◆ 署名和日期。请柬的署名和日期与信函相同。

　　请柬是一种比较正规、隆重的文书，是一种具有特殊意义的书信，常为应邀者当作纪念品收藏，因此，发请柬者一定要注意请柬的设计、制作，因为它代表着你对所邀者的真诚、重视，也体现着你自身的形象。请柬上的文字最好由发柬者自己书写。请柬一般应提前4～10天寄出或亲自送达，以便受邀请者及早做出应邀与否的决定或准备。

　　(2) 聘书。

　　聘书是一个组织邀请有关人员担任某项职务，承担某项工作时所使用的柬贴。聘书结构上包括名称、正文、结尾、署名、日期等几个要素。名称为"聘书"或"聘请书"，字体较大，印在封面以及内页正文上方。在封面的名称占整面的居中位置，文字一般竖排；在内页正文上方的名称，字号大于正文文字即可。正文语言简洁，应写上被聘人姓名、为何聘请，聘请为什么职务。有时也写上聘请期限或时间。除以书信形式出现的聘书外，一般不在开头写被聘者的姓名、称呼。被聘者的姓名和称呼往往在正文中写明。聘书的结尾，习惯写上"此聘"两字，有时不写。书信体的聘书结尾也可以写表敬意和祝愿的话。署名是在正文的右下方署上聘请单位的名称并加盖公章。最后在正文的右下方签发聘书的日期。

　　现在许多聘书，封面上的标题都烫金字，以示隆重。封面有锻面、布纹面、塑料面几种，颜色以红色为多，也有墨绿色的。

　　填发担负任务、担任某职务的聘书，事先应让被聘人知晓，也可以主动、友好地与被聘请人商量，使之有思想准备，达成一致意见。贸然行事，有时会使被聘人感到对他不尊重。

　　(3) 贺卡。

　　贺卡已经发展成为一个专门的通信门类，它被广泛运用于现代公关礼仪中，它使用方便而且外观精美。近年来，贺卡使用风行南北，尤其是新年、圣诞节前，售卖、选买及寄发贺卡成为人们文化生活中交流感情的重要内容。

　　第一，贺卡的形式和名称。贺卡多是双面折叠式的，印制精美，多为32开的，也有较小的贺卡，但较大幅的贺卡也越来越常见。贺卡越做越大，其实是受了"礼大情深"的观念影响，贺卡大了，不仅显得更精美、华贵、气派，也显得送卡人情真意切。

　　贺卡有横式和竖式之分，但常见的贺卡多是竖式的，且文字大都横排，除非是设计的需要才竖排。封面是贺卡的门面，设计精美，且文字多用烫金等手段修饰。但贺卡不像请柬，一般不印"贺卡"、"圣诞卡"、"情人卡"等名称，而是写上"新年快乐"、"圣诞快乐"等字样来表示种类，以之来喻示贺卡的名称。相对封面来说，里面比较素雅，一般很少有大红大紫，里面一般也有文字，通常是因不同种类而选择的祝贺文字、情言心语，并留有一定的空白，供寄卡人写上自己的亲笔祝词。封底常有两种形式，一种是与封面相连，一种是素色。

　　不同情形下所使用的贺卡，色调上有明显的区别，制作上也略有不同。比如，配有电子音乐的生日贺卡；适合于孩子或青年人的贺卡，还有做成镂空立体的；一些贺卡还带有淡淡的清香等。

　　第二，贺卡使用。绝大多数贺卡都和时间有着密切关系，当我们使用贺卡时，记住准确的日期很有必要，新年、圣诞如此，生日、周年纪念日等更要十分在意。我们可以在台历、年历手册中把重要的日期和人名都填写好，并经常翻看，及时把贺卡寄出。

生日贺卡是祝福生日用的贺卡。每当亲朋好友过生日，寄上一张生日贺卡，往往可以维系亲情，增进友谊。音乐贺卡中，以生日贺卡居多，这种生日音乐卡在打开时播放出优美的生日祝福音乐，有的还有与整个图案相协调的彩灯，可谓是形色辉映、声情并茂。

周年纪念贺卡也能表现出多方面的礼仪。这里说的周年，有订婚、结婚的周年，毕业、获得学位的周年以及其他值得纪念的日子。其中最突出的是结婚纪念日，这对于夫妻及其家庭都是个重要的日子，尤其是逢整数的日子。

新年贺卡和圣诞贺卡是最常见的贺卡。新年贺卡几乎是全世界都使用的贺卡。每逢新年来到，一张贺卡寄上我们对新的一年的祝福，会使人感到特别温馨，新年贺卡中镌印的文字不尽相同，这些文字往往是为适应不同的人而设置的。另外除新年之外，我们民族的传统节日——春节，也是寄贺卡表达情意的一个好时机。对于那些新年忘记或来不及寄贺卡的亲朋好友或客户，春节时补上一张，既不失礼，也显得自然。圣诞卡原本也是新年贺卡的一种，在西方很流行，这些年在我国也时兴起来。它虽然与新年卡基本相同，但是祝福内容不同。

西方情人节有情人卡，这些年也逐渐在我国都市流行了起来，比起其他的卡来说，这种卡无论封面封底，都显得温情脉脉。由于这种卡的对象特殊，所以追求华丽、贵重。

第三，贺卡的选定。我们使用贺卡时，除了记住寄卡日期，适时寄出外，还要精心挑选贺卡亲自题词。贺卡虽小，却饱含情意，要依据不同的对象选择不同的贺卡。比如，给朋友的贺年卡，要温馨一些，给长辈或老师的要古朴一些。从贺卡的外观到印在上面的文字，都要精心挑选，否则会适得其反。另外，无论印制的多么精美、华贵的贺卡也不能完全表达情意，这时，我们应该在贺卡适当的地方写上几句祝福或心语，哪怕只是几个字，都会顿时提高其情感的含量。

3) 调查报告

调查报告是指针对某一事件、某个问题或某种情况，通过科学深入地调查研究，对客观存在的现实状况进行描述与分析并形成文字的一种书面报告。调查报告的撰写要注意如下方面[1]。

(1) 前提。

撰写调查报告是整个调查活动的最后一环，因此要获得一份高水平的调查报告，首先要明确以下几个前提：第一是明确调查目的，即调查是谋求发现何种情况，解决什么问题的。只有目的明确，才能制定出相应的调查方向、调查对象及实施调查的具体方法和内容，否则调查将会是盲目的和无意义的；第二要选择恰当的调查方法。调查方法的选用原则要求能够最大限度地实现调查目的。当前普遍采用的调查方法有普查、抽样调查、典型调查、间接调查等，具体实施的调查方式有实验调查法、文献调查法、询问法等，其中询问法又包括问卷调查、网络调查等多种广为大众熟知和接受的方法。调查方法得当，整个调查活动将事半功倍；反之，获得的材料将一无用处。在实际操作中，调查者可以根据情况综合使用多种方法，以获得最有效的调查材料；第三要科学有效地分析调查结果。任何缺乏科学分析的材料，都不会引申出令人信服的观点，而缺少鲜明观点的调查报告是毫无参考价值的。切实把握好以上三个环节后，就可以进入调查报告的写作阶段。

---

① 许静涛. 调查报告的写作技巧. 新闻与写作，2008(5)

（2）结构。

在文体结构上，调查报告一般包括标题与正文两大部分。标题主要用来提示内容，表明主题。调查报告的标题形式有三种，一种为公文式，由调查主体、调查事由及文种名称三部分组成，用以提示调查的对象、内容、范围等；一种为文章式，标题能表明主题即可；还有一种为双标题，即有正副两个标题，正标题为文章式，副标题为公文式，这种标题对调查报告的主题、调查的内容与范围提示得较为全面，适用于一些内容复杂的大型重要报告。

（3）正文。

调查报告的核心部分是正文，由前言、主体、结语三部分组成。前言是对调查情况的简要说明，一般要交代调查的对象、时间、地点、范围、目的、调查的大致过程等背景信息。正文的中间部分是主体，也是整个调查报告的核心之核心。由于内容图表繁多，主体部分需要选择恰当的结构形式来突出相应的内容与观点。横式结构是目前运用得最为广泛的一种主体结构形式，它根据对调查结果的熟悉与分析，将主体内容分为若干个方面，每个方面都涉及一个主要问题，并用一个小标题加以提示，同时这些方面在关系上是并列的。这种结构层次清楚，方便阅读，较适用于内容庞杂的大型调查报告。纵式结构则是按照事情发展的前后顺序或事物间的因果关系，层层递进地来构结内容，它的特点是思路明晰，逻辑关系强，因此较适用于事项单一的调查报告。综合式结构是将前两种结构综合交错使用，横中有纵或纵中有横，有利于全面、立体、多方位地反映主体内容。结语作为正文的结束，其写法灵活多样。可以提炼出关于事件的典型意义，也可以形成简要明确的结论，或者提出相应的对策与建议，或进一步强调全文的观点等。当然，假如主体部分的表述已经很详尽，结语部分也可以省略。需要说明的是，所有的调查报告都必须署名，其位置可以在标题后，也可在文末。

（4）特色。

一份高质量的调查报告应突出以下三个特色：一是材料与观点的和谐统一。大量堆砌材料，没有适当的分析与评价；或者只有观点，而缺少相应的材料支撑，都是调查报告写作的大忌。只有在材料的梳理中提炼观点，用充分的材料去证实观点，让观点统领材料，才能够使调查报告有理有据，令人信服。二是在语言表达上，叙述与议论相辅相成。其中叙述直白，议论精干。三是针对性与时效性的有机结合。调查报告必须围绕主题展开内容，有针对性地提出问题、揭示问题。很多调查报告有一定的期限，一旦滞后于现实情况，就失去了存在的意义，因此必须重视调查报告的时效性。只有具备了以上三个特点，调查报告才能够真正服务于社会。

4）工作总结

总结是对以往一段时间内某项工作、学习或活动，进行系统全面的回顾、检查、分析、研究，从中提炼出带有规律性的东西，以便指导日后工作的一种使用频率颇高的应用文体。

（1）作用。

总结的作用是多方面的。首先，有助于形成带有规律性的认识。总结的目的不是在于陈述具体的工作过程，而是在于总结带有指导性的、参考作用的经验性的认识；其次，有助于吸取经验教训，指导实践；第三，总结具有汇报工作、树立典型的作用；第四，总结具有积累历史资料的作用。

（2）结构形式。

从内容上看，工作总结有专题性和综合性两大类型。从结构形式上看，包括以下五种：

第一，"三大块"式。这是综合性工作总结最常见的形态。通常由三大部分组成，即"基本情况概述"、"主要做法(主要'做法和经验'、'经验体会与教训'等)"、"问题及今后打算"。在结构安排上"两头小，中间大"，即"凤头，猪肚，豹尾"式。

第二，"因果倒置"式。这是专题性工作总结常见的形态。它将经验、体会置于文章的重心部位，通常开篇先讲取得的成绩，即"果"；接着表述成果取得的原因，即经验、体会，这是"因"。先"果"后"因"，"因果倒置"。工作中存在的问题，常置于结尾，三言两语，一带而过。

第三，"条款并列"式。这种格式把情况、效果、做法、经验、体会、问题、今后意见等融合在一起，归纳成若干条条，逐一加以叙述，不采取大问题套小问题的方法，而是每个问题都有相对的独立性。

第四，"正反对比"式。这种格式把情况特别是经验与教训糅在一起，归纳成几大问题，逐一从事实与道理、正面与反面、经验与教训的对比上进行叙述。

第五，"层层递进"式。这是专题总结常用的结构形态。通常先写一个简明的开头，说明开展某一工作或活动的原委、背景，然后在主体部分，按照这一工作进行的过程，从初期到后期，从远处到近处，从低级到高级，分作几个层次逐一加以说明，层层递进。

(3) 基本结构。

工作总结的基本结构一般有标题、前言、正文、结尾、署名。

标题，一般有单、双标题两种。前言，其目的在于让读者对总结的全貌有个概括的了解，为阅读、理解全篇打下基础。正文，包括做法和体会、成绩和缺点、经验和教训。结尾，在总结经验教训的基础上，明确下一步的任务，今后努力的方向或打算。落款，即署名和日期。日期一般置于落款单位之后，如标题已标单位，落款亦可省去。

(4) 写作要求。

总结写作的一般要求与要领如下[①]。

第一，把握共性，追求个性。公文写作最忌千篇一律，千文一调。因此，必须深入调查、全面了解，大量占有第一手资料，然后分析研究，选取最典型、最新颖、最有特色的材料，通过归纳、分析，总结出典型的经验，挖掘出深刻新颖的观点，在把握文体共性的基础上，写出特色和个性。

第二，找出规律，突出重点。总结的目的在于指导实践。为此，必须找出工作中带有规律性的东西，具有指导性的经验，因此，总结切忌记"流水账"，即不分主次，不讲轻重，事无巨细，面面俱到，胡子眉毛一把抓。而应突出重点及核心，抓住事物的主要矛盾和矛盾的主要方面。把工作中的基本经验、主要做法，贯彻方针政策的成功之处，指导工作开展的得力措施，推动事业顺利进行的关键所在等，都总结提炼出来。

第三，语言准确、简明、生动。语言要做到判断明确，用词准确，含混的词语，如"比较"、"一般"、"大体上"等词尽量少用。叙述事例真实、准确，评断不含糊。简明则要求阐述观点时，概括与具体相结合，要言不繁，不笼统累赘，文字朴实，简洁明了。生动则

---

① 祝兴平. 工作总结的写作方法与要领. 新闻与写作，2008 年(12)

要求表述活泼，不古板。

第四，适当运用写作技巧。一要巧用数据和图表。通过当前数据与以往数据的对比，辅之以图示化工具，可更好地说明工作的完成情况和取得的成绩，这比文字叙述更有说服力、更直观。二要掌握材料一题多用的技巧。材料具有多面性，在不同场合均可发掘使用。三要综合、提炼材料。通过归纳、分析，把有用的东西"抽"出来，使其上升到系统、理性的高度，然后列个提纲，做出书面"设计"，再下笔写作。"七分想，三分写"也是快速成文的一条捷径。

5) 实习报告

对于学习过程、结果以及体会用书面文字写出来的材料就是实习报告。实习报告写作要把握如下要求。

(1) 实习报告的资料收集。从开始实习的那天起，就要注意广泛收集资料，并以各种形式记录下来(如写工作日记等)。丰富的资料就是写好实习报告的基础，主要收集的资料有：比如单位组织学习，内容是什么、什么学习方式、学习后的效果如何，对自己的思想是否有提高；专业知识在工作中如何灵活运用；观察周围同事如何处理问题、解决矛盾。实习是观察体验社会生活，将学习到的理论转化为实践技能的过程，所以既要体验还要观察。从同事、前辈的言行中去学习，观察别人的成绩和缺点，以此作为自己行为的参照。

(2) 实习报告的写作。第一部分的内容常常是以实习时间、地点、任务作为引子，或把实习过程的感受、结果用高度概括的语言概括出来以引出报告的内容。第二部分是写实习过程(实习内容、环节、做法)。既要写出将学校里学到的理论、方式方法变成实践的行为，又要观察、体验在学校没有接触到的东西，它们是以什么样的面目、方式方法，以怎样的形态或面貌出现的，将这些东西写出来。第三部分写实习体会、经验教训、今后努力的方向等。实习报告的写作也可以以实习体会、经验为条目来构架全文。例如，在实践中发现自己的优势，如团队协作意识强，善于根据自己的知识、能力挑战新工作，以及事后善于总结等。或是从实践中看到自己的缺陷，如专业知识欠扎实，动手能力差等。用这些体会把自己实践的过程和内容串起来。

(3) 实习报告写作要求。实习报告必须写自己的实习经历，可参考别人的资料，但不能抄袭。如有引用或从别处摘录的内容要标明出处。实习报告开头要有内容摘要和关键词，语言要求简练，符合公务文书的要求。字数要在 3000 字以上。

5.2 电话沟通

电话是人们开展社交活动不可缺少的工具，在日常生活和工作交往中，都要利用电话与别人取得联系和交谈。据美国《电话综述》(Telephone Review)中介绍说，一个人一生平均有 8760 小时在打电话。在录像电话还没普及之前，人们通过电话给人的印象完全是靠声音和使用电话时的习惯来决定的，要想有"带着微笑的声音"或者通过电话赢得信任，就必须掌握电话的沟通技巧。

1. 电话沟通的基本要求

目前大部分电话能传输的信号是声音，但这一信号载体却包含着许多信息。说话人想做什么，要做什么，是高兴还是悲伤，还有对另一方的信任感，尊重感，彼此都可以清晰地得知。这些都取决于电话的语言与声调。因此，电话语言要求礼貌、简洁和明了，以准确地传递信息。

(1) 态度礼貌友善。

当我们使用电话交谈时，我们不能简单地将对方视做一个"声音"，而应看作是面对一个正在交谈的人。尤其是对办公人员来说，我们面对的是组织的一名公众，如果你们是初次交往，那么，这样一次电话接触便是你给公众的第一次"亮相"，应十分慎重。因此，在使用电话时，多用肯定语，少用否定语，酌情使用模糊用语；多用些致歉语和请托语，少用些傲慢语、生硬语。礼貌的语言、柔和的声音，往往会给对方留下亲切之感。正如日本一位研究传播的权威所说："不管是在公司还是在家庭里，凭这个人在电话里的讲话方式，就可以基本判断出其'教养'的水准。"

(2) 传递信息要简洁。

电话用语要言简意赅，将自己所要讲的事用最简洁、明了的语言表达出来。因为通话的一方尽管有诸如紧张、失望而表情异常的体态语言，但通话的另一方不知道，他所能得到的判断只能是来自他听到的声音。在通话时最忌讳发话人吞吞吐吐，含糊不清，东拉西扯，正确的做法是：问候完毕对方，即开宗明义，直言主题，少讲空话，不说废话。

(3) 控制语速语调。

通话时语调温和，语气、语速适中，这种有魅力的声音容易使对方产生愉悦感。如果说话过程语速太快，则对方会听不清楚，显得应付了事；太慢，则对方会不耐烦，显得懒散拖沓；语调太高，则对方听得刺耳，感到刚而不柔；太低，则对方会听得不清楚，感到有气无力。一般说话的语速、语调和平常的一样就行了，即使是长途电话，也无须大喊大叫，把受话器放在离嘴两三寸的地方，正对着它讲就行了。另外通电话时，周围有种种异样的声音，会使对方觉得自己未受尊重而变得恼怒，这时应向对方解释，以保证双方心情舒畅地传递信息。

2. 接电话

(1) 迅速、礼貌地接听电话。

接电话首先应做到迅速接听，力争在铃响三次之前就拿起话筒，这是避免让打电话的人产生不良印象的一种礼貌。电话铃响过三遍后才做出反应，会使对方焦急不安或不愉快。正如日本著名社会心理学家铃木健二所说："打电话本身就是一种业务。这种业务的最大特点是无时无刻不在体现每个人的特性。""在现代化大生产的公司里，职员的使命之一，是一听到电话铃声就立即去接。"接电话时，应首先自报单位、姓名，然后确认对方，如"您好！这是××公司营销部。"如果对方没有马上进入正题，可以主动请教："请问您找哪位通话？"

(2) 仔细聆听并积极反馈。

作为受话人，通话过程中，要仔细聆听对方的讲话，并及时作答，给对方以积极的反馈。通话时听不清楚或意思不明白时，要马上告诉对方。在电话中接到对方邀请或会议通知时，应热情致谢。

(3) 规范地代转电话。

如果对方请你代转电话，应弄明白对方是谁，要找什么人，以便与接电话人联系。此时，请告知对方"稍等片刻"，并迅速找人。如果不放下话筒喊距离较远的人，可用手轻捂话筒或按保留按钮，然后再呼喊接话人。如果你因别的原因决定将电话转到别的部门，应客气地告之对方，你将电话转到处理此事的部门或适当的职员，如"真对不起，这件事是由财务部处理，如果您愿意，我帮您转过去好吗？"。

（4）认真做好电话记录。

如果要接电话的人不在，应为其做好电话记录，记录完毕，最好向对方复述一遍，以免遗漏或记错。可利用电话记录卡片做好电话记录。电话记录卡片如图 5-3 所示。

```
┌─────────────────────────────────────────────┐
│   给 _____                        │
│                                              │
│   日期 _____  时间 _____    │
│                                              │
│   你不在办公室时                       先生   │
│   _____ 公司的 _____     女士    │
│                                      小姐    │
│                                              │
│   电话_____                         │
│       ○电话              ○请打电话回去       │
│       ○要求来访          ○还会打电话来       │
│       ○是否紧急          ○回你的电话         │
│       留言 _____                    │
│           _____           │
└─────────────────────────────────────────────┘
```

图 5-3　电话记录卡片

（5）特殊情况的处理。

① 电话铃响时，如果自己正在与客人交谈，应先向客人打招呼，然后再去接电话。如果发觉打来的电话不宜为外人所知，可以告诉对方："我身边有客人，一会儿我再给您回电话。"不要抛下客人，在电话中谈个没完。这样身边的客人有被轻视的感觉。

② 不要在听电话时与旁人打招呼、说话或小声议论某些问题。如果通电话时，有人有急事来找你，应先对电话那端的人说声："对不起。"如果为回答通话对方的提问，需向同事请教时，可说声"请让我核实一下。"

③ 如果使用录音电话，应事先把录音程序整理好，把一些细节考虑周到。不要先放一长段音乐，也不要把程序搞得太复杂，让对方莫名其妙、不知所措。

④ 如果对方打错了电话，应当及时告之，不要冷冰冰地说："打错了。"更不要讽刺挖苦，或表示出恼怒之意。最好能这样告诉对方："这是 XX 公司，你找哪儿？"如果自己知道对方所找公司的电话号码，不妨告诉他，也许对方正是本公司潜在的客户。即使不是，你热情友好地处理打错的电话，也可使对方对公司抱有初步好感，说不定就会成为本公司的客户，甚至成为公司的忠诚支持者。

接电话的注意事项见表 5-4。

表 5-4　接听电话的顺序、用语及注意事项

顺　　序	基　本　用　语	注　意　事　项
1. 拿起电话听筒并告知自己的姓名	• "您好,平安保险××部××"(直线),"您好,××部×××热线"(内线) • (上午 10 点以前)"早上好" • (电话铃响 3 声以上才接时)"让您久等了,我是××部×××"	• 电话铃响 3 声之内接起 • 在电话机旁准备好记录用的纸笔 • 接电话时,不使用"喂"回答 • 音量适度,不要过高 • 告知对方自己的姓名
2. 确认对方	• "×先生,您好!" • "感谢您的关照"等	• 必须对方进行确认 • 如是客户来电,要对其表达感谢之意
3. 听取对方来电用意	"是"、"好的"、"清楚"、"明白"	• 必要时应进行记录 • 谈话时不要离题
4. 进行确认	"请您再重复一遍","那么明天在×××见,9 点钟"等	• 确认时间、地点、对象和事由 • 如是留言,必须记录下电话时间和留言人
5. 结束语	"清楚了"、"请放心"、"我一定转达"、"谢谢"、"再见"等	
6. 放回电话听筒		轻轻放下电话

3. 打电话

(1) 选择适宜的通话时间。

打电话的时间应尽量避开上午 7 时前、晚上 10 时以后的时间,还应避开晚饭时间。有午休习惯的人,也请不要用电话打扰他。电话交谈所持续的时间也不宜过长,事情说清楚了就可以了,一般以 3~5 分钟为宜。因为在办公室打电话,要照顾到其他电话的进、出,不可过久占线,更不可将办公室的电话或公用电话用做聊天的工具,这是惹人讨厌的行为。著名相声表演艺术家马季曾说过一段相声,名叫《打电话》就是讽刺这种人的。

(2) 通话之前做好准备。

通话之前应该核对对方公司或单位的电话号码、公司或单位的名称及接话人姓名。写出通话要点及询问要点,准备好在应答中使用的备忘纸和笔,以及必要的资料和文件。估计一下对方情况,确定通话时间。

(3) 注意通话的礼节。

接通电话后,应主动友好,自报一下家门和证实一下对方的身份。应先说明自己是谁,除非通话的对方与你很熟悉,否则就该同时报出你的公司及部门名称,然后再提一下对方的名称。打电话要坚持用"您好"开头,"请"字在中,"谢谢"收尾,态度温文而雅。若你找的人不在,可以请接电话的人转告,如:"对不起,麻烦您转告×××……",然后将你所要转告的话告诉对方。最后别忘了向对方道一声谢,并且问清对方的姓名。切不可"咔嚓"一声就把电话挂了,这样做是不礼貌的,即使你不要求对方转告,你也应该说一声:"谢谢,打扰了。"打电话结束时,要道谢和说声再见,这是通话结束的信号,也是对对方的尊重。注意声音要愉快,听筒要轻放。一般说,应是打电话的人先搁下电话,接电话的人再放下电话。但是,假如是与上级、长辈、客户等通话,无论你是通话人还是发话人,都最好让对方先挂断电话。

(4) 特殊情况的处理。

① 通话中如有人无意闯入，可以示意请此人坐下等候，或此人自觉退出等候。否则，你可向电话那端的人说声"对不起"后，简短和来人说两句话后(如可以说："等我打完这个电话后再和你谈")继续通电话。如果办公室有来客时电话铃响了，可以暂时不接。除非你一直在等这个电话，如属于这种情况，则应向来客说明情况。

② 如果需要留言请对方回电，就要请对方记下你的电话号码。这样对方回电就不必再去查电话号码簿，即使对方是熟人，双方经常通电话，也要告诉对方回电的号码，同时别忘了告诉对方回电的合适时间。如果对方是在外地，则最好说明自己将于何时再打电话，请其等候，不可以让对方花钱打长途电话找你。

③ 如果要找的人不在，则应对代接你电话的人说："谢谢，我过会儿再打"或"如方便，麻烦您转告××"或"请告诉他回来后给我来个电话，我的电话号码是××"。切不可"咔嚓"一下就挂断电话。

④ 如果出现线路中断，打电话的一方应负责重拨，接电话的一方应稍候片刻。重拨越早越好，接通后应先表示歉意，尽管这并非自己的过错，可以说："对不起，刚才线路出了问题。"即使通话即将结束时出现线路中断，也要重拨，继续把话讲完。要是在一定时间内打电话的一方仍然未重拨，接电话的一方也可以拨过去，然后询问"刚才电话断了，不知您是否还有没讲完的事"。

打电话的注意事项如表 5-5 所示。

表 5-5　拨打电话的顺序、用语及注意事项

顺　序	基　本　用　语	注　意　事　项
1. 准备		• 确认拨打电话对方的姓名、电话号码 • 准备好要讲的内容、说话的顺序和所需要的资料、文件等 • 明确通话所要达到的目的
2. 问候、告知自己的姓名	"您好！我是五湖四海公司××部的×××。"	• 一定要报出自己的姓名 • 讲话时要有礼貌
3. 确认电话对象	• "请问××部的×××先生在吗？" • "麻烦您，我要找×××先生。"	• 必须确认接电话的是否为你要找的人 • 确认是你要找的人接的电话后，应重新问候
4. 电话内容	"今天打电话是想向您咨询一下关于××的事……"	• 应先将想要说的结果告诉对方 • 如是比较复杂的事情，应提醒对方做记录 • 对时间、地点、数字等进行准确的传达 • 说完后可总结所说内容的要点
5. 结束语	"谢谢"，"麻烦您了"，"那就拜托您了"等	语气诚恳、态度和蔼
6. 放回电话听筒		等对方放下电话后再轻轻挂掉电话

4. 使工作顺利的电话术

电话沟通的功能除了前面所提到的帮助商务员拓展新的业务以外，巧用电话也可以帮助管理人员与公司内部成员以及商业伙伴之间维系良好的关系，因此，管理人员有必要掌握一些使工作顺利的电话术。

(1) 迟到、请假自己打电话。

学生时代，许多人都是请同学或者父母代向学校请假，即使上班之后，请假也常常如此。其实这样做是不礼貌的，也是不负责任的，除非是特别紧急的情况，自己无法同单位联系，否则最好自己给单位打电话，亲自说明迟到或请假的原因。首先，迟到和请假是个人的事，自己的事就应该自己负责。第二，站在公司的立场，员工一旦迟到或缺席，单位一天的工作计划或进度就会有所变更，甚至耽误正常的运作。如果听到员工的本人说明，才能让单位确定后，采取一定的应变措施。请假或迟到，应尽可能地亲自向领导说明原因，以取得谅解。

还有一点不可忽略，即在请假的同时还应告知单位自己何时可以到达，若没有明确地说明时间可能会给公司带来困扰，某位公司职员，就曾有过这种体会。这位职员只向上司报告说："因为临时有事，可能会晚点儿到"。而公司本来约好下午一点要和客户谈生意，但上司临时把时间改在早上 11 点，他没有想到，这位职员会迟到两小时，上司只好再打电话给客户，再次变更时间，并致歉。一个职员的失误，可能是会影响到公司的信誉。

(2) 外出办事，随时同单位联系。

在公司的立场上，最麻烦的就是，外出办事的人就像断了线的风筝，消失得无影无踪。这些人一旦离开单位，就再也不会同单位联系，使人不知道他的去向。遇到急事，也无法告知，极可能影响工作的进度。因此长时间外出时，一定要常和单位保持联系，尤其是原定计划要更改时，更需要和单位说明，让单位了解进程。

(3) 延误拜访时间应事先与对方联络。

在和对方约定好时间的情况下，为了表示对自己的责任心和对对方的尊重，一定要按时到达，这代表一个公司的形象。但如果是因为交通或者是其他方面的原因可能迟到，则一定要提前向对方及时解释，求得谅解，不能让对方等待过久，此外也应询问对方是否还有充分的洽谈时间，不要给顾客带来不便。

(4) 外出时，告知去处及电话。

在外出时一定要告知上司或者下属你的去向和联系方式，方便他们及时和你进行联系。如果没有人知道你的联系方式，可能是外出期间的一些突发事件无法得到解决，这会给公司的工作带来极大的影响。无论是公司的负责人还是员工都有必要遵守这一规则，不能因为自己位高权重而忽略这一点，最起码要让秘书知道自己的行踪或者自己定时和公司取得联系。

(5) 与外出上司联络，力求简洁。

上司到客户的公司洽谈业务，你因临时有急事，必须与上司取得联系，此时在你拨通上司的手机以后，应该尽量以上司能够简单回答的方式提问。若让接电话的上司说得太多，四周的人会觉察谈话内容，万一所讲的内容与客户有关，很可能引起客户的不悦。最好是让上司回答"是"与"不是"就能解决的问题。不要问一些让上司难以回答的问题，造成上司的困扰。

（6）以传真机传送文件后，用电话联络。

传真机在现代信息社会已经得到了越来越广泛的使用。为了保证文件准确无误的传送给对方，管理人员在使用传真机传送文件以后应使用电话和对方取得联系，一是确保传真文件传送到位和传送文件的正确性，二是交代传送文件的大概内容和目的，方便接收人的阅读。

（7）同事家中的电话不要轻易告诉别人。

同事因故没有来上班，常会有人打电话来找他，接电话的人当然会告诉对方实际情况。但对方表示有急事，询问其家中电话时，应该如何处理呢？

如果以工作优先的原则来处理这件事，将电话告诉对方并没有错，但实际上我们并不知道对方与同事之间的关系，所以是否将电话告诉对方很难确定。在许多公司，原则上职员的家庭电话是不能随便告诉外边人的。打到公司的电话一般是公事，首先可由其他职员代为处理，若只有同事本人了解情况时，应由公司同这位同事联系，再由职员给对方打电话，就不会影响工作了。

另外，当我们不便告诉对方同事电话时，应婉转说明，免得造成对方的尴尬。

（8）借用别家公司电话应注意的事项。

一般人在拜访客户、洽谈商务时，都知道要注意措辞和态度，可是一旦完成任务，借电话打回自己公司时，就会不知不觉松懈下来，遣词用句会杂乱无章，进而在电话中对客人无礼。虽然和对方洽谈结束后，心中的压力消失了，但仍应保持庄重的态度，打电话回公司，也应力持谨言慎行，切忌忘了身在何处，若态度放肆，会引起对方的不满。为了避免发生这种情况，在别人的公司打电话与本公司联系时，一定要注意说话时的措辞与态度。

一般借用别家公司电话，最好不超过十分钟，即使是自己公司打来的，也是如此。因为，无论是自己打过去还是对方打过来，都是因为自己占用别人的电话线，可能给对方造成不便。若遇到特殊情况，非得长时间接打电话时，应先征求对方的同意和谅解。

5.3 网 络 沟 通

1. 网络沟通的特征

网络沟通就是以互联网为工具，以文字、声音、图像及其他多媒体为媒介的沟通方式。这里所指的网络沟通的主体是企业等组织，计算机网络是沟通媒介，对象是企业等组织的内部和外部公众。网络沟通是电子沟通的一种，需要借助计算机网络来实现相互间的沟通，主要手段包括建立企业网站、电子邮件传递，设立领导信箱、讨论区，建立信息管理系统，搭建即时通信工具平台等。网络沟通突破了时间与空间的界限，使人与人之间的沟通不再受时空的限制，人们步入了一种新型的沟通环境之中。在网络沟通中，由于网络覆盖了许多文化背景、经济背景以及教育程度不同的用户，交流中极有可能产生误解和对立，因此遵守网络沟通的规则和礼仪就显得十分重要，如果无视网络沟通的规则和礼仪，就会象"导学案例"中的弗兰克尔那样受到惩罚。

网络作为继报纸、广播、电视之后出现的第四种具有超强影响力的传播媒介，具有其他媒介无法替代的功能，在信息沟通方面发挥着越来越独特的作用。网络沟通与传统沟通方式相比较，具有以下特点：

(1) 信息资源十分丰富、空间容量大。

由于网络信息技术的不断进步，加之人们对网络的日益青睐，各种信息通过大型门户网站和搜索引擎等被加入互联网，使得互联网成为一个信息和知识的宝库。人们可以轻松地通过搜索引擎查到自己需要的文字、图像、视听资料等。在以往传统的沟通方式中，无论是人际沟通还是大众沟通都会不同程度地受到时间、空间等各种因素的干扰和影响，而网络沟通空间巨大、容量无限，它不仅可以跨越地域、文化和时空进行沟通，而且可以通过"超链接"功能把信息接到其他相关信息上，使互动式信息容量远远超过现实世界中的静态信息。

(2) 沟通的互动性、多维性、即时性、直复性。

网络沟通的一大特色是互动性，一方面网络沟通不仅仅是媒体作用于用户，更多的是用户可以作用于媒体，用户可以对网络信息进行阅读、评论或下载，进行加工和处理。网络沟通不仅能向用户显示文字资料，还能同时显示图形、活动图像和声音，人们可以通过留言，或直接通话，或直接视频沟通，实现即时交流。互动式媒体使用户有控制权和前所未有的影响力，不仅影响企业或组织提供给他们的服务，也影响这些服务提供的时间和地点。特别是随着网络技术不断向宽带化、智能化和个体化方向发展，用户在更广阔的领域内实现声、图、像和文字等一体化的多维信息的共享和人机互动。所谓直复性沟通，是指企业和公众通过网络直接连接进行沟通，不像以往的沟通方式。以往的沟通往往要通过一定的环节，特别在新闻传播中，编辑、记者经常充当"守门员"的角色，经过层层审查才能与公众见面。而网络沟通则节省了编辑加工环节，立即可以发布信息。企业也可直接面向消费者发布新闻，或者通过查询相关的新闻组、网络论坛来发现新的顾客群，研究市场态势，直接得到大量真实的信息反馈等。

(3) 空间的开放性、虚拟性和相对平等性。

网络空间面向每一个人，人人都可以利用网络发表自己的观点、见解，即可以利用网络展示自己的技能，也可以利用网络发表自己的"作品"(如博文)等。空间的开放性、虚拟性，决定了沟通的平等性。人们可以实名或匿名运用网络进行相对自由的沟通。

(4) 沟通形式多样，可选择的沟通工具众多。

人们既可以在网上浏览信息、阅读电子图书、进行英语对话交流、观看电视和电影，也可以玩游戏、作画、健身；既可以一对一交流，也可以群体交流。近年来，即时通信工具的种类越来越多、功能越来越强大、使用越来越方便，而且还十分经济，很多功能可以免费使用。

总之，网络沟通是一种全新的沟通方式，是一种集个体沟通(电子邮件)、组织沟通(如电子论坛或电子讨论组)和大众沟通于一体的沟通形式。网络沟通已经掀起了一场沟通方式的革命，它改变人们的沟通意识，对组织的沟通管理也提出了新的挑战。

2. 网络沟通工具

现代网络运用电子媒介和各种电子沟通工具，为人们提供了经济实惠、方便快捷的信息服务。由于网络对于人们的生活、学习、工作等方面产生了巨大的作用和影响，网络技术开发得到了高度重视，网络沟通工具无论在种类上、形式上，还是在数量上、质量上都以惊人的速度得到发展，新的网络沟通工具不断涌现，功能日益完善，使用者越来越多，影响范围越来越大。

网络沟通最常见的方式包括电子邮件、即时通信工具、电子论坛、博客和播客等。

1) 电子邮件

电子邮件(Electronic mail，简称 E-mail)是互联网上的重要信息服务方式。通过网络的电子邮件系统，用户可以用非常低廉的价格或是免费把信息发送到世界上任何你指定的、同样拥有邮件地址的另一个或多个用户。电子邮件内容可以是文字、图表、视听材料等。E-mail 具有使用简易、投递迅速、收费低廉、易于保存、全球畅通无阻等特点，已经成为利用率最高的沟通形式和沟通工具。

2) 即时通信(通讯)工具

(1) 腾讯 QQ。这一最早的国产即时通信工具，集图文消息实时发送和接收功能于一体，为用户提供游戏社区、开放型聊天室的服务。在商用领域，由于员工使用 QQ 交流的不可控性会影响工作效率，QQ 的分支 RTX 和 TM 相继出现，较早的走上了即时通信的商用化道路，但起初效果不太理想，现在正在不断地改进和发展，客户数量在不断增加。

(2) 微软 MSN。微软凭借其技术力量和服务体系，使 MSN 在 PC 机的主流操作系统 WindowsXP、掌上计算机、智能手机上使用。MSN 不仅具有实时图文发送、接收功能，用户还可以通过 MSN 从 PC 机上与其他联系人进行语音交谈，或者通过计算机给其他联系人拨打电话、发送文件、召开多人联机会议，或进行 MSNZone 网络游戏。同时，用户还可收到 Hotmail 的新邮件到达通知以及最新的 MSNBC 新闻头条等。MSN 使用独特的非 ID 号注册原则，用户不能随便搜索到在线用户，也不能随意猜测到其他 MSN 用户的 ID，因而有效地避免了商务用户不想被骚扰的问题。而且，MSN 白板功能及网络会议等功能的加入，可为企业提供类似于 RTX 的企业内部办公系统。

(3) 雅虎通(Yahoo messenger)。Yaohoo messenger 因其集成了主流即时通信软件的绝大多数优点，而且首次实现了即时通信产品与搜索工具的融合，通过其搜索产品"一搜"与"雅虎通"的巧妙整合，推动了搜索向桌面的扩展。3721 加入雅虎通后，依托其庞大的企业资源库，再加上雅虎通本身的功能优势，基本实现了企业会员之间的商务沟通。

(4) 新浪 UC。新浪于 2004 年 7 月 1 日宣布收购"朗玛 UC"，使新浪拥有了技术支持和庞大的用户群体。新浪凭借其国内门户的领先优势、良好的人气及广泛的娱乐服务与 UC 已有成就相整合，打造而成"新浪 UC"。但是，由于 UC 极强的娱乐色彩，再加上投身门户网站服务于固定网络群体的限制，"新浪 UC"难以得到企业级用户的宠爱。

(5) 网易泡泡(POPO)。网易泡泡最先推出 IM 软件，但由于新浪与 UC 的合并，直接导致其运用于门户娱乐服务的 IM 市场占有率大幅下滑。但网易泡泡在商用领域表现出一定的生存能力，网易泡泡在网络连接和防火墙穿透方面拥有一定的优势，只要能浏览网页就能使用泡泡，其可以穿透任何防火墙的能力，使得它为经常在网上传输文件的商务用户可提供极大的帮助。

(6) 搜狐"搜 Q"。搜 Q 出现较晚，侧重于娱乐，缺乏商用优势。

(7) 阿里巴巴"贸易通"。"贸易通"由全球最佳 B2B 网站"阿里巴巴"于 2003 年 11 月推出，是专为商人量身定做的免费商务即时通信软件。其从界面风格到服务内容都体现了商务用户对即时通信软件的需求。商务用户使用该软件不仅可以实现实时的在线交流，而且还具有由它发布即时商业供求信息以及随时查看最新商业资讯等功能。

(8) 电子名片 TraCQ。从 2003 年问世之初，TraCQ 便定位于商用即时通信领域。在商用领域，它开创了多项即时通信新模式：一是实名制注册，组织行为管理。这一创新要求企业在电子名片(TraCQ)的注册中必须遵循实名原则，并通过企业管理员统一管理。新原则的实施，可使企业免去使用传统娱乐 IM 软件公私不分的不可控性。统一有序的组织管理加上具体到位的实名账号，会使企业的沟通及工作效率得到大幅改善。二是 TraCQ 电子名片独创网页会话技术，一改传统 IM 软件必须通过 PC 桌面登陆客户端并添加联系人方可交流的局限。企业只需将电子名片(TraCQ)嵌入自己的网页，便可为访问企业网站的访客提供便捷的交流途径。访客无须下载安装任何客户端软件，只要点击企业网站上的工作人员名片就可直接进行全面的文本、短信及视、音频在线洽谈。这一交流模式的创新，从根本上突破了阿里巴巴"贸易通"只提供会员与会员间交流的弊端，使得会员与会员、客人与会员的交流变得更加直接有效，从而最大程度地增加了企业的成交机会。TraCQ 电子名片的出现，使即时通信软件与互联网的基础——网站的结合变得更加密切，使得点对点的沟通通过 IE 即可方便地实现。这将进一步推动"静态网站"向"交互网站"的升级，开创即时商务的新时代。

(9) Skype。Skype 是网络即时语音沟通工具，具备 IM 所需的其他功能，如视频聊天、多人语音会议、多人聊天、传送文件、文字聊天等功能。它由 KaZaA 开发人员所研发，采用 P2P(点对点技术)的技术与其他用户连接，目前不仅可以进行语音聊天，也可进行视频交流。Skype 是一家全球性互联网电话公司，它通过在全世界范围内向客户提供免费的高质量通话服务，正在逐渐改变电信业。美国联邦通信委员会主席 Michael Powell 说："当我下载完 Skype，我意识到传统通信时代结束了。"

3) 电子论坛

电子论坛(Bulletin Broad System，BBS)，即电子公告系统，又名电子公告板、留言簿、布告版。它是网络内容的提供者如商业网站和个人主页，为上网者提供的自由讨论、交流信息的地方。它提供一块公共电子白板，每个用户都可以在上面书写，可发布信息或提出看法。电子公告牌按不同的主题、分主题分成很多个布告栏，布告栏的设立依据为大多数BBS 使用者的要求和喜好，使用者可以阅读他人关于某个主题的最新看法(几秒钟前别人刚发布过的观点)，也可以将自己的想法毫无保留地贴到公告栏中。在与别人进行交流时，无须考虑自身的年龄、学历、知识、社会地位、财富、外貌、健康状况，而这些条件往往是人们在其他交流形式中无可回避的。正因为如此，交流者也无从知道交谈对方的真实社会身份。这样，参与 BBS 的人可以处于一个平等的位置与其他人进行任何问题的探讨。

4) 博客

"博客"一词是从英文单词 Blog 音译而来的。Blog 是 Weblog 的简称，而 Weblog 则是由 Web 和 Log 两个英文单词组合而成，通常称为"网络日志"。Blog 是一个网页，通常由简短且经常更新的帖子(张贴的文章)构成，这些帖子一般是按照年份和日期倒序排列的。Blog 的内容涵盖广泛，有的是纯粹个人的想法和心得，包括新闻、日记、照片、诗歌、散文，甚至科幻小说；有的是对其他网站的超级链接和评论；有的是关于公司事务的公告、管理心得、述评；也有的是在基于某一主题的情况下或是在某一共同领域内由一群人集体创作的内容。Blog 是私人性和公共性的有效结合，它不是纯粹个人思想的表达和日常琐事的记录，它所提供的内容可以用来进行交流和为他人提供帮助，具有极高的共享精神和价值。撰写 Blog 的人叫 Bloggre 或 Blog writer。简言之，Blog 就是以网络作为载体，简易、迅速、便捷地发布自己的心得，及时、有效、轻松地与他人进行交流，再集丰富多彩的个性化展示于一体的综合性平台。Blog 的发展历史并不长，通常认为只有十几年的时间。2000 年博客开始进入中国，2005 开始盛行。国内主要门户网站相继开设博客网，并免费提供博客网络管理服务。

博客类型主要包括个人博客(普通人博客、名人博客)、小组博客、家庭博客、商业博客(企业博客、产品博客)、知识库博客(K-LOG)等。

国内学者对网络通信工具的优缺点和适用范围作了比较分析，如表 5-6 所示。

表 5-6　几种主要网络通信工具的优缺点和适用范围比较

比 较 项 目	主 要 优 点	主 要 缺 点	适 用 范 围
全球咨询网网页(Webpage)	信息量大、传播范围广	保密性差、无确定主题、不确定性反馈	需要公开的、大范围传播的信息
电子邮件(E- mail)	流向清晰、发送速度快、传达准确、保密性好	邮件接收的不及时、需要等待反馈	需要向特定主体(个体或群体)传递的或要求保密的信息
电子公告牌(BBS)	信息内容丰富、发布接收信息方便、信息公开透明	保密性差、谣言或不实信息迅速传播	需要向员工或其他相关人员公告的信息和需要讨论或征集意见的问题等
聊天室(Chat room)	可以实现异地同步沟通、立即反馈、话题丰富、保密性好	受沟通对象是否在线的约束和文字载体的约束	员工或领导与员工之间工作之余的情感沟通
网络电话、传真	沟通及时、反馈无须等待、内容清晰、成本低	对通话时间有一定限度，对沟通内容也有一定的要求	紧急性的、需要当即回复的、内容简单、容易表达清楚的信息沟通
电子内部刊物	成本低、保留时间长、浏览方便、针对性强、更具时效性	信息传递的确定性和范围程度难以预知	专业性、针对性较强的信息沟通
网络会议系统	召集会议方便、省时、省力	互动效果相对传统会议较差，参会人员的精力投入不充分	不同地域人员参加的非大型会议或需要紧急召开的、有分散在各地人员参加的会议
即时通信工具	方便、即时互动、时效	受沟通对象是否在线的约束	员工或领导与员工之间工作之余的情感沟通

(资料来源：董玉芳，王德应．基于网络技术的企业管理沟通：选择与组合．江淮论坛，2005(5))

3. 网络沟通策略

(1) 彼此尊重，以人为本。

网络沟通中需要彼此尊重，如在 QQ 聊天当中，有些不熟悉的人一上来就发视频请求，更有甚者你若不接就不停地发，这类人的做法太可恶，是对对方极不尊重的做法。因为对方需要的是一个独立的个人空间，这种做法最后得到的结果便是被对方拉入黑名单或被直接删除。因此，网络交往必须以尊重他人为基础。网络礼仪的核心原则之一是适度，把握分寸正是人性和人心所能接受和需要的，能够有效地塑造个人形象和表现自己的修养和气质。

网络沟通首要的一条就是"记住人的存在"。虽然网络是虚拟的，甚至有种说法叫做"在网上谁也不知道你是一条狗"，但是既然你参与了网络，就应该以在乎自己一样的态度来在乎对方，尊重对方就等于尊重自己。聊天也好、发 E-mail 也好、跟帖也好，必须以不侵犯他人的言论权为基础，必须言谈举止都恰当才能树立你在网络中的实际形象，这样，你以后的待遇当然是备受别人尊重。

网络礼仪的根本就是"人"，作为网络的主体，"人"应该放在礼仪中的首位：一切以"人"为中心，尊重所有网络人，方便所有网络人，快乐所有网络人！

(2) 讲究礼仪，加强修养。

由于网络使用者来自不同的文化背景与生活层次，而且网络使用者无法获得像面对面时可得知的交谈规范。这时为了表示尊重对方，展现自己使用网络的负责态度，以及避免带给对方使用网络的不便及无意间产生的误解，网络礼仪就显得非常重要。网络礼仪的英文名称为"Netiquette"(来自于 Network Netiquette)，我们从字面上就可以了解到，网络礼仪是一般所谓的礼仪迁移到网络情境下所产生的新名词。网络礼仪使网络使用者能够遵守网络公约，做一个有礼貌、有规矩，懂得保护自己，避免伤害别人的"网络公民"。

我国台湾地区的苏怡如总结了各种关于网络礼仪的提法，认为网络礼仪主要包括正确、简洁、清楚、安全与隐私以及友善与尊重五大内容，如表 5-7 所示。我们在网络沟通时一定要遵守这些基本的礼仪规范。

表 5-7　网络礼仪的具体内容

五大精神	具　体　内　容
正确	(1) 留意写作格式，检查文法 (2) 使用合宜的格式、用语和称谓 (3) 检查文法，注意用词、标点符号
简洁	(1) 别做重复的询问 (2) 用字宜简单明了，谨慎思考后才发送，有效率地回复信息 (3) 熟悉网络术语的简写 (4) 少用斜体字等花招 (5) 先停下来浏览先前的文章，看看是否已有相同的回应内容
清楚	(1) 写电子邮件时尽量写出清楚、完整的句子，使用结语和署名 (2) 在公开信息中要加入个人邮件地址以方便别人联络 (3) 使用电子邮件时，要写信件主题，主题中可以简述邮件内容，让人容易辨识

续表

五大精神	具 体 内 容
安全与隐私	(1) 不继续使用即时信息软件时，记得退出自己的账号 (2) 时时提醒自己：这里是公开场合 (3) 意识到网络上有其他观众与注意隐私 (4) 别把自己或者别人的密码、住址、电话、身份证号码给网络上的陌生人
友善与尊重	(1) 进入聊天室，跟大家打招呼是礼貌的，离开时最好也跟大家道别 (2) "斑竹"、主持或者管理人，也应尊重所有成员，不滥用权力 (3) 注意大写英文字母带有吼叫之意 (4) 时时保持礼貌，别煽风点火 (5) 表情符号等标记可以缓和气氛

(资料来源：陈吉利. 网络礼仪：信息技术课程新热点. 中国信息技术教育，2008(3))

(3) 特殊符号，增进交流。

在网络中，为了方便交流，可以使用一些特殊符号。日常礼仪的表达常使用的是人体动作，而网络现在无法做到这一点，所以只能把人类形体符号化。形象化的符号带给大家的是生动感和幽默感，另外从交流的角度来看非常简洁方便，是增进交流，缩短心理距离的重要体现。下面列举的这些符号已经是网络认同的，另外还有一些所谓的"火星文"也正在创新和被认同中。

:-) 标准的笑脸。表示笑容和善意。

；-) 眨眼笑。表示歪曲、讽刺或嘲笑。

:-(皱眉。表示令人不高兴的消息、令人悲伤的消息。

:-l 表示漠不关心。

:-0 表示惊讶、担心。

:-X 表示封嘴。

:-P 表示吐舌头，很有趣。

:-@ 作者在叫。

:-Q 作者在抽烟。

另外还有一些常见的缩写：

ASAP：As soon as possible 尽快。

BF：Boy friend 男朋友。

BTW：By the way 随便说一下。

(资料来源：张睫，周延欣. 网络礼仪的构建原则. 新闻爱好者，2010(7 上半月))

这些简单明了的网络文字顺应了现代人追求简单生活的节奏，是人性化的符号，也是社会交往的符号，在网络沟通中不妨一用。

随着网络沟通工具的普及，人们越来越依赖这些新技术来传递信息，然而面对面的沟通仍然是最重要的沟通方式，因为网络沟通并不能替代人与人之间的直接交流。在直接交流中，可以观察到别人的表情等肢体语言，并确保沟通的有效性与反馈的及时，同时能够节约大量的时间。所以尽管有着快捷、发达、高效的电子沟通介质，但组织或个人都不应该放弃传统的沟通方式。

【实践训练】

1. 实训：信函的写作

实训目标：掌握信函的撰写礼仪。

实训学时：1学时。

实训地点：教室。

实训背景：奥新公司拟赞助红星小学30名农民工子弟(贫困生)，款额为每人每学年1000元，并对贫困生的学习成绩和道德品质有相应的要求。

实训方法：请代该公司就此事给红星小学拟写一封函。要求如下：

(1) 每位学生独立完成函的写作，完成后相互交流、讨论；

(2) 函要求格式规范，内容正确，字迹清楚，表达准确；

(3) 有条件的学校，可以要求学生利用计算机完成函的写作任务；

(4) 教师结合学生撰写的函的情况，在全班总结讲评，并在全班评出最佳表现者。

2. 课堂讨论：5封回复

背景资料：你的苗圃不仅在店里销售植物，也提供邮购业务。今天收到王玉的一封投诉信，声称邮购的鲜花运抵时很不令人满意(价值 500 元人民币)。信中写道："全都枯萎了。有一株在我从盒子里拿出时，竟然断了。请立即重新发货。"

(1) 第一种回复。

亲爱的顾客：

我核查了运输鲜花受损的原因。排除了运输中的失误，发现你订购的鲜花是由一位新工人包装的，该工人不懂得鲜花起运之前要彻底浇透水。我们已经开除了该工人，所以你可以放心这种事下次不会发生了。

虽然我公司会为此花费几百元，但我们仍然会重新给你寄上等份的鲜花作为补偿。

新花抵达后，请通知我方运抵时的状况。我们相信你不会再投诉了。

(2) 第二种回复。

亲爱的王玉：

我们搞错了你的订单。全国范围内发送花卉这种货物的风险性是很大的。有的植物无法承受路途的辗转(有时连我自己都受不了这份辛苦)。下周我们会另外发送一份新的鲜花给你，但是会在你的账上记 500 元。

(3) 第三种回复。

亲爱的王先生：

你不满意收到的鲜花，我感到很遗憾，但的确不是我们的错。包装盒上明确写着：打开后，及时浇水。如果你照办了，鲜花一定不会有事的。另外，所有买花的人应该知道鲜花需要呵护。你抓着叶子当然根会被拔出来的。由于你不会照顾花卉，特为你寄上小册子一本：怎样养殖花卉。请认真阅读，以免将来发生类似的不快。

盼望你再来订购。

(4) 第四种回复。

亲爱的王女士：

你 5 日的来信已经引起了我们的注意。

信中称，第 47420 号订货收到时情况很糟糕。在此要指明的是，我方政策规定：对货物的任何调整必须按照订货单背面的条件和说明处理。请仔细阅读，上面规定：客户若欲就该订单投诉，应提交书面投诉信和货物发票给承运商，并在收货后 30 天内，向本公司详细汇报损坏情况。

你 5 日的信中没有涉及损坏的具体情形。另外，送货单上没有任何特别注明。如果你有索赔的打算，请参照我公司相关的条例。请将相关必要文件资料于本月 20 日下班前送达公司办公室。

(5) 第五种回复

亲爱的王玉：

你将于下周收到索赔的常青植物。

这次，花卉起运前彻底浇透了水，而且采用了特殊包装箱。但是如果天气过热或货车晚点，小的根球也会干涸。可能上次的花卉就是这样受损的。但是小根球植物很容易移植，所以到了你家的花卉应该没有任何问题。

你订购的仙人掌等属四季常青植物，它们会四季长青，越来越漂亮。

针对上述五封回复顾客投诉的信函，就以下问题在全班展开讨论：

(1) 苗圃在满足读者和企业的要求等方面做得怎样？

(2) 信件是否清晰、完整、准确？

(3) 能否节省读者的时间？

(4) 是否有助于树立良好的企业信誉？

(5) 如果是你，该如何回复？

(资料来源：黄漫宇. 商务沟通. 北京：机械工业出版社，2006)

3. 测试：你的书面表达能力如何？

你是否善于运用书面形式表达自己的观点？请根据自己的实际情形回答以下问题。

(1) 在与他人沟通时，你经常采用书面表达方式吗？

    A. 从来没有　B. 很少　　C. 有时　D. 大多是　　E. 经常是

(2) 你是否认为书面表达比其他方式要更容易？

    A. 从来没有　B. 很少　　C. 有时　D. 大多是　　E. 经常是

(3) 当你与你的高中同学联系时，经常采用书面表达方式吗？

    A. 从来没有　B. 很少　　C. 有时　D. 大多是　　E. 经常是

(4) 你是否因为麻烦，拒绝使用书面表达形式与人沟通？

    A. 经常是　B. 大多是　　C. 有时　D. 很少　　E. 从来没有

(5) 在书面表达观点时你是否非常注意措辞？

    A. 从来没有　B. 很少　　C. 有时　D. 大多是　　E. 经常是

(6) 你在使用书面表达时，是否很少注意表达的格式与规范？

A. 从来没有　B. 很少　C. 有时　D. 大多是　E. 经常是

(7) 你是否能够熟练地运用各种书面表达方式进行沟通？

　　　　A. 从来没有　B. 很少　C. 有时　D. 大多是　E. 经常是

(8) 你是否认为你能够准确地使用书面表达方式达到沟通的目的？

　　　　A. 从来没有　B. 很少　C. 有时　D. 大多是　E. 经常是

计分方式：选 A 计 1 分，选 B 计 2 分，选 C 计 3 分，选 D 计 4 分，选 E 计 5 分。

解析：

(1) 总分为 8～16 分：你的自我表达欲望和书面表达能力还很不够，需要大力加强。

(2) 总分为 17～32 分：你具有一定的自我表达欲望和书面表达能力，同时又能自我控制。

(3) 总分为 33～40 分：你的自我表达欲望和书面表达能力很强，甚至有时过于表现自己，这既是你的优点，又可能成为你不受别人欢迎的原因。

　　　　　　　　　　　　(资料来源：谢红霞. 沟通技巧. 北京：中国人民大学出版社，2009)

4. 实训：自编小品"打电话"活动

实训目标：掌握电话沟通的基本规范和技巧。

实训学时：2 学时

实训地点：实训室

实训准备：电话等。

实训方法：将学生 3 至 5 人分为一组，每组学生自设场景，自编小品表演打电话(手机)。表演后，师生点评。

5. 客户电话沟通实训

实训目标：掌握营销交际中运用电话与客户进行沟通的技巧，赢得客户的信任和好感，展现出商务人员良好的职业形象。

实训学时：1 学时

实训地点：实训室。要求模拟一个办公室的环境，要有两张办公桌，办公桌可以相隔一定距离。

实训准备：场景设计方案如下：

(1) 假如你是某公司业务员，突然接到一个投诉电话，客户要求赔偿由于迟交货物所造成的全部损失。

(2) 假如你正在电话里和一位客户谈生意，另一部电话突然响起。

(3) 如果有个电话是你接听，所找的人为你的同事，而你的同事恰好不在。

(4) 你与客户第一次进行业务交流。

也可以发挥想象，设计其他情形。

实训方法：学生 6 人为一组，每组自由结合，模拟在上述四个情境下的电话接听礼仪技巧及交谈内容，现场如果没有电话可用手机代替。

最后由授课老师进行总结评价，全班同学评选出"最佳表现组"。

6. 测试：你的电话沟通能力如何？

请就以下问题做出"是"或"否"的选择，测试你的电话沟通能力如何。

(1) 电话铃响得令人不耐烦了才拿起听筒。

(2) 对着话筒大声地说："喂，找谁啊？"

(3) 一边接电话一边嚼口香糖。

(4) 一边和同事说笑一边接电话。

(5) 遇到需要记录某些重要数据时，总是在手忙脚乱地找纸和笔。

(6) 抓起话筒却不知从何说起，语无伦次。

(7) 使用"超级简略语"。

(8) 挂完电话才发现还有问题没有说到。

(9) 抓起电话粗声粗气的对对方说："喂，找一下 X 经理。"

(10) 抓起话筒向着整个办公室吆喝："小王，你的电话！"。

(11) 态度冷淡地说："XXX 不在！"就顺手挂断电话。

(12) 让对方稍等，就自此不在过问他(她)。

(13) 答应替对方转达某事却未告诉对方的姓名。

(14) 对对方说："这事儿不归我管。"就挂断电话。

(15) 接到客户索赔电话，态度冷淡或千方百计为公司的产品辩解。

(16) 接到打错了电话很不高兴地说："打错了！"然后就粗暴地挂断电话。

(17) 电话受噪音干扰时，大声地说："喂，喂，喂……"然后挂断电话。

解析：

如果你的回答"是"较多，说明你的电话沟通能力很差，急需改进。

如果你的回答"是"与"否"相当，说明你电话沟通能力一般，需要加强改进。

如果你的回答"否"较多，说明你的电话沟通能力很好，应继续保持与提升。

(资料来源：谢红霞. 沟通技巧. 北京：中国人民大学出版社，2009)

7. 实训：制订网络沟通行为规范

实训目标：明确网络沟通的基本规则和礼仪。

实训学时：1 学时。

实训地点：教室。

实训方法：将全班学生分组，4～6 人为一组，要求其结合所学网络沟通的知识和自身使用网络的体会，制定出一份网络沟通行为准则。在课堂上分组进行交流，师生共同评价。

8. 测试：你是网络沟通的高手吗

(1) 你在回复朋友的邮件时，会在主题栏里

    A. 根据具体内容重新拟定一个标题

    B. 习惯使用英文标题

    C. 总是用 Re、Re……代替

(2) 你认为电子邮件内容的篇幅应该是

    A. 越短越好

    B. 越长越好

    C. 不计长短

(3) 有一个你认为很重要的邮件，于是你会

    A. 给客户发送一份，然后打电话通知对方你已经向他发送了邮件

    B. 等待两天，如果没有得到回复，再发送一次

    C. 为了让对方及时收到，一连将相同内容的邮件发送几次

(4) 你对自己的电子信箱会做出如下处理吗？

    A. 每天打开信箱查看一次，及时处理所有邮件

    B. 每周打开信箱查看一次，对全部邮件进行处理

    C. 想起来就查看一次，有些邮件不必回复

(5) 你在发送电子邮件前保持的习惯是

    A. 发送前再认真检查一遍，确认无误后再发出

    B. 为了节省时间，提高效率，写完后立即发送出去

    C. 把收件人地址核对准确，信件内容不必检查

(6) 你是否喜欢在邮件里和好朋友开玩笑

    A. 是的，因为我们关系良好

    B. 是的，但在每次开玩笑时都标明"开玩笑"

    C. 不是，开玩笑容易被误解

(7) 你用 QQ 聊天时，对方夸大事实，并且撒谎，你会

    A. 讨厌撒谎的人，立即拆穿他的谎言

    B. 只要不是恶意的欺骗，没必要拆穿谎言，继续正常聊天

    C. 不必拆穿谎言，但从此不再与他聊天

(8) 你与普通网友的 QQ 聊天方式是

    A. 对方问一句，你答一句，很少主动开口

    B. 主动发问，不放过任何问题，包括对方的年龄、工资等

    C. 保持主动，但有些个人隐私问题必须回避

(9) 遇到想深入交往的网友时，你会

    A. 礼貌地请求加其为好友，如被拒绝就不再打扰对方

    B. 加其为好友，并索要对方照片

    C. 请求加其为好友，没有得到回复就再三提醒

(10) 你与普通网友聊天时，对"真诚相待"的理解是

    A. 网络是一个虚拟世界，不可向任何人实话实说

    B. 反正谁都不认识谁，说实话也无所谓

    C. 以真诚为主，但不能什么个人信息都公布于众

计分方法如表 5-8 所示。

表 5-8　你是网络沟通高手测试计分方法

题号选项	(1)	(2)	(3)	(4)	(5)	(6)	(7)	(8)	(9)	(10)
A	3	3	3	3	3	1	1	2	3	1
B	2	1	2	2	1	2	3	1	1	1
C	1	2	1	1	2	3	2	3	1	3

测试结果：

(1) 将军级交流者(30 分)。

你完全是一个网络交流的高手，你在网络世界里会左右逢源，游刃有余。

(2) 尉官级交流者(16～29 分)。

你在网络交流艺术方面还存在一定欠缺，尚需要进一步努力，才能成为一个真正的网络交流高手。

(3) 列兵级交流者(10～15 分)。

你对网络交流艺术掌握甚微，甚至还不清楚最起码的交流知识，在网络空间里不会受他人欢迎。你应该认真研究一下相关学问了，否则怎么能成为一个"将军"呢？

(资料来源：张喜春，刘康声，盛暑寒. 人际交流艺术. 北京：北京交通大学出版社，2009)

【自主学习】

1. 你认为书面沟通中最重要的原则是什么？

2. 如何保证写作简洁？

3. 信函写作的一般要求是什么？

4. 商务信函的写作规则有哪些？

5. 请代海全公司写一份邀请宏达公司总经理参加本公司十周年庆典的请柬。要求格式规范，文字简洁明了，写清楚活动的时间、地点、内容。

6. 星光公司经过三年的改革，终于扭亏为盈，企业进入良性发展阶段，为日后的可持续发展打下了良好的基础。在岁末年初之际，海辰公司拟向星光公司的领导和员工发一封贺信，请你代为拟写此贺信。要求：格式正确，内容完整，文字标点规范。

7. 新年即将到来，请为某公司设计两款风格鲜明的节日贺卡寄给广大客户，表示公司对其真挚的节日祝贺并同时进行企业形象的宣传以及巧妙的业务联络。要求：格式正确，内容新颖，设计精美，文字标点规范。

8. 请撰写一份年度个人学习总结或工作总结。字数 1000 字左右。总结要有标题、正文和落款。正文要有取得的成绩、存在的问题及今后的打算等。

9. 利用假期时间去打工，回来后写一份实习报告。字数不少于 3000 字。

10. 日常生活中，你在打电话时遇到过哪些不礼貌的情形？

11. 结合生活实际谈谈你接打电话的体会。

12. 欣赏相声表演艺术家马季的相声《打电话》，讨论打电话应该注意什么。

13. 李经理正在与一位客户进行电话交谈，这时另一位重要客户来到办公室拜访。如果你是李经理，正确的做法应该是什么？

14. 如果发现自己拨错了电话，你应该怎样解决？

15. 张女士在国家大剧院音乐厅听一场由著名大师指挥的交响乐。音乐演奏到高潮时，全场鸦雀无声，凝神谛听，突然手机铃声响起，在宁静的大厅中显得格外刺耳。演奏者、观众的情绪都被打断。大家纷纷回头用眼神责备这位不知礼者。请问我们使用手机时应注意哪些规范。

16. 如果你是电话销售员，你认为在电话销售中成功的关键因素是什么？

17. 如何替人转接电话？

18. 在与客户的沟通中，究竟应该如何挂断电话？

19. 你的一个同事给你打起电话时喋喋不休，你又有别的事情要忙，你会如何拒绝他(她)？

20. 结合自身感受谈谈网络沟通的特点。

21. 请谈谈讲究网络沟通礼仪的现实意义有哪些。

22. 使用电子邮件发送信息。在收件人一栏打上自己的电子信箱地址，给自己发一封公务的信件。然后作为信件接受方，感受一下信件格式、所用文字、日期是否恰当。

23. 或许你在网上对人有不礼貌的行为，或许别人对你有不礼貌的行为。请试举一例，并根据所学的知识和技术，提出解决问题的方案。

24. 搜集几个你认为办得好的企业网站，并与同学讨论。

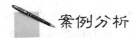 案例分析

案例1：小李的不足

最近，某公司人力资源部的张经理非常苦恼。由于年龄关系，去年该部门的老王退休了。为了解决编制的问题，人力资源部从一家比较有名的高校招聘了一位专门学习人力资源管理的毕业生小李接替老王的工作。招聘之时，张经理对小李给予期望，认为她年轻、有思想，懂得现代人力资源管理的理念，同时沟通能力也很好。可是，张经理渐渐发现，小李的写作能力非常差，不要说人力资源报告的书写方法一窍不通，就连一般书信和便签也写得很差。张经理几次提醒小李要好好学习一下与书面沟通相关的知识，但是效果并不明显，小李好象对于这些东西并不感兴趣，张经理对此非常苦恼。客观地说，小李在其他方面的能力还是很好的，口头讲解自己观点的时候思路也很清楚，就是写出的东西让大家看不懂，或者是不像是一份商业报告。因为这一项不足就辞退小李确实有些可惜，可张经理认为她确实没有做好自己目前的工作。

(资源来源：孙健敏，徐世勇. 管理沟通. 北京：清华大学出版社，2006)

思考与讨论：

(1) 结合案例谈谈小李应该掌握哪些书面沟通的知识？

(2) 小李应该如何提高自己的写作能力？

案例2：是欠条还是还款证明？

2000 年 4 月，黄先生承建北京某农业发展有限公司养猪舍七栋，承包工程款总计 8.4 万元。双方约定工程开工时，农业公司应首付黄先生总工程款的 70% 即 58800 元，但农业公司却只给付黄先生 3 万元，其余款额一直未付。2002 年 4 月 7 日，农业公司由其会计乔女士签名为黄先生出具了一张写有"还欠黄某工程款 28 800 元"的证明，并盖有公司财务专用章。黄先生依此欠据将农业公司告上法庭，要求立即给付工程款 28 800 元。

然而在法庭上，被告农业公司在承认欠黄先生工程款 28 800 元的同时，提出此欠款已由当时经手人会计乔女士偿还了，并为黄先生出具了还款证明，"还欠黄某工程款 28 800 元"中的还字应读为 huán，故不同意黄先生的诉讼请求。

顺义法院认为：原告为被告承建养猪舍工程，被告应按约定给付工程款。被告为原告出具的证明，应视为欠款证明，法院对原告的请求应予支持；被告辩称此证明为还款证明，未提供相关证据证实，法院不予采信。最终判决被告北京某农业公司给付原告黄先生工程款 28 800 元；案件受理费 1162 元由被告负担。

（资料来源：李馨，王斌. 北京晚报，2004-03-18）

思考与讨论：

(1) 结合本案例谈谈书面沟通的重要性。

(2) 本案例对你还有什么启示？

案例 3：一封回信

感谢你给我们发来应聘管理顾问职位的求职信。正如你所了解的那样，我们的管理咨询部是几家主要会计师事务所中最大、最好的部门之一。正因为如此，所以我们总是会仔细审查应聘者的教育背景、工作经验和其他方面的条件。

由于管理咨询部门有着良好的信誉和完善的培训计划，在本国占据着重要的地位，所以很多人都在极力应聘这一职位，其中已获得 MBA 学位的人占了很大比例。应聘者的数量和素质都使我们难以选择。最终，我们决定以工作经验为标准确定参加面试的人选，因而没能满足你应聘的请求，请予谅解。

随着管理咨询部的不断发展，我们还会招聘新员工。而你的经验也会随着时间的推移而不断丰富，希望有一天你能来我们部门工作。再一次向你说明，在这个问题上，我们与你一样感到遗憾。

（资料来源：张喜春，刘康声，盛暑寒. 人际交流艺术. 清华大学出版社、北京交通大学出版社，2009）

思考与讨论：

(1) 这封回信的开头和结尾分别存在什么问题？

(2) 请你重新写一封回信？

案例 4：对方看到你打电话的表情

日本有一个特别有名的销售员，有人结合他的经历写了一本书，叫《史上最伟大的推销员》。这个推销员的伟大之处在哪儿呢？他的工作中又有哪些有趣的故事？

有一天晚上，他回到家后，比较累了，决定先睡一觉。他定了一个闹钟，同时告诉他老婆，晚上十点的时候，一定要把他叫起来，因为他跟一个很重要的客户约好在十点半的时候打电话。

到十点的时候，不等他老婆催他，他听到闹钟就醒了，然后去洗手间洗漱，接着又是刮胡子，又是穿衬衫、打领带的，还穿上了西装和皮鞋。最后拿了个本子，在电话机旁正襟危坐，一到十点半就准时给对方打电话。

业务倒是谈得很顺利，十几分钟就搞定了。但是他这番怪举动让他老婆感到很奇怪：

不就一个电话吗？有必要搞得跟个神经病似的吗？大半夜的还要起来精心打扮一通，好像现在不是晚上，而是星期一一大早。

你猜他是怎么解释的？他跟他老婆说，如果我很邋遢、很懒散的话，对方虽然看不到我的样子，但是我自己的精神面貌不好，这会通过我的语气变化传达到对方那里。经过这么一番打扮，我看起来正式多了，人也精神多了。虽然看不见对方，我也要尊重对方，我相信，对方一定能感受得到！

一个人的成功与伟大，从来都不是无缘无故的。他凭借着这样的好心态赢得了众多的客户，很多客户觉得，不管什么时候和这个推销员打电话，都会感觉他精神百倍，好像全心全意地在做这件事。客户要是感觉到你是全心全意的，哪怕只是对待一通电话，他也会觉得受到了极大的尊重。

（资料来源：陈乾文. 别说你懂职场礼仪. 北京：龙门书局，2010）

思考与讨论：

(1) 与客户进行电话沟通时，怎样让客户觉得你是尊重他(她)的？

(2) 本案例对你有什么启示？

案例5：星星公司的完整电话解答脚本

星星公司是网络应用服务提供商。一天，星星公司的一客户打进电话，抱怨说最初通过网络申请的密码丢失，密码提示问题也已经忘记。星星公司目前的解决方法是只能通过密码提示问题找回丢失的密码，没有其他办法。打进星星公司电话的客户情绪激动，脾气暴躁，急于找回。打进电话时语气急速，生硬，不友好；在问题解释过程中，客户没有耐心。以下是完整的电话解答脚本。

场景：在一个忙碌的客户服务中心，电话声此起彼伏。一位坐席人员接起一个电话，客户服务就从这个时候开始讲起。

坐席：这里是星星公司客户服务中心，请问您有什么问题？

客户：我的网上密码忘记了(或被盗了)，找回了很多次都没成功。

坐席：这位先生，请问您贵姓？(在开始语中，注意不要急于询问客户的问题及提供解决方案，问清客户的姓氏，在以后的谈话中注意使用，体现对客户的尊重。)

客户：我姓张。

坐席：张先生，请问您找回密码是通过我们网站提交密码提问进行找回的吗？(通过封闭性问题，逐步锁定客户问题产生的根源点。注意：使用封闭性问题避免连续多次使用，一般连续不超过3次。问题的询问要目的明确，适时引导客户，避免漫无目的，也避免在客户激动的时候询问不恰当的问题，激化矛盾。)

客户：是的。我是一年前注册的，现在谁还能记住密码提示问题！

坐席：密码找回是通过密码提示问题找回的。(重申问题的解决方案。注意：语气要委婉。)

客户：你的意思就是我就找不回密码了。(注：此设计为一难缠客户。正常情况下很好解决，在这里不作假设情况设计。)

坐席：张先生，我很理解您此时的心情，如果我遇到您这种情况，我也会像您一样着急。我们这么做的目的也是为了保护客户的利益。(与客户情绪同步，理解他目前所遇到的困境，注意说话的语气，要真诚、充满感情。注意：一定要很好的把握说话时的语气和态度，要从内心由衷地发出。在很多客户服务中心，坐席人员经常会说，我也对客户表达了歉意与理解，可是没有效果。体会一下，使用不同的语气表达同样内容的感染力的区别。)

客户：保护我的利益就要帮我找回呀！我都使用一年多了，好不容易才修炼到现在这样的级别。我就这样认了吗？

坐席：张先生，和您的谈话中，可以看出您一定是 XXX 方面的高手。在网上经常发生密码被偷、信息被盗的现象，就像现实生活中小偷偷走了我们的钱包一样，要找回一定需要相应的线索。而密码找回也是通过提供密码提示问题这一线索找回的。希望您能理解。(运用赞美和移情平息客户。注意：语言交流中保持一定的幽默与风趣。对待客户就像对待你的朋友，和客户建立良好的关系，最后让客户理解您的难处。)

坐席：(保持沉默 20 秒)适时沉默，倾听客户的声音。其作用相当于一封闭性的问题。

客户：那好吧！(结束电话)客户可能说：那我就没有办法了。

坐席：您可以好好的再想一想，多去尝试几回。在网络提交过程中，有什么不清楚的地方，我们随时欢迎您再次拨打我们的电话。

客户：好吧！(结束电话)客户可能会说：还有没有其他的办法？(注意：在准备结束电话时，多使用可以封闭的回答或问题，并且在回答后保持沉默适当时间，让客户回答，若客户没有反应，可以询问：还有其他问题吗？)

坐席：我很希望能够给您更多的帮助。目前密码的找回只能够通过密码提示问题。如果公司有其他的方案，会第一时间通知您。请您多多包涵。(回答的原则：避免正面的直接否定，容易造成客户的不满情绪升级。)

客户：谢谢！(结束电话)

(资料来源：http://www.baoxianwangluo.com/forum-viewthread-tid-24740-from-portal.html，2008-06-22。)

思考与讨论：

(1) 本案例中星星公司"坐席"与客户电话沟通运用了哪些技巧？

(2) 本案例对你有哪些启示？

案例 6：AB 汽车客户满意度回访

李新是 AB 汽车特约维修中心的客户经理，最近一段时间，他通过电话回访进行客户满意度的调查。今天早上他一到公司，就开始了电话拜访。

场景一：

"是陈强吗？"

"我是，哪位？"

"我是 AB 公司汽车特约维修中心的。"

"有事吗？"

"是这样，我们在做一个客户满意度的调查，想听听您的意见？"

"我现在不太方便。"

"没有关系，用不了您多长时间。"

"我现在还在睡觉，您晚点打过来好吗？"

"我待会也要出去啊，再说这都几点了，您还睡觉啊，这个习惯不好啊，我得提醒您。"

"我用得着你提醒吗？你两小时后再打过来。"

"您还是现在听我说吧，这对您很重要，要不然您可别怪我。"客户挂断。

场景二：

"您好，请问是陈强先生吗？"

"我是，哪位？"

"您好，我是 AB 汽车特约维修中心的客户经理，我叫李新。"

"有事吗？"

"是这样，您是我们公司的老客户，为了能为您提供更好的服务，我们现在在做一个客户满意度的调查，想听取一下您的意见，您现在方便吗？"

"我现不太方便。"

"噢，对不起，影响您工作了。"

"没有关系。"

"哪您看您什么时候方便呢，我到时候再给您打过来。"

"噢，您中午再打吧。"

"噢，那不会影响您吃饭吗？"

"您十二点半打过来就可以了。"

"好的，那我就十二点半打给您，谢谢您，再见！"

（资料来源：武洪明，许湘岳. 职业沟通教程. 北京：人民出版社，2011）

思考与讨论：

(1) 本案例中的第一个回访收到预期效果了吗？为什么？

(2) 本案例中的第二个回访取得了怎样的效果？为什么？

案例7：堪称经典的电话销售

销售员："您好，请问，李峰先生在吗？"

李峰："我就是，您是哪位？"

销售员："我是 XX 公司打印机客户服务部的章程，就是公司章程的章程，我这里有您的资料记录，你们公司去年购买了 XX 公司打印机，对吗？"

李峰："哦，是，对呀！"

章程："保修期已经过去了 7 个月，不知道现在打印机使用的情况如何？"

李峰："好像你们来维修过一次，后来就没有问题了。"

章程："太好了。我给您打电话的目的是，这个型号的机器已经不再生产了，以后的配件也比较昂贵，提醒您在使用时要尽量按照操作规程，您在使用时阅读过使用手册吗？"

李峰："没有呀，不会这样复杂吧？还要阅读使用手册？"

章程："其实，还是有必要的，实在不阅读也是可以的，但寿命就会降低。"

李峰："我们也没有指望用一辈子，不过，最近业务还是比较多，如果坏了怎么办呢？"

章程："没有关系，我们还是会上门维修的，虽然收取一定的费用，但比购买一台全新的还是便宜的。"

李峰："对了，现在再买一台全新的打印机什么价格？"

章程："要看您要什么型号的，您现在使用的是 XX 公司 3330，后续升级的产品是 4100，不过完全要看一个月大约打印多少正常的 A4 纸张。"

李峰："最近的量开始大起来了，有的时候超过 10 000 张了。"

章程："要是这样，我还真要建议您考虑 4100 了，4100 的建议使用量是 15 000 张一个月的 A4 正常纸张，而 3330 的建议月纸张是 10 000 张，如果超过了会严重影响打印机的寿命。"

李峰："你能否给我留一个电话号码，年底我可能考虑再买一台，也许就是后续产品。"

章程："我的电话号码是 888XXXX 转 999。我查看了一下，对了，你是老客户，年底还有一些特殊的照顾，不知道你何时可以确定要购买，也许我可以将一些好的政策给你保留一下。"

李峰："什么照顾？"

章程："4100 型号的，渠道销售价格是 12 150，如果作为 3330 的使用者购买的话，可以按照 8 折来处理或者赠送一些您需要的外设，主要看您的具体需要。这样吧，您考虑一下，然后再联系我。"

李峰："等一下，这样我要计算一下，我在另外一个地方的办公室需添加一台打印机以方便营销部的人，这样吧，基本上就确定了，是你送货还是我们来取？"

章程："都可以，如果您不方便，还是我们过来吧，以前也来过，容易找的。看送到哪里，什么时间好？"

后面的对话就是具体的落实交货的地点时间等事宜了，这个销售人员用了大约 30 分钟完成了一个 CN 公司 4100 打印机的销售，对于章程表现出来的电话销售的 4C 把控来说，他的业绩应该非常正常。

（资料来源：http://www.nz86.com/article/192159/p2/，2011-08-29）

思考与讨论：

(1) 销售员章程为什么能够取得电话销售的成功？章程运用了哪些沟通技巧？

(2) 电话沟通应注意哪些方面？

案例 8：网络——沟通的桥梁

"现在我随时都会打开电脑瞧瞧学生们又往留言簿和邮箱里发来了什么。这已经成习惯了。"南海一中校长邓兵这样对记者说。近日，记者在南海一中采访时见到，上网已成为师生间常用的沟通方式。自从网络进入校园，3 年来仅邓校长一人，回复学生各种留言就超过 40 万字！网络正在校园德育中扮演着越来越重要的角色。记者了解到，在南海一中，学校主页留言簿和全校老师的电子邮箱都向学生公开。学校鼓励学生通过这种方式与老师们沟通，提出意见和建议。师生间每日里网上话题不断，从谈理想、论人生，到穿校服、住宿舍等，即使是一些面对面难以开口的话题也不例外。

"学生的网上留言什么内容都有，谈心事的自然不少，还有很多牢骚和意见，甚至还有学生上网诅咒我的。"邓校长笑着说，"这些反映都有内在的原因，如果是发牢骚，一定是沟通不够,如果是提意见,就要检讨学校的规章是否合理。至于诅咒嘛,越来越少了。"如今,回复学生的各种留言与邮件成了邓校长和许多老师每日必做的功课,或安抚、或解释、或鼓励,三言两语却效果良好。

南海一中的主页留言簿,家长、校友们也喜欢造访。邓校长指着一个出现频率很高的网名"大蜜蜂哥哥"告诉记者,这个今年刚考上大学的学生,高三时就常在网上留言,如今毕了业还留恋这里。"这个'胆大包天'的学生在网上称呼我'小兵兵校长'。"邓校长笑着说。在最近的留言中,这个"大蜜蜂哥哥"说:永远也忘不了被自己称为"小兵兵"的校长和母校。

邓校长告诉记者,在实施网络德育以前,校长主要通过"校长信箱"与学生沟通,而与老师们的交流则要费不少口舌,往往枯燥又没效果。如今,不论哪位同学写下的留言、提出的疑问,教师们的回答,全校师生都能在网上浏览,取得事半功倍的效果。邓校长还表示,"信息获取量的增加,眼界开阔了,整个人的素质也随之提高,并带动学校整体水平的提升"。

邓校长说,网络为师生架起了一座沟通的桥梁,将会越来越重要。

(资料来源:陈颖欣. 南海一中:网络架起师生心桥. 佛山晚报,2002-12-23)

思考与讨论:

(1) 你与老师、同学之间采取了哪些网络沟通方式?

(2) 请为本校师生之间设计一个顺畅、合理的网络沟通渠道。

(3) 试分析一下学校里哪些信息适合通过网络渠道发布,哪些信息适合通过传统沟通渠道发布?

案例 9:美国高管的网络沟通错误

一位美国公司的高管觉得员工太懒惰了,比如一上班就给自己冲咖啡,经常待在茶水间里聊天,下午不到 5 点经常有人偷偷下班。因此,他给全体员工发了一封 E-mail,邮件中说希望所有人早上 7 点到公司,8 点开会,晚上 5 点前不能离开。这封 E-mail 被一名员工传到雅虎网站,引起了轩然大波,因为美国文化是很反对高压管理的。结果这个公司的股价跌了很多,这名高管也因此辞职。

(资料来源:梁辉. 有效沟通实务. 北京:中国人民大学出版社,2010)

思考与讨论:

(1) 试分析这位高管在网络沟通中犯了什么错误?

(2) 如果你是这位高管,你将采取什么样的沟通方式来达到严格要求员工的目的?

案例 10:电子邮件诽谤案

伦敦法庭要求英国一名男子向他的前雇主支付 26 000 英磅的损失补偿,这是英国民事法庭审理的首例匿名电子邮件诽谤案。另外,法庭还要求这位名叫大卫·弗兰克尔(David Frankl)的男子支付约 100 000 英磅的诉讼及调查费用。

现年 50 多岁的弗兰克尔一直否认他曾分别于 1999 年 4、5、6 月份向他原来任职的Takenaka 建筑公司的伦敦总部发送电子邮件。这些电子邮件以克里斯蒂纳·里尔特

(Christina Realtor)的化名指称该公司的副总经理布莱恩·科菲曾和"她"私通18个月，并拒绝抚养二人生下的一名男婴。这些邮件还指责科菲就公司的财产向"她"吹"枕边风"，还说科菲经常说谎、对"她"进行殴打并威胁要杀死她。

伦敦高级法院法官埃利奥特最后判定这些邮件是由弗兰克尔捏造并发出的。他的这一裁决是在一位专家的调查报告的基础上做出的。这位专家通过每封邮件的唯一的"IP"识别码追踪到了土耳其 Thames Water 公司雇员所用的一台便携式电脑。当时弗兰克尔正在 Thames Water 公司工作，后来该公司认定他就是这些邮件的来源并将其解雇。

法官称行家提供的这些线索价值极高，这是英国法庭审理的首例匿名电子邮件诽谤案。法官判给了 Takenaka 公司 1000 英磅作为被诽谤为虚伪、采用双重标准以及冷酷无情的补偿。这位法官还说对科菲的诽谤要严重得多，尽管这些诽谤的传播范围被限制在公司的圈子内，他判给科菲 25 000 英磅。

伦敦最高法院 7 月份要求因特网服务提供商 Compuserve 协助追踪这些邮件的来源，这样该公司和科菲才得以找到弗兰克尔并追踪到 Thames Water 公司。法庭要求弗兰克尔在 28 天之内支付这些损失补偿。

(资料来源：火羽，http://tech.sina.com.cn/internet/international/2000-10-12/38766.shtml，2000-10-12)

思考与讨论：

(1) 应该如何利用网络进行沟通？

(2) 本案例给了我们哪些启示？

任务 6

沟 通 应 用

【任务目标】

- 明确职场沟通的重要意义，掌握职场沟通的基本原则和语言艺术；
- 灵活运用职场沟通的技巧，提高职场沟通的效果；
- 能够组织商务会议；
- 把握主持会议的技巧；
- 参加会议讲究礼仪；
- 应聘面试之前做好充分的准备，
- 应聘职位面试的沟通技巧。

【案例导入】

"你被解雇了"

约翰所在的公司要进行人事调动，负责人罗伯特对约翰说："把手下的工作放一放去销售部工作，我觉得那里更适合你，你有什么意见吗？"

约翰撇了撇嘴说："意见？您是负责人，我敢有意见吗？"实际上他的意见大得很，因为当时销售部的状况特别糟糕。

来到销售部后，约翰的消极情绪非常严重，总是板着一副面孔，对同事爱理不理，别人主动跟他打招呼，他也只是应付地点点头，一来二去，同事们渐渐疏远了他。

一天，一个客户打来电话，请约翰转告罗伯特，让罗伯特第二天务必到客户那里参加洽谈会，有非常重要的生意要谈。约翰认为这是绝好的报复机会，就当什么事也没有发生一样，吹着口哨回家了。

第二天，罗伯特将他叫进办公室严厉地说："约翰，客户那么重要的电话怎么不告诉我？你知道吗？要不是客户早晨打电话给我，一笔一千万美元的大生意就白白溜走了！"

罗伯特看了看约翰，一副毫不在乎的样子，根本没有承认错误的迹象，便说："约翰，说实在的，你的工作能力还不错，但在为人处世方面还不够成熟，我本来想借此机会锻炼你一下，可你却让我大失所望。我知道你心里对我不满，可你非但不与我沟通，反而暗中给我使绊子。你知道吗，部门的前途差一点毁在你手里。你没能通过考验，所以现在我只能遗憾地宣布：你被解雇了。"

鉴于此案的教训，这家公司高管阶层专门召开了一次名为"张开你的嘴巴"的会议，强调并鼓励所有员工要与上级多多进行沟通。

（资料来源：李晓. 沟通技巧. 北京：航空工业出版社，2006）

问题：职场中应怎样运用沟通技巧？

【知识储备】

6.1 职场沟通

人在职场，必然要与领导、同事、下属等进行交往，交往的效果将直接影响个人的职业生涯乃至发展前途。因为，我们每天至少有三分之一的时间是在职场度过的，能否从工作中获得快乐与满足，能否敬业、乐业并最终成就一番事业，领导、同事和下属均扮演着很重要的角色。讲究职场沟通艺术，不仅可以减少矛盾与冲突，还能使职场人际关系更加和谐融洽，大大提高工作效率。所以，有专家认为，一个职场人士必须具备三项基本技能，即沟通技巧＋管理才能＋团队合作意识。世界上很多著名的大公司也都是以此来要求员工的。

职场沟通的对象主要包括上司、同事和下属等。对象不同，沟通的技巧也有所不同。但是，无论与谁沟通均应遵循以下基本原则：一是真诚。在沟通过程中，只有坦诚相见，言必由衷，才能促进理解和信任，才能化解矛盾与隔阂。二是自信。成功者就是那些拥有坚强信念的普通人。在沟通中，只要充满自信，就能从容不迫，应对自如，就能赢得对方的尊重与认可。三是友善。就是要从他人的立场看事情，从对方的角度想问题，以友善的态度与人沟通。四是理性。沟通一定要清醒、理智，明确沟通的目的，预知沟通的效果，采取可行的沟通方法。不信口雌黄、口无遮拦，不一时冲动、说"过头话"，不无谓争执、伤了和气，不斤斤计较、耿耿于怀。五是尊重。沟通的主体都是平等的，只有互相尊重，平等交流，沟通才能顺利进行。在职场沟通中切记要不责备、不抱怨、不攻击、不谩骂、不说教。六是互动。沟通是双向性的，不是洗耳恭听，默不作声；也不是口若悬河，夸夸其谈。沟通始终是两个维度之间平等、融洽的互动交流。恪守互动原则，才能在沟通中有说有听，有问有答，对等交流，实现共赢。

1. 与领导的沟通

与领导的沟通，是指团队成员通过一定的渠道和方式，与管理者或决策层所进行的信息交流。上下级之间的有效沟通，无论对于组织还是个人，都具有十分重要的意义。仅就下级而言，通过与上级主动有效的沟通，既能准确了解信息，提高工作效能，又能及时表达自己的意愿，形成积极的双向互动。

1) 与领导沟通的基本原则

与职场其他交际对象相比，"上级领导"这个群体往往具有一些基本特征，如图 6-1 所示，在沟通过程中尤其须注意遵循以下这些基本原则。

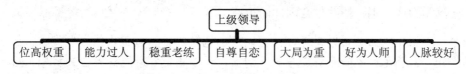

图 6-1 上级领导基本特征示意图

(1) 不卑不亢。与领导沟通，要采取不卑不亢的态度，既不能唯唯诺诺，一味附和，也不能恃才而傲，盛气凌人。因为沟通只有在公平的原则下进行，才可能坦诚相见，求得共识。

在社交过程中，每个人都有一种心理期待，希望得到别人的尊重、帮助，希望自己应有的地位和荣誉得到肯定和巩固，没有人愿意在一个群体中被孤立和冷落。如果这种愿望得不到满足，就会对周围的人产生隔膜，进而拒绝合作。因此，尊重别人，是每个职场人士必备的一种修养。在工作中，尊重领导的意见，维护领导的威信，理解领导的难处和苦衷，即使提出不同的意见，也会讲究适当的时机，选择对方易于接受的方式，无论是对工作，还是对沟通双方的感情、建立融洽的心理关系，都是很有益处的。

尊重与讨好、奉承有着本质的区别。前者是基于理解他人、满足他人正常心理和感情需要的前提下，而后者则往往是为了满足一己之私欲。现实生活中，确实有一些人为了达到自己不可告人的目的，不惜降低人格，曲意迎合、奉承、讨好领导，不仅屏蔽了领导的耳目，降低了领导的威信，也造成了同事之间心理上的不和谐。绝大多数有主见的上司，对于那种一味奉承、随声附和的人都是比较反感的。

(2) 工作为重。上下级之间的关系主要是工作关系，因此，下属在与领导沟通时，应从工作出发，以做好工作为沟通协调之要义。既要摒弃个人的恩怨和私利，又要摆脱人身依附关系，在任何时候、任何问题上都是为了工作，为了整个团队的利益；都要作风正派，光明磊落。切忌对领导一味地讨好献媚，阿谀奉承，百依百顺，丧失理性和原则，甚至违法乱纪。

(3) 服从至上。上级居于领导地位，掌握全盘情况，一般来说考虑问题比较周全，处理问题能从大局出发。在与上级沟通时坚持服从原则，是一切组织通行的原则，是组织获得巩固和发展的基本条件。事实证明，如果下属与上级沟通时拒不服从，那么这样的组织就无法形成统一的意志和严密的整体，组织就会像一盘散沙，不可能顺利发展。当然，服从不是盲从，下属一旦发现领导某些错误，就应抱着对工作高度负责的态度，及时向领导反映，并请求领导予以改正。

(4) 非理想化。在与领导沟通中，下属不能用自己头脑中形成的理想化模式去要求现实中的领导，从而造成对领导的过分苛求。坚持非理想化原则，就必须全面地看待领导，既要看到其优点和长处，又要看到其缺点和短处，同时还要能够容纳领导的一般性错误和缺点，克服求全责备的思想。

2) 与领导沟通的方法

(1) 主动沟通。有人说："要当好管理者，要先当好被管理者"。作为下属要时刻保持主动与领导沟通的意识，因为领导工作比较繁忙，不可能经常深入员工去寻求沟通。但在实际工作中，很多下属都害怕直面自己的上司，不敢积极主动地与上司沟通交流，这是一种职场通病。我们应该消除对上司的恐惧感，上司也是人，也有情感，而人与人之间如果没有了交流和沟通，那么情感也会因此而疏离。

小丽在一家化妆品公司做财务，一直以来，她踏实肯干，工作能力也很强。但一直没有得到提升，原因是她不善于主动与老总沟通，许多事都等着老总亲自来找她。后来由于工作上的竞争，她被同事踩到了脚底下。

小丽吸取失败的教训，辞职后以全新的面貌到另一家公司上班。一个月后她接到一份传真，说她花了两个星期争取到的一笔业务出了问题，她马上去找老总。老总正准备用电话同这位客户谈生意，她就将情况作了汇报，并提出具体的建议和意见。老总掌握这些材料后，与客户交谈时顺利地解决了这一问题。

此后，小丽经常主动向老总汇报工作，及时进行良好的沟通，并在销售和管理方面提出了一些不错的意见和建议，不断得到老总的认可。不久，她被提升为业务主管。

（资料来源：李晓. 沟通技巧. 北京：航空工业出版社，2006）

那么，怎样消除对上司的恐惧感呢？

首先，要抛弃"不宜与上司过多接触"的观念。合理的沟通观念应该是：和上司沟通是一个职场人士的基本职责之一，因为领导是决策者和管理者，而下属则是执行者和完成者。在决策执行和目标实现过程中，必须借助沟通了解上司意图，争取上司支持，获得上司认可。

其次，不要害怕在上司那里"碰钉子"。当上司反馈意见不理想时，要从沟通态度、方式等方面进行自我反省；同时，要仔细揣摩领导的态度和意见，并通过换位思考去寻求对领导处理方法的理解。

再次，要用改进沟通技能的方法增强自信。在沟通内容上，尽量做到观点清晰，有理有据，层次清楚。在沟通方式上，采用易被对方接受的沟通频率、语言风格和态度情绪；刚开始时最好采取面对面这种直接交流的方式，相互熟悉之后可借助电话、短信、电子邮件等沟通方式。

(2) 适度沟通。所谓适度，是指下属与领导的关系要保持在一个有利于工作、事业及二者正常关系的适当范围内，形成和谐的工作环境，沟通既不能"不及"，也不可"过分"。

目前，下对上的沟通存在两大弊端：一是沟通频率过高。有些下属为了博得领导的赏识和信任，有事没事经常往领导办公室跑，既给领导的正常工作造成了干扰，又会让领导认为你缺乏独立工作能力，遇事没有主见。二是沟通频率过低。有些下属以为干好本职就行了，至于是否向领导汇报思想和工作情况则无所谓，因而该请示不请示，该汇报不汇报，目无组织和领导。久而久之，既不利于开展工作，一定程度上也会影响个人和团队的发展前途。

甲和乙是两位新上任的车间主任，业务水平都很高。不过，在与上级沟通时采取的却是截然不同的态度。甲主任认为，一定要和上级搞好关系，于是，有事没事就往厂领导那儿跑，弄得车间员工议论纷纷，都说甲主任只会拍马屁，不关心员工的实际工作。后来这话传到了厂领导耳朵里，领导感到很难堪。与此相反，乙主任则认为"打铁还要自身硬"，一天到晚只知埋头苦干，为了业务生产甚至连车间主任会都不参加。可是车间员工也不买账，他们认为这样的主任不会为员工着想；而厂领导也因为他常常不来开会，心生不满，乙主任由此弄得里外不好做人。

(资料来源：梁玉萍，丰存斌. 沟通与协调的技巧和艺术. 北京：中国人事出版社，2009)

(3) 适时沟通。上司一天到晚要考虑的事情很多，因此应根据问题的重要与否，选择恰当的沟通时机。

首先，要选择上司相对轻松的时候。与上司沟通之前，可以通过打电话、发短信等方式主动预约，或者请对方预定沟通的时间、地点，自己按时赴约。假如是个人私事，则不宜在上司埋头处理大事时去打扰，否则就会忙中添乱，适得其反。

其次，要选择上司心情良好的时候。沟通之前，与其秘书或助理取得联系，以了解对方的情绪状态。当上司情绪欠佳时，最好不要去打搅对方，特别是准备向对方提要求、摆困难或者发表不同意见的时候。

再次，要寻找适合单独交谈的机会。特别是试图改变上司的决定或意向的时候，要多利用非正式场合和没有第三者在场时。这样既能给自己留下回旋余地，又有利于维护上司的尊严。

最后，不要选择上司准备去度假、度假刚回来或吃饭、休息的时间沟通。因为，这时对方容易分散精力，心不在焉，或者匆忙做出决定。

(4) 灵活沟通。由于个人的素质和经历不同，不同的领导就有不同的处事风格。揣摩上司的不同风格，在交往过程中区别对待，往往会获得更好的沟通效果，见表6-1所示。

表6-1 不同上司风格类型的沟通技巧

风 格 类 型	性 格 特 点	沟 通 技 巧
控制型 (权力欲强)	实际，果决，求胜心切 态度强硬，要求服从 关注结果，而非过程	简明扼要，直截了当。 尊重权威，执行命令。 称赞成就而非个性或人品
互动型 (重人际关系)	亲切友善，善于交际 愿意聆听困难和要求 喜欢参与，主动营造融洽氛围	公开、真诚地赞美。 开诚布公地发表意见。 忌背后发泄不满情绪
务实型 (干事创业)	为人处事，自有标准 理性思考，不喜感情用事 注重细节，探究来龙去脉	开门见山，就事论事。 据实陈述。 不忽略关键细节

(5) 定位沟通。正确认识自己的角色、地位，真正做到出力而不"越位"，是处理好上下级关系的一项重要艺术。越位是下级在处理与上级关系过程中常发生的一种错误。主要表现在：

一是决策越位。决策是领导活动的基本内容，不同层次的领导决策权限也不同。如果本该上级做出的决策却由下级做出了，就是超越权限的行为。

二是表态越位。一个人对某件事的基本态度，往往与其特定的身份相联系，超越身份胡乱表态，是不负责任的表现，是无效的。

三是工作越位。本该由上级出面才合适的工作，下级却越俎代庖、抢先去做，从而造成工作越位。

四是场合越位。有些场合，如应酬客人、参加宴会等，应适当突出上级，下级却张罗过欢，风头出尽，也会造成越位。

3) 请示与汇报工作的技巧

请示是下级向上级请求决断、指示或批示的行为；汇报是下级向上级报告情况，提出建议的行为。二者都是职场人士经常性的工作。

(1) 明确程序。请示与汇报工作主要有四个步骤：

第一，明确指令。一项工作在明确了方向和目标后，上级通常会指定专人负责此项工作。如果上级明确指示自己去完成这项工作，就一定要迅速准确地把握领导的意图和工作的重点，包括谁传达的指令(Who)、做什么(What)、什么时间(When)、什么地点(Where)、为什么(Why)，以及怎么做(How)、工作量(How much)。其中任何一点不明白，都要主动询问，并及时记录下来。最后，还要简明扼要复述一遍，以确认是否有遗漏之处或领会有误的地方。当对领导的指令理解模糊时，决不能"想当然"；在执行任务的过程中，遇到困难或疑惑之处，也要及时跟上司沟通，以避免多走弯路，贻误工作。

第二，拟定计划。在明确工作目标之后，应尽快拟定工作计划，交给领导审批。在拟定工作计划时，应详细阐述自己的行动方案和步骤，尤其是工作进度要有明确的时间表，以便领导进行监控。以制定月销售计划为例：首先，要明确下个月要达成的业绩目标；然后，要说明这些目标有多少源于老客户、多少源于新客户；最后，要说明打算通过哪些渠道，采用什么促销方案来实现这一目标等。这样的月销售计划交上去，既具体可行，也方便领导及时纠正。

第三，适时请教。在工作进行过程中，要及时向领导汇报和请教，让领导了解工作进程和取得的阶段性成绩，并及时听取领导的意见和建议。切不可等工作全部结束后，才将工作情况和盘托出。

第四，总结汇报。工作任务完成以后，应及时向领导总结汇报，总结成功的经验和不足之处，以便在今后的工作中改进提高。与上司沟通自己的工作总结，既显示出对上司的尊重，也有利于展示自己的才干，为赢得上司的赏识和器重奠定了基础。

一个小伙子名叫小波，是一家酒店的销售员，颇得上司的赏识。他之所以能够得到上司的青睐，一方面是因为业绩突出，另一方面就是小波每做完一笔单子，都会以书面的形式总结出这项业务成功与失败的原因。上司对此非常满意，尽管有些单子完成得不是很出色，但上司从来没有责备过小波，相反，还经常给他提出一些合理化建议。

(2) 充分准备。"凡事预则立，不预则废"。无论请示还是汇报，要想达到预期目的，事先都必须认真做好准备。首先，要做好思想准备。向领导汇报，既要消除紧张心理，又要克服无所谓的态度，调整情绪，树立信心，认真对待。其次，要做好资料准备。"巧妇难为无米之炊"，充分占有资料是汇报成功的基础。如果情况不熟悉，或某方面的情况还不明了，就不能凭主观臆断、道听途说去汇报，搞所谓"领导要，我就报，准不准，不知道"那一套。只有通过调查了解，准确掌握情况，才能进行请示汇报。第三，要搞好"战术想定"。如果是就某个特殊问题请求上司批示，自己心中至少要有两套以上的解决方案，并对其利弊了然于胸，必要时向领导阐述明白，并提出自己的主张，争取领导的理解和支持。如果是就某项工作加以汇报，要在明确领导意图的基础上，确定汇报主题，把握汇报重点，组织汇报材料，合理安排汇报内容的顺序与层次；对汇报中可能出现的情况，领导可能提出的问题，要做到心中有数，决不能仓促上阵。

(3) 选择时机。除了紧急事件需及时请示、汇报外，还应注意选择以下时机：当本人分管或领导交办的工作告一段落时；工作中遇到较大困难，想求得领导帮助支持时；领导决策需要某方面的信息时；领导主动询问有关情况时；领导有空余时间时等。汇报不仅要注意时机，还要区别场合，可以通过会议形式正式汇报的，尽量不要不分场合地临时汇报；当领导公务繁忙或工作中出现困难心情烦躁时，一般不宜冒然开口汇报，应选择领导人乐意听取汇报的时机进行汇报，以取得预期的效果。

(4) 因人而异。在请示和汇报时下属应采取不同的方式，以适应不同领导者的风格特点。例如，对于严谨细致的领导者，要解释得详细一点，最好列举必要的事例和数据；对于干练果断的领导者，要注意言简意赅，提纲挈领；对于务实沉稳的领导者，注意语言朴实，少加修饰；对于活泼开朗的领导者，语言可以轻松幽默一些。总之，要针对领导的个性特点，有针对性地搞好请示和汇报。

(5) 斟酌语言。向领导汇报工作，一定要抓住重点，简短明快，而不能东拉西扯，词不达意，这样的汇报既浪费领导宝贵的时间，又令人生厌。因此，下级向领导作汇报，一定要有提纲或打好腹稿，使用精辟的语言归纳整理所要汇报的内容，做到思路清晰，观点精炼，语言流畅，逻辑性强，遣词用语朴实、准确。关键语句要认真推敲；评价工作要把握好分寸，切忌说过头话；列举数字一定要准确无误，尽量避免"大概"、"估计"、"可能"之类的模糊词语。如果语言啰嗦，拖泥带水，再好的内容也汇报不出应有的效果。

(6) 遵守礼仪。一是准时赴约。要按照事先约定的时间到达。过早到达或迟迟不到，都是严重失礼的行为。二是举止得体。做到站有站相，坐有坐相，文雅大方，彬彬有礼。三是控制好时间。一般情况下，领导总是想先了解事情的结果，所以在汇报工作时要先说结果，再谈过程和程序。这样，汇报工作时就能简明扼要，有效节省时间。四是注意场合。切忌在路上、饭桌、家里汇报工作，更不能在公开场合与领导耳语汇报工作。

此外，请示与汇报还应注意：要按照下级服从上级的原则，坚持逐级请示、报告；要避免多头请示、报告，坚持谁交办向谁请示、报告，以减少不必要的矛盾，提高办事质量和工作效率；要尊重而不依赖，主动而不擅权。请示、汇报要根据工作需要，不能仰仗、依附于领导，时时、事事都去请教或求助。要在深刻领会领导工作思路的前提下，积极主动、大胆负责地开展工作。

4) 说服领导的技巧

所谓说服，是指用充分的理由开导对方，使对方的态度、行为朝特定方向改变的一种影响意图的沟通。人非圣贤，孰能无过？因此，上司也有考虑问题不周全、处理事情欠周到的时候，如果时时处处顺着上司，按照上司的指示开展工作，结果就不堪设想。事实上，在一项措施尚未实施之前发表意见，在决策执行过程中及时指出问题，在上司出现明显错误时提出善意批评，在合理要求遭到上司拒绝时能够据理力争，既是下属的权利和义务，又是证明自己才干、博得上司赏识的有效途径。不过，由于彼此地位、身份、职务有别，下属说服领导与说服同事、竞争对手大不相同。

春秋战国时期，齐景公喜欢狩猎，特别爱喂养能捉野兔的鹰。一次，烛邹不小心让一只猎鹰飞脱了，齐景公大发雷霆，命令左右将烛邹拉出去斩首。贤臣晏子站出来阻止，他说："烛邹有三大罪状，怎么能这样轻易杀头呢，待臣公布完其罪状再行刑吧。"齐景公点头同意，晏子便在众人面前数落道："烛邹，你为大王养鹰，却让鹰跑了，这是第一条罪状；你使大王因为一只猎鹰而杀人，这是第二条罪状；把你杀了，让天下诸侯都知道大王重鸟轻士，这是第三条罪状。"齐景公听了晏子的劝谏，脸红了，继而惭愧地说："我明白你的意思了，不用杀头了。"

(资料来源：黄琳. 有效沟通：王牌沟通大师的制胜秘诀. 北京：中国华侨出版社，2008)

说服领导不是为了证明自己比领导更优秀、更有主见，而是要在不断沟通的过程中发现和学习领导的长处，避免和弥补领导的短处，形成一种相互依赖、彼此信任、配合与协助的关系。在说服中，可以使信息顺畅、对称，通过双方均能接受的方式来处理和明确工作上的问题，关注互补的优势，让差异产生的冲突转化为观点的全面性。如此的借力和使力将比独自解决问题能够更有效地完成任务。所以，说服领导是一种高级沟通的过程，其最终目的是更加有效地推动工作，更加顺利地实现目标。

实际工作中下属对上司说而不服的主要原因有以下几点：一是态度强硬。说服过程一开始，就充分陈述自己的立场观点，并且态度强势，不容置疑，语气肯定，咄咄逼人。然而，效果往往适得其反。正确的做法应该是采取建议性的态度，运用假设或商量性的语气，给上司和自己均留下一定的回旋余地。二是求成心切。说服不是简单事件，很难一次达成共识，需要持续沟通。在说服上司之前必须从各个角度全面审视，做好充分准备。此外，要给上司充裕的考虑时间。三是缺乏技巧。一般人认为，就事论事、条理分明的陈述就能让领导接受自己的看法。其实不然，影响沟通效果的真正原因大多是非理性的，比如是否考虑领导的立场，领导的情绪反应是否适宜继续讨论下去等。说服领导应注意以下事项。

(1) 充分尊重。在说服上司的过程中，一定要尊敬领导，维护领导的尊严，不能采取过于强势的态度和语气，逼迫对方接受自己的观点。心理学家认为："在沟通交流中，如果你的态度来势凶猛、大吵大闹的话，也会惹得对方勃然大怒。所以，在说服上司的时候，一定要心平气和，使用的语言也要尽量婉转平和。"

(2) 掌握分寸。说服要适可而止，不要反复申说，更不要发生争辩。因为一旦说服陷入僵局，就很可能会前功尽弃。正确的做法应该是：在简明扼要阐述完自己的意见后，礼貌告辞，感谢领导倾听自己的意见和建议，给领导一定的思考和决策时间；即使领导最终没有采纳自己的意见，也要予以充分理解。毕竟，决策者所面临的利益冲突和复杂的人际关系是下属无法切身体会的。

(3) 理由充足。在说服上司的过程中，自己对双方探讨的问题一定要有专门研究和独到见解，并能恰当运用相关资讯或数据增强自己的说服力。

A 主管：关于在通州地区设立灌装分厂的方案，我们已经详细论证了它的可行性，大概3～5年就可以收回成本，然后就可以盈利了。请董事长一定要考虑我们的方案。

B 主管：关于在通州地区设立灌装分场的方案，我们已经会同财务、销售、后勤部门详细论证了它的可行性。根据财务评价报告显示，该方案在投资后的第28个月财务净现金流由负值转为正值，这预示着该项投资将从第三年开始盈利。经测算，该方案的投资回收期是4～6年。从社会经济评价报告上显示，该方案还可以拉动与我们相关的下游产业的发展。这有可能为我们将来的企业前向、后向一体化方案提供有益的借鉴。与该方案有关的可行性分析报告我已经带来了，请董事长审阅。

上述两位主管的报告，显然 B 主管更具说服力。

（资料来源：时代光华图书编辑部编. 有效沟通技巧. 北京：中国社会科学出版社，2003）

(4) 换位思考。即站在对方的角度思考问题，了解对方工作上的难处与苦衷，设身处地地为对方着想。一位商学院教授曾经说过这样的事情：一位程序设计员和他的上司发生争执，为了一个团体的价值问题双方僵持不下。教授建议他们互相变换一下角色考虑，再以对方的立场来解释。几分钟之后他们就发现自己的行为是多么可笑，两个人开始哈哈大笑起来，很快就找到了解决的方法。

(5) 选好时机。心理学研究表明，人们处在不同的心情环境下，对于否定意见的接受程度大不相同。因此，每天刚上班和快下班时，节假日、双休日，以及吃饭、休息时都不是说服上司的好时机。一般来说，上午 10 点左右和午休结束后的半个小时里，是领导精力充沛、时间比较充裕的时候，容易听取别人意见或建议。

(6) 含蓄幽默。用轻松幽默的话语来阐述观点，既不伤及上司尊严，又不致把气氛搞僵，往往能够收到事半功倍之效。

某公司老板承诺给自己的员工增加薪水，但是很长时间都没有兑现。一个下属对老板说："我们部门的张三，这两天神思恍惚，我问他是什么原因，他说自己的手头上只有 4000 元钱，而工资要过半个月才能发，但是现在有三件要紧的事情必须去做：一是给孩子的学费 1000 元，二是还房屋贷款 2000 元，三是老婆看中一款价值 2000 元的项链。按理说孩子学费和还房屋贷款是首要解决的问题，可是张三曾经许诺：结婚十周年时给老婆买她最想要的礼物。养家的男人真是不容易啊！"这番意味深长又不失幽默风趣的话引起了老板的深思，不久，他践行了自己的诺言。

（资料来源：郭台鸿. 高效沟通 24 法则. 北京：清华大学出版社，2009）

(7) 充满自信。在与人交谈的时候，一个人的口头语言和肢体语言所传达的信息各占 50%。一个人若是对自己的计划和建议充满信心，那么他无论面对的是谁，都会表情自然；反之，如果他对自己的提议缺乏必要的信心，也会在言谈举止上有所流露。因此，在面对自己的领导时，要学会用自信的微笑去感染领导、征服领导。

5) 妥善处理领导的误解

在实际工作中，由于某些特殊的原因，下级可能会无意中得罪上司，遭到上司误解，尤其是在多个上司属下工作、单位人际关系复杂微妙的环境中。遇到这种情形，就必须设法消除误解，否则，就会影响工作甚至个人的发展前途。

李杰是三年前从基层调到宣传部的，因为宣传部的方部长是一个求贤若渴的人，见李杰在报纸上发表的文章文笔不错，就多方跑动，终于将这个人才网罗到自己的麾下。几年后，由于李杰精明能干，厂里调他到办公室工作，厂办主任也很喜欢他。

过了不久，李杰忽然觉得方部长似乎对自己有点看法，关系好像渐渐疏远了。经了解才知道，原来方部长和厂办主任之间有隔阂。方部长认为，李杰已经是厂办主任的人了，有点忘恩负义。误解的形成很简单：一次下雨，中层干部开会，李杰拿着雨伞去接上司，只发现雨中的厂办主任，却没有看见站在门口躲雨的方部长，这样雨中送伞就送出麻烦了。

盛怒之下，方部长对信得过的人说，都怪他当初看错人了，没想到李杰是个见利忘义的人。时间不长，此话便传到李杰的耳朵里了，他这才意识到自己已经被误解，问题严重了。怎么办呢？李杰真的有些为难了，他经过反复思考是这样处理的：

每当有人当面说起自己与方部长的关系时，他总是矢口否认两个人之间有矛盾。这样做一方面可以向方部长表明自己的人品；另一方面可以制止误解继续扩大，便于缓和与方部长的关系。

李杰和方部长在工作中经常打交道。他总是先向部长问好，不管对方理与不理，脸上总是笑呵呵的。每逢工作上一起宴请客人时，李杰总是斟满酒杯，当着客人的面向方部长敬酒，并公开说明正是由于方部长的培养和提拔，自己才有了今天的长进。李杰的感激和态度，不仅是对客人的介绍，更重要的还是一种心灵告白，表示自己并非忘恩负义的小人，最后，方部长终于和李杰和好如初。

（资料来源：黄琳. 有效沟通：王牌沟通大师的制胜秘诀. 北京：中国华侨出版社，2008）

宇宙万物，无时无刻不处于矛盾之中。在与领导共事的过程中，磕磕碰碰是在所难免的。其实，矛盾并不可怕，最重要的是我们能够勇敢地正视它，并运用自己的智慧和技巧化解它。上下级之间最常见的矛盾就是彼此之间存在着误解与隔阂。如果处理不当或掉以轻心，误解就会变成成见，隔阂更会扩展成鸿沟，这无疑对下属是极为不利的。

误解缘何而生？这是一个非常复杂的问题，它涉及到人的心理活动的复杂性。嫉妒、多疑、防范、自负甚至偏爱，都可能诱发领导心中对别人的不信任感，导致各种误解。这里，我们想要探讨的是产生误解的一般性原因或者说客观性原因，这就是：上下级之间存在着信息不完全或沟通不充分。由于缺乏足够的交流，彼此对对方的情况没有清晰的认识，在判断事情上难免加入更多的主观色彩和心理因素，导致对对方的不客观认识和推测。

对待领导的误解，下属最明智的态度就是及时、主动地去消除它，不要让它变成成见与隔阂。怎样消除领导的误解？需要从以下方面着手。

（1）掩盖矛盾。在其他同事或上司面前，极力掩盖彼此之间的矛盾，以防事态进一步扩大。

（2）尊重对方。即使上司误解了自己，仍要尊重对方，见面主动打招呼，不管对方反应如何，都面带微笑；当误解自己的上司遇到困难的时候，要挺身而出，及时"救驾"，用实际行动去感动对方。

（3）背后褒扬。这样一方面可以通过他人之口替自己表白心迹；另一方面能够很好地取悦于对方，毕竟，第三者的话总是比较真实、可信的。

（4）主动沟通。经过以上多种努力，彼此之间的矛盾会有所缓和，在此基础上，下级要寻找合适机会，以请教的口吻让上司说出产生误会的原因。此时可以做必要的解释，但一定要注意措辞，适可而止，否则就会显得缺乏诚意，引起对方逆反心理。

（5）加强交流。误解消除后，要经常与上司进行思想交流和情感沟通，不断增进彼此之间的了解和友谊，以免误解再次发生。

2. 与同事的沟通

处理好同事关系对每一位职场人士来说都很重要。所谓同事关系，是指同一组织内部处于同一层次的员工之间存在的一种横向人际关系。同事之间既是天然的合作者，又是潜在的竞争者，如图 6-2 所示。这是一种微妙的人际关系，必然会产生既渴望"合作"，又警觉"竞争"的复杂心理。因此，职场人士在与同事相处时，应特别注意沟通艺术。

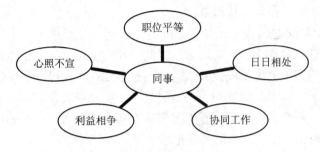

图 6-2　同事基本特征示意图

相关链接：

　　三国时的荀攸智慧超群，谋略过人。他辅佐曹操征张绣、擒吕布、战袁绍、定乌恒，为曹操统一北方建功立业，做出了自己的贡献。在朝二十余年，他能够从容自如地处理政治漩涡中上下左右的复杂关系，在极其残酷的同僚斗争中，地位始终稳定，立于不败之地。原因就在于他能谨以安身，以忍为安，很好地处理同僚关系。他平时特别注意周围的环境，对同僚从不刻意去争高下，总是表现得十分谦卑、文弱、愚钝和怯懦。他对于自己的功勋讳莫如深。这样，他就和其他的同僚和平共处，并且深受曹操宠信，也从来没有人到曹操处进谗言加害于他，朝中朝外口碑极佳。

　　　　　　　　　　(资料来源：梁玉萍，丰存斌. 沟通与协调的技巧和艺术. 北京：中国人事出版社，2009)

　　1) 与同事沟通的基本要求

　　(1) 互相尊重。尊重是人的需要，也是沟通的前提。职场人士的尊重需要包括团队成员给予的重视、威望、承认、名誉、地位和赏识等。每个成员都希望获得其他成员的承认，并要求其给予较高的评价，希望自己受到礼遇，获得较高的名誉和地位。因此，高明的领导者都十分重视尊重员工，但其实尊重是相互的。古人语：敬人者人恒敬之。因此，职场中要想得到同事的尊重，就必须首先尊重同事的人格，尊重同事的工作和劳动，尊重同事在整个团队中的地位和作用。

　　小陈是毕业于北京某重点大学的研究生，在单位工作几年后，由于业务能力突出被提拔为车间主任。这对他来说是一个施展才华的大舞台。但他在与别的车间主任交流时，总是流露出对这些工人出身的主任的不屑，开口闭口总是我们研究生如何、你们工人怎样，很快就把自己陷入与其他车间主任格格不入的境地，成为一个不受欢迎的人。最终不得不调换工作岗位。

　　　　　　　　　　(资料来源：梁玉萍，丰存斌. 沟通与协调的技巧和艺术. 北京：中国人事出版社，2009)

　　(2) 真诚待人。常言道："精诚所至，金石为开"。同事之间要互相沟通，就必须消除不必要的戒备心理，摒弃"逢人只说三句话，不可全抛一片心"的处事原则，襟怀坦荡，以诚相见。唯有真诚，才能打开同事心灵的窗口，才能激起思想和情感上的共鸣。反之，如果当面一套，背后一套，或者说的一套，做的一套，就会失信于人，引起人们的反感。

　　(3) 互谅互让。职场人士都希望有一个平和的、令人心情舒畅的工作环境。但是，同事之间由于思想认识、性格修养、观点立场等方面的差异，看问题的角度会有所不同，处理问题的思路与方法也不尽一致。面对这种差异和分歧，首先，不要过度争论，以免激化矛盾，影响彼此之间的关系；其次，要通过换位思考充分理解对方，并本着从工作出发、为全局着想的原则，求同存异，互相谦让。

(4) 大局为重。同事之间由于工作关系而走在一起，就形成了一个利益共同体。其中的每一分子，都要有集体意识和大局意识。因此，在与上司、同事交往时，要尽量保持同等距离，即使和某些同事情趣相投、关系密切，也不要在工作场合表现出来，以免让别的同事产生猜疑心理；在与本单位以外的人员接触时，更要形成荣辱与共的"团队形象"观念，多补台少拆台，不要为自身小利而损害集体大利；不可"家丑"外扬，对自己的同事品头论足甚至恶意攻击，影响同事的外在形象。

2) 与同事沟通的方法

(1) 重视团队合作。荀子说过："人力不若牛，走不若马，而牛马为之用，何也？曰：人能群，彼不能群也。"这段话道出了团队合作的重要性。随着社会分工的越来越细，现代企业越来越强调员工之间的沟通协调。作为企业个体，无论自己处于什么职位，在保持自己个性特点的同时，都必须很好地融入集体。比尔·盖茨认为："大成功靠团队，小成功靠个人。"因此，在工作中同事要同心协力、互相支持、共同合作；需要大家共同完成的，要预先商定，配合中要守时、守信、守约；自己分内的事要认真完成，出现问题或差错时要主动承担责任，不拖延，不推诿；确实需要他人协助完成的，要使用请求的态度和商量性语气，不能居高临下、颐指气使。

(2) 懂得相互欣赏。人是具有能动思维的主体。人所具有的这种特性，表现在工作中就是有一定的价值目标，即追求理想和信念的成功，也就是成就感。人的成就感包括职业感和事业感两方面。职业感体现为个人对本职工作的态度，事业感则体现为个人追求被群体和社会承认的较高层次的成就。因此，职场人士都有得到赞许的欲望，都希望自己的职业和工作受到别人的重视，得到恰如其分的评价和鼓励。懂得这些，我们就会在长期共事的过程中，善于发现同事的优点、长处及工作中取得的成绩和进步，并加以及时的肯定和赞美。欣赏是人际关系的润滑剂。一句由衷的赞美，既可以表达对同事的尊重，又会赢得对方的好感，进而融洽彼此之间的关系。

(3) 主动交流沟通。人际关系是在"互动"中发生联系和变化的。人际关系要密切，注重彼此的交往是前提。因此，在紧张的工作之余不妨主动找同事谈谈心、聊聊天或请教一些问题等，以便加深印象、增进了解。在主动沟通中应把握以下几点：一是选择合适的时间、场合及易引起对方兴趣的话题；二是保持诚恳、谦虚的态度；三是善于体察对方的心理变化，因势利导，随机应变；四是讲究语言艺术，选择"商量式"、"安慰式"、"互酬式"等语言并注意分寸。

(4) 保持适当距离。"过密则狎，过疏则间。"同事之间保持适当距离，对人处事才可能客观、公正。每个人都有自己的私人空间，搞好职场人际关系并不等于无话不谈、亲密无间。有时同事之间摩擦不断、矛盾重重，恰恰是由于交往太过密切、随意，侵犯了别人的隐私所致。所以，当自己的个人生活出现危机时，不要在办公室随意倾诉；要尊重同事的权利和隐私，不打探同事的秘密，不私自翻阅同事的文件、信件，不查看对方的电脑；

对同事不过多地品头论足，更不要做搬弄是非的饶舌者。

3) 同事日常沟通要把握分寸

同在一单位，甚至同处一个办公室，每天都要见面谈话，谈话的内容可能无所不包，涉及工作内外的方方面面。因此，在日常沟通中如何把握分寸，就成了不可忽视的一个方面。

(1) 不谈论私事。办公室不是互诉心事的场所，虽然这样的交谈富有人情味，能使彼此之间变得亲切、友善。据调查，只有不到1%的人能够严守别人的秘密。因此，当自己的生活出现危机，如失恋、婚变等，不宜在办公室里倾诉；当自己的工作出现危机，如工作不顺利，对老板、同事有意见，更不应该在办公室里向人袒露。我们不能把同事的"友善"和朋友的"友谊"混为一谈，以免影响正常的工作秩序和自身的形象。

(2) 不好争喜辨。同事之间在某些问题上发生分歧很正常，尤其是在座谈、讨论等场合。当别人提出不同意见时，要尊重对方，认真倾听，不随意打断，不急于反驳，在清楚了解对方观点及其理由的前提下，语气平和地陈述自己的观点，并提供支持的理由。切不可抱着"胜过对方"或"证明自己是对的，对方是错的"心态一味地争执下去，否则就会影响彼此关系，伤害别人的自尊。

(3) 不传播"耳语"。所谓"耳语"，即小道消息，是指非经正式途径传播的消息，往往传闻失实，并不可靠。在一个单位里，各方面的"耳语"都可能有，事关上司的"耳语"可能更多。这些耳语如同噪音一般，影响着人们的工作情绪。对此，应该做到"三不"：不打听，不评论，不传播。

(4) 不当众炫耀。在人际交往中，任何人都希望得到别人的肯定评价，都在不自觉地维护着自己的形象和尊严。如果当众炫耀自己的才能、长相、财富、地位等，处处显出高人一等的优越感，那么无形之中就是对他人自尊与自信的挑战与轻视，会引起别人的排斥心理乃至敌对情绪。因此，在与同事相处过程中，应该谨小慎微，认真做事，低调做人，即使自己的专业技术很过硬，深得老板赏识和器重，也不能过于张扬。

(5) 不直来直去。我们常常认为心直口快是一种难得的品质，有话就说，直来直去，给人以光明磊落、酣畅淋漓之感。其实，不分场合、不看对象的直率，往往也会成为沟通的障碍，特别是当我们有求于对方或者发表不同见解的时候，更不能颐指气使，直截了当。

(6) 不随便纠正或补充同事。日常交流过程中，可以对某个问题发表自己的见解，但不要随意纠正或补充同事，除非工作需要或对方主动请教。否则，会有自以为是、故作聪明之嫌，也会无意中损伤对方的自尊心。

4) 职场"新人"怎样与同事沟通

这里所说的"新人"是指刚刚参加工作或者新进一个单位的人。良好的沟通是一切工作得以顺利开展的基础。现代企业在招聘员工时，几乎无一例外地将"善于沟通"作为必不可少的条件之一。大多数老板宁愿招一个专业技术平平、但沟通能力出色的员工，也不愿要一个整日独来独往、我行我素的所谓英才。能否与同事、上司及客户顺畅地沟通，越来越成为企业招聘时注重的核心技能。因此，来到一个新的工作环境，能否尽快融入团队、争取同事认可，对于每一个新进人员，特别是刚刚走上工作岗位的年轻人来说，显得极为重要。

小曹是长沙某大学大三的学生，20 天前，她来到了王女士所在的报社实习。适逢暑假实习高峰期，小曹成为王女士第 4 个实习生。实习第一天，老师和她没有过多的交流，就是叫她看报纸。

　　和所有初入社会的人一样，小曹对自己走入职场的演习充满着憧憬。可她没想到，王女士工作很忙，对她关注较少，也很少带她出去实地采访。在王女士看来，实习生应该多找线索多出门，单独完成采访更加锻炼人。而小曹认为，老师就应该多言传身教。在这样的观念分歧下，实习了 20 天的小曹感觉"再也憋不住了"，于是在 QQ 空间里写下了一篇日志来发泄："每天 37℃高温，至少 4 个小时的车程，实习一个月，作品任务还没完成；实习老师不和我交流，也不带我出去采访，我真的什么都做不好吗？每年都实习，花很多钱不说，还找不到工作……"

（资料来源：智通人才网，http//www.job5156.com）

　　据调查，在初涉职场三年左右的都市白领中，很多人都反映与单位的"前辈"相处存在问题，从工作思路到生活细节，分歧无处不在。其实，职场新、老人之间的矛盾，最根本的问题还是沟通不畅。

　　(1) 职场新人的沟通原则。

　　这些原则包括：第一，摆正心态。职场新人要充分意识到自己是团队中的后来者，也是资历最浅的新手，所有的领导和同事都是自己在职场上的前辈。在这种情况下，新人在表达自己的想法时，应该尽量采用低调、迂回的方式。特别是当自己的观点与其他同事有冲突时，要充分考虑对方的权威性，充分尊重他人的意见。同时，表达自己的观点时不要过于强调自我，应该更多地站在对方的立场上考虑问题。第二，顺应风格。不同的企业文化，不同的管理制度，不同的业务部门，沟通风格都会有所不同。一家欧美的 IT 公司，跟生产重型机械的日本企业员工的沟通风格肯定大相径庭；人力资源部门的沟通方式与工程现场的沟通方式也会不同。新人要注意观察团队中同事间的沟通风格，注意留心大家表达观点的方式。假如大家都是开诚布公，自己也不妨有话直说；倘若大家都喜欢含蓄委婉，自己也要注意一下说话的方式。总之，要尽量采取大家习惯和认可的方式，避免特立独行，招来非议。第三，及时沟通。不管性格内向还是外向，是否喜欢与他人分享，在工作中，时常注意沟通总比不沟通要好得多。虽然不同文化的公司在沟通上的风格可能有所不同，但性格外向、善于与他人交流的员工总是更受欢迎。新人要利用一切机会与领导、同事交流，在合适的时机说出自己的观点和想法。

　　(2) 职场新人沟通误区。

　　沟通是把双刃剑，对象选择欠妥，表达方式有误，时机场合失当，都会影响一个人的沟通效果。新人在沟通中常见的误区有：第一，把"不会"当成拒绝的理由。当领导安排工作时，某些新人会面带愁容，以"不会"或者"不了解情况"作为推辞。也许确实是不会或不了解工作所需的背景情况，但这不能成为拒绝的理由。不会或者不了解情况，就应该主动向领导和同事们请教。第二，仅凭个人"想当然"来处理问题。有些新人因为性格比较内向，与同事不熟，或是碍于面子，在工作中遇到难以解决的问题或是不明白领导下达的指令时，不是去找领导或同事商量，而是仅凭自己个人的主观意愿来处理，最后出现问题时往往以"我以为……"、"我觉得……"为自己开脱责任。第三，迫不及待地表现自己。刚刚参加工作的新人，总是迫不及待地想把自己的创新想法说出来，希望得到大家的认可，正所谓"初生牛犊不怕虎"。实际上，一个人的想法可能存在疏漏或不切实际之处，应主动征求并虚心接受同事的意见或建议。

(3) 职场新人沟通应注意的事项。

首先，多听少说。初来乍到，一切都是陌生的，只有多观察、多思考、少说话，才是尽快了解和适应新的工作环境的明智之举。其次，礼貌周全。对待身份、职位清楚的同事，可用"姓+职务"的方式称呼，如"张经理"、"王主任"等；对待暂时还不甚熟悉的同事，可一律尊称为"老师"，因为一个人只有学会了谦虚，在需要帮助的时候才会容易得到别人的支持。再次，中道而行。在新的工作环境中，必须学会与同事保持一定距离，凡事采取中道而行、适可而止的办法，公平地对待每一个同事。对于喜欢"拉帮结派"、搞小团体的人，要敬而远之，远离是非。

张先生刚刚调入某局一个月，处处小心做事，每每笑脸相迎，同事对他也颇友善。一天，全科室的人决定一块到餐厅聚餐以度周末，也邀了张先生。席间大家有说有笑，无所不谈。其中一个同事与张先生最谈得来，几乎把局里的种种问题及科里每位同事的性格、缺点都尽诉无遗。张先生一时受宠若惊，很是珍惜这位"知无不言、言无不尽"的同事，于是开始放松戒备，将一个月来看到的不顺眼、不服气的人和事通通向这位同事倒来，甚至还批评了一两个同事的不是之处。

不料这位同事是位搬弄是非的人，不几日便将这些"恶言"转达给了其他同事，这使得张先生狼狈至极，几乎在科里无立足之地。张先生如梦方醒，悔不该一时激动，没管好自己的嘴巴。

(资料来源：黄琳. 有效沟通：王牌沟通大师的制胜秘诀. 北京：中国华侨出版社，2008)

最后，尊重老员工。老员工由于资格老、贡献大、经验丰富、忠诚度高，在职工中常常拥有较高的声望，因而是新进人员不得不重视的一个群体。在与老员工沟通过程中，第一，要有积极主动的态度，遇事多虚心请教；第二，要以礼相待，尽量使用"您"或"您老"等敬辞，及"请"、"麻烦"、"谢谢"等礼貌用语；第三，要充分尊重对方的意见或建议，即使双方存在分歧，也要把敬意和肯定放在前面，用谦虚、委婉的方式表明自己的观点。

5) 劝慰同事的技巧

俗话说：患难见真情。当同事在工作中遇到了麻烦，本人或者家中遭遇了不幸，我们理应伸出援助之手，努力为对方排忧解难，给同事以安慰和鼓励，这是人之常情，也是一种为人处事的美德。但是，要使劝慰真正收到实效，必须掌握劝慰的艺术。

小王分配到机关工作，本是件令人开心的事，但是上班几个月以来，小王却感到很郁闷，由于自己口舌拙笨，总是让同事不高兴。一次，奔丧回来的老李来到办公室，小王马上站起来安慰他说："听说你岳母大人被车撞死了，我们都很难过，希望你节哀顺便。"老李面色阴沉地走出办公室。

(资料来源：黄琳. 有效沟通：王牌沟通大师的制胜秘诀. 北京：中国华侨出版社，2008)

(1) 劝慰同事的基本要求。

劝慰同事的基本要求包括：第一，同情而非怜悯。当一个人遭到挫折和不幸的时候，十分需要别人的同情。真正的同情，是站在完全平等的地位上交流思想感情，给对方以精神和道义上的支持，并分担对方的感情痛苦，使不幸者痛苦、懊丧的消极情绪得以宣泄，并逐渐消除其心理上的孤独感，不断增强其战胜困难的信心。怜悯则是对不幸者的感情施舍，其结果，要么是刺伤不幸者的自尊心，从心理上拒绝接受；要么使不幸者更加心灰意冷，无法振作精神重新站起来。第二，鼓励而非埋怨。遭遇挫折和不幸的人，由于一时无法摆脱感情上的羁绊，往往会垂头丧气，消极悲观。此时，最重要的是通过积极鼓励，给予信心和勇气，让他在困难的时候看到前途和希望。一味埋怨只会使不幸者更加悲观，个别情感脆弱的甚至会走上极端。第三，安抚而非教训。当一个人遭到挫折，精神处于迷惘状态时，特别需要有人给他以及时安抚和真诚的开导，针对他此时此刻的心理，循循善诱，积极开导，帮助对方解除忧愁，驱散烦恼。如果以教训人的口吻讲大而空的道理，只能使对方更加不安，甚至产生破罐子破摔的情绪。第四，选择恰当时机。劝慰效果的好坏，很大程度上取决于能否选择恰当的时机。对生老病死等突发事件要注意及时安慰；当一个人情绪处于失控的情况下，任何劝慰都听不进去，就要等他冷静下来后再去交谈。

(2) 劝慰同事的技巧。

劝慰同事的技巧包括：第一，劝慰事业受挫者。对于胸怀大志而又在事业上屡遭挫折和失败的同事，最重要的是对其事业的充分理解和支持。在劝慰过程中，应注意理解多于抚慰，鼓励多于同情。最好的安慰是帮助其总结经验教训，分析面临的诸多有利和不利条件，克服灰心丧气的情绪，树立必胜的信心。第二，劝慰患病者。一般来说，生病的人都会感到心情烦躁，有些病人还会顾虑重重，因病住院者更常常感到寂寞、孤单和愁闷。在探望生病同事时，要视其具体情况思考谈话内容。对于身患重症、绝症的同事，即便友情再深，也不能在其面前流露哀伤情绪，以免给病人造成精神上的压力和负担，而应选择较为愉快的事情进行交谈，并多讲些安慰、鼓励的话。第三，劝慰丧亲者。亲人去世，同事的悲伤心情可想而知。安慰这些同事，专注的倾听尤其重要，要倾听对方的回忆和哭诉，让其悲痛的心情得以宣泄和释放，这样有利于对方恢复心理平衡。此外，还应与同事多谈死者生前的优点、贡献以及后人对他的敬仰怀念，因为，对死者的评价越高，其亲属就越感到宽慰，进而也能尽快从丧亲的沉重与悲痛中解脱出来。第四，劝慰受轻视者。在现实生活中，那些因能力平平或其他原因而被上司和同事轻视的人，往往都存在一个共同的心理缺陷——自卑。因此，劝慰时应多讲些成功人士的典型事例，鼓励对方不要向现实屈服；同时，要善于挖掘对方身上不易觉察的优点和长处，从而唤醒他的自尊心和自信心，使其坚信只要充分发挥自己的主观能动性，就一定能够取得成功，赢得别人的尊重与信赖。

此外，劝慰应注意：避开对方的痛处和能够引起对方伤感的相关信息；认同对方的感受，以示理解和同情；引导对方把注意力集中到如何解决问题上；控制好自己的情绪；真诚地关心对方，经常关怀对方的生活与工作。

3. 与下属的沟通

1) 与下属沟通的意义

管理者不仅要把工作设计成生产产出的过程，更应该设计成人和人交流、协作、沟通，实现员工深层交往的需要以及个性、心理满足的过程。管理者必须了解员工的观点、态度和价值，努力帮助员工在工作中实现其价值。而实现这一目标的根本途径即是面对面的语言沟通。没有沟通，就没有了解；没有了解，就没有全面、整体、有效及平衡的管理过程。

在现实生活中，上下级出现沟通问题屡见不鲜。管理者在处理人与人之间的各种矛盾时，对待下属总是谴责、贬斥、误解，或是以一种"我是领导我怕谁"的态度来对待别人，这都会把事情搞糟。即使在世界上著名的大公司，类似的事件也屡见不鲜。

美国银行前总裁史蒂芬·盖瑟曾经亲身体会到作为领导者与下级沟通的重要性。20世纪80年代末期，大学刚毕业的他就在一家大规模的投资公司任业务主管。他在洛杉矶西区拥有住宅，开着一辆奔驰，时年不过25岁。此时他自认为是神童，可以呼风唤雨，无所不能，而且在他人面前也毫不掩饰这种自大的态度。

20世纪90年代以后，美国经济开始萎缩，裁员的风暴无情袭来。起初他不以为然。可没想到有一天，老板对他说："史蒂芬，你的能力没话讲，可是问题出在你的态度上，公司里没有人愿意与你配合，我恐怕必须请你离开公司。"

这真是晴天霹雳，像他这样的人才居然被开除了！此后，经过几个月求职的挫折，他以前那种自大的态度已荡然无存。他终于意识到应该与他人有效沟通，并帮助那些处境不如自己的人。他换了一种态度去待人，变得更有人情味、更可爱、更能共事了。之后周围的人也开始关心他，三年后，他又回到高级主管职位，只不过这一次周围的同事都是他的朋友了。

（资料来源：李晓. 沟通技巧. 北京：航空工业出版社，2006）

身为领导，不管工作多么繁忙，都要保留与下属沟通的时间。美国前总统里根被称为"伟大的沟通者"，在漫长的政治生涯中，他深切体会到与自己的服务对象沟通的重要性。即使在总统任期内，他也保持着阅读来信的习惯。他请白宫秘书每天下午交给他一些信件，再利用晚上时间在家里亲自回复。克林顿总统也常常利用传媒与人们面对面交流，借此了解他们的想法，表达对他们的关切。即使无法解决所有人提出的问题，但总统亲自到场聆听人们的意见，表达自己的想法，这本身就具有沟通的意义。

真正有效的沟通并不妨碍工作，如开会、讨论、走廊里的短暂同行、共进午餐的时机等，都是进行沟通的机会。要成功地与下属沟通，关键点有三：一是怀有真诚的态度，不走形式；二是保持开放的心态，不搞"一言堂"；三是主动创造沟通的良好氛围，不咄咄逼人。

2）与下属谈心的技巧

有这样一则寓言：一把坚实的锁挂在铁门上，一根铁杆费了九牛二虎之力还是无法将它撬开。钥匙来了，它瘦小的身子钻进锁孔，只轻轻一转，那大锁就"啪"的一声开了。铁杆奇怪地问："为什么我费了那么大气力也撬不开，而你却轻而易举地就把它打开了呢？"钥匙说："因为我最了解它的心。"

领导的才能并不是表现在告诉员工如何完成工作，而是表现在如何使员工发挥能力去完成它。因此，身为领导，必须注意通过语言沟通，了解本单位、本部门每个员工有形的和无形的需求，并设法满足其正当需求，如此，员工才会更忠诚、更有凝聚力。而在实际管理工作中，领导者往往重视自身的带头示范作用，却忽视了跟员工的沟通，尤其是上、下级之间的真诚谈心。

（1）贴近下属，寻求沟通。下级对上级，往往存在各种各样的心态，如试探、戒备、恐惧、对立、轻视、佩服、无所谓等。有的员工在上级面前唯唯诺诺，不敢妄言，在同事面前则落落大方，侃侃而谈。因此，身为领导应该避免使用命令、训斥的口吻讲话，要放下架子，以平易近人、亲切和蔼的姿态去寻求沟通，如经常深入基层和员工之中，通过召开座谈会、个别访谈、即时聊天等形式，了解员工关心的焦点问题，征求员工的意见和建议，关心员工的工作和生活。只有这样，下级才会敞开心扉，畅所欲言。

奥田是丰田公司第一位非丰田家族成员的总裁，在长期的职业生涯中，奥田赢得了公司内部许多人士的深深爱戴。他有 1/3 的时间在丰田城里度过，常常和公司里的多名工程师聊天，聊最近的工作，聊生活上的困难。另有 1/3 的时间用来走访 5000 名经销商，和他们聊业务，听取他们的意见。

（资料来源：豆丁网 http//www.docin.com）

(2) 仔细倾听，适时提问。沟通艺术的核心在于仔细倾听和适时提问。一个优秀的领导人应该具备"作为一个听者所拥有的非凡技能"和一针见血地提出问题的能力。通过聆听，充分体会下属的心境，了解信息的全部内容；通过提问，促进沟通的深化，探究信息的深层内涵。二者均可为准确分析反馈信息、调整管理方式提供客观依据。因此，在谈心过程中，领导者要尽量少说多听，不随意插话，不轻易反驳；提问要言语简洁，并要等对方说完或者说话告一段落时再提问。

(3) 设身处地，换位思考。站在他人立场上分析问题，能给人以善解人意、体察入微的印象。这种投其所好的技巧常常具有极强的说服力。要做到这一点，知己知彼十分重要，唯有知彼，方能从对方立场上考虑问题。这就需要领导者经常深入基层开展调研，及时了解和掌握职工的思想动态和关心的利益所在。在谈心时，要善于联系对方的身份、职位和目前的工作、生活境况去揣摩对方心理，做到想对方之所想，急对方之所急，才能真正理解对方的思想观点。

(4) 拉近距离，平等交流。谈心伊始，要特别重视开场白的作用。可以先扯几句家常，开一些善意的玩笑，以消除对方的拘束感，拉近双方心理上的距离，然后再慢慢引出正题。在阐述自己观点时，要有平等的姿态，晓之以理，动之以情，不以势压人，不训斥命令；音量适中，语气平和，语调自然，态度和蔼；手势或动作幅度不宜过大；多采用商量性的口吻，如"你觉得我的话有道理吗"、"你同意我的意见吗"。

3) 表扬下属的技巧

表扬下属是指对下属的行为、举止及工作给予正面评价。其目的是传达肯定的信息，激励下属更加自信和努力地工作。

表扬能够满足人的心理需要，是促使员工乐于合作的驱动力。心理学研究表明：爱听赞美是人们出于自尊的需要，是渴求上进，寻求理解、支持与鼓励的表现，是一种正常的心理需求。当一个人具有某些长处或取得某些成就，他就需要得到社会的承认。如果我们能以诚挚的敬意和赞美的语言满足其心理需求，他就会变得更加通情达理和乐于合作。

表扬是对他人的肯定和赏识，能够有效激发下属的工作积极性和主动性。美国一位著名社会活动家曾指出一条原则："给人一个好名声，让他们去达到它。"事实上，被表扬的人为了不负众望，往往会做出惊人的努力，取得显著的成绩。因此，表扬是现代社会管理者用得最多又最易得到对方认同的一种激励措施。

赞美有助于获取他人的好感，能够有效地融洽上下级之间的关系。精通赞美的艺术，可以"予人玫瑰，手有余香"。这符合人际交往中的酬赏原则，即"我给你好话，你给我好感"。也正因为如此，有人才把它称为"人生的润滑剂"。

因此，身为领导者，在重视物质和金钱奖励的同时，应该努力发现下属的优点、进步及成绩，并及时送上自己真诚的赞美。心理学家杰斯莱尔说："表扬就像温暖人们心灵的阳光，我们的成长离不开它。但是绝大多数人都太轻易地对别人吹去寒风似的批评意见，而不情愿给同伴一点阳光般温暖的表扬。"

毕业已有三年的小钟最近神采飞扬，情绪颇佳。谈到新公司的老板，更是赞赏不已。他说公司在创业的时候工资不高，但老板却有神奇的本领，他平易近人，没有一点架子，最会夸奖人，令属下员工心情舒畅，自信心大增，积极性高涨，甘效犬马之劳。

(资料来源：许利平. 职业口才训练教程. 北京：北京交通大学出版社，2007)

作为一种沟通技巧，表扬部下不是随意说几句好听的话就可以奏效的。事实上表扬部下也要掌握一些技巧：

(1) 态度真诚。赞美之词应发自内心，真心实意，且以事实为依据。当我们毫无根据、虚情假意、夸大其词地去赞美一个人时，不仅会使对方感到莫名其妙，还会给人留下油腔滑调、言不由衷的印象，甚至令对方误解为讽刺挖苦。所以在赞美下属时，必须确认对方有此优点或长处，并且要有充分的理由去赞美他。

(2) 内容具体。表扬下属最好就事论事，有明确的指代和理由，避免使用空洞的、公式化的夸奖语，如"你干得不错"、"你很棒"、"你表现很好"等。只有依据具体事实予以正面评价，才能引起对方感情上的共鸣。例如："你的调查报告中关于技术服务人员提升服务品质的建议，是一个能解决目前问题的好方法，谢谢你提出对公司这么有用的办法。""你今天在会议上提出的维护宾馆声誉的意见很有见地"。

(3) 注意场合。当众表扬部下要特别慎重，因为"枪打出头鸟"，在众人面前特别地赞美个别下属，容易打破其他下属心理上的平衡，引发不满情绪，激起不必要的矛盾。因此，要慎选公开表扬的对象和时机。确须进行公开褒奖的，最好是有被大家一致认同的突出事迹。例如：在业务竞赛中名列前茅者、对公司做出重大贡献者、在公司服务25年以上的资深员工等。这些行为都是在公平公开的竞争下产生的，早已得到公司员工认同，一般不会产生异议。

(4) 雪中送炭。一个集体里最需要表扬的员工，往往不只是那些能力与业绩均十分突出的人，而是从不引人注目、甚至略有自卑感的人。他们平时难得听到表扬，一旦由于某些特殊原因被当众赞美，就能唤起强烈的自尊心和自信心，从而精神焕发，更加努力地工作和生活。因而，身为上司，一定要善于发现蕴藏在下属身上的、暂时还不为人知的优点，并及时进行赞美，以满足对方扩大自我的心理需求，使赞美收到独特的效果。

(5) 间接表扬。间接表扬有两种方式，一种是借用第三者的话来表扬对方。这样往往比直接表扬对方的效果要好，因为第三者的话总是比较客观可信的。比如，"前两天我和刘总经理谈起你，他很欣赏你接待客户的方法，你对客户的热心与细致值得大家学习。好好努力，别辜负他对你的期望。"一种是在当事人不在场的时候表扬。这种方式更能让被赞美者感到自己的诚意，因而更能加强赞美的效果。

某公司一位职员一次和同事聊天儿，同事说："咱们老板真不错，他教给我们不少东西，我打心眼儿里佩服他。"后来老板找这位职员谈话，无意中他把同事的话说出来了，老板当时就问他对方是在什么时候、在什么地点说的，问得很细。

在后来的几天中这位职员发现，老板对他的这位同事有点另眼相看，经常和他谈话。同事也觉得很奇怪，跑过来问他为什么，这位职员告诉他，就是因为你在背后说了老板的好话。这位同事才恍然大悟：原来就是那么一句话呀！

总之，表扬是人们的一种心理需要，是敬重他人的一种表现。身为单位领导或部门主管，决不能吝惜对部下的表扬，无论是在人前或者人后，无论是在上级领导或其他同事面前，都要不失时机、恰如其分地夸奖自己的部下。

4) 批评下属的技巧

在管理学中有个木桶原理，说的是一个由很多块木板组成的木桶，决定其容积大小的不是最长的那块木板，而是最短的那块木板。单位或部门也是如此，员工就是那些组成木桶的木板，团队竞争力就是木桶的容积。从这个角度看，在灵活运用激励制度的同时，管理者更应站在客观的立场，认真把握批评的尺度和方式，才能提携后进，保证团队的整体竞争力。

通常，人们总是用"忠言逆耳"、"良药苦口"告诫被批评者要虚心接受批评意见，不应计较批评的方法。作为批评者，要使自己的批评被对方顺利接受，做到忠言不逆耳，是需要讲究批评艺术的。

(1) 欲抑先扬。卡耐基说过："矫正对方错误的第一个方法就是在批评前先赞美对方。"的确，在批评之前先就对方的长处给予真诚的赞美，就能化解被批评者的对立情绪，使批评在和谐的氛围中进行，从而达到预想效果。这种方法尤其适用于脾气倔强或敏感自尊的下属。

二十年代的美国总统柯立芝批评女秘书时，是这样说的："你今天穿的这件衣服真漂亮，你是一位迷人的年轻小姐。"然后接着说："你很高兴，是吗？我说的是真话。不过，另一方面，我希望你以后对标点符号稍加注意，让你打的文件跟你的衣服一样漂亮。"结果女秘书非常愉快地接受了他的批评。

(资料来源：程在伦. 讲演与口才. 北京：高等教育出版社，1997)

(2) 选择时机。时机的选择和把握，是批评能否收到良好效果的重要一环。一般来说，双方情绪比较平静，交谈气氛较为融洽，或者没有第三者在场的时候，都是开展批评的恰当时机。要尽量避免在大庭广众之下指名道姓地批评下属，必要时可采用模糊词语，如"最近一段时间，有些员工纪律松懈，上班有迟到、早退现象。个别员工还在上班时间聊天、上网、煲电话粥等，这些都是公司明令禁止的，希望各位严格自律"。

(3) 就事论事。批评他人通常是件比较严肃的事情，所以一定要客观具体，就事论事。要始终围绕对方所做的错事，不转移话题，不随意联想。批评的话要简洁明了，适可而止。如果多次批评都不见效，就须变换批评的思路和方式了。

(4) 不作比较。俗话说，尺有所短，寸有所长。每个人身上都有自己的优缺点，我们不能拿一个人的短处与他人的长处相比，也不能将一个人做错的事与别人做对的事相比，否则就会有失公允，得出的结论也无法让人信服。在批评下属的时候，尤其不能拿其他"优秀员工"作横向比较，以免挫伤被批评者的自尊心。

(5) 因人而异。由于经历、知识、性格等的不同，不同的人接受批评的能力和方式也会有很大区别，在沟通中我们应根据不同的对象采取不同的批评方式。对涉世不深的年轻人，最好是语重心长直接批评，不转弯抹角、含含糊糊，以免对方产生误解；对于自觉性较高的中老年人，要变批评为提醒，且不多言多语；对承受能力较强的男性下属，语言可以直白、明了些；对敏感自尊的女性下属，则需含蓄温和，点到为止。

(6) 友好结束。正面的批评，或多或少都会给对方造成一定压力。如果一次批评不欢而散，对方可能会增加精神负担，产生消极情绪，甚至对抗情绪，会为以后的沟通带来障碍。所以，每次批评都应尽量在友好的气氛中结束。在批评结束时，不以"今后不许再犯"这样的话作为警告，而应以鼓励性的语言提出希望，如"我想你会做得更好"或"我相信你"，并报以微笑，让下属把这次沟通当成是鼓励而不是一次意外的打击。这样有助于对方打消顾虑，增强改正错误、做好工作的信心。

此外，应该注意批评"八忌"：一忌无凭无据，捕风捉影；二忌大发雷霆，恶语伤人；三忌吹毛求疵，过于挑剔；四忌清算总账，揭人老底；五忌当面不说，背后乱说；六忌夸大事实，无限升级；七忌威胁逼迫，以势压人；八忌一批了之，弃之不管。

相关链接：

表扬与批评能力自测题见表6-2。

表6-2 表扬与批评能力自测题

(肯定率在80%以上者为优秀)

题号	自 检 题	是	不是
1	你常表扬你的部下吗？		
2	你对他们的表扬是发自内心的吗？		
3	你能针对部下的具体行为加以表扬吗？		
5	你喜欢当众表扬或批评你的部下吗？		
6	当部下不在场的时候你还会表扬他吗？		
7	你常因为害怕影响与部下的关系而不愿当面批评他吗？		
8	你的批评常令部下难堪吗？		
9	你在批评部下的时候能做到对事不对人吗？		

(资料来源：时代光华图书编辑部编. 有效沟通技巧. 中国社会科学出版社, 2003)

5) 调解下属矛盾的技巧

只要有人的地方，就必然会有矛盾与冲突发生，而矛盾与冲突的结果，不仅会破坏人与人之间的和谐关系，而且会削弱一个集体的凝聚力和战斗力，降低整个团队的声誉和绩效。因此，领导者的日常管理活动之一就是处理下属之间的矛盾冲突。

张某、刘某二人同是某单位一科室的副科长。起初，二人关系融洽，工作上配合得十分默契。但在一次中层领导干部竞聘中，张某经过竞聘提拔为科长后，张、刘二人的关系却急剧恶化，身为副职的刘某非但不配合张某的工作，反而经常拆台搞内哄。不仅如此，他还不时背后诋毁张科长，说"张某任科长一职是花钱买来的"之类的话。张科长知道后也暗恨刘某，后来发展到见面不打招呼、二人无话可说的地步。

局领导对此十分重视，局长亲自召集全局领导班子开会研究调停冲突方案。会上，决定先由分管该科的林副局长出面作调停工作。林副局长接到任务后，便分别找张、刘二人单独谈话。谈话内容各有侧重，对刘某主要是让他说说对组织提拔张某有什么看法，如果组织上真有违反干部任用条例之处希望他提出来，如属实，组织坚决公正决断。但不能无根据地瞎编乱谈。此外，还向他指出班子闹不团结的危害性，不但影响工作，而且影响个人前途。通过谈话使之认识到自己的错误。对于张科长则要求他作为一科之长要以大局为重，要有宽大的胸怀，善于求同存异，虚心听取各种不同的意见和建议，以宽容对待冲突，以礼貌谦让对待冷嘲热讽，不要总是对一些细枝末节斤斤计较，更不能对一些陈年旧账念念不忘。在大是大非面前要冷静头脑，要善于团结下属，共同把工作搞好。

经过第一次谈话后，局领导又按计划安排了对张、刘的第二次谈话。这次谈话由局主要领导出面，以邀请张、刘二位科长共进晚餐的方式进行，谈话地点选在原先两科长友好时常去的某饭店进行。大家都按时到位后，先由局长谈话。局长说：二位科长能不计前嫌，迈过门坎，走在一起共进晚餐不容易，局领导感到很高兴，这是科长们以大局为重的一种表现，并对他们的诚意表示感谢。然后，由两位科长先后发言，谈话间，各表衷心、互赔不是，以求得对方谅解，场面甚是感人；最后便是大家端起团结的酒杯，握手言欢，共祝工作如意！

（资料来源：广西新闻网，http//www.gxnews.com.cn）

那么，怎样正确处理下级之间的矛盾，营造和谐、积极的工作氛围呢？

（1）事前有预案。识别冲突，调解争执，是管理者最重要的能力之一。当发现下属间发生冲突时，如果盲目调和，往往收效甚微，搞不好还会火上浇油，弄巧成拙。因此，要对冲突的原因、过程及程度等作详尽的了解后，研究制定出可行的调和方案，并按方案进行调和。

（2）大局为重。现代社会的一个重要特点就是分工严密，这样可以提高工作效率，但同时也带来了一个不可避免的缺陷，这就是彼此之间缺乏相互了解。在诸多的矛盾冲突中，虽然双方在各自的利益上产生纷争，但共同的目标还是一致的，因此管理者应让冲突双方清醒地意识到，单纯地指责对方是无济于事的，只有相互配合、密切协助才能解决纷争，才能实现团队的共同目标。事实上，当双方均以单位的整体利益为重时，心中的怒气就会化为乌有。

（3）换位思考。在局部利益冲突中，双方所犯的错误多半是只考虑自己，以自己为中心，而不能体谅对方。要让他们互相了解、体谅对方的最好办法，莫过于各自站在对方的立场上去考虑问题。当双方确实做到这一点后，可能就会握手言和、心平气和地协商一种积极的解决冲突的方法。孔子说："己所不欲，勿施于人"，正是设身处地、从对方角度看问题而得出的结论。

（4）折中调和。领导是下属之间矛盾的最终仲裁者。仲裁者要保持权威，就必须坚持公平、公正的原则。如果偏袒一方，就会使另一方产生不满和对立情绪，进而加剧矛盾，甚至将矛盾转化为上下级之间的矛盾，使矛盾性质发生变化。所以，冷静公允，不偏不倚，是处理下属矛盾时最起码的原则，尤其是在调节利益冲突时。此外，很多情况下冲突双方均各有道理，且又各执一词，很难判断谁是谁非。这时候，折中协调、息事宁人是最好的解决办法。

（5）创造轻松气氛。发生冲突双方均抱有成见和敌意，所以在进行调解时缓和气氛很重要。调解不一定在会议上、办公室里进行，有时在餐桌上、咖啡厅、领导家里效果反而会更好。

总之，下属之间的矛盾冲突是多样的，调和的办法不能千篇一律，要在实际工作中根据不同的冲突对象、起因及程度采用灵活的技巧来加以调解。

6.2 会议沟通

1. 组织商务会议

商务会议是商务活动中最重要、最频繁的内容之一。筹办、主持或者参加一次有效的商务会议，遵守商务会议的礼仪规范，对于商务人员来说是十分重要的。在筹办会议时，各方面都要考虑周全。主持会议要体现出会议主持人员对整个会议的良好的控制能力；出席会议时，仪态、精神都要与会议的内容、主题吻合。一个重要会议的举行往往是商务人员才华展现的机会，又是其礼仪修养和礼仪业务水平的表演舞台，所以应特别留心。

1) 商务会议的安排

(1) 会场选择。

大型会议的会场选择与会议主题的深化有密切关系，对与会者参会的情绪也有很大影响。举办会议首先要选准会场会址。这需要考虑交通便利、设施齐全、环境安静、停车方便、大小适中、费用合理等因素，使与会者能够方便地到会，安心地开会。

(2) 会场布置。

对于一般的小型会议，会议室只要清洁、明亮，有足够的桌椅让与会者方便地看文件、做记录、讨论发言就行了。而大型会议的会场准备则比较复杂，需要体现会议的主题，应注意会场内座位的布局、主席台的布置以及其他为渲染和烘托气氛所作的装饰等，一定要讲究科学性、合理性和艺术性。

◆ 会标。会标即会议全称的标题化。应将会议全称用大字书写后挂在主席台的正上方，一般用红底白字，也可以用红底金字。这是会议礼仪十分重要的一点、点睛的一点。它能增强会议的庄重性，揭示会议的主题与性质，使与会者一进会场就被会标引导，容易进入会议状态。

◆ 会徽。会徽是体现或象征会议精神的图案性标志。要选择具有强烈感染和激励作用的图案，重大会议的会徽可向社会征集，也可在单位组织内部征集。会徽图案要简练、易懂、寓意丰富。

◆ 标语。标语当然是会议主题的体现，会场上的气氛往往就是被恰到好处的标语、旗帜等渲染起来的。标语在准备会议文件时就应拟就、并报请领导批准。会议标语要集中体现会议精神，使其简洁、上口、易记，具有宣传性和号召力。

◆ 旗帜。会议的旗帜包括主席台上悬挂的旗帜和会场内外悬挂的旗帜。主席台上的旗帜应围挂在会徽两边，显得庄严隆重；主席台的两侧插上对应的红旗或彩旗，又可增添喜庆气氛。在会场门口和与会者入场的路旁插上红旗或彩旗，使会议的热烈气氛洋溢在会场内外，以衬托会议的隆重。

◆ 花卉。花卉是礼仪不可缺少的重要道具，在会场上，花卉还能起到解除与会者疲劳的作用。选用花卉应突出中华民族的文化特色，以梅花、牡丹、菊花、兰花、月季、杜鹃、山茶、荷花、桂花、水仙等十大名花为代表的中国原产花卉，早已被赋予浓重的文化色彩，以这些花为主构成的花卉艺术品如插花、盆景等都能以无声的语言向人们传播中华民族的文化，表现民族精神。因此，越是重大的会议，越应选取有代表性的中国原产花卉作为摆放的主体花卉，并将中国传统艺术花卉的插放造型作为会议花卉的礼仪形式。

◆ 灯光。会议场所的灯光应该明亮、柔和，既给人适宜的照明，也可减缓因会议时间过长而带来的身体或精神上的疲劳。大型会议的会场灯光应设计几套，以便于会议颁奖、照相、演出等多种需要。

◆ 座位①。会场内座位的布局要根据会议的不同规模、主题，选择合适的摆放形式。"而"字型的布局格式比较正规，有一个绝对的中心，因此容易形成严肃的会议气氛，如图 6-3 所示。一些小型的、日常的办公会议以及座谈会等通常在会议室、会议厅进行，可以根据需要将座位摆放成椭圆形、圆形、回字形、T 字形、马蹄形和长方形等，这些形式可以使参加会议的人坐得比较紧凑，彼此面对面，容易消除拘束感，如图 6-4 所示。座谈会、小型茶话会、联谊会等多选择六角形、八角形或者半圆形等布局形式。

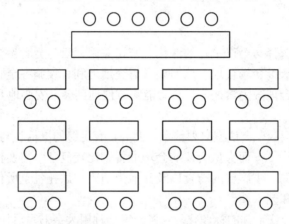

图 6-3 "而"字形会议室布局

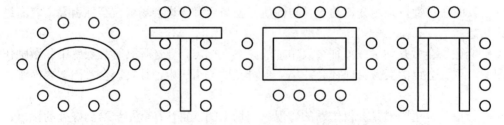

图 6-4 椭圆形、T 字形、回字形、马蹄形会议室布局

(3) 主席台布置。

主席台是会议的中心，也是会场礼仪的主要表现位置。主席台布置应与整个会场布置相协调，并强调突出。

◆ 座位。主席台座位要满座安排，不可空缺。倘原定出席的人因故不能来，要撤掉座位，而不能在台上留空。主席台座位若有多排，则以第一排为尊贵。第一排的座位以中间

---

① 杨海清. 现代商务礼仪. 北京：科学出版社，2006

为贵，依我国传统一般由中间按左高右低的顺序往两边排开，即第二领导坐在最高领导左侧，第三领导坐在最高领导右侧，以此类推。如果人数正好成双，则最高领导在中间左侧，第二领导在中间右侧，以此类推。但目前国际上流行右高左低，因此安排涉外会议时，也要灵活依据有关规矩。时下一般处理方式为：开会以左为尊，宴请以右为尊。每个座位的桌前左侧要安放好姓名牌，既方便入座，也便于台下与会者和新闻采访人员辨认熟悉有关人士。主席台座位不要排得太挤，桌上也不要摆放鲜花之类的物品，以免阻碍视线，但要便于主席团成员打开文件、做记录、翻阅讲话稿，并放置笔、茶水、眼镜等物。

◆ 讲台。主席台的讲台应设于主席台前排右侧台口，讲台不能放在台中央，使主席团成员视线受妨碍。讲台上主要放话筒，也可适当放上一盆平铺的花卉。讲台桌面要便于发言者打开讲话稿或摆放相关材料。整个主席台的台口可围放一圈花卉，但要选低矮些的绿色品种。

◆ 话筒。发言席和主席台前排座位都应设有话筒，以便于发言者演讲和会议主持人或领导讲话。一般发言席和主持人话筒专用，其他主席台前排就座者合用两三个话筒，并且一般置放于主要领导面前。

◆ 后台。一般在主席台的台侧与后台，应设在主席台就座的领导和与会者的休息室，以便于安排他们候会，并尽可能在后台排好上台入座次序，以免造成混乱。有时会议也许会发生一些小意外，后台还可以供有关人员作商量对策、排除困难之用。另外，主席团成员开会也可利用后台休息室。所以，秘书人员切不可忽视后台的作用。

(4) 会议其他用品。

为方便会议进行，秘书人员应为会议准备各种工作文具用品，如纸、笔、投影仪、指示棒、黑白板、复印机、电脑数据库以及投票箱等。不同会议有各种不同的需求，满足与会者的需求是有关人员在安排会议、布置会场时必须考虑的。

2) 会议准备阶段的工作

(1) 时间选择。开会时间选择要合适。大型会议尽可能避开公众节假日。同时注意会期不能安排太长，否则会影响与会者的日常工作，当某些紧急事件发生时，可以取消或延期举行会议。

(2) 邀请对象。对出席会议的对象的选择要考虑各种因素，与会者既要有与会资格，又要有参与能力和水平修养。如果被邀的与会者不能完成会议的有关任务，会感到痛苦或尴尬，使与会成了一次不愉快的经历，对会议组织者来说，这也是礼仪考虑不周的表现。

(3) 详尽通知。会议通知的发送要做到：发得早——既便于与会者安排手头工作，又便于与会者为会议内容做准备；内容细——会议名称、届次、主要议题议程、出席范围、与会者应递交什么材料或作哪些准备、会期、会址等都应告知清楚，便于与会者有备而来，从而提高会议效率；交代明——食宿如何安排、费用多少、交通线路怎样，都要交代清楚，以免造成麻烦。对特邀贵宾的通知，应派专人登门呈送，以示郑重。

3) 会议召开阶段的工作

(1) 接站。一般会议都规定了报到日期，在报到日期应安排好接站。在车站、码头、机场等主要交通站点，用醒目的牌子标明"××会议接站"，使与会者一下交通工具就看见接站牌而安心。对所接到的与会者要表示欢迎，并慰问其旅途劳顿。

(2) 登记。对到达报到地点的与会者，首先要做好签到、登记、收费、预订返程票、发放会议资料、发放会议身份证件等工作。这一过程应尽量在登记处解决，并应迅速办理，让与会者早点到客房休息。登记时，对与会者合理要求应尽量予以满足。大型会议的东道主应在会议召开的前一天晚上，到会议各住宿地看望与会者，尤其是特邀贵宾和与会领导。

(3) 联络。会议进行期间要注意与各小组联络，不要使一位与会者有被冷落的感觉。会议简报要对各小组相对均衡报道，不要只将视点聚焦于有大人物、有热点的小组，使其他小组产生不愉快情绪。

(4) 安全。要确保每一个与会者的安全，包括其人身安全、财物安全以及食品卫生安全。涉密会议还必须强调文件安全。秘书人员要尊重每一个与会者，但涉机密时，必须按章办事。

(5) 娱乐。若会期较长，在会议期间可安排一些影视放映和文艺演出，以调剂精神。也应鼓励与会者主动参与文体活动。可组织一些自娱自乐的卡拉 OK 演唱或球类、棋牌活动等，活跃会议气氛，调节与会者情绪。还可适当组织与会者参观游览，使会议节奏张弛得当。

4) 会议结束阶段的工作

(1) 照相。如果会议有照相一项应早做安排，免得个别与会者提前离开而不能参与。早安排也可使与会者在离会前拿到照片。

(2) 材料。发给与会者的材料要有口袋，以便于集中携带。如需收回的材料要早打招呼，发现有人未交，应尽早查问。不一致的意见不要写到会议的决议或纪要中去。要乐于为与会者提供复印材料、邮寄材料或其他物品等有关服务。

(3) 送客。将与会者所订的回程票交给其本人时，要仔细核对车次、航班或船期，并仔细向与会者交代。若有不对或不周处，应主动承担责任。如果有人需要照顾而影响到了其他人，应向其他人解释，以争取大家谅解。在每一个与会者离开时，都要热情相送，对集中离开的与会者，要尽可能准备车辆送他们去车站、机场或码头，对贵宾则必须送至机场登机处。

2. 主持会议的技巧

(1) 做个精彩的开场白。

精彩的开场白往往能像磁铁一样紧紧地吸引住听众，增强与会者对会议的兴趣。就像人们看一部电影一样，如果开始就兴味盎然，引人入胜，那么人们自然急于了解接下来的情节了。所以，有经验的主持人，都非常注意会议的开场白，他们多是经过反复推敲、认真琢磨，力求给与会者一个好的印象。开场白要陈述的内容，包括会议的背景、主题、目的、意义、议程等，会议主持人要根据这些内容和要求来设计开场白。

首先要欢迎并介绍与会者。应该用洪亮的声音对每个到来的人表示热烈的欢迎，并且介绍与会者。然后说明会议的目的和议程。说明会议的目的要注意使用团队口吻，而非领导或者上级的口吻，要拉近与大家的距离，让人们尽快进入到会议的状态中去。还要说明一下会议的规则，如"请所有的人把手机关掉，不准吸烟，不要随便走动，每人发言时间不能超过 5 分钟"等。

总之，会议开场白要遵循"能安定公众情绪、恰当介绍会议内容、形式新颖"的原则，因地制宜，精心构思，尽量避免陈旧死板、千篇一律。

(2) 让与会人员广泛参与。

作为会议主持人，除了要注意会前沟通，使大家明白开会的用意外，还要注意在主持中尽量少说话，把说话的机会让给大家。主持人少说话，与会人士才能多说话。对多说废话的人要有办法加以控制和制止；对有宝贵意见而未发言的人要请他发言，以提升会议的品质；听到相同或不同的意见不能喜形于色，更不可以立即加以批判，以免影响大家的发言。主持人不要亲自提出议案，免得大家碍于情面，不能做出合理的决定。主持人也不要以裁决者自居。主持人对任何人的意见都不必急于解答，应该隐藏自己的意见，让其他的人有机会表达相同或不同的看法，集思广益。

遇到无人发言或某一部分人毫无反应的现象，会议主持人分别对待，针对不习惯或害怕在人数众多的会议上发言的与会者，要鼓励他们发言，可以进行主动提问，并告诉他们说错也没关系；针对阅历较深，处事比较严谨的与会者，主持人要善于点拨，多给他们一些尊重。在对某个问题进行讨论时，与会者往往各持己见，据理力争。但在观点已趋向集中、明确时，主持人就应及时终止论辩。如果争议双方都已偏离议题，主持人就应伺机加以阻止，或说时间有限，暂不深入讨论或先谈到这里而加以间接地制止。

(3) 善于控制发言时间。

当有人发言超出规定时间，越谈越离谱可能影响别人的有效发言时，主持人可以直接告诉他"我们的时间有限"或者"我们还有其他的事有待解决"。有时为了避免尴尬也可以采取委婉的方式，如当长谈者略作停顿时，可以向另一个人提起话题，"老王，我觉得这个问题与你有关，你怎样看？"这样，不但保全了对方的面子，而且把发言权交给了另一个人，推动了会议进程。

(4) 机智处理会场的意外情况。

任何会议在进行的过程中，都有可能出现一些意想不到的情况。对于这些情况，主持人一定要沉着冷静，靠自己的应变能力恰当地加以处理。

① 如何应对会议开始时的冷场。冷场是会议活动中一种常见而又使会议主持人颇感难办的问题。冷场的原因很多，我们应针对不同的原因，采取不同的措施。

◆ 与会者无思想准备，一时难以发言。特别是事先没有打招呼，临时召开的会议就很容易出现冷场，这时会议主持人可以鼓励大家先谈不成熟的意见，在讨论中再补充完善。也可以让大家先做短暂的准备，然后发言。

◆ 与会者对所讨论的议题不理解、不明白而感到无从开口，会议主持人应详细、明确地交代议题，对与会者进行耐心启发。

◆ 会议议题直接涉及与会多数人的利益，因为有太多顾虑而造成冷场。会议主持人应先启发与其利益关系不太大的，或者是大家公认比较正直、公道的人发言，然后再逐步深入。只要有人开了头，冷场的情况就会好转。

◆ 会议议题有一定的难度和复杂性，一时不易提出明确意见而出现冷场。这时会议主持人可以由浅入深，启发大家开动脑筋，逐步接触问题的实质，也可以选择分析能力强、比较敏锐的同志率先发言，打开突破口后，再引导大家讨论发言。

② 巧妙打破部分人的沉默。当一部分人在会议上沉默时，主持者应当考虑沉默的原因，

有针对性地采取一些措施。会议中的沉默通常有以下几种情况:

◆ 顾虑、害羞的沉默。对此,会议主持人要寻找机会鼓励这些人发言,表示出对他们的发言很感兴趣,促使他们大胆发言。

◆ 持少数意见者的沉默。当会上多数人同意某种意见,出现了一边倒的情况,持少数意见的人知道自己的意见已经被孤立,也就不讲了。在这种情况下,主持人不应急于表态同意多数人的意见,应当耐心地、热情地鼓励有异议的人讲出自己的见解,以便比较。

◆ 无所谓的沉默。当会议议题与部分人关系不大时,有人会认为议题与己无关,抱着无所谓的态度而不愿意开动脑筋。会议主持人应采取恰当的方法把他们引导到会议议题上来,促使其思考问题。

◆ 对立沉默。有的人会对会议主持人或会议议题有对立情绪,出现不予理睬的态度。如果他们的意见确实有必要公开出来,会议主持人应主动、热情地引导他们发言,即便是对立的意见也应给予鼓励支持。

当然,会议中还有一些出于其他原因的沉默现象。如有的人不吭声可能是表示同意,有的人暂时不表态可能是想听别人的意见后再说,有的人不表态是没有新的意见等,这些情况均属正常,不必在意。

③ 善于控制离题发言。在会议发言中还常会出现跑题的现象。这种现象与冷场恰恰相反,可以算是会议"热烈"得过了火。离题时不可强扭,也不能不扭。强扭会挫伤积极性,不扭就可能开成无效的会议。

出现离题发言一般主要有两种情况:一是闲话式的离题。会议讨论中谈论传闻、轶事及与议题无关的闲话,而且喜欢海阔天空、津津有味地谈论,越扯离议题越远。这种现象通常是因为与会者认为议题与自己无关,不感兴趣而出现的;也有的人认为议题不好发言,而沉湎于题外话。这时主持人应该采取措施:一是接过讨论的某句话,顺势巧妙自然地引回到正题上来。二是联系议论的某一层意思,提出新的话题引入到正题中;三是用一句善良的话或风趣的话截住闲谈,而引入正题。

另一种是发挥式的离题。发言者为表示自己的才能,或显示自己的见解,自觉或不自觉地讲与议题无关的内容。对这种离题现象的处理也不能简单粗暴,而应尽可能采用不影响情绪和气氛的方式,用礼貌的形式提醒发言者。

(5) 做好会议总结。

会议达成决议之后,主持人还要在散会前做出总结,这才算是圆满地主持了一个会议。主持人要提纲挈领地将会议中提及的重点加以强调,提醒与会者不要忘记这些重点,并且要明确下一步的行动内容、时间、负责人、时限和检查方法等。最后要感谢与会者对会议的贡献。

3. 参加会议的礼仪

作为会议代表出现在同行面前的时候,你不仅代表的是你自己,更是背后支撑你的整个集团或者企业。所以,以下几点会议礼仪是经常参会的人员应当了解的。

1) 仪表

每一位与会人员都应该注意自己的仪表举止,做到穿着得体、举止优雅。一般要求是:穿着打扮要端庄大方、美观得体,最好穿职业套装,以显成熟、精干;仪容要整洁,举止文雅大方、风度潇洒、气质高雅，不要缩手缩脚，扭扭捏捏，矫揉造作。

出席正式会议和宴请，要穿正装，男士是深色西服，女士穿中长裙和长裤均可。男士要贴身穿衬衣，打领带，穿深色袜子，并把衬裤脚包在袜子里。女士的衣服最好每天更换一套。除会议主持人和发言人须遵循这些基本要求外，其他与会人员相对可以自由一些，比如可以穿休闲装、运动鞋，可以不带资料，简单进场。但需注意的是：不能太随便，禁忌穿拖鞋，衣衫不整；禁忌大声喧哗，遇到熟人热聊，旁若无人；无论在主席台还是在台下，坐姿都要端正，切忌抖腿或翘二郎腿。

2) 遵守会议纪律

正式的会议，一般都会提前宣布会议纪律，即使有些会议没有明文规定，事实上会议纪律已经在人们的意识中客观存在。一般情况下，参会人员应该准时到会、保持安静、不得逃会。一般而言，与会人员在出席会议时应当严格遵守的会议纪律主要有以下四项：

(1) 按时到会。严守会议时间，是保证会议顺利进行的基本条件之一。这一要求要落到实处，不但要靠主持人、组织者的积极努力和得力措施，也要靠全体与会人员的自觉和认真配合。接到会议通知后，应当按照通知上规定的具体时间准时出席会议。参加在本地举行的会议，应至少提前5分钟进入会场，以便有充足的时间做好会前准备，如签到、寻位、领取材料等。参加在外地举行的集会，则最好提前一天报到，以便事先熟悉情况。如果迟到无法避免，应尽量提前通知会务组织者，且迟到后悄然进入会场，不要扰乱会议秩序。

(2) 保持安静。全体与会者都应自觉维护会场秩序，保持会场安静，不影响发言人的讲话与听众的听讲。

在发言人或主持人讲话时，不允许起哄或是直接制造噪音。比如，不应在会场使用手机，不应当玩弄游戏机，不准吃东西等。与讲话者意见相左时，可以通过适当的渠道表达，不应当粗暴地打断对方的发言，或是大声予以斥责、议论、狂吹口哨、拍打桌椅、跺脚乱踢等。在会场上鼓掌，主要是对讲话者表示欢迎和支持，不允许"鼓倒掌"。

在开会之时，不应当随意走动，或者与周围的人交头接耳，更不应大声喧哗，或在会场里大声接听电话。一般情况下，最好不要带外人(与会议无关的)、家人(特别是小孩) 参加会议。

(3) 不得逃会。参加会议，必须善始善终。万一有特殊原因需要中途离会，应当事先请假。必要时，还须向主持人说明原因，并表示歉意，不允许在会议中途不辞而别。在他人讲话期间当众退场，不仅自己失礼，也是失敬于对方的。

3) 认真倾听发言

对每一位听众而言，在会议进行期间认真倾听他人的发言，是尊重对方的具体表现，也是自己掌握会议精神的主要途径。要真正做好这一点，需要注意以下三点。

(1) 会前准备。参加会议前，应做好必要的准备工作。其一，要充分休息，养精蓄锐，否则在开会时疲劳困乏，大打瞌睡，必定影响听讲。其二，要处理好其他工作，免得在开会时神不守舍、三心二意。其三，要预备好必要的辅助工具，如纸、笔、录音机等。其四，要认真阅读会议材料，以便全面了解会议情况，掌握会议主旨。

(2) 聚精会神。在会议进行时，每位听众都要聚精会神地聆听他人的讲话、发言——惟有聚精会神、全神贯注，方能汲取他人发言的精华，抓住要点，发现问题。在聆听他人发言时，切勿心神不定，"魂游"于会场之外。自己在讲话、发言后，更要注意专心聆听别人的讲话、发言。

(3) 记录要点。"好记性不如烂笔头。"参加会议时，要尽可能地对他人的讲话、发言择其要点，予以记录，这对于深入领会和准确传达会议精神帮助很大。

4) 正确就坐

会议座位安排主要有两种方法，一是按指定区域统一就座，二是自由就座。进入会场后，在没有会务工作人员引导的情况下，选择座位时应注意以下几点：

(1) 弄清楚哪个是上座，哪个是下座，按自己的身份、地位合理就坐。一般情况下，面对正门的位置为上座，靠门边的、远离领导的座位为下座。不管是圆会议桌还是方会议桌，与上座领导面对面的位置属于次上座。

(2) 有一定级别的领导，应坐到与自己级别相适应的座位上。

(3) 抢坐前排或退居后排，在会场中间留出空白，这是与会人员就座的大忌。

(4) 应勇于坐前排。座位的远近在心理学上反映了自信心的大小和地位权力的微妙差距。爱坐后排者，往往是缺乏自信心的表现。我们应善于表现自己，养成坐在会场前排的习惯。

(5) 注意主宾的区别。如果以客人的身份参加会议的，要注意主客的区别，做到客随主便。

另外，还需做到以下三不要：

- 不需要起身为领导添茶，不要主动分发会议材料；
- 不要评价会议准备工作的好坏，不要随意改变座位；
- 不需要接洽会议安排事宜，应尽可能服从安排(为本单位领导安排行程除外)。

6.3 应聘面试

1. 应聘面试的准备

作为应聘者要想取得面试的成功，必须积极应对，做好各项准备工作。

1) 搜集就业信息

就业信息是指通过各种媒介传递的有关就业方面的消息和情况，如就业政策、供需双方的情况及用人信息等，它是求职者择业所必须搜集和掌握的材料。

就业信息的种类有两种：宏观信息和微观信息。宏观信息是指国家的政治经济情况，国家或地区社会经济的方针政策规定，国家对毕业生的就业政策与劳动人事制度改革的信息，社会各部门、企业需求情况及未来产业、职业发展趋势所要求的信息等。掌握这些信息，就可宏观地把握就业方向。同学们在校期间，要关心国家政策的重大改革，对确立宏观的择业方向有着重大的意义。微观信息是指某些具体的就业信息，如用人单位的需求情况、发展前景、需求专业、条件、工资待遇等。这些信息是在大学即将毕业时所必须搜集的具体信息。

搜集就业信息的途径主要有以下几种：一是通过学校就业指导办公室和各就业工作服

务站搜集。学校收集的信息都会及时传至各系(处)，或发布在学校网页的就业信息栏中。二是通过各级政府主管部门和就业指导机构搜集。这些主管部门主要是国家教育部和省教育厅、人力资源与社会保障厅及各市的教育局、人力资源与社会保障局。这些部门和就业机构的主要职责，就是制定辖区的毕业生就业政策，提供高校毕业生和用人单位的信息，为毕业生就业提供咨询与服务，故来自这方面的信息也是真实可信的。三是通过学校老师和亲朋好友搜集。老师在多年的社会实践、教学实习、科研协作中，与一些专业对口的单位联系密切，通过他们了解就业信息，推荐求职，对择业成功有很大帮助。家长、亲朋、好友，在多年的社会交往中，也会给你带来大量的就业信息，希望所有的毕业生要有意识地收集。四是通过各类"双向选择"的招聘活动搜集。各人才服务机构、省市就业服务部门和学校每年都会举办各种人才招聘会，为毕业生收集就业信息提供了更广泛的途径。五是通过有关新闻媒体和网络搜集。新闻媒体特别是网络可为毕业生提供更丰富的就业信息。同时，应届毕业生可通过网站发布个人简历和求职要求。

求职者搜集到求职信息后，还要善于分析求职信息，这样才能增大求职成功的机会。否则，事到临头，只凭自己的想象和猜测或是被动地服从他人之命，依据社会上的流行看法盲目选择，只会使求职陷入困境。就一则具体的招聘信息来讲，求职者在阅读时一定要从岗位的职责、岗位的硬件要求、招聘单位的具体情况(规模、待遇、前景、地址、联系方式等)、岗位的供需情况、单位的企业文化与人际关系、岗位的细分情况等角度加以分析。只有善于阅读分析招聘信息，才有可能取得应聘的成功。

2) 明确求职途径

(1) 招聘会。一般应到由政府人力资源与社会保障部门所属的人才交流机构开办的人才市场或"招聘会"求职，这类部门运作规范、服务周到、信誉高、手续齐全，出现问题，可得到合理保护。

(2) 网上求职。网络突破时空的限制，通过网络求职经济、方便、快捷，不但避免了大量人群集中近距离的接触，并且所承载的信息量大，这不仅可以让求职者了解更多的职位信息，还可在网上人才信息库存储个人基本资料，以供用人单位查询。

(3) 实习。目前有很多知名企业通过招募实习生的方式来培养和招聘自己的员工。

(4) 报刊招聘广告。这是传统人们获得就业信息的最主要的手段，其信息较之网络有更强的真实性，但也有不实的虚假招聘信息。另外，如果招聘职位好可能有很多应聘者。

(5) 人才服务机构、职业介绍所等。通过人才中介来获取职位，今后将成为主流。随着法律的完善，监管到位，通过人力资源中介来获得职位，是个不错的选择。人才服务机构的优势在于信息来源多、专业化等。

(6) 电话求职。了解招聘信息后，可以电话咨询感兴趣的信息，电话求职时要讲究礼仪。

(7) 直接上门找公司负责人或人力资源部经理。这是毛遂自荐的求职方式。如果看好某企业，可主动上门求职，展示自身的工作实力，让用人单位了解并能够录用自己。

(8) 各院校的就业指导办公室。大学生们到所在院校的就业指导办公室，可以得到许多用人单位的需求信息，也可以得到有关就业政策和择业技巧的指导。

(9) 社会关系。通过亲朋好友(包括老师、同学、师兄、师姐等)获取招聘信息或者推荐，也是一种符合中国国情的求职方式。

3) 撰写面试材料

在双向选择过程中，大部分用人单位安排面试的依据是有关反映毕业生情况的书面材料，通过这些书面材料来判断和评价毕业生的学习成绩、工作潜力。毕业生要成功地向用人单位推销自己，拟定具有说服力和吸引力的求职面试材料是成功的第一步。

面试材料包括毕业生就业推荐表、简历、自荐信、成绩单及各式证书(获奖证书，英语、计算机等各类技能等级证书)、已发表的文章、论文、取得的成果等。

(1) 简历。

简历主要是针对应聘的工作，将相关经验、业绩、能力、性格等简要地列举出来，以达到推荐自己的目的。由于毕业生就业推荐表栏目和篇幅限制，多数毕业生更希望有一份个性突出、设计精美、能给用人单位留下深刻印象的简历。

第一，简历的设计原则。真实、简明、无错是简历设计的三个原则。真实原则就是指简历从内容上讲必须真实，比如选了什么课，就写什么课；如果没有选，就不要写。兼职工作更是如此，做了什么，就写什么。不要做了一，却写了三或四。因为在面试时，你的简历就是面试官的靶子，他会就简历上的任何问题提出疑问。如果你学了或做了，你就能答上来，否则你和考官都会很尴尬，你在其眼里的信誉也就没有了，这是很不利的。讲真话，不要言过其实，相信自己的判断力是十分重要的。

如果你没有参加任何兼职工作，你可以不写，因为主考官知道你是刚刚要毕业的学生，而学生的本职工作就是学习。或许你只是学了本专业，没有顾上其他；或许你在学习本专业同时选择了第二专业或辅修专业；或许你虽然没有在校外兼职，但在校内系里或班里做了大量社会工作。总之，你会有自己的选择，也会珍惜自己的选择，并为自己的选择骄傲。这样你就没有必要为没有兼职工作而苦恼或凭空捏造。请记住，主考官都是从学生过来的，他们会尊重你的选择。

简历，最好简单明了。这是简明原则的又一重要体现。如果简历内容过多，又缺乏层次感，会给人以琐碎的感觉。必要的信息如姓名、性别、出生年月、联系电话和地址等一定要写上。相比之下，身高、体重、血型、父母甚至兄弟姐妹做什么工作并不是非常重要的，这些内容均为辅助信息，可要可不要，至少不应占据重要位置。可以将自己认为重要的信息全部浓缩到第一页上，然后把认为次要的信息，诸如每学期成绩单、获奖证书复印件等信息都当作附件。这样的简历主考官只看一页就清楚了，主次分明，非常有效。主考官如果感兴趣，可以继续看附件里的文件。

无错原则是指简历应该没有错误，尽可能在寄出简历之前，一个字一个字地检查一遍，标点符号也不能落下。否则会被认为是一个粗心的人，在激烈的竞争中就可能被淘汰。

第二，简历的内容。简历并没有固定格式，对于社会经历较少的大学毕业生，一般包括个人基本资料、学历、社会工作及课外活动、兴趣爱好等，其内容大体包括以下几方面：

◆ 个人基本材料。主要指姓名、性别、出生年月、家庭住址、政治面貌、身高、视力等，一般写在简历最前面。

◆ 学历。用人单位主要通过学历情况了解应聘者的智力及专业能力水平，一般应写在前面。习惯上书写学历的顺序是按时间的先后，但实际上用人单位更重视现在的学历，最好从现在开始往回写，写到中学即可。学习成绩优秀，获得奖学金或其他荣誉称号是学习生活中的闪光点，可一一列出，以加重份量。

◆ 生产实习、科研成果和毕业论文及发表的文章。这些材料能够反映你的工作经验，展示你的专业能力和学术水平，将是简历中一个有力的参考内容。

◆ 社会工作。近几年来，越来越多的用人单位渴望招聘到具有一定应变能力、能够从事各种不同性质工作的大学毕业生。学生干部和具备一定实际工作能力、管理能力的毕业生颇受青睐。社会工作对于仍在求学的毕业生来说，主要包括社会实践活动和课外活动，应聘时是相当重要的。

◆ 勤工助学经历。即使勤工助学的经历与应聘职业无直接关系，但是勤工助学能够显示你的意志，并给人留下能吃苦、勤奋、负责、积极的好印象。

◆ 特长、兴趣爱好与性格。这是指你拥有的技能，特别是指中文写作、外语及计算机能力。兴趣爱好与性格特点能够展示你的品德、修养、社交能力及团队精神，它与工作性质关系密切，所以用词要贴切。

◆ 联系方式。联系地址、电话、邮政编码千万不要忘记写，以免用人单位因联系不到你而失去就业机会。

(2) 自荐信。

自荐信就是求职信，其基本内容应该包括如下方面：

◆ 写明用人信息的来源及自己所希望从事的工作岗位，否则，用人单位将无法回答。

◆ 愿望动机。这是自荐信的核心内容，说明自己要求竞争所期望的职业岗位的理由和今后的目标。

◆ 所学专业与特长。将大学所学的重要专业课程写入，但不要面面俱到，以免使主要的专业课程"淹没"在文字之中。对自己熟悉的、有兴趣的，特别是与期望单位所需人才职业关系紧密的，可多写一些。兴趣和特长，要写得具体真实。

◆ 最后应提醒用人单位留意你附带的简历等材料，请求给予同意等。

信函求职在毕业生求职过程中，是最常用的、最主要的方式。求职信由开头、正文、结尾和落款组成。在开头，要有正确的称呼和格式，在第一行顶格书写，如"尊敬的人事处负责同志"、"尊敬的张教授"等，加一句问候语"您好"以示尊敬和礼貌。正文部分主要是个人基本情况即个人所具备的条件。求职信的核心部分要从专业知识、社会实践能力、专业技能、性格特长等方面使用人单位确信，他们所需要的正是你所能胜任的。结尾部分可提醒用人单位回答消息，并且给予用人单位更为肯定的确认："您给我一个机会，我会带给你无数个惊喜！"结束语后面，写表示敬意的话，如"此致"、"敬礼"。落款部分署名并附日期。如果有附件，可在信的左下角注明。

求职信的信封、信纸最好选用署有本学校名称的信封、信纸，忌讳选用带有外单位名字的信封、信纸。要求字迹清晰工整。如果写一手漂亮的书法，最好手写，因为更多的人相信"字如其人"。如果字写得不好看，就不如用电脑打出来，篇幅要适中，不宜过长，1000字左右较为合适。求职信是个人与单位的第一次接触。所以，文笔要流畅，可以有鲜明的个人风格，不可过高地评价自己，也不可过于谦虚。要给用人单位留下较为深刻的印象。最后，要留下自己的联系方式。

在毕业就业推荐表、简历和自荐信后，还应附有成绩单及各式证书、已发表的文章复印件，论文说明、成果证明等。如果本专业比较特殊的话，还应附一份本专业介绍。

4) **熟悉面试方法**

求职面试的基本方法主要有电话自荐、考试录用、网上应聘等，在各种方法之中也有很多应试技巧，掌握这样一些方法和技巧，会有助于你求职面试取得成功。

(1) 电话自荐。

通过电话推荐自己，是常用的一种求职方式，如何充分地利用电话接通后的短暂时间，用最简洁明了的语言清楚地表达自己，能否给对方留下一个深刻清晰的印象，是同学们十分关心的问题。

打电话之前，一定要做好充分的准备工作。谈话内容上要了解用人单位的有关情况，尽量做到心中有数，其次要对自己有一个客观、公正的认识。最后要根据用人单位的需求情况，结合自己的特长，列出一份简单的提纲，讲究条理并重点突出地介绍自己，力争给受话人留下深刻印象。另外还要调整好自己的心态，做好充分的心理准备，努力控制好说话的语音、语调、语速，在短暂的时间里，展现自己积极向上、有理有节的个人良好品质。

电话接通后应有礼貌地询问："请问这是某单位人事处吗？"在得到对方单位的肯定答复后，应作简短的自我介绍，并说明来电意图。求职者一定要言简意赅，并着力表现自身特长，与所求职位相互吻合。

(2) 考试录用。

笔试是常用的考核方法，笔试限于某专业技术要求很强，对录用人员素质要求很高的单位，如一些涉外部门或技术要求高的专业公司等。

参加笔试前，应了解笔试的大体内容。一般而言，用人单位的笔试包括以下几个方面的内容：一是对于知识面的考核，包括基础知识和专业知识；二是智力测试，主要测试受聘者的记忆力、分析观察力、综合归纳能力、思维反应能力；三是技能检测，主要是对其处理实际问题的速度与质量的测试，检验其对知识和智力运用的程序和能力。参加笔试要按要求准时到场，不能迟到。卷面要整洁，字迹工整，给阅卷老师留下良好的印象。考试过程中，绝对不能作弊或搞小动作，对于这一点，用人单位是尤其看重的。

(3) 网上应聘。

网上求职首先要准备一份既简明又能吸引用人单位的求职信和简历。求职信的内容包括：求职目标——明确你所向往的职位；个人特点的小结——吸引人来阅读你的简历；表决心——简单有力地显示信心。

在准备求职信时还要注意控制篇幅，要让人事经理无需使用屏幕的流动条就能读完；直接在信内编辑，排版要工整；要做到既体现个人特点又不过分吹嘘。对于网上求职来讲，简历的准备相对比较简单，在"中华英才网"等人才网站上都提供标准的简历样本。需要注意的是，学历和工作经历要按时间顺序倒着填，也就是把最近的工作经历和学历写在最前面，以便招聘方了解你目前的状况。在填写工作经历时，很多求职者只是简单列出工作单位和职位，没有详细描述工作的具体内容，而招聘方恰恰就是根据你做过什么来评估你的实际工作能力的。除非应聘美工职位，否则不要使用花哨的装饰或字体。

在网上填简历，要严格按照招聘方的要求填写，要求网上填写的就不要寄打印的简历；要求用中文填写的就不要用英文填写；有固定区域填写的就不要另加附件。发送简历是网上求职关键的一步，如果是自己在网上通过 E-mail 发简历，应该以"应聘某某职位"作为邮件标题，把求职信作为邮件的正文，再把简历直接拷贝到邮件正文中，这样既方便对方阅读，又杜绝了附件带电脑病毒的可能性。如果通过人才网站求职，可以直接把填好的简历发送给招聘单位，网站的在线招聘管理系统还能把个人简历以数据库的方式存储起来，根据求职者的要求，供招聘单位检索和筛选。

2. 应聘面试的沟通

1) 应聘面试沟通的原则

(1) 尊重对方。求职面谈时，首先，要尊重对方，不能因为招聘者的学历、职称、年龄或资历不如你优越，你就轻视对方。尊重对方、赏识对方，可以使招聘者增加对你的好感；其次，要善解人意，无论对方提出什么问题，你都应该从积极的角度去理解，而不是一味地产生对立情绪，认为是故意刁难你。

如，某科学院一名博士生毕业时向北京一所高校发出了求职信，并接到了面试的通知书。这位博士生读博士前就已被评为讲师，只是家属工作单位在外地。面谈前，高校的人事干部做了大量的工作，疏通了各种渠道，初步办好了其家属的接收工作。可是见面交谈时，这位博士发现坐在自己面前的是一位不足30岁的年轻小伙子，于是他不仅流露出了不尊重对方的神情，而且还刨根问底地询问对方，处处显示出优于对方、待价而沽的情绪，引起了对方的反感，结果毁了一桩好事。这位博士抱着"此处不养爷，自有留爷处"的自信转了十几个单位，可是，不是因为名额已满，就是因不能解决夫妻两地分居的问题而告吹。当他再次找到这所高校时，对方已录用了另外一名硕士毕业生，他只好打起行李回到老家。其实那位和他面谈的年轻人正是录用他的关键人物。虽然看上去年轻，却已是留美博士生，并且是某个国家重点项目的负责人。人事部门有意安排他来负责招聘，主要是从将来开展博士后研究的角度着想的。事后，这位年轻人说："这位求职者不仅仅是外语水平不符合要求，关键是妄自尊大，目空一切，好像不是他在求职，反倒是我在求职，这种人即使在国外也不会找到合适工作的。而我们现在录用的这个研究生，家也在外地，不但专业水平和外语水平较高，关键是人很谦虚，很有发展前途。"

(2) 充满自信。求职者既要自知，更要自信。求职过程中的自信表现，是在自大与自卑之间选择合适的一个度，既不过分张扬，也不过分卑下，是指围绕着求职、面试的主题，进行自我介绍并回答面试考官的问题，也是指在适当的时候，借题发挥，进一步展示自己本身的能力与才华。在自信的基础上，加以训练，能够使求职者在真正的面试舞台上，超水平发挥。

(3) 双向交流。富兰克林在其自传中讲到，"说话和事业的发展有很大的关系，你出言不慎，将不可能获得别人的同情、别人的合作、别人的帮助。"在求职过程中，正确使用语言进行表达，无论是描述自己的情况、成绩或意向，还是回答面试考官的问题，都是非常重要的。同样，通过求职交流，也会使求职者获得招聘公司的相关信息，只会答、不会问的求职者正在慢慢被淘汰。因为无法发问就无法进行双向的交流，这就意味着一名求职者因为没有自我思考的能力而无法达到面试考官的要求。

2) 应聘面试的沟通技巧

(1) 仔细聆听。在面试过程中，要仔细聆听。为了表示你在耐心倾听，要伴随适当的肢体动作(如微微点头)或简单的附和语(如"噢"、"嗯")。回答问题前必须确认已经听清、听准对方的提问，如果对讲话重点不是十分有把握的话，建议用复述性提问加以确认，比如，"您的意思是不是说……"、"如果我没猜错的话，您是想问我……"

(2) 谦虚诚恳。在面谈中，应聘者如果能谦虚诚恳，则可立于不败之地，从而成功地叩响就业之门。因此，在求职过程中，求职者的真实与诚恳是成功应聘的首要条件，在真实诚恳的基础上，还要力求使自己的就业意向与应聘行业的职业要求相一致，在面谈中尽量回避对自己不利的话题。例如，某设计院是国家甲级设计院，任务多，待遇高，不少应聘者竞相涉足，企图获得一职之位。其中，一名毕业于该市三流大学的毕业生前来应聘。他先自报所学的是机械制造专业，然后非常认真地询问对方有什么样的要求。设计院的一位老工程师告诉他主要是绘图工作。这位青年马上说："这是我最拿手的，我课余就帮人家绘图，三天一份，您可以当场试我。"老工程师露出了笑容。因为绘图虽然容易但也并非易事，这种工作单调、枯燥、乏味，年轻人如果肯干，看来不是个眼高手低者。老工程师又问："你搞过设计吗？"

"搞过四个设计，都获得了优秀，还有一个被实习工厂看中了。"他拿出了证书和获奖图纸。

老工程师饶有兴趣地边看边聊："搞设计要下现场，有时'连轴转'，你行吗？"小伙子拍着厚实的胸脯说："没问题，让干什么就干什么，只是希望有机会再读个本科。"

"没问题！"这回是老工程师拍着胸脯了。

这位非名牌大学的毕业生之所以能顺利进入名牌设计院，关键在于他语言朴实但又不过分谦虚，表现出诚实稳重的品质。他当然知道自己应聘的职业要求是擅长绘图、吃苦耐劳的，就将自己在绘图方面的经验、成果，以及身体强壮、不怕辛苦等优势加以强调，至于自己是来自三流院校、甚至专业并不对口的事实就避而不谈了。

(3) 毛遂自荐。在求职过程中，如何在众多的竞争对手中脱颖而出很重要，哪怕只是引起招聘者的注意。当我们在运用求职语言艺术时，"单刀直入、毛遂自荐"也不失为一种方式。我们可以开门见山，对招聘者直截了当地表明自己的选择意向。如果对方针对你的能力或学历提出任何异议，别担心，这恰恰给了你一个说明和展示自己的机会。

在某市的大学生供需见面会上，市公安局某研究所的招聘桌前，围满了前来求职的大学生，大部分是男性公民。一位年轻的女学生硬是挤到招聘桌前，向招聘人员表明自己渴望从事刑事检验分析研究的工作。

招聘人员面露难色，因为这个研究所从来没有女工作人员，有的只是清一色的男性公民。可是，面对姑娘恳求的目光，招聘人员决定破例给这位姑娘一个机会。他说："工作人员需要下案件现场，遇到的尽是血淋淋的场面，姑娘家哪敢去呢？！"

"我就敢去！"这个姑娘快言直陈、毫不含糊。"让我抬死人，我也不怕。"

"你可别说大话，干这行没黑夜没白天，得随叫随到。"

"嘿，我假期打工就是给人家开车，跑起路来没点胆儿行吗？"说着她掏出了驾驶证。人事干部与研究所的干部当场拍板，并与之签订了聘用合同。

这个例子中的女大学生就是借用对方的"发难"，适时地用行动或语言展示了自己的优点和长处，反败为胜！

(4) 巧用反问。在面试过程中，有些招聘者会针对你的薄弱环节进行发问，其目的有二：一是确实发现你有不足之处，想得到你的解释；二是想看看你的应变能力和回答技巧。这时，应聘者一定要沉着冷静，迎难而上，用反问的形式巧妙地回答问题。

例如，已婚的刘女士到一家中外合资企业面试，公司经理对她很满意，只是担心她已婚且孩子还小会影响工作，下面节选了这次成功面谈的片断：

总经理："刘女士，你的各方面素质都不错，只是……你孩子还小，这一点公司方面还得考虑一下。"(总经理实际上内心已经准备淘汰她了。)

刘女士："我认为总经理的意见有一定的道理。如果我是总经理，可能也会这么想。"(总经理听到这里，有点意外，微微点头。)"公司的任务重，工作忙，谁也不愿意员工拖儿带女、东牵西挂地来上班。"(总经理听到这里哈哈大笑。)

"但是，"刘女士话锋一转："我想，事情还有另外一面，虽然我的想法不一定对，不过，还是想说出来请总经理指正。因为从公司来说，最重要的是要求职工有责任心。但是不当家不知柴米贵，不养儿不知父母恩，在生活中都没有经过责任心训练的人，在工作中能有很强的责任心吗？我想，这就是一个母亲与一个未婚女子的最大区别，她们对生活、工作和责任心的理解是不会相同的。"(总经理听到这里开始沉思了。)

"况且，"刘女士趁热打铁："我家里还有老人退休照料家务，我绝不会因家庭琐事而影响工作的，这一点总经理还有什么不放心的？"

总经理最终拍板录用了刘女士。

当然，要想达到预期的求职目的，光有迎难而上的勇气是不够的，还要善于"打太极拳"。当对方猛然向你发来一个快球，大有一击点中要害之势时，不要回避，顺势接下，如同上述例子中的主人公，先肯定招聘者的判断，承认自己的"软肋"，进而将球轻柔而有力地推回对方——不卑不亢地分析现状，表明自己的特长和优势，以消除对方的顾虑，最后用反问的形式促使招聘者做出回答。

(5) 少用"我"字。由于面试的过程是一个对"我"进行考察的过程，因此，无论是在自我介绍还是在面试谈话过程中，求职者的语言和意识往往会以"我"为中心。例如，"我"的学历、"我"的理想、"我"的才华，以及 "我"的要求……殊不知，这样做对方会认为你"以自我为中心"、"自我标榜"、"自以为是"、"自我推销"…尽管事实并非如此。例如：袁女士，35 岁，应聘某公司的机械检验员，招聘者问她："这个工作经常要出差，到湖南、湖北、四川等地，条件会比较艰苦，你行吗？"袁女士答道："我是不是看上去比较娇气了一点？我从前在矿山做机械工的时候，可是常在管道里面爬上爬下的，而且我还在装配车间做过检查工作，我想工作再苦都没问题。别看我是女的，我在装配车间干过一年，在铆焊车间干过半年，我在试验场还做过现场施工。当时我在甘肃，现在想起来我真的不想回去，因为机械管道里的味儿很难闻，100 米长的管道，我就在里面爬上爬下……"

要不是被招聘者及时打断，袁女士还不知要说出多少个"我"字来。在这个案例中，袁女士的回答本来就不够简洁，再加上"我"字不离口，有强迫性的自我推销之嫌，使得招聘者顿生反感，面试结果可想而知。

(6) 灵活应变。最后一条原则，就是"没规则"，不要有那么多的条条框框，记住：在任何情况下，招聘单位都会垂青那些有较强角色意识和应变能力的人。而这种能力多半是书上没有的，要在实践中不断地锻炼，这就是为何有些招聘单位很看重工作经验的原因。

国外一家旅馆老板测试三名应聘侍者的男子。

问："假如你无意中推开房门，看见女房客正在淋浴，而她也看见你了，这时你该怎么办？"

甲答："说声'对不起'，然后关门退出。"

乙答："说声'对不起，小姐'，然后关门退出。"

丙答："说声'对不起，先生'。然后关门退出。"

结果，丙被录用了，为什么呢？

因为他的这种故意误会的说法，维护了女房客的尊严，他用非常得体的语言表现出一名侍者应该具备的职业素质。

(7) 成功地进行自我介绍。求职者自我介绍的根本目的，是使面试考官对自己有个初步的、大概的了解，并且尽可能留下好的印象以便使面试能够深入进行下去，最终赢得面试的成功。求职面试的自我介绍必须讲究技巧，成功的自我介绍往往会给面试考官留下深刻的印象，求职就成功了一半。在人的思想意识中，往往存在这样的误区，认为最了解自己的人一定是自己，把介绍自己当成是一件很容易的事。其实不然，说人易，说己难。在求职面试中，介绍自己是最难的部分，要成功地进行自我介绍，要从以下四个方面着手。

第一，礼貌的问候。在进行自我介绍之前，求职者首先要跟主面试考官打个招呼，道声谢谢，这是最起码的礼貌。比如："经理，您好，谢谢您给我这个机会，现在，我向您作个简单的自我介绍⋯⋯"。介绍完毕以后，要注意向主面试考官致谢，并且还要向在场的其他面试人员致谢。

第二，主题要鲜明。求职面试中的自我介绍一般包括这些基本要素：姓名、年龄、籍贯、学历、学业情况、性格、特长、爱好、工作能力和工作经验等。因此，不必面面俱全，而是一定要做到主题鲜明，直截了当，切入正题，不要拖泥带水，对于材料的组织要合理，做到详略得当，重点突出。一般来说应按招聘方的要求来组织介绍材料，围绕中心说话。假如招聘单位对应聘人的工作能力和工作经验很重视，那么，求职者就得从自己的工作能力及经验出发做详细的叙述，而且整个介绍都是以这个重点为中心的。

下面是某家工艺品总公司招聘业务员的一段对话。

面试考官：我公司主要经营有地方特色或民族特色的工艺品，如北京的景泰蓝、景德镇的陶瓷和湖州的抽纱等。这次招聘的对象主要是能开拓海内外业务的湖州抽纱的业务员。现在，请你介绍一下自己的情况。

求职者：我叫李伟，今年24岁，是湖州市人。今年毕业于湖州市商业学校，读市场营销专业。我一直生活在湖州，小时候就经常帮妈妈和奶奶做抽纱活，对于传统的抽纱工艺可以说是比较了解的。在商校学习的两年中，我掌握了营销方面的专业知识，这是我将来搞好业务的资本。我的口才较好，曾参加省属中专学校的求职口才竞赛，得了二等奖，并且还具备一定的英语口语能力。我这个人的特点是头脑灵活、反应快，平时喜欢看报纸，对国内外的经济发展动态很感兴趣，喜欢从事具有挑战性的工作。

应聘的求职者一般应从最高学历讲起，只要面试考官不问，完全没有必要谈及小学、中学甚至是大学。谈所学的专业、课程，不必说明成绩。谈求职的经历，不要漫无边际，东拉西扯，最好在1到3分钟之内，完成自我介绍，简洁、明快、干脆、有力。

第三，让事实说话。在面试时，有的人为了能给面试考官留下深刻的印象，往往喜欢对自己进行过多的夸张，动辄就"我的业务水平是很高的"、"我的成绩是全年级最好的"，其实，这样反倒会给面试考官留下不好的印象。现在的用人单位往往更注重应聘者的真本事。"事实胜于雄辩"，虽然面试的时间很有限，不可能完全展示出求职者的才能，但是，求职者可以通过实际的事例来证明你的能力，把你的才华展示给面试考官。

某大学中文系学生小刘，毕业后到报社应聘记者，面对着上百个新闻专业出身的应聘者，可以说小刘并没有什么优势。但小刘对此早有准备，她对面试考官介绍自己时是这样说的："我叫刘晓明，山西人，毕业于 XX 大学中文系。虽然我不是新闻专业的，但我对记者这个行业却十分感兴趣。在大学期间我是学校校报的记者。4 年间，进行了许多次较为重大的校内、外采访，积累了一定的采访经验，再加上我的中文功底，我相信我可以胜任贵报的工作。这是我在大学期间发表过的报道稿，请各位编辑领导批评指正。"

面试考官们看过小刘的报道材料后，觉得眼光独到、语言深刻，都很满意。结果小刘击败了众多的竞争者，不久就收到了录用通知。

第四，给自己留条退路。面试中的自我介绍既要坦诚，又要有所保留；既要介绍自己的能力，也不要把自己搞成事事皆能，使自己进退维谷。在自我介绍中，求职者要尽可能客观地显示自己的实力，但同时应尽可能避免使用保证式或绝对式的语言，如"我非常熟悉这项业务"、"我保证让部门改变面貌！"这些话往往没有具体内容，反倒会引起面试考官的反感，如果遇到较为平和、内敛的面试考官，也许不会为难你。但是如果遇到个性较强的面试考官进行追问时，求职者会因无法回答而张口结舌，尴尬万分。

小赵去面试一家国际旅行社的导游。他自我介绍说："我这个人喜欢旅游，熟悉各处的名胜古迹，全国的风景名胜几乎都去过。"面试考官很感兴趣，就问："那你去过云南大理吗？"因为面试考官就是大理人，对自己的家乡再熟悉不过了。可惜小赵根本就没去过大理，心想若说没去过这么有名的地方，刚才的话，不就成了吹牛了吗？于是硬着头皮说："去过。"面试考官又问："你住的是哪家宾馆？"小张再也回答不上来，只好说："那时我是住在一个朋友家的。"面试考官又问："你的这位朋家在大理的什么地方啊？"小赵这下没词儿了，东拉西扯答非所问，结果自然是可想而知的。

(8) 得体地回答。在面试过程中，要注意以答为基础、以问为辅助的沟通技巧。尽管不同公司的面试程序和模式有所不同，面试考官的风格各异，但是有些问题是面试考官们比较喜欢问的。应聘者一定要对这些问题有所准备，知己知彼才能百战不殆。

一般来说，招聘方提出的问题可分为两类：一类是规定性提问，也就是招聘方事先准备好的，对每一位招聘者都要发问的问题；另一类是自由性提问，亦即招聘方随意穿插的问题，这些问题往往千变万化，涵盖宽泛，招聘方可以从应聘者不经意的对答中发现其闪光点或缺点。无论是哪类问题，应聘者在回答时都应当掌握以下基本技巧：

◆ 不要遗漏表现自己才能的重要资料。
◆ 保持高度敏锐和技巧灵活的思维状态。
◆ 回答既要表现自己的个性气质，又要表现出对招聘方的尊重与服从。
◆ 认真倾听对方的提问，并注意对方的反应，以便及时调整自己的不恰当的回答。
◆ 避免提到"倒霉"、"晦气"、"不幸"、"疾病"之类可能招致对方忌讳的字眼。

(9) 讲究无声语言艺术。无声语言能体现出一个人的教养、身份、风度、内在气质和人格。在求职面试中，招聘人员常常通过求职者的举手投足、坐姿站态、一动一静、一颦一笑去判断其心理素质、文化修养甚至性格特征。"第一印象"在面试中非常重要，有时甚至决定了求职是否成功。优美的体态风度能帮助求职者建立良好的第一印象，从而起到事半功倍的作用；假如求职者不修边幅、大大咧咧，或者拘谨胆怯、体态不自然，必然会有损求职者在招聘人员心目中的印象，而影响面试成绩。无声语言艺术在求职面谈中的具体运用体现在如下方面[①]。

第一，表情语。面试中表情语尤其要注意微笑和眼神的运用。微笑是求职面谈中最不可缺的表情，微笑可以使求职者显得友善、有亲和力，可以迅速缩短与面试官的距离，使对方更容易接受自己。如果求职者在面试中表情淡如清水，不苟言笑，那么传递给对方的是不尊重、不友好、不自信、不大方的信息，气氛沉闷压抑，就难以获得满意的面谈结果。

在求职面谈中，求职者要敢于和善于同面试官进行视线接触，这既是一种礼貌，又是能帮助维持联系的一种方法，使谈话在频频的视线接触中持续下去。一般情况下，视线接触的范围是双眼与嘴部之间的三角形区域，这样既保持了接触又避免了因直直地盯着而引起的对方的不快。正确地运用眼神目视对方，体现了自身的礼貌，说明对话题有兴趣而且不怕挑战。有的求职者总习惯于低着头看地板，几乎不看招聘方，或者左顾右盼，还有的总是窥探面试官的桌子、稿纸或笔记本，这些行为会传递出求职者性格不稳定、不诚实、怯懦、缺乏自信心等信息，很不利于面谈。

第二，手势语。在运用手势语时要注意紧密配合有声语言，做到协调一致，"该出手时就出手"，不要"想出不敢出"，反倒给人胆小拘谨之感。手势语要大方自然，幅度适中。手势过大让人觉得性格不稳定，无节制地挥手或无规律地乱摆都会让人觉得说话者的轻浮或狂妄；手势过小显得呆板，缺少风度。此外，一些下意识的举动，如搔首弄姿、拉耳掰手、扯衣挠发，还有的人的腿会无意识地抖动等，这些都可能反映出求职者内心的不安、慌张和窘迫。

第三，体姿语。求职者如果是站着回答问题，应该保持正确的站姿，如头要端正，腰要直，肩要平，挺胸收腹，重心放在脚底中央稍偏外侧的位置，双手自然下垂或拿文件夹之类的放在身前。这样才能显得精神振奋、充满信心。

坐的姿势要求文雅端庄，给人以沉稳、可信任感。面试官请你入座前不要随便坐下，入座要稳要轻，不可猛起猛坐，以免发出声响，一般坐在椅子的前半部分。入座后，手可平放在腿上或扶手上，上身端正挺直，"二郎腿"不要翘得太高，更不可抖动。女士可以采取双膝并拢或小腿交叉的姿态，但不可向前直伸，面谈中，两眼平视和你交谈的招聘人员，身体稍向前倾，以显示出对谈话的兴趣和对对方的尊重，身体不要过分前倾，给人一种阿谀奉迎的感觉。

步姿是在站姿的基础上展示人的动态美的极好方式。对于求职面谈而言，展现步姿主要是指从进入面谈室到入座或站定和面谈结束后离开房间的两个动程。求职者要注意，步入面谈室前先轻轻敲门，听见"请进"后，再轻轻推开门，并主动向屋内的人打招呼，然后神态自然、步履稳健、面带微笑地走进房间。面谈结束后，不管自己对于面谈的预感是

① 李丽颖. 求职面试中的无声语言艺术. 艺海，2006(3)

怎样的，步履仍然应该自信从容，到门口时再轻轻把门带一下，切记不可失去常态，慌慌张张地快步走出，也不能漫不经心、一步三晃地下去，这样可能会使面试官对你的整个面谈失去好感。

第四，服饰语。求职面谈是一种正式场合，求职者的服饰穿戴关系到招聘人员对其第一印象，因而应当认真对待。一般来说，求职者的服饰要同自己的身材、身份、年龄等相符合，做到大方得体、整洁明快。在着装时，一要关注细节，比如衣服不必太贵，但要烫得平整，色彩要协调，扣子要扣对，皮鞋要擦亮，不要佩戴款式夸张的首饰。二要注意求职者的装扮须与希望的职业身份相协调，比如你面试的职业是教师、会计、工程师等，打扮就不能过分时髦，而应该选择庄重、素雅的着装，以显示出稳重文雅的职业特性。另外，所选的服装不一定要最漂亮的，而是要选能衬托你内在气质的、穿感舒服的，这样就不会因为服饰而产生潜意识的拘束和不自然。头发要梳理整齐、干净、头饰不宜多。男士的胡须一般都要求刮净，女士可画淡妆。总之，在求职交际中，求职者要力求把内心的美和外表修饰的美都展现出来。

【 实践训练 】

1. 模拟职场沟通训练

实训目标：培养学生了解沟通的过程和基本技能；培养语言表达能力和沟通能力；通过活动，锻炼提高学生的团队协作意识等其他综合能力。

实训学时：2 学时。

实训地点：教室或实训室。

实训准备：

(1) 分组，每组 4～6 人，设 1 人为组长；

(2) 以小组为单位，自主选择一种职场沟通形式；

(3) 根据要求各组分配人员角色，讨论设计故事情节，并进行认真准备。

实训方法：

(1) 按小组顺序进行模拟演练。演练之前，每组派 1 人说明本组模拟的职场沟通形式及所要表达的主题。

(2) 在模拟过程中，各组成员要认真严肃，尽力扮演好自己的角色，言谈举止符合角色要求。

(3) 每组演练后，指导教师与学生共同点评。

2. 组织一次主题班会

实训目标：掌握沟通的基本技巧，增进师生及同学之间的了解。

实训学时：1 学时。

实训地点：教室。

实训方法：组织一次由全班学生和系领导、任课教师代表参加的主题班会，针对当前教师与学生、干部与同学、同学与同学之间存在的实际问题进行现场沟通。在沟通过程中，要求学生讲究沟通技巧和语言艺术，注意倾听、提问、应答、说服等各个环节，并留心从老师与学生的沟通中体会如何与领导、同事及下属交流。可由班干部或学生主持。

班会参考议题：

(1) 大学老师上课该不该点名？

(2) 大学生还有统一上早操的必要吗？

(3) 大一学生做兼职会影响学习吗？

……

3. 实训：举行外经贸会议

实训目的：熟悉会议的流程，能够按照礼仪规范组织会议，会场服务符合规范。

实训学时：2 学时。

实训地点：标准会议室。

实训准备：设置好签到台，设定上级领导或院方领导、来宾若干人；安排签到人员、礼仪服务行业从业人员、会议记录员若干人。

实训步骤：全班学生分成 2 组，以小组为单位进行。步骤如下：

(1) 会前布置。签到表、座位牌的制作；签到台、座位牌的放置；会场环境的布置等。

(2) 签到、引导会议座次。签到人员、礼仪服务人员确定，表演准确地引导签到和座次，要求语言表达符合礼仪规范；与会人员进入会场在引导下签到、就座。

(3) 统计到会人数。签到人员统计到会人数，并报告主席。

(4) 会议组织控制。会议主持人确定，表演要求语言表达流畅、应变协调能力强等；小组发言人角色扮演；自由发言。

(5) 会务服务与材料整理。资料发放规范训练：方位、顺序、姿势、用语等；茶水服务，礼仪训练；会议记录：除会务服务组人员和主持人外，原则上每位学生均作记录；摄影等。

(6) 实训考核：包括学生结果性材料与成绩考核：交会议签到表一份，占 30%；会议人数统计表一份，占 10%；交会议记录一份，占 10%；过程表现，占 50%。

4. 测试：你的会议沟通能力如何？

你在会议沟通中是否具有以下行为要点？

(1) 总是在会议开始前 3 天就已经安排好了会议的日程，并将该日程通知到每位与会者。

(2) 当与会者询问日程安排时总是回答："还没定呢，等通知吧。"

(3) 对于会议将要进行的每项日程都胸有成竹。

(4) 会议开始前半个小时还在为是否进行某几个议题而犹豫不决。

(5) 提前将每一项会议任务安排给相关的工作人员去落实，并在会议开始前加以确认。

(6) 临到会议开始前才发现还有一些会议设备没有安排好。

(7) 预先拟定邀请与会的人员名单，并在开会前两天确认关键人士是否会出席会议。

(8) 自己记不清邀请了哪些人出席会议，会议开始前才发现忘了邀请主管领导参加会议。

(9) 会议时间安排恰当，能够完成所有的议题。

(10) 会议总是被一些跑题、多话者干扰，难以顺利进行。

(11) 会议室布置恰当，令与会者感觉舒适又便于沟通。

(12) 会议室拥挤不堪，令与会者感觉不快，大家都盼望着早点结束会议。

计分方法：以上12个问题，可能是你在会议沟通活动中常见的表现，如果你对单数题号的题选择了"是"，请给自己加上一分；如果你对双数题号的题选择了"是"，请给自己减去一分。最后看到自己的总分吧！

解析：

(1) 总分为3~6分：你的会议沟通技巧是值得称道的。

(2) 总分为0~3分：你的会议沟通技巧还不错，需要进一步改进。

(3) 总分低于0分：你的会议沟通技巧真不怎么样，赶快努力吧！

(资料来源：谢红霞. 沟通技巧. 北京：中国人民大学出版社，2011)

5. 实训：模拟面试

请阅读下面短文，然后组织几个同学，3人一组模拟松下幸之助的面试场面。

松下幸之助的求职经历

被称之为"经营之神"的松下幸之助，当他还只是一个9岁的小学四年级的学生时，因为家里贫穷，就不得不告别母亲，和父亲一起到大阪去打工，过着一种自己养活自己的生活。十四五岁的时候，他到一家大阪电器公司去应聘，当公司的总经理看到，站在他面前的还是一个衣着破烂、又有些瘦弱的孩子时，总经理从心里不想要他，但又不好意思让这个少年太伤心，就随口说了一句："我们现在不缺人手，你过两个月再来吧。"

过了两个月，松下果然来了，总经理又推辞说："我们需要的是一个懂电器知识的人，你懂吗？"松下老实的告诉他说自己不懂。

回到了家里，松下就买了几本有关于电器知识的书，看了两个月后，又来到了这家公司，并告诉那位总经理说："我已经学会了许多的电器知识，并且以后我一边工作还可以一边学习。"谁知听了这话，那位经理反而皱了皱眉头说："小伙子，出入我们这家公司的都是很有点绅士派头的人物，你看你这身脏兮兮的衣服，我们怎么要你呢？"松下听后，笑了笑说："这好办！"

回家后，他就让爸爸拿出所有的积蓄，给他买了一身漂亮的制服，又一次来到了这家电器公司，这一下那位总经理可算真服了松下，他一边用欣赏的目光看着松下，一边笑着说："像你这样有韧劲的求职者，我可是第一次遇到啊，就凭你的这股韧劲，我也不能不要你了啊！"

从不向失败低头，这正是松下幸之助最后走向成功的秘诀！

(资料来源：http://www.512zhaopin.com/News/820099810620.html)

6. 举行模拟招聘会

实训目标：锻炼学生自我推销能力，积累应聘经验，掌握应聘礼仪，增强自信心，全面认识自我。

实训学时：2学时。

实训地点：实训室。

实训准备：模拟招聘企业情况、需求岗位、面试问题、面试桌椅等。

实训方法：

(1) 选 3～4 名学生担任某企业面试考官，其他同学担任求职者。

(2) 面试考官先介绍单位及岗位需求情况，然后求职者依次进行 1 分钟自我介绍，面试考官提问，求职者回答问题。

(3) 最后教师总结、点评。

【自主学习】

1. 作为大学生，应为走向社会做好准备。从你的暑期打工经历或周围朋友那里收获一些工作中与上级、下属和同事之间沟通的经验，在课堂上讲给同学们听听。

2. 从老师与学生、同事、领导的沟通中体会：(1) 领导如何与下属沟通；(2) 同事之间如何沟通；(3) 下属如何与上级沟通。

3. 设想自己实习或大学毕业来到一个新的工作环境，面对初次见面的领导和同事，应该说的话和说话的技巧。

4. 某职业技术学院为推荐毕业生就业，专门邀请了 10 家企业的领导进行会谈。请模拟演示这次会谈程序，最后安排企业领导与师生合影。

5. 五湖四海公司为了答谢新老顾客对公司的厚爱，决定在公司会议室举办一次座谈会。如果让你来组织，你将怎样做？

6. 请你借参加一个座谈会的机会，选定一位与会者，观察其在会议沟通时的语言和姿态，运用所学的知识进行分析，并指出其优缺点。

7. 假如你是一次会议的主持人，在会议遇到以下问题时，你会怎样处理？

(1) 让会议中的讨论热烈起来。

(2) 打断会议中的某项讨论。

(3) 几个与会者在开小会。

(4) 两名与会者就一个观点发生争执。

8. 成功地组织一场面试应从哪些方面入手？

9. 招聘单位如何确保面试的有效性？

10. 以下是一段面试对话，请分析应聘者面试失败的原因。

面试官：从你的简历得知，你的英语已过了国家六级水平，真是不简单呀。

面试者：你过奖了。其实我周围很多同学都达到了这个水平，我也是一般而已。况且，我还有很多不足，比如，我的电脑水平老是跟不上，很多同学都过了二级，我还是停留在初级水平上；还有一些专业课也掌握得很不好，让我头痛得很。有时，我也觉得自己很没用。

面试官：原来你对自己很没信心。

11. 请根据两个不同单位的招聘广告，为自己编写两份侧重点不同的简历。

12. 如果用人单位通知你明天去面试，你需要做哪些准备？

13. 面试官问："关于工资，你的期望值是多少？"求职者反问："你们打算出多少？"

如果是你，会这样反问面试官吗？为什么？

14. 一位男性应聘者听到面试席上两个人窃窃私语，好象是说自己个子太低、形象不佳，不适合到该公司求职，假如你是这位求职者，你会怎样扭转对自己明显不利的局面？

15. 你和几位同学一起打算到一家公司实习，在公司的接待处，该公司前台接待说："我们公司一向不接受实习学生。我不能去帮你们请出我们的经理来，如果我请他来，过后他一定会责罚我！"这时假如同学们推你做代表跟她交涉，你该怎么办？

16. 日本的一些大公司在招聘人才进行面试时，专门就说话能力规定了若干不予录用的条文。其中有：

应聘者声若蚊子者，不予录用；

说话没有抑扬顿挫者，不予录用；

交谈时，不得要领者，不予录用；

交谈时，不能干脆利落回答问题者，不予录用；

说话无生气者，不予录用；

说话颠三倒四、不知所云者，不予录用；

对于日本大公司招聘人才的以上规定你有何看法？

 案例分析

案例1：帮帮职场新人

小王是一个大学毕业参加工作不久的"新人"。她做事认真细致，和同事、下属关系都很融洽，可是她不愿意和上司主动交流。她说其实挺欣赏自己上司的，认为他敬业、有才华、对下属负责，但她不知为什么一见上司就底气不足，对于和上司沟通的事能躲就躲。有一次，因为没有听清楚上司的意思，导致上司交给她的工作被耽搁了，上司事后问她："为什么你不过来再问我一声？"她说："怕您太忙。"上司很生气地说："我忙我的，你怕什么？"时间长了，小王一和上司沟通就紧张，出现脸红、心跳、说话不利索的状态。大家都认为王小姐怕上司，她自己也这么认为。上司看见她这样，也就很少和她单独沟通。一次，晋升的机会来临了，小王很想把握住这个机会，但她又犹豫了，因为升职后的工作会面临比较复杂的关系，需要经常和上司保持沟通。她觉得自己天生怕领导，因此就错失了良机。

(资料来源：http://www.xzzp.net/hr-zcqx/article-6107.html)

思考与讨论：
请你帮帮小王采取措施挽回这种被动的局面。

案例2：消除上司误解

凯丽是某销售公司的文员。春节前经理交给她一大堆名片和一些精心挑选的明信片，要她按照名片逐一打印寄出。凯丽曾提醒经理将已经发生改变或业务上已没有往来的客户挑出来，但经理不耐烦地说："你别管，把所有名片都寄出去就是了！"

两天后，当凯丽把打印好的明信片交给经理过目时，经理却大声指责她将一些已经不

在中国的客户错误地打印在"最精美"的明信片上。凯丽觉得很委屈，想说出来又担心被经理安个"顶撞上司"的罪名开除，便认了下来。回去后她大哭一场，可心里还是觉得别扭，以致影响了工作。后来凯丽利用休息时间去拜访经理，坦诚地说出内心的想法。结果出乎意料，高高在上的经理竟然向她承认了错误。从此，他们二人在工作上配合得相当默契，为公司创造了显著的业绩。

(资料来源：读吧，http//www.du8.com)

思考与讨论：
请问凯丽是如何对待和消除上司的误解的？

案例3：怎样与同事沟通

小张本是个心直口快的人，说话向来不会含蓄婉转，所以经常得罪同事。一次，饮水机没水了，他对同事小刘说："帮个忙换桶水吧，就你闲着。"小刘一听不高兴了："什么就我闲着？我在考虑我的策划方案呢。"小张碰了一鼻子灰。

小张跑到销售部："吴经理，你给我把这月的市场调查小结写一下吧。"吴经理头也没抬，冷冷地说："刚当上管理员，说话就是不一样。"显然吴经理生气了。小张想，我也没说什么呀。他顺手拿起打印机旁的一份客户拜访表问："这是谁制的表？"吴经理的助理夺过表格："你什么意思？"

当天，几个同事在一起谈话，让小张说说对公司管理的看法，小张竹筒倒豆子一吐为快："我认为目前我们公司的管理非常混乱，有令不行，有禁不止，简直一个乡下企业。"大家不爱听了，认为他话里有话。

一会儿同事小王问小张，某某事情可不可以拖一天，因为手头有更重要的事情在做。"有这么做事情的吗？你别找理由了，这可是你分内的事，反正又不是给我做，你看着办！"小张声色俱厉地说。小王也不甘示弱，说："喂，请注意你的言辞。你以为你是谁呀？我就是没时间。"小张气得发抖："我怎么了？本来就是这回事嘛，我不过是实话实说。"

(资料来源：黄琳. 有效沟通：王牌沟通大师的制胜秘诀. 北京：中国华侨出版社，2008)

思考与讨论：
请问小张的同事关系何以如此紧张？你若是小张，你将怎样改善同事关系？

案例4：口舌之争

张杰和刘力是同室好友，关系十分密切。张杰家境不太好，在学习的同时，每天早晨不到5点就要到一家餐厅打工。随着学习压力的增大，期末考试期间两人之间出现矛盾。在下面这段对话后，两人之间出现了裂痕：

刘：你上班干嘛非得把全宿舍的人都闹醒啊？

张：你以为我愿意起这么早？我父亲可不愿意一年到头供养我，我得自己挣钱养活自己。不像你，懒在屋里，靠家里供养。你自己最清楚，你是我认识的人中最懒的一个。

刘：别来这一套！昨晚看书一直看到两点的是谁？谁又说什么了？难道你就不能轻一点吗？那么自私呢，就不稍稍考虑一下别人！

(资料来源：漫看云卷云舒，http://www.mkyjys.com)

思考与讨论：

(1) 请分析二人在言语表达上的失误。

(2) 如果你是张杰或刘力，你会如何表达以避免一场口舌之争？

案例5：经验尚浅的小李

小李刚毕业没多久便被聘到某公司做行政工作。这天，经理让她负责公司下个星期的产品说明会的筹备工作。可是，由于经验尚浅，第一次独自承担工作的小李就闹出了笑话。

原来，由于不知道会议安排的相关礼仪，她把公司主要领导安排在了离门口最近的座位，而且还面对着投影仪。等到公司企划人员用投影仪进行产品说明时，领导只有从投影仪闪烁的灯光中寻找产品的影子。不仅如此，由于小李事先没有确认好会议出席人数，结果会议现场座位没有安排够，使会议现场一度出现混乱。后来的结果也是可想而知，小李被炒了"鱿鱼"。

(资料来源：金宝. 会议礼仪讲究多. 东北之窗，2006(2))

思考与讨论：

(1) 为什么说小李经验尚浅？

(2) 本案例对你有何启示？

案例6：就座

某分公司要举办一次重要会议，请来了总公司总经理和董事会的部分董事，并邀请当地政府要员和同行业知名人士出席。由于出席的重要人物多，领导决定用 U 字形的桌子来布置会议桌。分公司领导坐在位于长 U 字横头处的下首。其他参加会议者坐在 U 字的两侧。在会议的当天开会时，贵宾们都进入了会场，按安排好的座签找了自己的座位就座，当会议正式开始时，坐在横头桌子上的分公司领导宣布会议开始，这时发现会议气氛有些不对劲，有贵宾相互低语后借口有事站起来要走，分公司的领导人不知道发生什么事或出了什么差错，非常尴尬。

(资料来源：http://www.doc88.com/p-79521972366.html，2011-04-10。)

思考与讨论：

(1) 请指出此案例中的失礼之处。

(2) 本案例对你有何启示？

案例7：会场的"明星"

小刘的公司应邀参加一个研讨会，该研讨会邀请了很多商界知名人士和新闻界人士参加。老总特别安排小刘和他一道去参加，同时也让小刘见识大场面。

开会这天小刘早上睡过了头，等他赶到，会议已经进行了 20 分钟。他急急忙忙推开了会议室的门，"吱"的一声脆响，他一下子成了会场上的焦点。刚坐下不到 5 分钟，肃静的会场上响起了摇篮曲，是谁放的音乐？原来是小刘的手机响了！这下子，小刘可成了全会场的"明星"……

没多久，听说小刘已经离开了该公司。

(资料来源：http://www.blog.ccoo.cn/nbk5/lshow.asp?id=595208&uid=169348，2010-08-01)

思考与讨论：

(1) 小刘失礼的地方表现在哪里？

(2) 参加各种会议应该注意什么？

案例8：糟糕的应聘者

以下是某企业人力资源经理对求职者的忠告。

面试从你接到电话通知的那一刻就已经开始了。也许是等待就业的心情比较迫切吧，我在通知有资格参加下一轮面试的面试者时，一般从电话另一头听到的都是一些浮躁的声音，这里摘了一点我们的对话，供大家参考：

"喂！"

"喂，您好，请问是×××先生么？"

"你是谁啊？"(当时，我的心里已经不高兴了，但是不会表露出来)"我是××公司的，请问您参加了我们公司的招聘吗？"

"哪个公司"(肯定是撒大网了)"我们把您的面试时间安排在了明天的×××，地点在×××"

"我记一下，你们是什么公司？"(噢，我的天)……

这样我就会把我的看法写在他(她)的简历上，供明天面试的时候参考，影响可想而知！

(资料来源：http://tieba.baidu.com/f?kz=564626502)

思考与讨论：

(1) 应该怎样接通知你参加面试的电话？

(2) 你认为面试是从什么时候开始的？为什么？

案例9：诚实赢得好职位

某大公司招聘总经理助理，由总经理亲自面试。应聘者小张来到总经理办公室。总经理一见到小张就说："咱们好像在一次研讨会上见过，我还读过你发表的文章，很赞赏你所提出的关于拓展市场的观点。"小张一愣，知道总经理认错人了。但转念一想，既然总经理对那人那么有好感，不如将错就错，对我肯定有好处。于是就接着总经理的话说："对，对。我对那次研讨会也记忆犹新，我提出的观点能对贵公司有帮助，我感到很高兴。"

第二个来应聘的是小高，总经理对他说了同样的话。小高想：真是天助我也，他认错人了。于是说："我对您也非常敬佩，您在那次研讨会上是最受关注的对象。"

第三个来应聘的是小孙。总经理再次说了同样的话。但小孙一听就站起来说："总经理先生，对不起，您认错人了。我从来没有参加过那样的研讨会，也没提出过拓展市场的观点。"总经理一听就笑了，说："小伙子，请坐下。我要招聘的就是你这样的人。你被录用了。"

(资料来源：http://www.ahnujgxy.com/eis/qyzp/show.asp?id=148&cname=%BE%CD%D2%B5%CA%D6%B2%E1，2005-10-23)

思考与讨论:

(1) 小孙为什么会应聘成功?

(2) 求职为什么还要遵循做人诚实的基本道理?

案例10:求职面试问答

在一次求职面试中,一家企业的招聘者问一位女大学生:"国外一家企业的代理人携巨款来我市寻找适宜的投资对象,你作为我市某中型企业的法人代表,请问你将采用什么方法赢得这笔投资?"这位女大学生略作思考,然后答道:"首先,我需要了解对方详细的背景材料,例如,该公司的经营方针、项目、实力、已有业绩,当然也包括这位代表人的个人材料,最重要的是此次来中国的计划;其次,代理人来后,我应当与对方预约见面时间和地点,比如说可以通过电话,或是有关机构及个人联系;再次,与代理人商谈时我应当使用他的母语,以增加熟识感和亲切感;最后,这次行动不一定会成功,但是我要尽我的所能给对方留下深刻而良好的形象,以期为下次合作打下基础。"虽然这位女大学生的回答不尽圆满,但招聘单位录取了她。

(资料来源: http://www.edzy.cn/jmx/showart.aspx?id=180,2008-10-30)

思考与讨论:

(1) 请分析这位女大学生求职成功的语言技巧。

(2) 本案例对你有哪些启示?

任 务 7

【任务目标】

- 做好商务接待工作，做好商务拜访工作，做好商务宴请工作；
- 明确客户的类型；
- 把握客户沟通的原则和语言要求，掌握客户沟通的技巧；
- 能够妥善处理客户投诉；
- 掌握护患沟通的原则，明确护患交谈的主要阶段；
- 运用护患沟通的技巧提高沟通效果；
- 明确导游的组织要求，掌握导游沟通协调艺术。

【案例导入】

经理室的对话

小王是一家科教设备公司的推销员，他希望通过勤奋的工作来创造良好的业绩。一天他急匆匆地走进一家公司，找到经理室，于是就有了如下的一段对话：

小王：您好，李先生。我叫王乾，是科教设备公司的推销员。

经理：哦，对不起，这里没有李先生。

小王：你是这家公司的经理吧？我找的就是你。

经理：我姓于，不姓李。

小王：对不起，我没听清你的秘书说你是姓李还是姓于，我想向你介绍一下我们公司的彩色复印机……

经理：我们现在还用不着彩色复印机。

小王：噢，是这样。不过，我们还有别的型号的复印机，这是产品目录，请过目。(接着，掏出香烟和打火机)你来一支。

经理：我不吸烟，我讨厌烟味，而且，我们公司是无烟区。

小王：……

(资料来源：http://blog.china.alibaba.com/blog/sistomren/article/b0-i10422139.html2010-01-19)

问题:

(1) 小王在与客户的沟通中存在什么问题?

(2) 怎样才能与客户实现良好的沟通?

(3) 人际沟通还在哪些方面被广泛应用?

【知识储备】

7.1 商务应酬

1. 商务接待

(1) 做好接待的准备。

接待是给客人良好第一印象的最重要的工作。在接待工作中,把迎宾工作做好,对来宾表示尊敬、友好与重视,客户就会对东道主产生良好印象,从而为下一步深入接触打下基础。在迎宾工作中,要注意做好以下前期准备工作:

① 掌握客户基本状况。商务人员一定要充分掌握客户的基本状况。这些情况包括:来访客户的人数(包括几男几女)、身份、所搭乘的交通工具、甚至还包括饮食习惯、民族以及宗教信仰。这样就方便安排接待、用餐和住宿。如果来访者中有身份很高的客户,商务人员要考虑请公司相关领导出面参与接待。如果来宾尤其是主宾曾经来访过,则在接待规格上要注意前后一致,无特殊原因不宜随意升格或降格。客户如报出自己一方的计划,比如来访的目的、来访的行程、来访的要求等,应在力所能及的前提下满足其特殊要求,尽可能对对方给予照顾。

② 制定具体接待计划。为了避免疏漏,一定要制定详尽的接待计划,以便按部就班地做好接待工作。根据常规,接待计划至少应包括迎送方式、迎送规格、交通工具、膳宿安排、工作日程、文娱活动、游览、会谈、会见、礼品准备、经费开支以及接待、陪同人员等基本内容。对于客户来访可能讨论到的问题要有充分准备,客户谈什么、怎么谈,承诺什么、怎么承诺,询问什么、怎么询问等问题,要做到心中有数,提前预演。这样一来,当谈到这些问题的时候,才能迅速、规范地作出反应,以免被动。

③ 确认客户抵达时间。有时候,客户到访时间或因其健康状况,或因紧急事务缠身,或因天气变化、交通状况等的影响,会有较大变动。因此,接待方务必要在对方正式启程前与对方再次确认抵达的具体时间,以便安排迎宾事宜。

④ 做好客户住宿安排。如果接待方要替客户安排住宿,就要问清楚客户需要多少房间,住宿的标准要求,对住宿有无特殊要求。接待方承担住宿费用时,要充分考虑交通、环境、饮食、气温、朝向、宗教信仰、生活习惯等因素,为客户选择一个适宜的住宿地点。如果是外国客户,应尽量安排在国际连锁酒店,这样无论是语言还是饮食,都符合他们的习惯。安排住宿时,如果是多位客户,订的又是双人标准间,则应该由客户方自己自由组合。

(2) 交通工具停靠站迎宾。

① 迎宾人员。一般来说，迎送人员与来访客户的身份要相当，但如果乙方当事人因临时身体不适或不在当地等原因不能前来迎送也可灵活变通，由职位相当的人士或由副职出面。遇到这种情况，应从礼貌出发向对方做出解释。另外，迎宾人员最好与来访客户专业对口。

② 迎宾地点。来访客户的地位身份不同，迎宾地点往往有所不同。一般情况下，迎宾的常规地点有：交通工具停靠站(机场、码头、火车站等)，来宾临时住所(宾馆)，东道主的办公地点门外等。在确定迎宾地点时，还要考虑以下因素：双方的身份、关系及自身的条件。

③ 迎宾时间。到车站、机场去迎接客人，应提前到达，决不能迟到让客人久等。客人刚下飞机或下车就能瞥见有人等候，一定会感激万分；如果是第一次到这个城市，还能因此获得一种安全感。若迎接来迟，会使客人感到失望和焦虑不安，还会因等待而产生不快，事后无论怎样解释都无法消除这种失职和不守信誉造成的印象。

④ 迎宾标识。如果迎宾人员与客人素未见面，一定要事先了解一下客人的外貌特征，最好举个小牌子去迎接。小牌子上尽量不要用白纸写黑字，这样会给人晦气的感觉；也不要写"××先生到此来"，而应写"××先生，欢迎您！"、"热烈欢迎××先生"之类的字样；字迹力求端正、大方、清晰，不要用草书书写。一个好的迎宾标识，既便于找到客人又能给客人留下美好印象——当客人迎面向你走来时会产生自豪感。在单位门口，不要千篇一律地写上"Welcome"一词，而应根据来宾的国籍随时更换语种，这样会给来宾一种亲切感。

⑤ 问候与介绍。接到客人后，切勿一言不发、漠然视之，而要先与之略作寒暄，比如说一些"一路辛苦了"、"欢迎您来到我们这个美丽的城市"、"欢迎您来到我们公司"之类的话。然后要向客人介绍自己的姓名和职务，如有名片更好；客人知道你的姓名后，如一时还不知如何称呼你，你可以主动表示："就叫我小×或××好了。"其他接待人员也要一一向客人作自我介绍，也可由领导介绍，但更多的时候是由秘书承担这一职责。在作介绍时，态度要热情，要端庄有礼，要正视对方并略带微笑，可以先说"请允许我介绍一下"，然后按职务高低将本单位的人员依次介绍给来宾。对于远道而来、旅途劳顿的来宾，一般不宜多谈。

⑥ 握手。握手是见面时最常见的礼节，双方相互介绍之后应握手致意。握手时，要注视对方，微笑致意，并使用"欢迎您"等礼貌用语。迎接来宾时，迎宾人员一定要主动与对方握手。

⑦ 献花。有时迎接重要宾客还要向其献花，一般以献鲜花为宜，并要保持花束的整洁、鲜艳。在社交场合，献什么花、怎么献花，常因民族、地域、风情、习俗、目的的不同而有所区别。一般情况下，应注意从鲜花的颜色、数目和品种三个方面加以考虑。

⑧ 为客代劳。接到来宾后，在走出迎宾地点时应主动为来宾拎拿行李，但对来宾手上的外套、坤包或是密码箱等则不必"代劳"。客人如有托运的物件，应主动代为办理领取手续。

(3) 陪车。

来访客户抵达后从交通工具停靠站到住地以及访问结束后由住地到交通工具停靠站，有时需要主人陪同乘车。

主人在陪车时，应请客人坐在自己的右侧。有司机的时候，后排右位最佳，应留给客人。上车时，应主动打开车门，以手示意请客人先上车，自己后上。一般最好让客人从右侧门上车，主人从左侧门上车，以免从客人座前穿过。如客人先上车坐到了主人的位置上，则不必请客人挪动位置。

在接待客人时，客人一般会对将要参加的活动的有关背景资料、筹备情况、有关的建议，当地风土人情、气候、物产，富有特色的旅游点，近期本市发生的大事，本市知名人士的情况，当地的物价等感兴趣。所以，接待人员要向客人就上述信息做必要的介绍。

(4) 宾馆入住与探访。

将来访客户送至宾馆，要主动代为办理登记手续，并将其送入房间。进入来宾房间后，应告知来访客户餐厅何时营业，有何娱乐设施，有无洗衣服务等以便客人心中有数。来访客户一到当地，最关心的就是日程安排，所以应事先制订活动计划。来访客户到宾馆后，应马上将日程表送上，以便其据此安排私人活动。根据活动安排，来访客户将与哪些人会面与会谈，也应向其作简略介绍。为了帮助来访客户尽快熟悉访问地的情况，还可以准备一些有关这方面的出版物给客人阅读，如本地报纸、杂志、旅游指南等。考虑到来访客户旅途劳累，主人不宜久留，应让其早些休息，分手前要说好下一次见面的时间和地点，并留下自己的地址和电话号码，以便来访客户有事时联系。

从客户入住，到来探访的时间不宜太长，太长了会显得不礼貌；也不能太短，太短了，也许客户还没来得及整理行李，有的女士还要换一下服装，洗脸后略施淡妆。一般在客户入住至少一个小时之后来探望比较合适。对于这一点，也应该事先让客户知道，以便让他们有所准备。如果客户身份比自己高，最好请公司相关领导与自己一同探望，以显郑重。

(5) 引导客人。

① 注意迎接客户的三阶段行礼。我们国内通行的三阶段行礼包括 15°、30°、45° 的鞠躬行礼。

15° 的鞠躬行礼是指打招呼，表示轻微寒暄；

30° 的鞠躬行礼是敬礼，表示一般寒暄；

45° 的鞠躬行礼是最高规格的敬礼，表达深切的敬意。在行礼过程中，不要低头，要弯下腰，但绝不能看到自己的脚尖；要尽量举止自然，令人舒适；切忌用下巴跟人问好。

② 引导手势要优雅。男性接待人员在做引导时，应该是当访客进来的时候，需要行个礼，鞠个躬，手伸出来的时候，眼睛要随着手动，手的位置在哪里眼睛就跟着去哪里。如果访客问"对不起，请问经理室怎么走"，千万不要口中说着"那里走"，手却指着不同的方向。女性接待人员在做指引时，手就要放下来，否则会碰到其他过路的人，等到必须转弯的时候，需要再次打个手势告诉访客"对不起，我们这边要右转"。打手势时切忌五指张开或表现出软绵绵的无力感。

③ 注意"危机"提醒。在引导过程中，要注意对访客进行危机提醒。比如，在引导访客转弯的时候，熟悉地形的接待人员知道在转弯处有一根柱子，就要提前对访客进行危机提醒；如果拐弯处有斜坡，就要提前对访客说"请您注意，拐弯处有个斜坡"。对访客进行危机提醒，让其高高兴兴地进来，平平安安地离开，这是每一位接待人员的职责。

④ 上下楼梯的引导方式。引导客户上楼梯时，假设接待者是女性，应请客人先走，客人从楼梯里侧向上行，引导者走在中央，配合客人的步伐速度引领；而引导客户下楼梯时，

引导者应走在客人的前面，客人走在里侧，引导者走在中间，边注意客人动静边下楼梯。

⑤ 在走廊和电梯的引导方法。在走廊，接待人员应在客人的左斜前方，距离二三步远，配合步调。若左侧是走廊的内侧，应让客人走在内侧。引导客人乘坐电梯时，接待人员先进入电梯，等客人进入后关闭电梯门，到达时，接待人员按"开"的钮，让客人先走出电梯。

⑥ 注意开启会客室大门。会客室的门分为内开和外开，在打开内开的门时不要急着把手放开，这样会令后面的宾客受伤；如果要开外开的门，就更要注意安全，一旦没有控制好门，很容易伤及客户的后脑勺。所以，开外开门时，千万要用身体抵住门板，并做一个请的动作，当客人进去之后再随后将门轻轻的扣住，这是在维护客人的安全。

⑦ 会客室安排和客厅引导方法。正常情况会客室座位的安排：一般会客室离门口最远的地方是主宾的位子。假设某会议室对着门口有一个一字形的座位席，这些位子就是主管们的位子，而与门口成斜角线的位子就是主宾的位子，旁边是主宾的随从或者直属人员的位子，离门口最近的位子安排给年龄辈分比较低的员工。特殊情况时会客室座位的安排：会客室座位的安排除了遵照一般的情况，也要兼顾特殊。有些人位居高职，却不喜欢坐在主位，如果他坚持一定要坐在靠近门口的位子时，要顺着他的意思，让客人自己去挑选他喜欢的位置，接下来只要做好其他位子的顺应调整就好。当客人走入客厅，接待人用手指示，请客人坐下，看到客人坐下后，才能行点头礼再离开。如果客人错坐了下座，可提醒客人改坐上座，但不要勉强。

(6) 奉茶。

在客户接待中，人们容易忽略奉茶中的一些小细节，从而扼杀了合作的良机。注重奉茶的细节和礼仪，才能给客户留下良好的印象，并营造出和客户商谈的融洽氛围，顺利实现企业的营销目标。奉茶要注意以下礼仪。

① 多准备几种茶叶。对于茶，不同的客户有不同的喜好，有人喜欢绿茶，有人喜欢红茶，有人喜欢花茶……要想让客户满意，不妨绿茶、红茶、花茶、乌龙茶等各类常见茶叶都备上一点，因人而异，投其所好沏茶。

② 茶具要专业。现在，许多人为了方便，常常用一次性纸杯沏茶。生活中这无可厚非，然而在客户接待中，却显得对客户不太尊重，也让客户自此会轻视你。为客户奉茶，最好备有专业茶具，且茶具不能有破损和污垢，要洗干净、擦亮，这样才能更好地发挥茶的作用，营造商谈的和谐氛围。

③ 奉茶有讲究。奉茶多是在主宾交谈之时，这时为了不打扰客户商谈的情绪，尽量从客户的左后侧奉茶，条件不允许时也可从右后侧奉茶，切不可从其正前方奉茶。

在给客人奉茶时，杯内的茶水倒至八分满即可，不可倒满，免得溢出来溅洒到客人身上。茶水冷热也要控制好，千万别烫着客人。茶水要清淡，除非客户主动提出浓茶要求。端送茶水最好使用托盘，既雅观又卫生；托盘内放一块抹布更好，以便茶水溢出时擦拭。端茶时，有杯柄的茶杯可一手执杯柄一手托在杯底或单手执杯柄；若茶杯没有杯柄，注意不要用手握住茶杯，以减少手指和杯沿部分的接触，更不可把拇指伸入杯内。

奉茶时可以按由右往左的顺序逐个奉上，也可按主要宾客或年长者—其他客人、上级领导—其他客人这个顺序敬奉。

④ 上茶不过三杯。中国人待客有"上茶不过三杯"的说法，第一杯叫敬客茶，第二杯

叫续水茶，第三杯叫送客茶。如果一再劝人用茶，却又无话可讲，则有提醒来宾"打道回府"的意思。在面对较为守旧的客户时切忌多次劝茶和续水。

(7) 接待时的注意事项。

① 主动热情接待客户。在来访客户到达本单位时，参与接待的相关领导和工作人员，应该前往门口迎接。进入办公室或会客室时，接待人员一般应起身握手相迎，对上级、长者、客户来访，应起身上前迎候。如果自己有事暂不能接待来访者，应安排秘书或其他人员接待来访客户，不能冷落来访客户。正在接待来访客户时，有电话打来或有新的来访者，应尽量让秘书或他人接待，以避免中断正在进行的接待。

② 要保持亲切灿烂的笑容。笑是世界的共通语言，笑是接待人员最好的语言工具，访客接待的第一秘诀就是展现亲切笑容。当客户靠近的时候，接待人员绝对不能面无表情地说"请问找谁？"、"有什么事吗？"、"您稍等……"，这样的接待会令客人觉得很不自在，相反的，一定要面带微笑地说"你好，请问有什么需要我服务的吗？"。

③ 注意使用温馨合宜的招呼语。当接待来访客户时，最好不要或者尽量减少使用所谓的专业术语，多使用顾客易懂的话语。比如医学专业术语、银行专业术语等，许多顾客无法听懂那些专业术语，如果在与其交谈时张口闭口皆术语，就会让顾客感觉很尴尬，也会使交流受到影响。所以，招呼语要通俗易懂，要让顾客切身感觉到亲切和友善。同时，应尽量使用简单明了的礼貌用语，如"您好"、"大家好"、"谢谢"、"对不起"、"请"等，向顾客展现自己的专业风范。另外，还应该尽量使用生动得体的问候语。比如"有没有需要我服务的？"、"有没有需要我效劳的？"这样的问候语既生动又得体。切忌不要使用类似"找谁？"、"有事吗？"这样的问候语，会让客人感到不舒服，甚至会把客户吓跑。

④ 妥善处理来访客户的意见或建议。对来访客户的意见和观点不要轻率表态，应思考后再做答复。对一时不能作答的，要约定一个时间再联系。对能够马上答复的或立即可办理的事，应当场答复，迅速办理，不要让来访者无谓地等待或再次来访。对来访客户的无理要求或错误意见，应有礼貌地拒绝，不要使来访者尴尬。

(8) 陪同旅游。

对远道而来的客户，特别是重要客户，如果第一次来这个城市，陪同客户旅游也是常用的公关手段。具体包括如下方面[①]。

① 事先安排。如果想安排客户在本地旅游，首先要看客户的行程安排是否允许。如果不知道，可以将陪同游玩的设想及日期告诉客户。征得客户的同意后再将旅游线路(含主要景点简介)、所需时间等信息，告诉客户方，以征求其意见和建议。从日期上来说，应该是处理完公务以后。游玩路线安排上，景点不需多，重点在于著名、安全、健康、有特色、有纪念意义等。游玩之前要安排好交通工具，如果随旅游团旅游，就要事先在正规的旅行社办好手续。在游玩当天，还要带上充足的饮料、零食、纸巾等物品。

客户方如果只有两三个人甚至一个人，自己一个人陪同就可以了；客户方有身份较高者时，就应酌情再邀请公司身份和对方差不多的同事一起陪同，当然如果自己和对方很熟，

---

① 未来之舟. 销售礼仪. 北京：中国经济出版社，2009

也可以自己陪同。客户方人数较多的话，陪同人员就不宜一人，否则也不方便照顾。

② 注意事项。既然是旅游，而且是陪同客户旅游，应该本着"舒适、安全"的原则，所以无论是交通安排上，还是饮食或者旅游具体项目的选择上，一定要保证质量和档次。在景点买票时，安排好客户稍事休息，自己去排队；如果有比自己身份低的同事在，可以请同事去买票，自己陪客户聊天，以免冷落客户。

陪同游玩时，应向客户介绍景点，特别是一些有趣的典故更要介绍。自己不清楚的话，就应事先查阅相关资料，做足功课。还有本地的名吃、特色小吃，游玩过程中应该特别安排品尝。

当地特色的旅游纪念品，商务人员应该主动人手一份地替客户买好。如果还有没一起来的、自己也认识的客户单位的其他人，特别是领导人员，应该购买后托来访的客户捎回。即使客户再如何要求，都不能让客户自己支付用餐、交通、旅游项目上的费用。游玩本身就是一件"体力活"，所以旅游期间要安排好餐饮、休息，不能疲劳地连轴运转。

(9) 送别。

俗话说："出迎三步，身送七步"。送别，是留给客人良好的最后印象的一项重要工作。不管你前面的接待工作做得多么周到，如果最后的送别让来访客户备受冷落，整个接待工作就会功亏一篑。做好送别工作，关键在于一个"情"字。具体而言，送别时应注意以下礼仪：

① 提出道别。在日常接待活动中，宾主双方由谁提出道别是有讲究的。按照常规，道别应当由来访客户先提出来，假如主人首先与来客道别，难免会给人以厌客、逐客的感觉。

② 送别用语。宾主道别，彼此都会使用一些礼貌用语表达对对方的惜别之情，最简单、最常用的莫过于一声亲切的"再见！"，除此之外，"您走好！"、"有空多联系！"、"多多保重！"等也是得体的送别用语。

③ 送别的表现。一般来访客户告辞离去，商务人员只需起身将其送至门口，说声"再见"即可。如果上司要求你代其送客，则应视需要将来访客户送至相应地点：如果对方是常客，通常应将其送至门口、电梯门口或楼梯旁、大楼底下、大院门外；如果是初次来访的贵客，则要陪伴对方走得更远些。如果只将来访客户送至会议室或办公室门口、服务台边，则要说声"对不起，失陪"，目送客人走远；如果将客人送至电梯门口，则宜点头致意，目送来访客户至电梯门关合为止；若将来访客户送至大门口或汽车旁，则应帮来访客户携带行李或稍重物品，并帮客户拉开车门，开车门时右手置于车门顶端，按先主宾后随员、先女宾后男宾的顺序或客户的习惯引导其上车，同时向其挥手道别，祝福旅途愉快，目送客户离去。在送别的过程中，切忌流露出不耐烦、急于脱身的神态，以免给客户匆忙打发他走的感觉。

2. 商务拜访

根据经验显示：能力相同、业务相似的两位业务员，如果其中一位拜访客户的次数是另一位的两倍，那么这位业务员的成绩也一定是另一位的两倍以上。所以，要成为优秀的商务人员，一定要学会利用时间把拜访客户列为第一要务，其次是联系客户约定拜访时间，再次是整理客户的资料。如果能照着这样做，是一定会取得成功的。

1) 拜访前的准备

拜访是获得营销成功的重要方式，商务人员必须重视，并认真做好拜访前的准备工作。

(1) 了解客户信息。

选择客户的标准包括客户的年收入、职业、年龄、生活方式和嗜好。客户来源有三种：一是以现有客户提供的新客户资料；二是从报刊上的人物报导中收集的资料；三是从职业分类上寻找客户。

拜访客户之前，必须首先了解客户的需求及公司财务状况。了解客户的渠道很多，包括和客户沟通时他们自己的介绍，第三方的叙述，媒体的报道等，目前最快捷的方法便是通过网络查阅受访公司的相关资讯。可以登录客户方的网站将其资料下载，据此材料了解客户公司的组织、经营者的姓名、公司产品及销售网，甚至包括公司的最新发展等。最重要的是，要了解客户的商业模式或是赚钱模式，知道客户的原材料上游供应状况及下游的经销体系，甚至主要客户是谁等都必须了若指掌，这样，将来在面对客户时，才能相当完整、清楚地为客户说明，让客户感受到自己公司的产品对他们的重要性。

在拜访客户前，一定要先掌握客户中对订货有决定权或有影响力的人物的姓名、性格、兴趣、嗜好与经历等信息。

了解客户，还要了解客户公司在行业、领域内的地位。对相关竞争对手的情况掌握包括：他们的年度或月份销售量、他们的理念、最近新闻及营销策略，和自己同类商品的对外报价，以及他们与客户之间的关系等方面的信息。

(2) 做好行程安排。

准备充分之后，行程的安排就很重要。若是从事国内销售业务，一般行程在安排上不成问题；但若是在国外的话，要注意的事项较多，尤其是文化上的不同，行程的安排最好能以客户国的习惯来做调整。还有必须确定行程的目的是什么，如接单、客诉、例行拜访等，所需准备的行头就各有不同。拜访客户时准备礼物不需太贵重，否则会被怀疑另有企图。另外，对于受访客户国家的历史、土地、国情最好都能有基本认识，尤其是西方国家或较小国家，这将会让他们有不同的感受。再者，建议用该国语言牢记客户名字。在国外出差时尽量与客户拍照，方便做完整的记录，以便下次其他同事出差时能知道客户称谓和名字，这些做法也会让客户感觉很亲切。

(3) 制定拜访客户计划。

拜访客户是要有计划的。首先，先把一天当中所要拜访的客户都选定在某一区域之内，这样可以减少来回奔波的时间。利用半小时左右的时间做拜访前的电话联系，即可在某一区域内选定足够的客户供一天拜访之用。利用不去拜访客户的日子，从事联系客户，约定拜访时间的工作，同时，也利用这个时候整理客户的资料。记得要把拜访的对象集中在某一个区域内，以减少中途的往返奔波，达到有效利用时间的目的。

(4) 做好充分的预演[①]。

对于拜访客户的面谈，要明确客户是什么态度，是积极、主动，还是在商务人员运用了约见技巧后勉强为之？这次访谈客户是什么样的意图，也就是客户为什么面谈？是想了

---

① 未来之舟. 销售礼仪. 北京：中国经济出版社，2009

解价格还是想知道商品性能、特点，或是仅想先谈谈看？对以上这些事情要事先做好充分的预演，做到成竹在胸，以提高面谈成功的几率。

(5) 准备有关资料。

客户拜访，要准备的资料包括商品说明书、宣传材料、报价单、产品(或模型)、有关认证材料、本单位的资历证明、媒体的正面报道资料、自己的名片，还有自己基于对客户的了解而做的预案、针对可能出现的情况事先拟订的解决方案或应对方案以及一些小礼品等。客户订制需要的其他材料也要准备好，并且这些文件要事先经过整理，尽量是打印的，看起来干净整齐，并分类装订好。

(6) 注意仪容和服饰。

仪容、服饰事关拜访者自身的职业形象和所代表的机构形象，也体现对被拜访者的尊重。所以，拜访前对仪容的修饰和服饰的选择与斟酌马虎不得。

2) 拜访的预约

拜访前，应事先联络妥当，尽可能事先告知，最好是和对方约定一个时间，以免扑空或打乱对方的日程安排，不告而访，做不速之客是非常失礼的。

(1) 约见时间的安排。

约见时间的安排，直接关系到商务人员计划的成败。但在约见时间的确定上，商务人员一般没有主动权，客户总会根据自己的工作日程，安排适当时间约见商务人员，这样，既可以节约时间，又可以满足商务人员约见的要求。具体约见时间的确定会因约见对象、约见事由、约见方式、会见地点等的不同而不同。这就要求商务人员在约定会见时间时还应注意下列四点[1]。

第一，根据约见对象的特点来选择最佳拜访时间。只有客户或准客户最空闲的时刻，才是最理想的拜访时间。举例来说，一般的商店大约在上午 7:00～8:00 是最理想的拜访时间，因为此种商店的生意一大早最清闲。而较晚关门的商店大约在深夜才兴旺，大都在中午以后才开始营业，所以适当的拜访时间是下午两点左右。鱼贩与菜贩是一个较特殊的行业，大清早出门采购，不仅整个上午忙碌不堪，就是下午 16:00～18:00 也是生意兴旺，所以最适宜的拜访时间是在下午两点左右。医生是特殊的行业，大概从上午九点开始，病人就络绎不绝，因此上午 7:00～8:00 应该是适宜的拜访时间。拜访公司职员，如果去公司的话应该在上午十一点以前；若是住宅的话适宜在晚上 18:00～20:00 之间。拜访值班人员大概在晚上 19:00～21:00 之间。这里列举的都是第一次拜访的理想时间。由于你第一次拜访时已与客户建立了亲密的关系，所以第二次拜访，你可以更改时间。原则上你都应选在下午三点钟左右拜访，这时客户一般比较清闲，且通常一个人工作了一天，到了下午三点左右，工作大约告一段落，觉得有点疲倦，心情也较松懈，内心正企盼有个聊天的对象，商务人员在这一时刻出现不会干扰客户的工作，较容易顺利沟通。时间就是金钱，作为商务人员必须用心安排自己的拜访时间，以免因择时不当而浪费时间。

第二，根据约见事由来选择最佳拜访时间。以正式销售为事由的，应选择有利于达成交易的时间进行约见；以市场调查为事由的，应选择市场行情变化较大或客户对商品有特

① 水中鱼. 销售金口才. 华中科技大学出版社. 2010

别要求时进行约见；以提供服务为事由的，应选择客户需要服务的时间约见，以期达到"雪中送炭"的效果；以收取货款为事由的，应先对客户的资金周转状况作一番了解，在其账户上有余额资金时进行约见；以签定正式合同为事由的，则应适时把握成交信息及时约见。

第三，根据会见地点来选择最佳拜访时间。一般来说，会见地点约定在家中，则商务人员就要考虑客户的工作时间表，最好让客户来安排约见时间。而一旦确定了约见地点和约见时间，商务人员就应提前几分钟到达，一方面表示对商务工作的重视，另一方面遵守时间可以给客户带来好感，提高商务人员自身的信誉。

第四，根据约见对象的意愿合理利用拜访时间。在一般情况下，拜访客户的时间不宜太长，当拜访目的基本达到而客户对结束约见又有某些暗示时，商务人员应尽快考虑以圆满的方式结束约见，以免使客户产生反感。如有未尽事宜，可以再行约见。"马拉松"式的会谈，既达不到拜访目的，又可能导致客户拒绝再行约见，从而失去客户。

如果双方有约，应准时赴约，不能轻易失约或迟到。但如果因故不得不迟到或取消访问，一定要设法在事前立即通知对方，并表示歉意。

此外，约见的事由、对象不一样，约见的地点也应有些讲究。一般可以选择在客户的工作单位、家里、社交场所和公共场所等。具体选择在哪里，应视情况而定。有的客户出于某种需要，不便在工作单位或家中接待商务人员的来访，就利用公共场所进行约见。

(2) 预约客户的方法。

在商务工作中，学会预约，才能开启异常成功的商务拜访之旅。然而，许多时候，人们预约客户都会被拒绝，这不一定是客户对商务人员的提议没有兴趣，而多半是商务人员预约技巧不佳的缘故。常用的预约客户的方法有以下几种。

第一，利益预约法。联系客户时，不要急于预约拜访时间，而是要迎合大多数客户的求利心态，简要说明商品的利益，突出了销售重点和商品优势，引起客户的注意和兴趣，这样有助于很快达到预约客户的目的。

第二，问题预约法。抓住客户的关心点进行提问，引起客户的兴趣，从而使客户集中精力，更好地理解和记忆商务人员发出的信息，为激发购买欲奠定基础并顺利预约。

第三，赞美预约法。每个人都有喜欢别人赞美的天性，商务人员可以利用人们的这种天性来达到预约客户的目的。赞美一定要出自真心，恰如其分，要切忌虚情假意、无端夸大。

第四，求教预约法。虚心求教的态度能轻松化解客户一开始的反感。一般来说，人们不会拒绝登门虚心求教的人。商务人员在使用此法时应认真策划，把要求教的问题与自己的销售工作有机地结合起来，以期达到约见的目的。

第五，好奇预约法。人们都有好奇心。商务人员可以利用动作、语言或其他一些方式引起客户的好奇心，以吸引客户的兴趣。

第六，馈赠预约法。商务人员可以在预约拜访之前，先赠送客户一些小礼品或公司的样品，以咨询客户反馈意见的名义，进而实现预约客户的目的。

第七，调查预约法。商务人员可以利用调查的机会预约客户，这种方法隐蔽了直接销售商品这一目的，比较容易被客户接受，也是在实际中很容易操作的方法。

第八，连续预约法。"精诚所至，金石为开"，在一次预约拜访失败后，商务人员千万不要灰心，而要消化客户信息，寻找新的亮点，多次与客户交流，最终顺利达到预约拜访的目的。实践证明，许多营销活动都是在商务人员连续多次预约客户，才引起了客户对其的注意和兴趣，进而为以后的销售成功打下了坚实的基础。

3) 拜访过程中的礼仪

(1) 准时到达。

拜访一定要准时到达，要充分考虑到交通堵塞等情况。出发时，时间要有充分的提前量，不要迟到。一般地以提前 10～15 分钟到达为宜，这样可以从容调整自身状况，整体感受所拜访公司的环境，感受公司文化和人员的精神面貌，为顺利拜访奠定基础。

(2) 做好与前台的沟通。

在进入客户单位之前最好先从头到脚地检查一下自己的着装、仪容是否存在不符合礼仪规范的地方，如有，一定要及时整理好。如果是重要的拜访对象，要事先关掉手机或调整到静音状态，这体现了对拜访对象的尊敬，对访问事宜的重视。然后面带微笑、从容不迫地走向前台，礼貌地致意、问好，告诉前台自己来自哪个单位，要约见什么人，见面预约的时间，恳请前台予以安排。

一般拜访客户单位身份较高者，当前台没有查到预约记录但又不敢贸然拒绝时，前台会问来访者的来访目的，如"您找王总有什么具体事吗？"这时，商务人员可以用间断、抽象性的字眼或用一些较深奥的技术专用名词向前台说明来意，让他觉得你的来访很重要。也可以含糊地说："上次见面的时候和王总聊过合作的事情，王总让我过来再详细沟通一下"。

拜访客户一定要注意和前台处理好关系。第一次来访可以赠送一些小小的礼品，礼品应价格不贵但很精美实用。这样前台对商务人员印象不错，一回生，二回熟，拜访就变得很容易了。

(3) 到达约定地点礼仪。

到达拜访地点后，如果对方因故不能马上接待，可以在对方前台人员的安排下在会客厅、会议室或在前台，安静地等候。如果等待时间过久，可以向有关人员说明，并另定时间，不要显出不耐烦的样子。有抽烟习惯的人，要注意观察该场所是否有禁止吸烟的警示。即使没有，也要问问工作人员是否介意抽烟。如果接待人员没有说"请随便看看"之类的话，就不要随便东张西望，到处窥探，那是非常不礼貌的。

到达被访人办公室时，一定要事先轻轻敲门，进屋等主人安排后坐下。后来的客人到达时，先到的客人应站起来，等待介绍或点头示意。对室内的人，无论认识与否，都应主动打招呼。如果与对方是第一次见面，应主动递上名片，或作自我介绍。对熟人可握手问候。如果你带其他人来，要介绍给主人。进门后，应把随身带来的外套、雨具等物品搁放到对方接待人员指定的地方，不可任意乱放。

注意言谈举止。要以优雅得体的言谈举止体现素质、涵养和职业精神，赢得对方的好感和敬重。在客户没有邀请入座之前不要随便坐下。被邀请入座时应表示感谢。如果客户也是站着的，则不要先于客户就坐。

落座后要由商务人员先开口寒暄。谈话时开门见山，不要海阔天空，浪费时间。最好在约定时间内完成访谈，如果客户表现出有其他要事的样子，千万不要再拖延，如为完成工作，可约定下次拜访时间。在交谈过程中，即便与客户的意见相左，也不要争论不休。

要注意观察客户的举止神情，当有不耐烦或有为难的表现时，应转换话题或口气，避免出现不愉快或尴尬的场面。

接茶水时，应从座位上欠身，双手捧接，并表示感谢。吸烟者应在主人敬烟或征得主人同意后，方可吸烟。和主人交谈时，应注意掌握时间。

对拜访过程中接待者提供的帮助要及时适当地致以谢意。若是重要约会，拜访之后给对方寄一封谢函或留一条短信，会加深对方的好感。

(4) 不能会面情况的处理①。

拜访客户时，即使事先已经约好，自己应约而来时仍然会碰到对方不在的情况。这时可以向前台转达自己来访未遇；也可以在自己名片的空白处写上："×月×日×点应约来访未遇，改天来访"的简短消息，请前台转交。如果对方在单位但没有出面接待，可能是："这会儿正忙。"、"正在开会。"等。遇到这种情况不要死缠烂打，而应该说："好，那我改日再来。"并说明什么时候再打电话预约下次见面时间。如果再三恳求说："两分钟也行，务必要见一面。"这种精神虽然可嘉，但并不恰当，很容易引起对方反感，反而得不偿失。过于匆匆地见面不如下次再见面。

有时客户正在与其他客户谈话；甚至在你苦等了很久之后却说："改天再谈吧！今天没有时间了。"也有的时候眼看比自己晚来的客人，一个接一个地被客户接待却不理睬你；有时好不容易轮到接待自己了，客户却临时有事就走开了。这时候虽然受到了委屈，但千万不要气馁，在客户本人或者前台约好下次拜访的时间后，礼貌、大方、精神抖擞地和前台或者其他接待过自己的人告别，让客户方看到你良好的修养和风度。

(5) 适时礼貌地告辞。

拜访中，即使谈得再投机也有结束的时候。作为拜访者，适时礼貌地告辞不仅是风度，更是智慧。拜访结束时彬彬有礼地告辞，可给对方留下良好的印象，同时也给下次的拜访创造良好的氛围和机会。所以，及时告辞、礼貌告辞这一环节相当重要。

面谈什么时候结束呢？拜访时间长短应根据拜访目的和客户意愿而定，通常宜短不宜长，适可而止，一般拜访时间应把握在 1 小时左右为宜，届时双方主要事宜都谈完了，就要及时告辞。此外，谈到快要就餐或休息的时间，也要起身告辞。或者事情谈得差不多了，又有其他人拜访客户，也应尽快告辞，以免给客户的接待造成不便。

当客户有结束会见的表示时，应立即起身告辞，如客户反应冷淡、交谈话不投机甚至客户不愿意搭理商务人员，或者客户不时地看表、有起身的动作等情况下，商务人员都要"知趣"而退。

准备告辞时不要选择在客户说完一段话之后，因为这会使其误以为商务人员听得不耐烦。应在自己说完一段话之后。同时告辞前不要有打哈欠、伸懒腰、看手表等表示疲倦、厌烦的举止。

告辞前商务人员要对客户的热情接待予以肯定和感谢。说完告辞的话就应起身离开座位，不要久说或久坐不走。告辞时要同客户和其他客人一一告别。

如果客户出门相送，主动与客户出手相握，以请客户留步，并热情地说声再见。

---

① 未来之舟. 销售礼仪. 北京：中国经济出版社，2009

拜访客户中途因特殊情况不得不离开时，无论主人在场与否，都要主动告别，不能不辞而别。

3. 商务宴请

1) 商务宴请的特点

商务宴请作为一种带有浓重商务色彩、营销色彩的社交活动，比一般家宴和朋友聚餐多了些郑重、隆重的意味。

商务宴请主要有以下特点：

(1) 谈为主，吃为辅。在商务宴请中，"吃"只是个手段，而"吃"背后的交际才是商务宴请的真正目的。举办者及与宴者为谋求商业性目的，以宴请活动为媒介，为进行商务洽谈、合作计划商讨和合同签订等而举行。

(2) 讲礼仪，塑形象。餐桌礼仪是商务社交技巧的一部分，是商界里一项超越同行、保持领先的重要战略。如果不懂礼仪，将一位贵宾安排在不重要的座位，商务人员将受到众人的谴责，甚至使事业受到重创；如果不懂礼仪，在参加宴会时，喧宾夺主的发言会让商务人员不再受欢迎。相反，如果商务人员知道餐桌礼仪中该做和不该做的事，将会发现一桩在会议桌上很难敲定的大生意，在餐桌上却变得很容易。所以，无论是作为宴请的主人还是客人，都必须遵循宴请的礼仪规范，才能展示个人的良好修养，表达对交往对象的敬重、友好和诚意。

(3) 守规范，显诚意。商务宴请的礼仪和程序都有着严格的规定，不遵守或没想到相应的礼节就会冒犯对方，这些都体现了商业领域有自己的约定俗成的规范，不能视之为儿戏，更不能随便想当然。比如，一位在某公司任职的金小姐，在日本参加客商举办的宴会时，买了一束白色的百合花想送给客商。没想到她一走进举行宴会的大厅时，所有的宾客都向她投来惊奇而生气的眼光。原来，百合花在日本只有在丧事时才使用。

2) 商务宴请的形式

参加商务宴请，首先要弄清楚宴请的种类和形式，因为不同种类和形式的宴请，有不同的特点，适合于不同的宴请主题和场合。宴请的种类复杂、形式多样，一般按照进餐的礼仪形式可分为宴会、招待会和工作进餐等。其中，宴会又可分为正式宴会和非正式宴会两种类型，正式宴会还分为中餐宴会和西餐宴会，非正式宴会也称便宴，还分为午宴、晚餐和家宴等；招待会又可分为冷餐会、鸡尾酒会、自助餐宴会、茶话会等。

3) 商务宴请的基本原则

(1) "5M"原则。5M原则是在世界各国广泛受到重视的一条立意原则。5M是5个以"M"为字头的单词：即约会(Meeting)、菜单(Menu)、举止(Manner)、环境(Media)、费用(Money)，是指在安排宴请或者自己参加餐饮活动时，必须优先对约会(约会的具体时间和对象)、菜单(宴请菜品)、举止、环境、费用等五个方面的问题加以高度重视，并应力求使自己在这些方面的所作所为符合律己、敬人的行为规范。

(2) "餐饮适量"原则。在餐饮活动中，不论是活动的规模、参与的人数、用餐的档次，还是餐饮的具体数量，都要量力而行。务必要从实际需要和实际能力出发，进行力所能及的安排。切忌虚荣好强，炫耀攀比，铺张浪费。

(3) 照顾他人。不论是以主人的身份款待客人，还是陪同他人一道赴宴，都应在两厢情愿的前提下，悉心照料在场的其他人士。学会照顾他人应当是一条极为重要的礼仪规则。同时，也是一个人修养、层次和品位的体现。

(4) 客不责主。身为客人，对主人为之安排的餐饮只宜接受，不宜随意评论、非议，尤其是不允许寻衅滋事，借题发挥。

(5) 突出特色。负责为他人安排餐饮时，在条件允许的前提下，应努力突出国家特色、地方特色、民族特色，使对方通过享用饮食来"品尝"文化。

4) 商务宴请的组织

商务宴请对宾客而言是一种礼遇，必须按规定、按有关礼仪礼节要求来组织。

(1) 制定计划。

这包括：第一，确定宴请的目的。宴请的目的多种多样，可以是表示欢迎、欢送、答谢，也可以是庆贺、纪念等。目的清楚了，就可以根据需要安排宴请的对象、范围和形式了。第二，确定宴请的对象和范围。请什么人，请多少人参加；要根据主宾的身份、国籍、习俗、爱好等确定宴会的规格、主陪人、餐式等。第三，敲定宴会的形式。根据规格、对象、目的来确定是举办中式宴会、西式宴会，还是冷餐会、酒会等。一般正规的、规格高的、人数少的，以宴会形式为宜，人数较多则以冷餐会或酒会的形式更为合适。

(2) 订餐。

订餐也称订位，是商务宴请的一个重要环节。如果你准备请客，特别是到那些高级豪华餐厅，最好是预约餐位。这样做，主要是为了避免在客户来到饭店、茶楼后，因没有位子而败兴而归。同时，订餐还可以达到花同样的钱，获得更高雅、更舒适的用餐空间的目的，能保证自己有个理想的桌位。订餐要考虑宴请的具体时间、地点、对象和事由等因素。

首先，确定宴请时间。确定正式宴请的具体时间，主要是遵从民俗惯例，而且要从自己的客观能力出发、讲究主随客便，并对具体长度进行必要的控制。

宴请日期的确定，有的可按主人需要安排，如企业开张、友人聚会等；有的随客人因素决定，如接风送行等；有的考虑主客人的共同方便时间，如商业聚会等。适应多数宾客能来参加宴会为确定宴会时间的准则，尤其要考虑主要宾客最合适的时间。由于世界经济一体化和中国加入 WTO，对外贸易蓬勃发展，许多公司需与外商接触，而邀请外国人更要了解他们的饮食习惯与禁忌。要尽量避开宾主双方不方便的时间。例如，重要的活动日、纪念日、节假日，某一方面不方便的日子或忌日等。

在商务宴请中，午餐通常是工作餐，晚餐通常是放松心情联络感情用的，晚宴则是要等到工作目的实现的时候庆祝用的。通常只有重要人物的重要约会才会安排在早餐时间。比如，通常只有名列财富 500 强的跨国大公司总裁，才会把重要的商业约会安排在早餐时间。早餐不显铺张浪费，人也都精神，谈起事来简单明快。在决定社交聚餐的具体时间时，主人不仅要从自己的客观能力出发，更要讲究主随客便，即要优先考虑被邀请者，尤其是主宾的实际可能，切勿对此不闻不问、勉强从事。如有可能，应先期与主宾协商一下，力求两厢方便，达成一致。至少，也要尽可能地为之多提供几种时间上的选择，以显示自己的诚意。

在安排宴请时，主人要对用餐时间的具体长度进行必要的控制，既不能匆匆忙忙走过场，也不能拖拖拉拉在耗时间。一般认为，正式宴会的用餐时间应为 1.5～2 个小时，非正式宴会与家宴的用餐时间应为 1 个小时左右。而便餐的用餐时间仅大抵为半个小时。一个谈判周期，宴请一般安排3～4次为宜，即接风、告别各一次，中间视谈判周期而定1～2次。

其次，选择宴请地点。"宴请"前加了"营销"两个字，吃饭就不仅仅是吃饭，一曰"沟通"，二曰"办事"。因此找个合适的地方请客，是沟通和办事的前提。在聚餐时，用餐地点的选择是非常重要的。比如，饭店的远近、方便程度、服务态度、可供挑选的食物、质量、品种、卫生和价格；饭店的设施、装饰、服务项目、营业时间、交通情况，甚至饮食者自己的空闲时间等条件，都会对宴请活动产生不同的影响。具体要注意以下几个方面：

一是客随主便。选择宴请的地点，要根据主人意愿、邀请的对象、活动性质、规模大小及形式、商谈的内容等因素来确定。一场宴会，少则十几人，多则上千人，要想让一种宴会环境满足所有与宴者的心理要求是很难的。这就要求我们在尽量满足大多数与宴者的客观要求的同时，侧重迎合其中少数特殊人物的心理要求。当主宾的地位、身份、影响高于主人时，以主宾为主。当主宾的身份、地位低于主人时，则要以主人为主，一些部门和单位领导宴请时，即如此。平民百姓、普通顾客宴请时，宴会设计要以"买单"者为主。会议宴请，要以会务组人员及大会主席为主，宴会成功与否，往往由这少数人说了算。为了表示主人对客人的敬重，宴请可选在传统名店或星级饭店，甚至专选四星级、五星级饭店中进行；为了显示主人的热情和主客之间亲密无间的情谊，有的宴请要安排在主人家里；为了尊重少数民族客人的民族习惯，有的宴请在清真饭店中摆席。邀请世界财富500强的跨国大公司的总裁吃早餐，当然不能安排到街边的早点铺或普通的酒店，甚至是五星级酒店的大堂餐厅也不行。一般五星级酒店都有行政楼层，行政楼层都会有单独的餐厅、酒廊或会议室，安排在行政楼层的这些地方，既隐秘又安静，不受干扰，服务也远比在大餐厅里好。比如，Monika是一家跨国公司的总裁秘书，听说老板要与一重要客户在第二天早晨会谈，她特地挑选了一家酒店顶层的行政楼层作为会谈场所。会谈结束后，老板请Monika吃了顿午饭，对她说："那里的咖啡不仅好喝，更重要的是折射在玻璃幕墙上的那一缕清晨的阳光。"

二是交通便利。要注意用餐地点的地理位置。当今世界的各大城市里，交通状况如何是我们必须考虑的。一般情况下，附近如有令人满意的餐厅，那么首先要考虑就近的这家。但如果某家餐厅很有名、大家垂涎已久，不顾路途遥远欣然前往也无可非议，但这番长途跋涉必须值得。若驱车前往，所去之处的停车位情况怎样，是不能忽视的。我们大概都经历过这样的事情，兴致勃勃来到一家餐厅，但由于没有车位，来回转上很多圈，未免让人扫兴，也很浪费时间。

三是环境优雅。对现代人来讲，宴请不仅仅是为了"吃东西"，而且也讲究重环境、"吃文化"。要是用餐地点档次过低、环境不佳，即使菜肴再有特色，也会令宴请大打折扣。因此，在可能的情况下，一定要争取选择清静、优雅的用餐地点。① 宴会自然环境(如湖边、闹市、船上等)。宴会在餐厅里举行，而每一个餐厅或酒店又都是融于特定的自然环境之中的。不同的自然环境对宴会主题、进餐者心理、宴会举办的效果等都会带来一定的影响。良好的环境气氛，可以增强人在宴饮时的愉悦感受，使宴饮效果锦上添花。② 餐厅建筑风格(如酒店建筑风格、餐厅装修特点等)。我国餐厅根据其风格的不同，主要有宫殿式、园林式、民族式、现代式(或称西洋式)、综合式五种格式。其中，园林式餐厅又可分为园林中的餐厅、餐厅中的园林、园林式餐厅三种类型。此外，还有一种移动式餐厅，如飞机、火车、轮船、高楼旋转餐厅等。一般来说，一个酒店的餐厅风格在一定时期内基本上是定型了的。宴会要根据其主题和宴会者的审美心理，选择合适风格的餐厅与之相匹配。③ 宴会场地环境。它对与宴者产生最直接影响，主要由场地大小和虚实、室内陈设和装饰、餐厅灯光和色彩、场地清洁卫生、室内空气质量与温度以及餐厅家具陈设等因素组成。

此外，选择用餐地点不要忽视客户口味。要询问你的客户是否有任何饮食方面的偏好，比如是否属于素食主义者，是否不吃多加调料的食物或者是否爱好吃鱼等。事先确保你选择的饭店符合客户的口味。不同饭店之间口味迥异，而很多人喜欢尝试那些新鲜时髦的菜肴。如果你对客户、同行了解不多，也没机会和他们聊饮食嗜好这方面的问题，建议不要冒险，应该选择一家传统的享有盛名的饭店。

再次，订餐的方式。通常电话订餐是一种很普遍、很实用的订餐方式。你可拨通酒店订餐电话，敬语问候，说明单位名称、人数、标准、宴请时间，留下联系人的姓氏和电话号码。在电话中，你必须讲清到达时间。如有其他特殊要求和问题，也一并提出，例如有的客户可能带有孩子，是否能事先准备好小孩专用的椅子等。电话订餐是订餐的主要方式，主要用于小型宴会预订。面谈订餐也是常见的一种宴请预订方式，住店旅客、地区居民多用这种方式预订。订餐者通过与酒店预订员或宴会销售员进行面对面的交谈，可以充分了解酒店举办宴会的各种基本条件和优势，洽谈举办宴会的一些细节问题，解决宾客提出的一些特殊要求。面谈可以增进彼此间的信任和了解，有利于达成一致意见。在进行面谈预订时，要注意以下几方面：礼貌问题，对预订员或宴会销售员，说明自己的姓名、单位名称、电话号码、预订内容、特殊要求等。对酒店提供的标准菜单，要认真挑选并确认，菜单中的个别菜肴可视情况适当予以调整。有特殊要求的，要让店方确认。遇重大活动和宴会，应根据与酒店达成的协议，草拟合同，对于未定事宜和需改动事宜，应注明最后确认的时间。最后要向店方表示感谢，礼貌告辞。

(3) 邀约。

在商务宴请中，因为各种各样的实际需要，必须要对宴请对象提出预约，邀请对方出席某项宴请活动。这类性质的活动，称之为宴请的邀约。请出客户是商务宴请的重点和难点，对它绝不可掉以轻心。

首先，邀约要注意三个原则：第一，充满诚意。所谓诚意，是一种坚持、耐心、毅力，是一种百折不挠的混合物。简单地说，这个客户很难请出来，就不停地邀请。每次出差到了该地，都第一个电话打给他："赵总，今天我又来出差了。上次您正好有事，今天方便吗？大家一起聚聚？"如果遭到婉拒，你再着手安排别的事情。一年里你出了十趟差，有多少人忍心和有勇气拒绝十次貌似善举的邀请？如果邀请单独的客户，建议让他带上家人，来不来是他的事，但是至少你的诚意到了。此外，要避免把矛盾的客户请到同一桌上，如果实在有必要，宁愿分两次请。可能的话，尽量多提前一点时间，不要让人感觉他是凑数的。第二，理由适当。宴请的理由，更为重要的是一种说法。我们知道，往往同一件事情有不同的说法，请客吃饭也不例外。比如：若邀请"王总经理"吃饭，就有多种"奇妙"的说法："王总，昨天朋友从国外旅行回来，送我一瓶洋酒和一些外国名产。我想请您来，品尝看看……"；"王总，上次听说您到我们这儿出差，时间忙也来不及上我们公司看看，这次我无论如何得请您，补一补地主之谊……"；"王总，今天实在感谢您对我们公司产品的指教，晚上我来做东……"；"王总，听说这儿新开了家海鲜店不错，我自己去吃公司当然不能报销，您就牺牲一次，让我沾沾光吧……"；"王总，我刚预订了王朝酒店的一个海鲜浓汤，按规定要煲三天。您三天后有时间吗？无论如何给个面子……"。第三，名义合适。邀约的名义，主要依据主客的身份确定。大型宴请一般以单位名义发邀请，也可以个人名义发邀请。小型宴请可视具体情况以个人或夫妇名义邀请，工作进餐可以单位名义发邀请。确定邀请者与被邀请者的主要依据是主宾双方的身份应当对等，身份低会使对方感到冷淡、不礼貌。

在一般情况下，邀约有正式与非正式之分。正式的邀约既讲究礼仪，又要设法使被邀请者备忘，故此它多采用书面的形式。非正式的邀约，通常是以口头形式来表现的，相对而言，它要显得随便一些，邀约的方式主要有当面邀约和电话邀约以及请柬邀约。

当面邀约和电话邀约是日常宴请邀约最常用的方式，邀请时要真心实意、热情真挚，并掌握一些技巧。例如，"张经理！今天足球彩票公布了，我中奖了！一等奖(虽然全国人民这期都中，奖金可能就 20 元)！走吧！我们到东方海鲜楼去庆祝庆祝！"(借花献佛式)；"张主任，这份文献不错吧？昨天我在一家专业网站上还看到了一份更加权威的文献！只是昨晚太晚了，没来得及下载……这样吧，我现在就回家下载那份文献，晚上我们一起吃饭，然后我再把那文献交给您？"(投其所好式)；"张主任，您的观点对极了，我真的是对您佩服得五体投地！看这时间，也不早了，这样吧，我们找个地方，一起吃饭，然后您再把这个观点继续给我往透里说一下。对面的"绿蔷薇西餐馆"环境棒极了，极其适合聊天！走吧！我们现在就过去？"(声东击西)。

在正式邀约的诸形式之中，档次最高，也最为政界、商界人士所常用的当属请柬邀约。凡精心安排、精心组织的大型宴会等，只有采用请柬邀请嘉宾，才会被人视为与其档次相称。请柬又称请帖，它一般由正文与封套两部分组成。不管是上街购买印刷好的成品，还是自行制作，请柬在格式与行文上，都应当遵守成规。请柬正文的用纸，多用厚纸对折而成。对折后的左面外侧多为封面，右面内侧则为正文的行文之处。封面通常讲究采用红色，并标有"请柬"二字。请柬内侧，可以同为红色，或采用其他颜色，但民间忌讳的黄色与黑色，通常不采用。在请柬上亲笔书写正文时，应采用钢笔或毛笔，并选择黑色、蓝色的墨水或墨汁。红色、紫色、绿色、黄色以及其他鲜艳的墨水，则不宜采用。在商务宴请中所采用的请柬，基本上都是横式请柬。它的行文，是自左而右、自上而下地横写的。竖式请柬是中国传统文化的一种形式，多用于民间的传统宴请。它的行文，则是自上而下、自右而左地竖写的。在请柬的行文中，通常必须包括宴请形式、宴请时间、宴请地点、宴请要求、联络方式以及邀请人等项内容。在请柬的封套上，被邀请者的姓名要写清楚，写端正。这是为了向对方示敬，也是为了确保它被准时送达。

在接到邀约后，应当做出积极的反应，要尽快答复邀请者自己能否接受其邀请。鉴于同时受到邀请的往往不止于一方，为了使邀请者做到对他所组织的宴会胸有成竹、避免失败，任何被邀请者在接到书面邀请之后，不论邀请者对于答复者有无规定，出于礼貌，都应尽早将自己的决定通知对方。当收到别人正式寄来的邀请函时，若没有特殊重大典型临时突发事故，你应该尽可能参加。因为信函邀请要比电话邀约正式得多，在考虑是否出席方面，前者应优先考虑。即使临时有其他人以电话约你，你也要先出席此宴会，再和其他人约定时间。若因事不能参加，必须事先向主人做礼貌性的说明。拒绝邀约的理由应当充分，比如，自己有病在身或家人得了重病，必须予以照顾；亲人最近过世，自己仍在守哀期间；在同一天的同一个时段，已经有了其他的正式约会，不能分身参加此约会；在宴会当天或前几天，自己正好有事要出国；正好有重要的商务要谈等。在回绝邀约时，千万勿忘记向邀约者表示谢意，或预祝其组织的活动圆满成功。

(4) 点菜。

点菜是摆在食客们面前一道严峻的选择题。"点菜"之"点"，不亚于战斗前之点兵之"点"。点菜是一个人饮食文化修养的集中表现，是一项复杂的工作。

第一，点菜的礼貌。一般来说，入席后，主人往往会请客人点菜，以示礼貌与尊重。如果有女士在座，则先请女士点菜，但其余的客人也要一一让到。不过客人往往不好意思点名贵的菜肴。于是，客人点完之后，全靠主人布局了。但在参加大型宴会时，菜肴是由主人事先安排好的。在点菜时，怎么向客人询问大有讲究，如问"您吃点什么呀？"、"您来点什么？"、"您爱吃点什么？"这些开放式问题，要是客人狂点，你可就傻了。有经验的人有两种问法：一种是封闭式问题：如"张主任，来条草鱼还是鲤鱼？"言下之意等于给对方下一个套，告诉客人不要点东星斑鱼、神仙鱼、多宝鱼等名贵的鱼。"喝茶还是喝咖啡？"就是告诉对方，你不要喝人头马。还有一种就是有所不为的问题，如"张主任，您不能吃什么？"了解他不吃什么，但一定注意不要触犯宗教禁忌或民族禁忌。

当着客人的面，如果不方便讲要花多少钱时，可以通过特定的词汇表达，如"来点家常菜"、"来点清淡爽口的"是暗示服务员不想高消费，而"有什么山珍海味"、"来点海鲜"则暗示点单员请的是贵宾，并不在乎花费。

作为客人，如遇到主人让客点菜时，在尊重主人的前提下，多半会交由主人代为决定。但有时候也不必客气，如果客人能够至少点一样菜，主人会很高兴的。因此，在点菜时多少有些主张，才合乎礼节，不必担心客人只能迎合评价的口味。作为被请者，在主人点菜时，可告诉主人，自己没有特殊要求，请对方随便点，这实际上正是对方欢迎的做法。或者是认真点上一个不太贵的而又不是大家忌口的菜，再请其他人点。别人点的菜，无论如何都不要挑三拣四。另外，当对方问你要点什么的时候，必须先将自己的决定告诉对方，而不是服务员，否则对方会觉得不被尊重。

第二，点菜的方法。点菜前一定询问客户对哪些忌口，重要的客户建议先侧面了解一下他的口味。选菜不以主人的爱好为准，主要考虑主宾的喜好与禁忌。餐厅无法提供实物展示的话，认真阅读菜单就显得十分重要了。菜单是点菜的向导，它所代表的含义绝非只是一张价目表而已。一份完整的菜单，其内容包括食物名称、种类、价格、烹调方法、图片展示及相关知识的陈述等。菜单的形式很多，有的菜单会依据菜的性质种类来分类，有的则不会。例如，有的餐厅会很体贴地将提供的菜式分成牛肉类、猪肉类、羊肉类、海鲜类、素食类、饭类、面类、汤类、甜点等。有的餐厅的菜单则没有这种方便详细的归类，所以点菜时要根据菜肴的名称来判断。很多餐厅都推出每日、每周或每月特色菜，在开始翻阅那厚厚的菜单之前，可以先看看当日有什么特色菜，如果你尝试一下，或者正是你盼望已久的菜肴，可谓一举两得。特色菜又叫招牌菜，一般是餐厅用来吸引客人的拿手菜，味道不错，价钱也不会太贵。每到一个不熟悉的餐馆，不妨先问问有什么特色菜，这样就可对该餐馆的品质心中有数，心里有底。

中餐宴席点菜时，首先，注意一定要先点上几个凉菜，以免桌上空空荡荡。通常是4～8 种凉菜，也可点十多种。其次，要根据客人重要程度和要花钱的数额，先点上几个关键菜(主菜，主菜又称为大件、大菜)，以此来表达客人的宴请级别，然后将各菜品(鱼、肉、蔬菜、凉菜等)搭配起来。如果人多，可以多点几个肉类，不够则以普通菜等补充。热菜道数通常是4、6、8等偶数。因为，中国人认为偶数是吉利的。在豪华的餐宴上，主菜有时多达16或32道，但普通餐宴是6～12道。注意宴请宾客除要用贵菜来显示尊重外，一些本店的特色菜可能会给每个级别的客人带来兴趣，也多了酒宴中的话题。主菜结束所供应的点心是馅饼、蛋糕、包子、杏仁豆腐等，最后则是水果。

当然，餐厅服务员的建议有时也是值得听取的，但是千万要记住：服务员建议的菜单，不要由你一个人核定，即使你是主人，也要征求在座客人的意见，大家都同意时才算决定。要不然假如有一位客人没有一样菜能吃时，将会是很尴尬的。

点菜时，不仅要考虑吃饱、吃好，而且必须量力而行，心中有数。如果为了讲排场、装门面，而在点菜时大点、特点，甚至乱点一通，不仅对自己没好处，而且还会招人笑话。点菜时事先一定有个大致的心理预算，包括酒水、不要买单的时候过于意外。力求做到不超支、不乱花、不铺张浪费。可以点套餐或包桌，这样费用固定，菜肴的档次和数量相对固定、省事。也可以根据"个人预算"，在用餐时现场临时点菜。这样不但自由度较大，而且可以兼顾个人的财力和口味。

第三，点酒水。在餐前，中国人一般是饮茶或软饮料，以饮茶者居多。至于软饮料，主要是可口可乐、百事可乐、雪碧之类的碳酸饮料。当然，也会碰到客人点果汁、蒸馏水或矿泉水的情形。大多数客人在选定一种软饮料之后，在整个用餐过程中一般不再更换。在餐中一般选用度数较高的白酒和酒度较低的红葡萄酒或啤酒。每一类酒一般有1～2种供客人选择。当然很熟的客人也会自己点自己所喜爱的酒品。但在许多情况下，客人一般都会听从主人安排，多桌时每桌所选用的酒品要相对统一。因为这样做，宾客之间敬酒、劝酒与斗酒时会显得更为和谐、一致与公平。中餐习惯在餐后饮用茶水。因为民间传说茶水具有止渴、解酒和帮助消化的功效。根据中国许多地方传统的饮食文化与饮食习惯，宴席上所斟的酒大多必须在最后一道菜(甜汤与甜点)之前"门前清"(即席上的宾客要各自喝完自己杯中的酒)，这同时也宣告饮酒活动已告一段落，此后一般就不再喝酒精类的饮料了，故中餐宴席较少喝餐后酒。但如果朋友相聚酒兴未尽，则另当别论。

第四，选择主食。大凡宴会，往往只饮酒吃菜，不进主食。即使进主食，也是象征性的。因为，多数赴宴者酒足菜饱之后，就难以问津主食，这对健康是不利的。主食是宴席内容的一个重要方面，合理地配备主食，才能使整个宴席和谐，达到完善的境界。

不同的国家、不同的民族，对主食点心有不同的喜好。所以，在点主食时，要通过调查研究，了解宾客的国籍、民族、宗教、职业、年龄、性别、体质和嗜好忌讳，并依此确定品种，做到重点保证主宾，同时兼顾其他，如回族人喜欢吃牛、羊肉馅的面点，北方人喜欢吃味浓厚的面食，南方人喜欢吃清淡爽口的细点心等。此外，在因人而配的过程中，要考虑到客人的身体状况。主食与我国民风食俗也有很大关系，如果宴请的日期与我国某个民间节日临近，主食就要有相应安排，如春节，配食年糕、春卷等；元宵节，可配食汤圆、元宵；清明节，配食青团(又名翡翠团子)、酒酿饼；端午节，配备各种粽子制品；中秋节，配上月饼等。

宴席的级别有高档、中档、普通三级，对于主食的级别来说，可从用料的高低、馅心粗精、成形的繁简几方面来选择。主食要适应宴席的价格和级别，才能使席面上菜肴质量与主食质量相匹配，达到整体协调一致。

(5) 席位安排。

宴会一般要事先安排好桌次和座位，以便使参加宴会的人各就各位，入席井然有序。座位的安排体现了对客人的尊重。一般而言，中国习惯于按职位高低排列，以面对庭院，背向墙壁为上座；西方按男女参差排列，以背向壁炉，正中间的座位为女主人，女主人面对的正中座位为男主人，离入口最近的地方为末席。

5) 与客户进餐

在今天这个时代，无论哪个企业、哪个公司，客户都有很多的选择。无论满意不满意，他们都没有必要对任何企业或公司保持忠诚，所以客户是很容易流失的，而忠诚的客户是最能带来利润的，也是最值得关注的。客户是"上帝"。要跟客户搞好关系，请客吃饭是免不了的。

(1) 确定目标客户，抓住关键人。

成功的商务人员会记住客户的生日、客户家庭成员的生日以及他们的住址电话等。应像建立客户资料一样，对重点单位关键人的各方面资料做统计、研究，分析其喜好。

(2) 真诚对待客户。

真诚才能将业务关系维持得长久。同客户交往，一定要树立良好形象，"以诚待人"是中华民族几千年来的古训。业务的洽谈、制作、售后服务等也都应从客户利益出发，以客户满意为目标调整工作，广泛征求客户意见，考虑其经济利益，处理客户运营中的疑点和难点，取得客户的信任，从而产生更深层次的合作。

邀请客户进餐，尽量不要带上你的爱人，因为他或她不是所有人都认识，你会整晚都夹在他们之间。如果你跟你的爱人并非从事同一个职业，还是不要带他或她去了。

如果你先到，那就应该让客户感到宾至如归，把他们引荐给重要人物。进入酒店，随员和上司一样应尽地主之谊，以目光和手势示意客户，请他走在前面，同时可以配合语言提示："刘经理，您先请"。

面对大门的位子为主位，就是主人(上司)的位子，客户要坐在主人右手的第一个位子，随员要坐在主人左手的位子。随员要等上司和客户先落座后再坐下，至于是否需要给客户拉椅子，则不一定，因为随员如果是年轻女性，客户反而会很不自在。

如果上司和客户的杯子里需要添茶了，随员要义不容辞地去做。你可以示意服务生来添茶，或让服务生把茶壶留在餐桌上，由你自己亲自添则更好，这是不知道该说什么的时候最好的掩饰办法。当然，添茶的时候要先给上司和客户添茶，最后再给自己添。

结账的任务也是随员的，此时，不要让客户知道用餐的费用，否则也是失礼的。因为无论贵贱，都是主人的心意，特别是工作餐，是为了沟通感情而已。

(3) 照顾客户。

客人一般不了解当地酒店的特色，往往不点菜，那么，上司就有可能示意随员点菜。此时，随员要同时照顾上司和客户的喜好，也可以请服务生介绍本店特色，但切不可耽搁时间太久，过分讲究点菜反而让客户觉得你做事拖泥带水。点菜后，可以请示"我点了菜，不知道是否合二位的口味"，"要不要再来点其他的什么"等。如果事前能与酒店打过电话联络，提前拟定菜单，那就很周到了。

为了表示对客人的尊敬和活跃餐桌上的气氛，作为主人应主动劝客人吃菜。当一道菜端上桌时，主人可简单介绍一下这道菜的色、香、味等特色，当客人对这道菜表示出特别的兴趣时，还可简单介绍其烹调方法，与此同时应热情招呼客人动筷。如餐桌上的客人有主次、长幼之别时，每道菜上来，主人应先请主客或长者首先品尝。当客人出现相互谦让、不肯下箸的情况时，主人可站起来，用公筷、公匙为客人分菜。分菜应先分给主宾、长者，然后依就座秩序分给他人；分菜要注意适量和客人的口味，如客人婉谢就不必强人所难。有些菜用筷子分不开，可借助刀叉，或请在座的客人协助，千万不要用手撕拉。

(4) 注意与客户的交谈。

与客户交谈时，宜选择轻松、愉快的话题并遵守交谈礼仪，不可只顾自己一人夸夸其谈，或谈些荒诞离奇的事而引人不悦，不要高声大笑或窃窃私语，不谈论隐私及过于严肃的话题。交谈时务必用餐巾拭嘴，以免食物残留唇边，影响雅观。商务宴请中一些安全的话题以及应避开的话题见表 7-1。

表 7-1　商务宴请中安全的话题以及应避开的话题

安全的话题	应避开的话题
天气	自己的健康状况
交通	他人的健康状况
体育	物品的价格、收入
无争议的新闻、如奥斯卡奖	个人的不幸
旅游	有争议的兴趣爱好
环境问题	低级笑话
对会址或城市的赞美	小道消息
共同的经历	宗教
书籍	争议性很大的问题如堕胎或焚烧国旗
文学、艺术	有关私生活的细节

(5) 学会敬酒。

敬酒也叫祝酒，是现代营销宴会必不可少的程序，是向对方表达敬意的良好方式。如果时间把握合适，祝酒词恰到好处的话，敬酒可以给整个聚餐带来一种良好的气氛。敬酒需注意以下方面。

第一，斟酒。敬酒之前需要斟酒。按照规范来说：除主人和服务人员外，其他宾客一般不要自行给别人斟酒，如果主人亲自斟酒，应该用本次宴会上最好的酒斟，宾客要端起酒杯致谢，必要的时候起身站立。如果是作为大型的商务用餐来说，都应该是服务人员来斟酒。斟酒一般要从位高者开始。如果你不想喝了，可把手挡在酒杯上，说声"谢谢，不用了"。中餐时，别人斟酒的时候，也可以回敬以"叩指礼"。特别是自己的身份比主人高的时候。即以右手拇指、食指、中指捏在一起，指尖向下，轻叩几下桌面表示对斟酒的感谢。酒倒多少才合适呢？白酒和啤酒可以斟满，而其他洋酒就不用斟满。

第二，敬酒的时机。敬酒应该在特定的时间进行，并以不影响来宾用餐为首要考虑。

敬酒分为正式敬酒和普通敬酒。正式的敬酒，一般是在宾主入席后、用餐前就可以开始。而普通敬酒，只要注意是对方不咀嚼食物的时候，认为对方可能愿意接受你的敬酒就可以敬。而且，如果向同一个人敬酒，应该等身份比自己高的人敬过之后再敬。

第三，敬酒的顺序。敬酒按什么顺序呢？一般情况下应按年龄大小、职位高低、宾主身份为序，敬酒前一定要充分考虑好敬酒的顺序，分明主次，避免出现尴尬的情况。即使你分不清或职位、身份高低不明确，也要按统一的顺序敬酒，比如先从自己身边按顺时针方向开始敬酒，或是从左到右、从右到左进行敬酒等。

第四，敬酒的举止。无论是主人还是来宾，如果是在自己的座位上向集体敬酒，就要求首先站起身来，面含微笑，手拿酒杯，面朝大家。当主人向集体敬酒、说祝酒词的时候，所有人应该一律停止用餐或喝酒。主人提议干杯的时候，所有人都要端起酒杯站起来，互相碰一碰。按国际通行的做法，敬酒不一定要喝干。但即使平时滴酒不沾的人，也要拿起酒抿上一口装装样子，以示对主人的尊重。除了主人向集体敬酒，来宾也可以向集体敬酒。来宾的祝酒词可以说得更简短，甚至一两句话都可以。比如："各位，为了以后我们的合作愉快，干杯！"平时涉及礼仪规范内容更多的还是普通敬酒。普通敬酒就是在主人正式敬酒之后，各个来宾和主人之间或者来宾之间可以互相敬酒，同时说一两句简单的祝酒词或劝酒词。别人向你敬酒的时候，要手举酒杯到双眼高度，在对方说祝酒词或"干杯"之后再喝，喝完后，手拿酒杯和对方对视一下，这一过程才结束。

对我国来说，敬酒的时候还要特别注意。敬酒无论是敬的一方还是接受的一方，都要注意因地制宜、入乡随俗。我们大部分地区特别是东北、内蒙古等北方地区，敬酒的时候往往讲究"端起即干"。在他们看来，这种方式才能表达诚意、敬意。所以，在具体的应对上就应注意，自己酒量欠佳应该事先诚恳说明，不要看似豪爽地端着酒去敬对方，而对方一口干了，你却只是"意思意思"，往往会引起对方的不快。另外，对于敬酒的来说，如果对方确实酒量不济，没有必要去强求。喝酒的最高境界，应该是"喝好"而不是"喝倒"。

在中餐里，还有一个讲究。即主人亲自向你敬酒干杯后，要回敬主人，和他再干一杯。回敬的时候，要右手拿着杯子，左手托底，和对方同时喝。干杯的时候，可以象征性和对方轻碰一下酒杯。不要用力过猛，非听到响声不可。出于敬重，可以使自己的酒杯较低，低于对方酒杯。如果和对方相距较远可以以酒杯杯底轻碰桌面表示碰杯。

和中餐不同的是，西餐用来敬酒、干杯的酒，一般都用香槟。而且，只是敬酒不劝酒，只敬酒而不真正碰杯。还不可以越过自己身边的人和相距较远者祝酒干杯，尤其是交叉干杯。

第五，拒酒的礼仪。宴会上，特别是在中式宴会上，要适当拒酒，这不仅是自我保护的需要，还是为营造良好、健康气氛的需要，可以有效避免过量喝酒引起的失态甚至彼此间的不愉快。无论是生活习惯、健康或是工作需要等原因而不能喝酒时，不能直接给予拒绝，这样会让敬酒者陷于尴尬的境地，这就需要礼貌、大方的拒酒技巧。一是客观、诚恳地申明不能喝酒的原因。二是主动以其他饮料代酒。三是委托同事、部下代喝酒。千万不要在别人给自己斟酒的时候，躲躲藏藏，显得特别小气。乱推酒瓶，敲击杯口，倒扣酒杯，偷偷倒掉，或者把自己的酒倒去别人的杯中，尤其是，自己喝了一点的酒倒进别人杯中，都是不礼貌的表现。

第六，敬酒的误区。敬酒的误区主要包括：其一，不要强人所难，灌人以酒。平时嗜酒如命，必须有所收敛。不胜酒力的，不一定要喝酒，喝水、喝饮料也行，关键有这个想法就可以了。其二，西餐里，如果你是重要的客人或是主宾，要回敬主人一杯。你可以在主人敬酒时立即回敬。一般情况下，别人给你敬酒的时候，不要同时给对方敬酒。其三，没必要非得碰杯，尤其是使用玻璃器皿的时候。其四，主人应该是第一个敬酒的人，不要越俎代庖。第五，不要敲杯子以吸引大家的注意。

(6) 与异性客户进餐。

男性在女性来到餐桌边时要站立，即使在混杂的餐厅，也要稍稍提起上身，直到女士入席或者邀请她坐下为止。在女性离开桌子时，男性也要站起来。与异性客户进餐还要注意：不要拿女人的事当话题，也不应在他人面前表示怀疑她的道德；应避免不必要地接触女性的身体；不要谈让女性尴尬的话题；要用比平常稍大的音量和女士说话，不要亲昵得近乎猥亵地说话，也不要越过大厅，大声呼叫女士的名字；在洽谈业务的场合中，可由女性付款；而邀请女性参加社交餐会时，则全部费用应由男性负担。

(7) 注意付账的礼仪。

在餐厅用餐完毕，如何大大方方地结账，留给你的客户、同伴和服务人员一个好印象，也是重要的餐饮礼节之一。通常说来，用餐完毕准备离去时，要利用服务人员经过你身边的机会，轻声唤住他，很有礼貌的地告诉他："请帮我们结账。"如果一时没有服务人员走近，不妨耐心地多等一二分钟。有些人却不耐烦，往往四周没有服务人员，便提高嗓门大叫买单，或者手握钞票，举得高高的挥来挥去。之所以有这样的反应，是因为自认为自己是消费者，理所当然可以这样做。但是，坐在你餐桌四周的其他桌客人也是消费者，如果你大声吼叫，就会影响其他人用餐的情趣与安宁。除非餐厅有特别的规定，否则一般来说，买单应该坐在自己的位子上买。因为跑到柜台前面掏出钱来结账，既不雅观，也不合乎餐厅礼节的规定。

账单算好交来时，主人要迅速拿起来看数目，不要让客人知道数目。你有权用足够的时间复核一下账单数目，但不要一项项地念出来，并加加减减一番，使客人觉得你有些吝啬、不爽快。最好的办法是：预先估计一下吃了多少东西，心中有了一个大概的数目，当账单交来时，看看差不多就迅速付款好了。这样一则可避免账单有误时吃亏，二则看起来大方。

付完账，不必急着离开，可以逗留一会儿，再聊聊天，吸支香烟或喝杯茶。但如果当时餐厅很忙，或者时间已经很晚，而你又是最后一批客人时，那还是早走为妙。离开餐厅前，如果席中有男女主人的话，应由女主人用征求意见的方式对客人说："我们现在走好吗？"如果席中只有男主人的话，男主人一旦站起来了，这就意味着可以走了。如果一对男女去餐厅，离开时服务员不在，男士应协助女士穿上外套，并在前面开路。出门时要让女士先行，除非外面太黑或正在下雨，男士要先到外面撑开雨伞。如果有服务员招待的，男士要走在女士后面，不管在餐厅内外，都把开路和撑伞的责任交给服务员。

7.2　客户沟通

客户沟通是商务沟通的重要方面。企业保持与客户经常性联系的目的，就是为了随时掌握客户的经营现状，同时通过这种沟通，激励客户，提高其购买企业产品的积极性。

1. 客户的分类

客户分类是基于客户的属性特征所进行的有效性识别与差异化区分。一般按是否直接与客户接触，发生直接的关系可以分为直接客户与间接客户。按客户自身的实力来划分可以分为大型客户、中型客户、小型客户。这里我们根据客户的心理特点和客户与公司业务的接近程度来详细介绍一下。[①]

1) 根据客户的心理特点划分

(1) 理智型客户。这类客户办事情比较理智，有原则、有规律，这类客户不会因为关系的好与坏而选择信息商或供货商，到时候不会因为个人的感情而选择你为合作的对象，这类客户大部分工作比较细心，比较负责任，他们在选择合作对象之前都会做适当的心理考核比较，得出理智的选择。

(2) 任务型客户。这类客户一般在公司的职务不会是股东级的，他们只是在接受上级给予的任务，而且这个任务也不是自己的工作职责范围之内的，所以这样的客户一般对任务只是抱有完成到比上不足比下有余的效果就可以了，不会有太多的要求，也不会有太多的奢望。

(3) 贪婪型客户。这类客户一般在自身公司的关系比较复杂，做事的目的性比较强，对价格压得比较厉害，对质量和服务也要求比较高，但这类型的客户很容易稳定，只要和对方的关系发展到一定程度就很容易把握住对方需求。这类客户时常也会主动要求和接受贿赂。

(4) 主人翁型客户。这类客户大部分是企业家的老板，或者非常正直的员工，这样的客户只在乎追求价格、质量、服务的最佳结合体，尤其价格最为关注，所以对于这样的客户首先要在价格上给予适当的满足，再根据质量提升价格的战略，要让对方感觉你做的东西就是价格最便宜的，质量最好的。对于这样的客户可以适当地玩些隐蔽性的花样。

(5) 抢功型客户。这类客户一般不会是公司的大领导，也不会有很大的权利，但是这样的客户有潜力，地位一般是处于上升趋势。这样的客户眼光重点定位在质量上。在价格只要适当就可以了。这样的客户有的时候会出现自己掏钱为公司办事情的情况。在公司为了表现经常自己吃哑巴亏。

(6) 吝啬型客户。这样的客户一般比较小气，想赚这样客户的钱不容易，这样的客户不会因为稳定、因为信任、因为关系而选择一个供应商。他们会首先比较价格，而且比较的结果是让你降利润，然后再要求质量。这样的客户经常会隐瞒事实，夸大自己，很多时候还会选择货比货，搞一些根本就不需要的招投标形式，以此来压价满足自己的虚伪的吝啬心理。

(7) 刁蛮型客户。这样的客户在第一次交往中会表现得很好，显示自己是很好、很有信誉、很有实力的公司。有时甚至会出现你开800他给你1000价格的情况，这样的客户在和我们交谈的过程中基本上不会准备好资料，希望所有的资料都由我们来为之准备，也不会在价格上和我们斤斤计较，在质量上也不会告诉你苛刻要求。他们会想方设法设置自己的陷阱，找借口说时间非常着急，其实真正等你做完了，他一点也不着急了，往往是想通过一些毋须有的问题干扰你的视线，尽量使操作出现些问题，到时候好抓把柄找麻烦。

① 彭于寿. 商务沟通. 北京：北京大学出版社，2011

(8) 关系型客户。这样的客户是在先有朋友关系后成业务交往的，这样的客户操作如果不把握好一个介于朋友和客户之间的度，就很容易导致业务没有做好，朋友关系也搞砸了，客户关系也丢失了。尤其在服务行业，朋友介绍朋友，朋友需要帮忙等的业务时常会出现。

(9) 综合型客户。这样的客户在交往中没有一定性格模式，特定的环境下会演变成特定类型的客户，这样的客户一般非常老道，社会经验非常丰富，关系网也比较复杂，他的生活轨迹也不容易把握，思想活动很难认清。

2) 根据客户跟公司业务的接近程度划分

按照客户发展期间客户跟公司业务的接近程度，可以将顾客分为潜在客户、试用客户、简单意向客户、准客户、正式客户等几种类型。

(1) 潜在客户。潜在客户范围很广，不了解我们、或者是曾经接触过，但是后来没有再度接触的客户，或者是听说过也或者了解我们，但是并没有跟我们接触的客户，都称为潜在客户。潜在的意思就是等待发掘的意思。

(2) 试用客户。这类客户抱着试试看的思想，初次使用产品或享受服务。

(3) 简单意向客户。这类客户实际上就是在试用客户的基础上向再度合作的方向迈进了一步。双方谈到了合作以及服务的产品、权限、价格，并且对方清楚地肯定了这些需求和价格。能够有合同的当然是更加肯定对方会成为我们的意向客户。

(4) 准客户。准客户的条件是服务价格和服务内容都已谈妥，合同已经传真或者已经回传合同，对方也已经开始打款的客户。

(5) 正式客户。即合作成功，付费并认可我们服务的客户。

2. 客户沟通技巧

1) 客户沟通的原则

视客户为朋友，为熟人，想方设法让服务用语做到贴心、自然，令人愉悦，这是营销沟通的基本出发点。客户沟通的原则有：

(1) 客户中心原则。设身处地为对方着想，急客户之所需，主动说明客户购买某种东西所带来的好处，对这些好处做详细、生动、准确的描述，才是引导客户购买商品的关键。"如果是我，为什么要买这个东西呢？"这样换位思考，就能深入客户所期望的目标，也就能抓住所要说明的要点。最好用客户的语言和思维顺序来介绍产品，安排说话顺序，不要一股脑说下去，要注意客户的表情，灵活调整销售语言，并力求通俗易懂。

(2) 倾听原则。"三分说，七分听"，这是人际交谈的基本原理——倾听原则在营销中的运用。在推销商品时，要"观其色，听其言"。除了观察客户的表情和态度外，还要虚心倾听对方议论，洞察对方的真正意图和打算。要找出双方的共同点，表示理解对方的观点，并要扮演比较恰当、适中的角色，向客户推销商品。

(3) 禁忌语原则。在保持积极的态度时，沟通用语也要尽量选择体现正面意思的词，选择积极的用词与方式。要保持商量的口吻，不要用命令或乞求语气，尽量避免使人丧气的说法。例如：

"很抱歉让您久等了。"(负面词)→"谢谢您的耐心等待。"(积极的说法)；

"问题是那种产品都卖完了。"(负面词)→"由于需求很多，送货暂时没有接上。"(积极

的说法);

"我不能给你他的手机号码!"(负面词)→"您是否向他本人询问他的手机号码？"(积极的说法);

"我不想给你错误的建议。"(负面词)→"我想给你正确的建议。"(积极的说法);

"你叫什么名字？"(负面词)→"请问，我可以知道你的名字吗？"(积极的说法);

"如果你需要我们的帮助,你必须……"(负面词)→"我愿意帮助你,但首先我需要……"(积极的说法);

"你没有弄明白,这次听好了。"(负面词)→"也许我说的不够清楚,请允许我再解释一下。"(积极的说法)。

(4) "低褒微谢"原则。"低"就是态度谦恭,谦逊平易。"褒"是褒扬赞美。"谢"是感谢,由衷地感谢客户的照顾,如"谢谢您,这是我们公司的发票,请收好。"、"谢谢您,我马上就通知公司。"、"谢谢您,正好是××元"。"微"是微笑,商务人员要常面带微笑,就可给客户带来好的心情。

2) 客户沟通的语言要求

(1) 发音清晰、标准。只有发音清晰、标准,对方才能听清商务人员说的是什么,不至于只看见"商务人员"唾沫横飞,却根本不知道说了些什么。我们提倡的是普通话,现在大多数的人在公共场合交际,运用的是普通话。很大程度上,一口流利的普通话已经成为高素质的象征,因此一般说来应用普通话交流;如果了解对方老家是某地,对方又以家乡为荣,而自己恰巧又会当地的方言,适当地运用方言跟对方交流也不错。

(2) 语调低沉、自然、明朗。低沉和抑扬顿挫的语调最吸引人。语调偏高的人,让人感觉叽叽喳喳,听起来不舒服,而且有一种凌驾于客户之上的感觉。因为我们大家都有体会,一般而言领导跟下属、长辈跟晚辈之间谈话时,前者语调较高,后者语调较低,所以客户更喜欢稍低沉的语调;语调要自然,谁都不喜欢做作,尤其是女商务人员不要嗲声嗲气地,自然、大方才受大家的欢迎;语调要讲究抑扬顿挫,否则一个调子下来,客户听不出重点,也容易厌烦。

(3) 说话的语速要恰如其分。有些商务人员说话本身语速快,在客户面前又有些紧张,因此还没等客户有所反应,自顾自地讲了十几分钟,容不得对方插话,一则不尊重对方,二则自己讲得快了,思维跟不上,容易出错;语速也不应太慢,太慢了会让客户着急,不耐烦。一般来说,正常聊天的语速就可以。同时,语速要根据所说的内容而改变,一成不变的语速容易让人产生厌烦情绪,讲到重点的时候可以适当放慢语速,加强语气,以示强调。

(4) 懂得停顿的运用。在讲话过程中,恰当的停顿有多个好处:一则可以顾及客户的反应,是喜欢还是厌恶？对哪一部分感兴趣？以便有针对性地调整说话的内容和语速。二则是让自己有思考的时间,选择更合适的语言来表达,不至太紧张甚至出错;停顿的时间不要太短,要根据对方的反应灵活调整。一般来说,停顿会引起对方的好奇,有时不能逼对方早下决定。

(5) 音量要注意控制。有的人音量本来就大,很多时候像在喊,就要控制一下。音量太大,往往容易给对方造成压迫感,使人反感;音量太小,一则对方听不清楚说的内容,容易不耐烦，二则显得自己信心不足，犹犹豫豫，自己都没有信心，还怎样影响客户？因此说服力不强。

(6) 在说话时配合恰当的表情。在说话时配合恰当的表情往往会起到比单纯的语言更明显的作用。比如，说到高兴处，可以微笑，或者配合一定的手势动作；说到伤心处，神情表现得悲伤，让情绪感染客户，让客户进入到所创设的情境中，容易诱导客户。

此外商务人员还要注意表达逻辑清楚，重点突出。在进行介绍时，要思路清晰，表达流畅，不能前言不搭后语，让听者不知所云。为了突出重点，可以适当地使用一些词语，如"首先，其次，再次，最后"或者"第一，第二，第三"等，以便客户能抓住重点，一般要把最突出的优点放在第一位，吸引住客户，稍弱的优点依次往后。

商务人员可以把自己的声音录下来，找好朋友或者家人或者同事从内容、形式等方面提提建议和意见，以便提高说话水平。

(7) 避免以"我"为中心，诱导客户自己品味销售的主题。最能使人信服的是自我醒悟的道理，而非他人的说教，通过提问的方式给顾客一定程度的自尊心理满足，诱导和激发客户产生购买行为。比如，"我认为……"可改为"您是否认为……"，"您的想法对吗？"可改成"您是怎么想的？"，"我想您肯定会买的"，可改成"您很内行，可不要错过机会"等。这些提问能使客户顺从诱导，引起思考，品味商务人员没有说出的销售主题。一旦悟出道理，大多数顾客就会陶醉于自己体会出的快乐心情之中，很少会产生是由商务人员诱导出来的怀疑感觉。在公众自己品味出销售的主题以后，商务人员还可以用赞美的语气强化诱导的结果。"您讲得很有道理"，"我完全同意您的想法"，"您真会核算，比我们还精通"等赞美的话会使顾客油然产生一种兴奋的心情，这种情感体验能够升华为坚定不移的购买信念，导致顺利成交的良好结果。

(8) 注意语言的精确性，提高对顾客说理的感染力。在推销中，推销人员的语言是一种极其复杂的心理活动，推销员凭借某种语言来传递自己心理活动的信息，表达自己的思想、情感、愿望和要求，而顾客也是通过拜访的语言交流，接受推销员传递的商品信息，引起思想、感情的共鸣，采取积极的购买行为。因此，推销员要加强语言修养，提高语言的精确性，增强语言的感染力，给顾客以身临其境的感觉，强化说理的效果。应注意以下三点：

一是多用肯定语言。这里所说的肯定是指对顾客态度的赞美肯定，对商品质量和价格的肯定，对售后服务的肯定，以坚定顾客的购买信念。对顾客态度的肯定，如"您现在这样看问题是很自然的事"，"过去我也是这样想的"。对商品质地的肯定，比如，对服装可用质地优良、做工考究、色泽华丽、款式新颖、老少皆宜的肯定语言。对水果可用果大、皮薄、肉厚、香甜、可口等质量可靠的语言。对价格的肯定，如"这个值价五十元"，"这个报价是最低价格"，"您不能再削价了"。这里的目的是使顾客消除还价的打算，觉得在价格上别无退路，只能按定价成交。对售后服务的肯定，如"本公司推销的商品一律实行三包：包退、包换、包修"，"本厂的产品一律送货上门"。这里的"三包"和"送"都是肯定语言，能使顾客感到称心、方便，解除其后顾之忧，促使顾客下决心实施购买行为。

二是用请求式的语句尊重客户，尽量避免用命令式的语句同客户交谈。请求式语句是以协商的态度征求客户的意见，由于商务人员态度谦虚，说话和气，所以公众总是乐意接受。而命令式语句，商务人员居高临下，态度生硬，强制性地要求客户实施购买行为，一般是不受客户欢迎的。比如，客户问商务人员："××是否有货？"商务人员回答："没有货，到下个月再联系。"这是一种命令式回答客户问题的语句。它不仅要求客户等到下个月，而且命令客户主动来联系。这样就使商务人员与客户的关系错位，变成客户求商务人员。这种方式除了在商品供应紧张时，能有短期效应外，对多数客户而言，是不可取的。

三是商务沟通中，刺激的语句，过于客套的语句都是不恰当的。这些语句容易引起公众反感。

总之，在与客户的沟通中正确使用语言，通过礼貌语言的魅力，影响、感染并引导消费公众，触发购买行为，这是有效地开展商务沟通所必需的。

3) 与客户沟通的技巧

(1) 引起注意。

无数的事实证明：在面对面的推销中，能否真的吸引客户的注意力，第一句话是十分重要的，它的重要性并不亚于宣传广告。客户在听我们第一句话的时候比听第二句话乃至以下的话要认真得多，当听完我们第一句话时，很多客户，不论是有心还是无意，都会马上决定是尽快地把我们打发走，还是准备继续谈下去，如果第一句话不能有效地引起顾客的兴趣，那么尔后即使谈下去，结果也不会太乐观。引起注意主要有以下方法：

一是急人所需。抓住对方的急需提出问题是引起注意的常用方法。美国一位食品搅拌器推销员，当一住户的男主人为其开门后，第一句话就发问道："家里有高级搅拌器吗？"男主人被这突如其来的发问给难住了，他转过脸来与夫人商量，太太有点窘迫又有点好奇地说："搅拌器我家里倒有一个，但不是最高级的。"推销员马上说："我这里有一个高级的。"说着，从提袋中拿出搅拌器，一边讲解，一边演示。

假如第一句不是这样说，而是换一种方式，一开口就说："我想来问一下，你们是否愿意购买一个新型的食品搅拌器？"或者"你需要一个高级食品搅拌器吗？"会有什么结果呢？第一种问法，要对方回答的是"有"还是"没有"。当然差不多是明知故问，但这个问题提得好，有两个好处：一是没有使客户立刻觉得你是向他们推销东西的。我们已经说过，人们讨厌别人卖给他们什么，而喜欢自己去买什么，二是我们只说我们有一台高级搅拌器，并没有问客户买不买，因此客户会发生兴趣，继而看看高级别与我们家里的有什么不同，演示说明就成为顺理成章的事情了。至于最后的购买，不是乞求的结果，也不是高压的结果，而是客户的一种满意的选择。

二是设身处地。如果一开口，便说出一句替客户设身处地着想的话，同样也能赢得对方的注意。因为人们对与自己有关的事特别注意，而对那些与自己无关或关系不大的事，往往不太关心。有一个推销家庭用品的推销员，总能够成功地运用第一句话来吸引顾客的注意。"我能向您介绍一下怎样才能减轻家务劳动吗？"这句话一下子抓了对方的心理，为繁琐家务劳动搞得十分伤脑筋，而且又无计可施，这时听说有方法可减轻家务劳动，当然会引起注意了。请想想，如果这位推销朋友一开口就问人家："我能向你们推销一部洗衣机吗？"或者"我能给你们介绍一下我厂的新产品吸尘器吗？"效果就不会有第一种的说法好，因为后面的说法没有把产品对客户的效用一下子明确地提出来，而且没有设身处地地为对方着想，强调的是"我"，而不是"你"。

三是正话反说。有的时候推销人员为了引起对方的注意，故意正话反说，这也是一种出其不意的妙法，一个高压锅厂的推销员找到一个批发部经理进行访问推销，他一开始就说了这么一句话，"你愿意卖 1000 只高压锅吗？"推销员在推销的时候，往往不说"买"

而说"卖",这句话一说,经理感到这个人很有意思,便高兴地请他谈下去,推销员抓住机会向经理详细地介绍他们工厂正在准备通过宣传广告大量推销高压锅的计划,并说明这样做的目的是为了给零售商提高销售量,这个经理便愉快地向他订下一批货。说话这件事真奇怪,同样一个意思,不同的说法,效果竟相差甚远,真是值得我们研究一辈子。

四是形象演示。关于产品的戏剧性形象演示,效果明显,可以极好地引起公众注意。一个纺织品推销员脸朝着太阳的方向,双手举起一块真丝产品,这时,从挂在墙上的玻璃镜中,可以看到这块真丝产品,他对顾客说:"你从来没有见过这样有光泽的图案,这样清晰的丝织品吧?"一个推销录音机的推销员,走进一个潜在客户的办公室,客户正在打电话,他马上将录音机打开,把对方的说话录了下来,等他打完电话后,马上放录音,同时对客户说:"你可能还没有听过自己的雄浑而悦耳的男低音吧?"这两个故事中的推销员,都善于因地制宜地利用自己所推销的商品,制造戏剧性的情节,实践表明:人们对于戏剧性的情节会产生很大的注意力和好奇心。假如不是这样,而是直截了当地问对方"你要录音机吗"、"你要丝织品吗"效果就肯定差得远。

五是顺水推舟。"在上个月的展销会上,我看到你们生产的橱窗很漂亮,那是你们的产品吗?"这句话马上引起了对方的注意,并使对方十分高兴,然后推销员紧接着对这位客户说:"我想,如果在你们生产的橱窗上再配上我厂的这种新产品,那就是锦上添花了。"顺手递上了自己所要推销的产品,这个推销员顺着他人产品之水,推动自己产品之舟,可谓巧妙,这种借向客户提出新的构想来推销自己的产品的方法,也是一种吸引对方注意的有效途径。

六是从众效应法。从众是一种有趣的社会心理现象,它指的是,人们往往不自觉地以周围的人的行为动作作为自己的行动指导,特别是当自己难以选择的时候,更会以他人的行动作为自己行动的借鉴。例如:如果你的亲朋好友,邻居同事购买"飞鸽牌"自行车,当你打算买车的时候,就很可能也买"飞鸽牌"。这个原理用于推销,就要求推销员在说明自己产品时,同时举出已购买本产品的公司或知名人士或顾客的熟人。

"这种国产车很受欢迎,深圳、广州、珠海几家旅游公司都各订了10部"。

"李先生,你是否注意到红光印刷厂王经理采用了我们的印刷机后,营业状况大为改善"?

"这种综合电疗器特别受知识分子的欢迎,工学院的老师一买就是几十只,你们师范学院的教师也买了不少。例如,你们都认识的中文系王天教授,数学系刘明教授,都使用这种电疗器,效果不错。喏,这是他们写来的信"。

当然,推销时所碰到的场景何止千种,所谓运用之妙,存乎一心。以上的几种方法,仅供借鉴,到底要怎样说,才能最有效地吸引对方的注意,引起对方的兴趣,还要我们在实践中不断摸索。

(2) 介绍商品。

介绍商品是营销过程的一个重要环节,营销就是通过商品的介绍,达到满足客户真正需求和销售商品的双重目的的。介绍商品应注意以下几点:

第一,突出重点。通常一种商品或服务,本身具有众多的优点和特征,如果我们不看对象,一古脑儿将这些特点和特征加以罗列,一一介绍,不但会白白浪费许多时间,顾客也会由于我们的"狂轰乱炸"而弄得头昏眼花,不得要领。在介绍时,我们应根据商品或服务的特点,转换成对顾客的益处,依客户的不同而进行重点不同的说明。以电冰箱为例,同样的一个电冰箱，也随时间、地点、人物的不同而具有不同的效用，商务人员介绍的时候，只要抓住这一条，就会事半功倍。

美国的一位推销员曾经向住在北极圈内冰天雪地中的爱斯基摩人推销电冰箱，他是这样来介绍他所推销产品的："这个电冰箱最大效用是'保温'，不致使我们食物的结构被冻坏而丧失它的营养价值"(注：电冰箱里的常温是零下5度，而爱斯基摩人居住的气温终年都零下三四十度)。对爱斯基摩人而言，这位聪明的推销员以温度的差距对食物的营养价值的影响作为说明的重点，是非常恰当的。试想，如果对爱斯基摩人说明由于冰箱里的温度低，可使食物保鲜，对方听了可能认为你到这里来为了开玩笑的。因为这里根本不存在食物腐败的问题。

商品虽然成千上万，不胜枚举，但是说明的重点不外乎以下方面：适合性——是否适合对方的需要；通融性——是否也可用于其它的目的；耐久性——是否能长期使用；安全性——是否具有某种潜在的危险；舒适性——是否能给人们带来愉快的感觉；简便性——是否很快可以掌握它的使用方法，不需要反复钻研说明书；流行性——是否是新产品，而不是过时货；身价性——是否能使顾客提高身价，自夸于人；美观性——外观是否美观；便宜性——价格是否合理，是否可以为对方所接受；这些方面因人而异、因物而异、因时而异，要求我们在作说明的时候，能对症下药。

第二，因情制宜。因情制宜就是指介绍商品时应根据商品的特点和推销对象的具体情况加以介绍，做到有的放矢，比如对高档商品要强调其质优物美的一面；对廉价商品则要偏重其价廉的特点；对试销商品要突出其"新颖独特"的一面，着力介绍其新功能、新结构、体现新的审美观和价值观；对畅销商品，因其功能、质量已广为人知，因此对商品本身不需详细介绍，而应着重说明其畅销的行情和原因，使顾客不但感到畅销合情合理，而且产生一种"如不从速购买，可能失去机会"的心理。而对滞销商品，则应强调其价格低廉、经济实惠的特点，同时适当地对照说明其滞销的某些原因和可取的优点。比如，对老年人介绍说："这种羽绒服是名牌产品，保暖性强，结实耐穿，式样大方，就是款式不够新颖，没有皮衣那么时髦，所以年轻人不太欣赏。"这正切合了老年人求经济实用，重内在质量的心理。

从商务对象来看，不同的顾客有不同的心理和需求，介绍商品时更应抓住不同顾客的心理特点，因人施语，获得顾客的认同，如年轻人喜欢新颖奇特，而老年人则注重价格；女士往往偏重款式；男士则更讲究品牌，向女士推销服装，应强调款式的新颖，风格的独特，而对男士，则应着重介绍品牌的知名度、质料的考究。又如对老成稳重的顾客，介绍时应力求周全，讲话可以慢一点，要留有余地；对自我意识很强的顾客，不妨先听其言，然后因势利导；对性情急躁的顾客，介绍商品时应保持平静，设身处地为之权衡利弊，促其当机立断；而对优柔寡断者，则应察言观色，晓之以利，促发其购买冲动。

第三，充满热情。商务人员在营销过程中要充满信心和热诚，商务人员的热情往往会感染顾客，使顾客产生信任感，构成情感上的共鸣，进而引发顾客的购买欲。例如，有位妇女给小孩买马蹄衫上用的扣子，营业员见到她的小孩，说："这是你的小孩吧，真漂亮。"妇女高兴地说："你不知道，淘气着哪！"营业员说："小子玩玩是好，女儿玩玩是巧的，将来一定有出息！"问："你想看点啥？""我想买五颗扣子。"营业员说："市面上卖的马蹄衫胸前钉的是五颗扣子，衫上还应钉两颗。小孩好动，常掉扣子，加上一颗备用。您买十颗吧。"这位顾客很高兴："您比我想得还周到，听您的买十颗。"

商务人员以热情待人，可以使本来不想买的买了，本来想少买的多买，而原来打算买的会买的更满意、更高兴。总的来说，热情能动人能感人，产生出好的效果。

第四，实事求是。实事求是指介绍商品应尊重事实，恰如其分，切忌虚假吹嘘，蒙骗顾客，应当看到，任何商品都有其长处和短处，顾客所关注的是商品的长处在多大程度上大于短处，在于商品的长处和价值要与其价格相称。所以，对商品的成功的介绍并不在于过分渲染和夸大商品的优点，这样做只能引起客户怀疑和反感，而应当实事求是地介绍，以使客户全面了解商品情况。消除疑虑和犹豫心理，增强对商品和企业的信任度，买得放心并且称心，商务人员应当铭记的是：商品介绍中最重要的不在于推销者说了些什么，而在于客户相信什么，不在于告诉客户商品如何完美无缺，而在于客户了解此种商品有什么适应其需求的好处，所以实事求地介绍商品是颇有说服力的。

(3) 诱导购买。

一位美国推销员贺伊拉说："如果您想勾起对方吃牛排的欲望，将牛排放在他的面前，固然有效，但最令人无法抗拒的是，煎牛排的'吱吱'声，他会想到牛排正躺在黑色铁板上，吱吱作响，混身冒油，香味四溢，不由得咽下口水。""吱吱"的响声使人们产生了联想，刺激了欲望。我们在推销说明中，就是凭借我们的口，针对顾客的欲望，利用商品的某种效用，为顾客描述商品，使之产生联想，甚至产生"梦幻般的感觉"，以达到刺激欲望的目的。诱导购买应从以下方面着手：

◆ 一是描绘购买后的美景。为了使顾客产生购买的欲望，仅让顾客看商品或进行演示还是不够的，我们必须同时加以适当的劝诱，使顾客心理上呈现一幅美景。我们首先要将有魅力的形象在我们的脑海中描绘出来，并将形象转换成丰富动人的言词，然后用我们的口才当"放像机"在对方脑海屏幕上映现出来，借以打动对方的心结。

一位推销室内空调机的能手，他总滔滔不绝地向顾客介绍空调机的优点如何如何，因为他明白，人并非完全因为东西好才想得到它，而是由于先有想要的需求，才感到东西好，如果不想要的话，东西再好，他也不会买，因此他在说明他的产品时并不说"这般闷热的天气，如果没有冷气，实在令人难受"之类的刻板的教条。而是把有希望要买的顾客，当成刚从炎热的阳光下回到一间没有空调机屋子里，"您在炎热的阳光下挥汗如雨地劳动后回家来了，你一打开房门，迎接您的是一间更加闷热的蒸笼，您刚刚抹掉脸上汗水，可是马上额头上又渗出了新的汗珠，您打开窗子。但一点风也没有，您打开风扇，却是热风扑面，使您本来疲劳的身体更加烦闷，可是，您想过没有，假如您一进家门，迎面吹来的是阵阵凉风，那是一种多么惬意的享受啊"！

凡是成功的推销员都明白，在进行商品说明的时候，不能仅以商品的各种物理性能为限，因为这样做，还难以使顾客动心。要使顾客产生购买的念头，还必须在此基础上勾画出一副梦幻般图景，顿时使商品增加了吸引人的魅力。使用这种描述说明方式有几点必须注意：

第一，不要描述没有事实根据的虚幻形象。我们的描述，目的是使我们的商品或服务锦上添花。要做到这点，首先是必须是"锦"，而不是破布，如果我们所描述的是没有事实根据的虚幻形象，日后必招来顾客的怨恨。我国某城市的报纸上曾为该市新建的一座森林公园大做广告，称如何如何壮丽，开张的那天，不少人慕名而来，结果大呼上当，森林公园中根本见不到几棵树木，倒见到不少的建筑工地，顾客纷纷写信去报纸投诉，使该公园声誉扫地。

第二，以具体的措词描绘。如果我们只说"太爷鸡"(这是广州市一家著名的个体户的绝活)。人们的脑海中仅会浮现一只鸡的形象，至于什么颜色，什么香味，软硬如何，人们就不得而知，很难产生美味的形象。光说"价廉物美"不行，还应具体描述一下，价廉到什么程度，物美又美到何种地步。

第三，以传达感觉的措词来描述。如果我们只说"痛"便不大能令人理解到底有多痛，是怎样的痛法，如果说是"隐隐作痛"、"针刺般地痛"或"火烧火燎一样地痛"，人们就理解得深刻多了，因为后者的描述中用了传达感觉的措词。

第四，活用比较和对照的方法来描述。"空调机比电风扇好用得多了"、"电饭锅比烧煤烧柴省事得多了，且没有污染。"这样进行比较，人们的印象就会特别深刻。

第五，活用实例来描述。一位卖相机的小姐对欲购相机的另一位小姐说："如果您出差、旅游，背上这么一部相机，不但使您更加富于现代青年的特色，而且会给您带来永久的回忆，请您想一想，如果因为没有相机而失去这些宝贵的一刹那，岂不是终生的憾事？"

如果我们把合理的说明与描述性的说话技术结合起来，将起到画龙点睛的作用，使我们的说明更加能激发起顾客的欲望。

◆ 二是提供有价值的情报。向顾客提供有价值的情报，也是刺激顾客购买欲望的一种说话方法，这也是很多不喜欢谈吐的推销员能得以成功的秘诀。什么是有价值的情报呢？顾客的利益及消费的时尚，顾客的需要及利益都是有价值的情报，这里重点讲述应该如何抓住人们消费价值取向的变化，去引导顾客适应新形势，从而激发他们的购买欲望。由于技术的革新，市面上相继出现了经过新奇包装的商品。消费者的收入水准或教育水平都在提高，生活方式随之改变，买方的欲求也高端化、大型化、多样化、个性化起来，购买态度、东西的买法以及顾客的选择，都一直在急速地改变，顾客对价值观的看法，也和以前完全不同。所以，只认为质量过硬或工厂设备精良，就自视商品佳，而自陷于千篇一律到处可见的推销法，注定要失败。

所谓推销，已演变成不单是推销东西了。不是推销商品，而是推销情报。例如，小汽车，销售重点已从便宜的经济性等因素，移向了外观、乘坐的感觉方面。纺织品，从耐久性方面，转移到色泽、花纹、设计、流行性等方面。住宅也同样，卖的不是孤立的建筑物，而是环绕建筑物的环境或有气氛的生活。即使是领带，卖的也不是单纯的领带，而是一组的西装、衬衫、手帕等组合成整体的有个性的自我表现。这些销售特点，比起商品本身的价值和附加价值，便容易使顾客产生购买动机。现代的推销人员已不光是卖货、运货而已，而是提供决定商品买进有用的情报的情报员。要当好这个消费顾问，在关键时刻得会说话。推销员不但要明了消费趋势的变化，而且要善于把这些变化传达给那些不知情的顾客。

(4) 消除异议。

曾有这样一段有趣的对话，两个人正在聊天，其中一个人问道：

"如果比尔·盖茨现在突然要约见你，你准备穿什么衣服去赴约呢？"

另一个人回答："穿什么都可以，只要不穿西装、打领带、手提公文包就行了。"

"为什么？"

"很简单，如果你穿成那样去的话，大老远一看见你，比尔·盖茨就会认为你是来向他推销保险的，还没等你走到他跟前，他的秘书就会把你赶走……"。

不难看出，销售的第一步是与顾客进行沟通，而沟通的第一步则是消除顾客的异议、疑惑、戒备或误解。无论顾客的异议是来自于推销人员、所推销的产品、企业的信誉，或是来自于顾客本身，推销人员都有义务为客户解决问题，而不应该轻易放弃，更不应该抱怨客户。商务沟通中主要需消除以下异议[①]：

一是产品异议。这是客户对产品的质量、样式、设计、款式、规格等提出的异议。这类异议带有一定的主观色彩，其根源在于客户的认识水平、广告宣传、购买习惯及各种社会成见等因素。这种异议处理的关键是销售员必须首先对产品有充分的认识，然后再根据不同的客户采用不同的办法去消除其异议。

某家具经销商："这种衣柜的外形设计非常独特，颜色搭配也非常棒，令人耳目一新，可惜选用的材质不太好……"

某衣柜厂家的推销人员："您真是好眼力，一般人是很难看出这一点的，这种衣柜选用的木料确实不是最好的，如果选用最好的木料进行加工的话，价格恐怕就要高出两倍以上。现在这类产品更新换代很快，不是吗？这种衣柜已经不错了，尤其是外形设计十分时尚，可以吸引很多年轻人。订购这种价位适中、外形独特的衣柜既可以使您的资金得以迅速流通，又可以节省成本。"

某图书馆经销商："现在的学生根本就不认真读书，他们连学校的课本都没兴趣读，怎么可能看课外书呢？"

某出版社发行人员："是啊，现在的孩子的确没有我们小时候读书用功了，我们这套图书就是为了激发他们的学习兴趣而编写的。图书内容丰富，形式新颖、活泼，对学校教材可以起到很好的辅助作用。"

二是货源异议。这是指顾客对推销品来源于哪家企业和哪个推销员而产生的异议，如"没听说过你们这家企业"、"很抱歉，这种商品我们和××厂有固定的供应关系"。

货源异议乍看不可克服，令人难堪，但这又说明顾客对产品是需要的，推销机会是存在的。这时推销员可以询问客户目前用的产品品牌和供应厂商。如果所用产品与推销品类似，则可侧重介绍推销品的优点。但这时千万不能说同行的坏话。称赞对方就是表示对自己的产品有信心，说别人的坏话反而会引起顾客的反感；如果两种产品不同，推销员可以着重说明两种产品的不同点，则货源异议并不成立，成功的希望更大，接着，推销员可详细向客户分析推销品会给他带来什么新的利益。例如：

客户："我从来没听说你们的公司和产品，我们只和知名企业打交道了"。

推销员："是啊，但您是否知道，我们公司今年已占了本市市场销售额的40%呢"？

然后，他用简洁的语言向客户介绍企业生产、引以为豪的成绩、公司的发展前景等，尽量解除客户的疑惑和不安全感，同时特别强调所推销的产品会给顾客带来的利益。

当推销员向客户证明了自己所提供的产品比其他企业提供的同类产品更物美价廉时，他就击败了竞争对手，获得了交易成功。

三是价格异议。客户关注产品的价格，并且为了降低价格而进行协商，多半表明他需要这样的产品。客户说"太贵了"，其实是追求物美价廉的心理使然，同时客户也想听听你的解释。这时你要做的就是要让他们相信你的产品绝对物有所值，甚至是物超所值的。如

---

① 范爱明，王智. 与顾客交往的69个禁忌. 北京：机械工业出版社，2008

果能够成功地做到这一点，那么就成交有望了。

因此，客户提出对价格的异议时，推销人员不用紧张，也不要仅仅围绕着价格问题与客户展开争论，而是应该看到价格问题背后的价值问题，尽可能地让客户相信产品的价格完全符合产品的真实价值，最终说服客户，实现交易。如果客户咬定价格问题，不肯放松，推销人员也不必受客户的影响，而应该寻找到客户认为价格太高的深层次原因，然后再根据这些原因展开有效的销售活动。要记住：不要跟客户讨论价格，而要跟客户讨论价值。价格隐含于价值之中，价格本身就不会显得那么突出了。有一种叫"价格三明治"的方法，就是把价格分解为产品的功能，A 功能、B 功能、C 功能加在一起值这么多价钱。所以我们要学会做价格分析，要告诉客户价格里面具体包括了什么。

在面对价格争议时，推销人员可以尝试采用价格分解的方式处理客户的反对意见。在实际销售活动当中，对价格进行分解的方式有如下三种：

第一，差额比较法。当客户对产品的价格感到不满时，推销人员可以引导客户说出他们认为比较合理的价格，然后针对产品价格与客户预期价格的差额对客户进行有效说服。采用这种方法最大的好处是，一旦确定了价格差额，商谈的焦点问题就不再是庞大的价格总额了，而只是很小的差价。这时，你进一步说明产品的价值，把客户的注意力吸引到产品的价值上去，客户可能就不会过于坚持了。

客户："这个价格实在太高了，远远超出我的预算。"

推销人员："那怎样的价格您才能接受呢？"

客户："我的最高预算是 18 000 元。"

推销人员："我们的报价是 19 000 元，与您提出的价格只相差 1000 元，不是吗？"

客户："是的。"

推销人员："这种机器平均每天可以为您增加效益二百余元，也就是说，只要购买这台机器，不到 5 天的时间您就可以把这 1000 元的差价赚回来，难道您打算放弃这台机器为您带来的巨大效益吗？"

第二，整除分解法。整除分解法的目的是通过化整为零的计算，让客户知道产品的价值所在，把客户的注意力从较大的数额转移到容易接受的小数额上，更容易让客户认同产品的价值，从而有利于达成交易。例如：

客户："这个房子的整体设计、质量很好，可是价格实在是太高了。"

推销人员："房子其实并不如您想像的那么贵。您看，房子的现价是每平方米 7000 元，这种房子以后一定会继续升值，其潜在的价值将远远高于它目前的价格。"

客户："这个房子我是准备自己住的，不太可能出让，升不升值与我没有太大的关系。"

推销人员："即使是这样，您也不希望今天每平方米 7000 元买到的房子，明年就跌到每平方米 5000 元吧。这个房子用来自己住最合适了。您算一算，房子的产权期限是 70 年，而房价总额大概为 70 万元，那么您一年其实只要花 1 万元就可以住在如此高品质的建筑之内了；再算一下，即使您每年只在其中住 10 个月，一个月也只需要花 1000 元，一天才需要花多少钱呢？"

客户："大概 33 元钱吧。"

推销人员："是啊！才 33 元钱，您每天只要少在外面吃一顿快餐就能够一辈子住在如此高档的住宅当中了，而且您还可以享受到高品质的物业服务。难道您愿意为了每天少花33元钱而放弃这样的人生享受吗？"

这里推销人员运用整除分解法，把客户一年需要交 1 万元(大数目)，分摊到每天差不多33 元(小数目)，这样会更容易让客户动心。

第三，转移注意力。在解决客户提出的价格异议时，如果客户一直抓住价格问题不放，推销人员就需要想办法将客户的注意力转移到他们感兴趣的其他问题上，比如让客户把关注的焦点从价格问题转移到产品价值上。在具体的实施过程中，推销人员可以采用积极的询问、引导式的说明方法，再配合相应的产品演示等。

客户："你们公司的这款复印机显然要比××公司的价格高一些，所以我们打算再考虑考虑。"

推销人员："我知道您说的那家公司，您认为他们公司的产品质量和性能与我们公司相比哪个更好呢？"

客户："产品的质量不太容易比较，不过我觉得他们公司的产品功能好像更多一些，他们公司的复印机还可以……"

推销人员："我们公司的另外一款产品也具有您提到的这种功能，这是针对专业使用者设计的。我觉得贵公司使用复印机的人员比较杂，而且每天需要复印的东西也很多，所以这款操作简单、复印速度快、寿命长的机器更适合贵公司……"

这里推销人员把难以解决的价格问题转移到了比较容易解决的质量与性能问题上，从而消除了客户的异议。

四是服务异议。服务异议是客户对企业或推销员提供的服务不满意而非商品的异议。对待客户的服务异议，推销员应诚恳接受，并耐心解释，以树立企业良好的形象。

一次，一位经营通用机械的跨国公司推销员向农民推销一种先进的农业机械，一个农民说："你们公司在我们国家只有很少几个经销维修点，而且离我们农场很远，今后机械零件损坏怎么办？"推销员回答："本公司不提供机械服务，但我们在进行了严格测试的基础上，为每台机械配足了使用寿命所需的配件，一旦机械出现问题，你们可以自己换零件和维修，这样既省钱又不会误农时。"

3. 客户投诉处理

所谓客户投诉，是指客户对企业产品质量或服务上的不满意，而提出的书面或口头上的异议、抗议、索赔和要求解决问题等行为。

客户投诉是每一个企业皆会遇到的问题，它是客户对企业管理和服务不满的表达方式，也是企业有价值的信息来源，它为企业创造了许多机会。因此，如何利用处理客户投诉的机会而赢得客户的信任，把客户的不满转化客户满意，锁定他们对企业和产品的忠诚，获得竞争优势，已成为企业营销实践的重要内容之一。

1) 客户投诉处理的原则与技巧

(1) 处理客户投诉的原则。

在处理客户投诉的过程中，服务行业从业人员应遵循以下原则。

第一，实事求是原则。这是服务行业从业人员处理顾客投诉的基本态度。要实事求是地听取顾客的意见和反映，绝不要文过饰非，自以为是。主观武断，偏听偏信，是处理客户投诉时最要不得的态度。

第二，超然事外原则。在处理客户投诉时，如果一味站在本组织立场说话，只会激化矛盾。采取超然事外的态度，能缓和客户对立情绪，创造良好的谅解气氛。超然事外，才能提出公正的解决方案，为解决异议奠定基础。

第三，多听少说原则。在听取意见阶段，事实不清，如果贸然发言或轻易反驳，往往起反作用。在交流意见阶段，主要是陈述事实，以事实说话。发言过多，于事无补，尤其是当服务行业从业人员被客户看作组织方面代表时，更应多听少说，让客户倾诉不满，渲泄郁闷，这样会起"降温"作用。服务行业从业人员作为第三方调解纠纷时，应让冲突双方多发言，有时，在充分倾诉意见的过程中，就会产生解决冲突的方法。

第四，积极行动原则。由客户投诉致纠纷发生后，服务行业从业人员积极行动，及时赶到现场，查明事实。接待客户时，要尽其所能，给予帮助，态度要热情。

第五，取得谅解原则。组织要有解决问题的诚意。对客户表达歉意，自身要做一些检讨。要持高姿态，有严于律己的精神，做些妥协和让步，使客户意见得到缓解，矛盾逐步消除。出于至诚，就能"精诚所至，金石为开"。

(2) 处理客户投诉的技巧。

处理客户的投诉要注意把握以下技巧：

一是听取意见。客户对组织产生异议后，客户会通过各种渠道向组织提出严厉批评。对于服务行业从业人员来说，不管批评采取什么方式，措辞如何尖锐，是否存在偏见，服务行业从业人员都要代表组织，认真听取，而不能采取引诱、威胁的方法来消除这种批评。

二是查清事实。客户投诉的产生总是由于某种原因引起的，查清事实是妥善解决客户投诉的关键。客户产生的对立情绪，往往很难接受组织方面的调查，这时，最好委托第三方进行调查行动。

三是交换意见。在查清事实的基础上，与客户充分交流意见，求同存异，达成谅解。这种交流可以通过新闻媒介进行，也可以请客户代表到场，面对面进行。进行面谈时，要做好充分的准备工作，包括拟出可供选择的解决方案，印好发给代表的调查报告，并做好代表的接待工作。双方冲突比较尖锐时可以请第三方主持会议。

四是了解反映。在妥善解决分歧，双方彼此达成谅解后服务行业从业人员有必要通过民意测验，或公共关系调查等方式，了解客户对引起纠纷问题的看法，了解客户对组织的意见和反映，总结工作中发现的问题，以便进一步做好公共关系工作。

五是合理处理。组织与客户充分交换意见，交流信息，对真相和后果在求同存异的基础上，逐渐统一认识，作出必要的赔偿和道歉，争取客户谅解。同时要制订改进措施，防止类似事件再次发生。

2) 客户来电投诉处理

客户来电投诉，一般是发现问题、反映疾苦或进行举报，所以组织的电话应有专人接听，不能只听铃声响，未见接话人。

(1) 学会使用文明礼貌语言。客户用电话投诉时，由于利益受到侵犯，容易情绪激动，所用语言和口气都是很不客气的，甚至是粗暴的，有时会把公共关系接待人员作为"出气筒"。这时，公共关系接待人员一定要体谅投诉客户的心情，意识到自己是代表组织接待，客户的电话斥责不是冲着自己个人的，所以接电话时，一定要耐着性子听完意见，并代表组织表达诚恳的道歉，说明一定会及时把有关意见转给有关部门，一有结果，立即告知。同时，公共关系接待人员使用的语言和证据要有礼貌，诚恳、友善、亲切，使客户能够体会到接待人员对他需求的关注，从而使自己的情绪能尽快平静下来。

(2) 接听电话要认真负责。凡是能当场说清的问题，要现场回答解决。不能解决的问题要做好详细记录，同时告诉投诉的客户，今后可采用何种方式进行联系，以便告知解决问题的结果。

(3) 听完电话，要对客户进行安慰，鼓励，并要代表组织表示感谢。

(4) 接完电话，公共关系接待人员要及时反映，协助有关职能部门处理客户提出的问题。

(5) 要及时告知投诉客户对问题处理的意见结果。对一时不能解决的问题也应有所交待，不能查无结果，大事化小，小事化了，而应认真对待，有所说法。

(6) 客户投诉的问题要注意保密，这是职业道德的要求，一定不能扩散，更不能极不严肃地当成谈笑资料。

(7) 监督电话要"取信于民"，广泛进行宣传，使客户了解监督电话号码，便于有针对性地反映问题。

3) 客户来信投诉处理

在接待工作中，客户往往通过来信反映自身的疾苦或各种问题。处理好客户来信，是社会组织坚持为客户服务的一条重要纽带。处理来信主要应注意以下几点：

(1) 及时处理客户来信。对客户来信要登记造册，来信人的姓名、地址、职业，以及所反映的问题和意见，都要一一记录在案，便于保存和查找。

(2) 做好调查核实工作。对来信中所反映的问题和意见。根据权限规定，或送有关职能部门来处理，或自己进行调查核实，不论采取哪一种形式，都得把调查和处理的结果告知来信反映的客户。

(3) 对客户反映的意见，要迅速回信。复信的文字不宜过长，要简洁、明确，针对客户投诉的主要问题，提出处理的具体意见和建议。不要过分详尽地解释事情的前因后果，这容易给投诉客户留下企图开脱责任的错觉，要让客户感到公共关系接待人员是在代表组织真诚地道歉。

(4) 对客户的来信投诉不拖而不办。如有必要，可先复函告知客户，说明来信已收到，请耐心等待回音。有的客户如若在来信中流露出一些不正常情绪，应与有关部门研究稳定情绪的对策，以防发生不测。

(5) 严守组织纪律，注意为来信客户保密。特别是来信揭发问题时，来信人的姓名绝对不能随意公开，更不能让被揭发的当事人知道，否则便是严重的失密行为，可能会造成打击报复等后果。

4) 客户来访投诉处理

接待来访，虚心听取客户的意见和建议，帮助客户解决问题和困难，对密切组织与客户的关系有重大的意义。对来访的客户，接待人员必须待之有礼。

（1）设置来访接待室。来访接待室一般应设置在本部门或本单位内使客户易于找到的地方。应为来访客户提供整洁、安静的环境，而且在墙上可张贴有关规章制度，保持严肃认真的气氛。但是，接待室一般不宜设置在太显眼，人员来往频繁的地方，这会增加来访客户的顾虑，也不宜深入交换意见、听取问题的反映。

（2）要有礼貌地接待来访顾客。要态度热情，主动招呼来访客户入座，问清姓名、地址、职业、证件等，然后，再询问其反映的问题。接待来访客户，不论熟悉、不熟悉以及客户对方身份的高低，都要热情接待，不能采取冷落的态度。

（3）要耐心地听取情况。在听取客户反映情况时，顺耳的意见要听，逆耳的意见也要听。不要当场与客户发生争论，也不能漠然置之，流露出似听非听的神情，这会给来访客户以一种受到冷淡的感觉，不利于问题的解决。

（4）要审慎的回答问题，不要武断地轻易下结论。该问的问题要问清，对于来访投诉，可以说一些安慰性的语言，告诉来访客户要相信社会组织，相信事实真相总会大白，能弄清楚的。但情况不明时不要信口开河，随意回答问题，更不能武断地作事实判断和评价。

（5）给客户满意的答复。一般在接待来访客户时，应尽量满足客户的要求，为其解决问题满意而去。即使一时不能解决问题，也应告诉客户何时能听取回复，以解除其顾虑，免得他因问题无明确答复，一而再，再而三地到处向人诉说不是，造成对组织不好的印象。

（6）劝说应讲究方式。对态度蛮横的来访客户，公共关系接待人员要有宽广的胸怀，切勿针锋相对，火上添油，引起客户情绪的激动，不利于解决问题，而是应当用委婉的语言尽力"降温"，采用商量态度消除对方的对立情绪，形成利于解决问题的人际氛围。

（7）设置来访机构，配备必要的专职人员。在接待中，为了更好地处理客户的投诉问题，应在组织内部设置由专人负责的专门机构。这样，能使客户的投诉得到迅速的处理，而不至于因工作忙而被搁浅。如果在投诉中，客户坚持要领导出面，就应及时请领导接待，不能擅自主张代替领导作主。当然，如果遇到领导不便接待，接待人员应以婉转的口气进行解释和劝说，不要把事情闹僵。

在接待工作中，相关人员若能妥善地处理客户的投诉问题，不仅可以缓和组织与客户的对立情绪，而且能够把客户的投诉变成提高组织声誉的良好机会。

7.3 护患沟通

当今中国，护患关系紧张已经成为一个为众人高度关注的问题。这其中有多方面原因，但护理工作者缺乏对人际沟通技巧原则的把握和人际沟通技巧的运用是其中一个重要原因。如何面对护理人际互动关系，更好地服务于人类，这有赖于护理工作者对护理人际沟通知识和能力的掌握。本书在这里对护患沟通进行专门阐述，以期给护士生学习和实践护理人际沟通以启迪[①]。

---

① "7.3 护患沟通"根据《人际沟通》(李晓洋，长沙：湖南科学技术出版社，2005)和《护士礼仪与交际》(徐淑秀，北京：人民军医出版社，2007)相关内容编写。

1. 护患沟通的原则

1）目的性原则

护士和病人之间的语言沟通是一种有意识的语言沟通活动。护士向病人及其家属陈述一件事，说明一个道理，提出一个问题或一个要求，一般都是为了实现一定的护患沟通的目的。沟通者在思想上对此次谈话的目的要明确。说话前，尤其是准备进行一些较为重要或较为困难的谈话前，要先考虑下"我为什么要说"，"我最要表达的意思是什么"，"人家为什么要我说"，"我要怎样说"等问题；要预想所要达到的谈话效果以及采用什么样的内容、方法、技巧才可能达到预期效果，以此为指导思想去组织话语，调控表达方式，这就是护患沟通的目的性原则。

在临床护理工作中，护士常常需要有针对性地与病人进行交谈，或询问病情，或心理治疗，或护理操作等，这些活动都有明确的目的性。例如，有病人不愿服某种药物，护士就要规劝病人服下。如果生硬地说"你不服药就算了，不服你的病就好不了"这种粗俗的不负责任的话，就可能会加重病人的思想负担，产生"病好不了"的悲观心理，以致发展到自暴自弃，拒绝服药治疗。假若护士这样说，"这种药物疗效很好，已经治愈了许多类似的病人，只是有点副作用，您服药后如果不舒服可随时叫我。"病人听了护士的亲切开导，消除了疑虑，就会愉快的接受治疗，自觉服药。

2）适应性原则

语言交际是个动态的信息交流过程，在语言沟通中，尤其是在比较复杂的交际过程中，各种客观因素也在不断发生变化。这就要求说话者言由意移，适应情况的变化，随机应变，不断调节语言内容与形式，控制整个交际过程的进展。

3）针对性原则

护患沟通中，要认真了解沟通对象的思想境界，性格特点，有针对性地选择表达内容与形式。

(1) 分析对方精神境界、思想素养、性格特点，沟通时必须"一把钥匙开一把锁"，从态度、方式、语气等方面因人施谈。例如，护士应以恭敬沉稳的态度，稳重质朴的语言与老练诚恳的人交谈；以诚挚新人的态度，谦虚恳切的语言与敏感内向的人交谈；以忠诚率直的态度、热情耿直的语言与性情豪爽的人交谈；以谦虚好学的态度、文雅含蓄的语言与博学深虑的人交谈。

(2) 客观分析沟通对象的知识水平、生活经历、职业特点，语言交际量力而为。沟通对象的谈话兴趣、对话语所含意义、言语组合形式的接受理解能力，与他们的文化素养、知识结构、经历、职业有密切的关系，而这些直接影响着交谈的效果。所以善于交际的语言沟通者，应在交谈中注意这些因素。例如，要注重沟通对象的职业特征。交谈前就应事先了解对方的职业和专长，并且对对方职业专长方面所涉及的有关内容、知识要有一定的准备，正式交谈时才能触动"一点"，带动其他，达到交谈目的。谈话者以对方工作或职业作为谈话的切入点，并以虚心赞赏的态度对待他，那么就很容易让对方产生亲切感，使交谈能达到较好的效果。李燕杰曾经到一家大医院演讲，上台一看，台下相当多的人在翻看医学书或其他读物。他既没有慌乱也没有不满，而是高声朗诵一首诗："每当我记起那病中的时光，白衣战士就引起我深情的遐想。他们那人格的诗，心灵的美，还有那圣洁的光，给我以顽强生活的信心，增添着我前进的力量……"。因为演讲听众都是医护人员，他们所关心的是医护技术，开会不免要带一些业务之类的书籍。但李燕杰根据听众的职业情况调整演讲开场白，先给这些医生、护士朗诵了赞美诗，一下子打动了听众的心，使她的演讲得以顺利进行，达到了语言沟通的目的。

(3) 考虑对方的年龄、性别、心理特征，选择对方乐听之言。沟通对象的心理活动特点与其性别、年龄等有很大关系，言语交际中要注意避讳语、禁忌语的运用。不仅要做到看准对象、有的放矢，还要做到在交谈形式上，根据不同的人，作具体分析，围绕中心内容，尽量照顾年龄差异，分别对待，如对少年儿童多用平易、幽默、诱导的语言；对中青年应多用逻辑、哲理的语言；对老年人宜多用含蓄、委婉的语言。在交谈态度上，对老年人和长者，应尊敬、庄重和谦逊；对年龄相仿者要平等对待、随意、热情；对年少者，要关切、体贴。

4) 换位性原则

换位性原则是指动态把握沟通对象特定的心理情况，从对方的角度思考问题，换位思考，变换说话方法，便于对方接受。

(1) 考虑对方的处境特征，从对方的角度着想。他人在不同的处境中，会有不同的心境。心境如何，常常会影响人的思维和语言表达的进行。同一个人对同一句话，在心情不同的境遇下，心理感受和理解程度往往会大相径庭。悲伤期间有时会闻语伤心，从而黯然神伤，不发一言；高兴中有时会闻之雀跃，满心欢喜，从而侃侃而谈。同样一种思想和主张，如果能用顺应对方心境的内容和方式去交谈，对方的某种心理需求得到满足，产生了"心理相容"的效果，就会心悦诚服的接受；反之，则容易被对方拒绝。所以要很好的完成言语交谈任务，沟通者必须考虑对方此刻的处境与可能对话题产生的心理感受与承受力，设身处地，将心比心，选择适合的词语和谈话角度，以便取得好的效果。

(2) 考虑对方的特定心情，设身处地地将心比心。在护士与身患重病的病人交谈时，不必过多谈论病情。因为此时有关的医疗知识，不需要护士再多言。如果病人本来就背负重病的精神包袱，护士再谈及过多，势必使其包袱加重。护士应该多谈谈病人关心、感兴趣的事，以转移他的注意力，减轻其精神负担。

5) 真诚性原则

在追求沟通艺术，强调交往技巧的同时，不要忘了真诚的重要。真正的沟通，需要真诚，心与心的交流，需要真诚。真诚是指真实诚恳和真心诚意。真诚的感情基础是"爱心"，是"与人为善"。没有爱心和与人为善之意，便不会有真诚。不能简单地把真诚与"心直口快"、"实话实说"等同起来，有些人不管对方感觉如何，很随意地表现出自己的冲动，自以为"怎么想，就怎么说"才是真诚的，甚至无意中把自己的想法和感情强加于人。尽管他说的是"真话"，但也并不等于真诚，因为这样做可能使对方感到不快，甚至受到伤害。真正的真诚，必须从爱心出发，替对方着想，尽最大努力避免伤害对方。护士有时必须向病人隐瞒真实病情，但她的心是真诚的，她对病人充满爱心，一切是为了病人着想。当病人从护士的言语神情中感受到真诚时，心情便会放松，信任便会发展和巩固，沟通就会更顺利地开展。反之，当病人对护士的真诚产生怀疑时，心情便会紧张，戒心由此产生，沟通将会发生困难。

护士在工作中和沟通中表达真诚时应注意：讲话亲切、自然、不矫揉造作；设身处地为病人着想；语言与表情举止等非语言表达应保持一致；力求言语文雅、语音温柔、态度谦和，表现出对病人的关怀、同情和体贴。

2. 护患交谈的主要阶段

护患沟通通常采用的方式是交谈。护患交谈一般要经历如下几个阶段。

1) 开始阶段

护患交谈在开始时应注意提供支持性氛围，即建立起信任和理解的气氛以减轻患者的焦虑和紧张，有利于患者思想情感的自然表达。例如，有礼貌地称呼对方，向患者说明本次交谈的目的和大约所需的时间。告诉患者在交谈过程中可以随时提问和澄清需要加深理解的问题，保持合适的距离、姿势、仪态及视线接触等。

交谈可以从一般性内容开始，如"今天您感觉怎么样？"、"您今天气色不错！"、"您这样坐着(或躺着)感觉舒服吗？"等。当患者感到自然放松时便可转入正题。如果是与患者第一次交谈(如收集资料进行护理评估等，)还应做自我介绍。总之，交谈开始阶段应努力给患者以良好的首次印象，这对于交谈的成功是十分重要的。

一个人绝不会有第二次机会使别人对他(她)获得一个好的第一印象。病人对护士的第一印象将深深地影响会谈的结果。如果护士在会谈之初即建立起一个温馨的气氛及表示接受的态度，会使病人开放自己并坦率地说出自己的想法，使会谈顺利地进行。真诚的照顾、关心以及温暖可以使会谈比较容易开始。首先，护士应尊重地称呼病人，并把自己介绍给病人，此外，应向病人解释：① 这次会谈的目的。② 这次会谈大致需要的时间。③ 会谈中收集的资料将用于制定护理计划。④ 在会谈过程中，如何使病人获得最大的帮助，并应特别强调在谈话过程中病人可以提出问题及澄清疑惑。

有些一般性的问话，如"这束花真漂亮，是别人刚送来的吧"，可以帮助开始会谈。等到病人看上去已经放松并且有接受态度时，护士就可以开始她的会谈了。

2) 展开阶段

此时的交谈主要涉及疾病、健康、环境、护理等实质性内容。随着会谈的进行，护士的任务是把谈话引向既定的重点上。护士在会谈中应始终把握三个重点：问题、病人的反应和非语言的沟通表达。护理人员要更多地运用各种沟通技巧，例如提出问题、询问情况、进行解释、要求澄清等，以互通信息，或者解决患者问题，达到治疗性目的。关于交谈技巧，下面有专题介绍。这里要强调的是：在这一阶段，护士一方面要按原定目标引导谈话围绕主题进行；同时要尽可能创造和维持融洽气氛，使患者无顾忌地谈出真实思想和情感。交谈中对新发现的问题而调整或改变原定主题的情况，也是常有的和必要的。

例如：患者王某是一位年轻的女舞蹈演员，因腿部骨折而住院治疗，这两天她老说她"再也当不了演员了"、"梦想也破灭了"，情绪低落、睡眠不好、食欲不振，有时表现得十分烦躁，对康复不利。该患者的责任护士小贺研究了她的病历，并与主治医生一起探讨了她的预后，一致认为这次骨折将不会影响患者在舞蹈方面的发展。为了消除患者的焦虑，小贺计划与患者进行一次治疗性交谈。交谈中随着双方关系的进一步发展，坦诚而自如的气氛消除了患者的顾虑，患者谈了她焦虑的更重要的(或真正的)原因是未婚先孕。于是小贺立即调整了交谈的目标，使交谈主题转移到如何解决未婚先孕的问题上来。可见，交谈是一个变化的甚至是非常复杂的过程。上例中护士小贺通过交谈，发现患者的新问题之后，既要帮助患者调整好因表白痛苦问题后所产生的情感变化，又要调整好自己的情绪以适应交谈内容的转变，同时还要通过非指导性交谈，与患者一起商讨出一个妥善的、使患者可以接受的解决问题的方案。这不仅要求护士具有高明的沟通技巧、良好的应变能力和多方面的经验，而且要求护士具有高尚的职业道德修养。

3) 结束阶段

本阶段的主要任务是为终止交谈做一些必要的交代。例如用看手表的方式提醒对方交谈已接近尾声，应抓紧讨论剩下的问题，对交谈内容、效果做简明的评价小结，必要时约定下次交谈目标、内容、时间和地点等。

正式的专业性交谈(特别是治疗性交谈)要有记录。一般是在交谈结束后补做记录。如果需要在交谈中边谈边记，则应向患者作必要的解释，以免引起患者不必要的紧张和顾虑。记录要注意保护患者隐私。

护士在结束谈话时应注意一下几个问题：① 告诉病人会谈快要结束了。② 询问病人还有什么补充，这样可以弥补护士没有想到的内容。③ 在会谈即将结束的时候不要再介绍任何新的内容。如果对方提出新的问题，则可另约时间。按预定计划结束会谈是很重要的，因为如果护士还有其他的事要做而拖延时间的话，就可能会表现出注意力不集中、疏忽、甚至烦躁不安，这些表现会影响你与病人今后的交谈。④ 有时候可以告诉病人，由于他的合作，护士已经获得很多有关他的健康方面的资料，这些资料对制定他的护理计划非常有益。⑤ 最好在会谈结束前将谈话的内容作一个总结。在总结过程中，通过观察病人的感觉可以验证一下总结是否恰当。⑥ 会谈结束时可以为下一次会谈做准备,如护士可对病人说："还有两天你就要动手术了"。

3. 护患沟通的语言技巧

1) 注意语言礼貌

语言礼貌是护患沟通的基本前提。这主要应该注意以下方面：

(1) 运用得体的称呼语。称呼语是护患交往的起点。称呼得体，会给病人以良好的第一印象，为以后的交往打下互相尊重、互相信任的基础。护士称呼病人的原则是：要根据病人身份、职业、年龄等具体情况因人而异，力求准确；避免直呼其名，尤其是初次见面直呼姓名很不礼貌；不可用床号取代称谓；与病人谈及其配偶或家属时，适当地敬称如"您夫人"、"您母亲"，以示尊重。

(2) 巧避讳语。对不便直说的话题或内容用委婉方式表达，如耳聋或腿跛，可代之以"重听"，"腿脚不方便"；患者死亡，用病故、逝世、以示对死者的尊重。

(3) 善用职业性口语。职业性口语包括，礼貌性语言：在护患交往中要时时处处注意尊重病人的人格，不伤害病人的自尊心，回答病人询问时语言要同情、关切、热忱、有礼，避免冷漠粗俗。保护性语言：防止因语言不当引起不良的心理刺激，对不良预后不直接向病人透露，对病人的隐私要注意语言的保密性。治疗性语言：如用开导性语言解除病人的顾虑；某些诊断、检查的异常结果，以及对不治之症者的治疗，均应用保护性语言。

(4) 注意口语的科学性通俗化。科学性表现在不说空话、假话，不模棱两可，不装腔作势，能言准意达，自然坦诚地与病人沟通。同时注意不生搬医学术语，要通俗易懂。

2) 学会倾听

护士在沟通中首先要学会倾听。当护士全神贯注地倾听对方的诉说时，实际上便向对方传递了这样的信息：我很关注你所讲的内容，请你畅所欲言吧！对方便会毫无顾忌地说下去，同时还会获得解决问题的希望和信心。相反，如果一位患者滔滔不绝地向护士诉说了自己对于即将进行的手术很担忧，害怕手术不成功，害怕疼痛，害怕后遗症等，而当患者停止诉说时，这位护士却又问："你对这次手术有什么顾虑吗"，患者马上便会意识到，她刚才诉说时，护士根本就没有听。此时，患者会立即失去继续沟通的兴趣和信心，觉得自己再怎么说也是无用的。

倾听不同于一般的"听"或"听见"。当人在清醒时，外界各种各样的声音都会传入人的耳朵，如窗外的蝉鸣声、鸟语声、汽车声，做家务时音箱传来悦耳的音乐声，上班时同事的问好声等。这些声音虽然都听到了，但都不属于入神的倾听。

倾听是指护士全神贯注地接受和感受对方在沟通时所发出的全部信息(包括语言的和非语言的)，并做出全面的理解。也就是说，倾听除了听取对方讲话的声音和理解其内容之外，还须注意其表情体态等非语言行为所传递的信息。因此，倾听是护理人员对于对方作为整体的人所发出的各种信息进行整体性的接收、感受和理解的过程。

3) 核实患者信息

核实是指护士在倾听过程中，为了解自己的理解是否准确时所采用的技巧。在沟通中，核实是一种反馈机制，它本身便能体现一种复杂精神。通过核实，患者可以知道医护人员正在认真地倾听自己的讲述，并理解其内容。核实应保持客观态度，不应加入任何主观意见和感情。具体方法包括重复和澄清：

(1) 重复。

重复是将对方说过的话再说一遍，待对方确认后再继续倾听和沟通。重复可以直接表示承认对方的叙述，可以加强对方诉说的自信心，使对方有一种自己的诉说正在生效的感觉，从而受到了鼓励继续诉说。

重复可以直接用对方的原话。例如，患者："昨天半夜我觉得很难受，难受得睡不着觉，胸很闷。"护士："你感到胸很闷？"患者："是的，简直喘不过气来(继续诉说)。"上例中护士的重复，表达了她对患者倾诉的关切和重视，患者可以由此获得继续倾诉的兴趣和信心。重复有时可以改换一些词句，但意思不变。例如，患者："我的癫痫病反复发作，我难以想象我的病会对我丈夫和儿子产生多大的影响。我真希望我从来没有得过这种病，但现在它却老是发作，我不知道我丈夫和儿子会怎么想，他们一定很痛苦(因难过而说不下去)……"汤护士："你的丈夫和儿子因为你的病而非常痛苦吗？"患者说："是的，我实在为他们担心，我不想让他们烦恼(继续倾诉)"。在这个例子中，汤护士利用患者因难过而说不下去的时机，巧妙地重复了患者的意思。虽然没有完全运用患者的原话，但意思未变。这种词语的变化可以使重复显得更为移情化，较少机械性。而且，护士是在患者难过得说不下去时运用重复技巧的，这可以缓解患者情绪，使沟通继续下去。

在使用重复时不应加入自己的主观猜测，否则效果会适得其反。例如，"对不起，我来晚了一会儿。"护士："你因为来晚了而感到十分抱歉了？"在这里，"十分抱歉"是护士的主观猜测，把这种猜测强加给患者，会使对方感到不舒服，对方会觉得这位护士的反应太过分了，甚至有些轻率、不认真。

(2) 澄清。

澄清的目的是对于对方陈述中一些模糊的、不完善的或不明确的语言提出疑问，以取得更具体、更明确的信息。澄清常常采用的说法如"请再说一遍"、"我还不太明白，请您再说清楚一点……"、"根据我的理解，您的意思是不是……"。澄清有助于找出问题的原因，有助于加强信息的准确性，不仅可以使护士更好地理解患者，还可以使患者更好地理解他自己。请看下面的例子。

患者："我与婆婆关系不好，我丈夫也无能为力。你看，我住院到现在婆婆都没来看过我一次。"

郝护士(点头)。

患者："还有我那 12 岁的儿子，实在太调皮、太贪玩。奶奶非常宠爱他，我们常为这事发生争执。我丈夫工作忙，也没多少时间过问儿子的事，唉……"

郝护士："您儿子在念小学吧！"

患者："是啊，小学五年级了，明年要上初中，但功课不是很好，我现在住在医院里，谁来管他的功课？真怕他成绩下降。还有单位里的工作也让我很不放心，不知道代替我的人能不能把事情做好，我真烦，没办法安心养病！"

郝护士："这些真够让您操心的了。但您能不能考虑一下最让您担心的是哪件事？"

患者(略作思考)："哦，还是儿子的功课最让我担心吧！"

当患者同时陈述了好几个困惑的问题时，通过澄清也可以帮助护士和患者弄清最重要的关键问题是什么，此时，医护人员便可以在患者参与下，集中精力先解决关键的问题。

4) 善于向患者提问

提问在护患专业性沟通中具有十分重要的作用。它不仅是收集信息和核实信息的手段，而且可以引导沟通围绕主题展开。所以有人说，提问是沟通的基本"工具"。善于提问是一个有能力的护士的基本功。提问的有效性，将决定收集资料的有效性。

(1) 封闭式提问。例如，"你今天觉得胃部不适比昨天好些还是差些，或者是和昨天一样，没什么变化？"(回答是三者选一)，"您看了您的这些检验报告，是不是感到很担心？"(回答是"是"或"不是")，"您的家庭中有患冠心病的人吗？"(回答"有"或"没有")，"今天您能下床活动一下吗？"(回答"能"或"不能")，"您有时间进行这些锻炼？"(回答"有"或"没有")，"您的胸痛是在哪个部位？"(回答为"某某部位"或者用手指点该部位)，"您的家庭成员中谁得过冠心病？"(回答是"父亲"或"母亲"，或其他亲人)，"您昨夜大约睡了几个小时？"(回答具体的小时数)，"您平时经常进行哪些项目的身体锻炼？"(回答为说出体育锻炼的具体项目)，以及"您在大学里学的是什么专业？"(回答所学专业)等。

(2) 开放式提问。例如，"您看起来不太愉快，您有什么想法吗？请告诉我，我可以尽力帮助您。""过几天您就要动手术了，您对这次手术有什么想法？""您刚才已经知道医生给您的明确诊断了，有什么想法和感觉请尽量告诉我，我会帮助您的。""由于您的积极锻炼，您的下肢功能已经有了明显恢复，您有什么看法？请谈谈吧！也许对继续锻炼有利。""金先生，您对于这两天的饮食感觉怎么样？有什么意见和想法请告诉我，以便我们改进"。

患者回答开放性问题并不是一件轻而易举的事，因此，医护人员对于自己所要提出的每一个开放性问题都应慎重考虑和选择。同时，态度要特别诚恳，必要时应说明提问的目的、原因，努力取得患者的理解。当患者确信自己的回答一定会对健康有帮助时，便会乐意而认真地回答。如果医护人员不作任何说明地突然提出一个范围很广的开放性问题，患者会感到莫名其妙，不知从何说起，或者因为怕麻烦而不愿回答。

封闭式提问和开放式提问在沟通中有时是交替使用的，但要注意每次提问一般应限于一个问题，待得到回答后再提第二个问题。如果一次提出好几个问题要患者回答，便会使患者感到困惑，不知该先回答哪个问题才好，甚至感到紧张、有压力，不利于沟通的展开。

5) 掌握阐释的方法

阐释是医护人员以患者的陈述为依据，提出一些新的看法和解释，以帮助患者更好地面对或处理自己问题的一种沟通技巧。这些新的阐释(提议和解释)对患者来说，都是可以选择的，既可以接受，也可以拒绝。阐释应使患者感到确实对自己有益，阐释较多地运用于治疗性沟通之中。下面是一位护士为解决患者焦虑时运用阐释进行治疗性沟通的实例。

患者："我在退休以前工作一直很忙的，除了许多事务性工作之外，每天都要接待和会见许多人，甚至连晚上和休假日都要抽出时间接待来访者，我觉得自己是个不可缺少的人物，可现在呢？我每天待在家里，看看报，听听广播，或者看看电视，自己弄点吃的，再没有别的事可做了，现在又生病住在医院里，唉……"

常护士："哦，我能理解。您辛苦一辈子，把所有的时间和精力都用在工作上了，您很乐意帮助别人，生活过得很充实，现在您退休了，觉得没有什么更有意义的事可做了，您很不习惯这样赋闲的生活，是吗？"

患者："你说得没错！我确实很不习惯这种无所事事的生活。我以前虽然常常抱怨工作太忙什么的，但现在我却很留恋过去那种忙碌的日子"。

以上例子中，护士的阐释都是顺着患者的思绪而来的，并没有任何主观主义的胡乱猜测，但又确实加入了护士自己的理解和新的观点。护士从患者对于过去忙碌生活的津津乐道中，看出了患者热心事业、乐于助人的特点，因而提出了患者过去"生活过得很充实"的释义；又从患者对于退休后无事可干的埋怨语气中理解了患者的空虚、孤独等感受，从而提出了患者"不习惯这种赋闲生活"的新观点。这些释义和新观点都很自然地被患者所接受，患者会觉得护士说出了他自己想说而没说出的心里话，便增加了信任感，发展了良好的沟通关系。这无疑是有利于患者健康问题的解决的。

在运用阐释技巧时，要注意给患者提供接受和拒绝的机会，即让患者作出反应。阐释的基本步骤和方法是：① 尽全力寻求对方谈话的基本信息，包括语言的和非语言的。② 努力理解患者所说的信息内容(包括言外之意)和情感。③ 将自己的理解用简明的语言阐释给对方听，要尽量使自己的语言水平与对方的语言保持接近，避免使用对方难以理解的词语。④ 在阐释观点和看法时，用委婉的口气向对方表明你的观点和想法并非绝对正确，对方可以选择接受或拒绝。例如，可用下列语言征求对方的反应，"我这样说正确吗"、"我的看法是……不知对不对"、"您的意思是……对吗"。⑤ 整个阐释要使对方感受到关切、诚恳和尊重，目的在于帮助患者明确自己的问题以利于解决。

6) 运用体态语言

体态语言与语言是构成交往的两大途径。体态语言常能表达语言所无法表达的意思，且能充分体现护理工作者的风度、气度，有助于提高沟通效果，增进和谐的护患关系。体态语言交流的技巧有：

(1) 手势。以手势配合口语，以提高表现力和感应力，是护理工作中常用的，如病人高热时，在询问病情的同时，用手触摸患者前额更能体现关心、亲切的情感。当患者在病室喧哗时，护士做手指压唇的手势凝视对方，要比以口语批评喧闹者更为奏效。

(2) 面部表情。据研究发现，交往中一个信息的表达等于 7% 的语言、38% 的声音、55% 的面部表情的三者之和。可见，面部表情在体态语言交往中的重要作用。常用的、最有用的面部表情首先是微笑。护士常常面带欣然、坦诚的微笑，对病人极富有感染力。病人焦虑时，护士面带微笑与其沟通，本身就是"安慰剂"。病人恐惧不安时，护士镇定、从容不迫的笑脸，能给病人以镇静和安全感。其次是眼神，恰当地运用眼神，能调节护患双方的心理距离。比如，在巡视病房时，尽管不可能每个床位都走到，但以眼神环视每个病人，能使之感到自己没被冷落；当病人向你诉说时，不应左顾右盼，而应凝神聆听，患者才能意识到自己被重视、被尊重。

(3) 体态、位置。工作中体态、位置是否恰当，反映护士的职业修养和护理效应。当病人痛苦呻吟时，护士应主动靠近病人站立，且微微欠身与其对话，适当抚摸其躯体或为其擦去泪水，给病人以体恤、宽慰的感受。站立时应双腿挺直，双臂在躯体两侧自然下垂，收腹挺胸，不依墙而立。护士的坐姿应上身自然挺直，两腿一前一后，屈膝，平行或交叉，能显示高雅、文静。行走时步履轻盈，步幅均匀，抬头挺胸，自然摆臂，步态轻、稳、快，能体现庄重、有效率。总之，优美、朴实、大方的仪态是自然美的体现，也是护理价值的体现。

在护患沟通中，如果病人取的是坐位，那么护士要采取站位；患者如果取的是卧位，护士则要取坐位，用基本平行的视线，这样更适合彼此的交流。

【实践训练】

1. 实训：接待拜访模拟训练

实训目标：熟悉接待、拜访的有关礼节，能够正确运用其礼仪规范。

实训学时：2 学时。

实训地点：实训楼前、电梯间、会议室。

实训准备：办公家具、茶具、茶叶、热水瓶或饮水机、企业宣传资料等。

实训方法：一部分学生扮演来访客户，一部分学生扮演某企业的营销人员接待客户，模拟演示以下情景：

(1) 在门口迎接客人；

(2) 引导客人前往接待室；

(3) 与客人搭乘电梯；

(4) 引见介绍；

(5) 招呼客人；

(6) 为客人奉送热茶；

(7) 送别客人。

演示完毕后，可两组人员角色对调，再演示一遍，充分体会接待、拜访的不同礼仪要求。

2. 实训：拜访场景模拟训练

实训目标：熟练、规范地运用拜访的各种礼节进行交际

实训学时：1 学时。

实训地点：实训室。

实训准备：拜访场景、名片若干张。

实训方法：3～5 人一个小组，每组设计一个营销拜访场景，将拜访的相关礼仪连贯地演示下来，学生对各组的表演进行评价，最后教师总结。表演之前，每组应就设计的场景和成员的角色进行说明。

3. 实训：组织营销宴请活动

实训目标：通过营销宴会的组织，掌握宴请的组织和相关细节，桌次和座次的安排，赴宴的礼节和席间交流等礼仪规范，展示良好的形象和素质，赢得客户的满意。

实训学时：1 学时。

实训地点：实训室。

实训背景：A 公司和 B 公司是合作伙伴。B 公司李董事长，销售部吴部长，东北地区销售处刘处长，秘书小刘、小吴一行到 A 公司进行商务洽谈，A 公司张总经理，财务总监马先生、技术总监刘先生，总经理秘书小苗、小孙负责接待。

实训准备：设置一个宴会的环境。要有一张圆桌或数张圆桌。桌椅摆放要符合营销宴请位次安排的礼仪。

实训方法：将学生每 10 人为一组，分别扮演 A、B 公司的人员。每组演示宴会的整个过程，内容可以自由发挥，但要注意交际技巧和语言禁忌，服饰和行为举止。

一般地，宴会应体现以下基本内容：

(1) 根据情景内容，模拟演示桌次和座次的安排。

(2) 根据情景演示宴会厅门口迎接客人、引导客人入场就座的过程。

(3) 演示李董事长、张总经理分别致辞、敬酒的场面。

(4) 演示席间谈话交流的情景。

(5) 演示秘书小刘不小心打翻酒水，正确处理的过程。

(6) 演示送客的过程。

有条件的话可以用数码摄像机记录整个过程，然后投影回放，学生自我评价，找出不合规范之处。

授课教师总结点评学生存在的个性问题和共性问题。

最后，全班评选出"最佳表现组"。

（资料来源：严军. 商务礼仪与职业形象. 北京：对外经济贸易大学出版社，2009）

4. 实训：手机销售的客户沟通

实训目的：通过同学间相互售卖手机的游戏，从中体会销售的技巧。

实训学时：2 学时。

实训地点：教室。

实训准备：手机等。

实训方法：

(1) 相邻座位的同学两人一组，分别扮演销售员和客户。销售员要将手中的手机成功地销售给客户，在推销过程中，客户提出各种疑问和拒绝，直到被销售员说服主动购买。时间 5 分钟。

(2) 邀请 2～3 组同学上台演练，请其余的同学仔细观察细节。

(3) 表演结束后请参与者谈谈角色感受。

(4) 总结销售各环节的技巧。

5. 实训：顾客投诉处理

本训练为模拟公众来访投诉的接待。一位顾客冲进办公室，怒气冲天，因为她上个月刚买的电视机坏了，维修部的工作人员答应前去修理，但迟迟未见人。模拟演示秘书接待的情景。学生可分别扮演企业投诉中心接待人员和顾客，顾客就其问题进行投诉。注意模拟演示必须强调进入情景之中，注意接待礼节中的细节，讲究语言艺术，注意体态语，把握好表情。学生也可以设计其他场景进行练习。

6. 测试：你受客户欢迎的程度如何？

请对下面的陈述做出"是"、"一般"或"否"的判断，测一测你受客户的欢迎程度。

(1) 发型整洁；

(2) 衣着得体；

(3) 知道客户的业余爱好；

(4) 了解客户的工作成就；

(5) 能有针对性地称赞客户；

(6) 言语得体，令客户愉快；

(7) 充分尊重客户的意见；

(8) 了解客户的行业特点；

(9) 知道困扰客户的瓶颈问题是什么；

(10) 能及时为客户反馈产品改进方案；

(11) 以客户为中心；

(12) 与客户交谈时面带微笑，亲切自然；

(13) 每天上班前自我沟通 3 分钟，保持愉悦、自信的工作状态；

(14) 用友善的态度来面对客户所在公司的每一位员工；

(15) 通过小赠品传递友好的信息；

(16) 通过小赠品完成公司对外的形象宣传。

计分方法如表 7-2 所示。

表 7-2 受客户欢迎程度测试计分方法

题号	(1)	(2)	(3)	(4)	(5)	(6)	(7)	(8)	(9)	(10)	(11)	(12)	(13)	(14)	(15)	(16)
是	2	3	4	4	5	3	3	4	5	4	3	3	5	3	2	2
一般	1	1	2	2	3	2	2	2	3	2	2	2	3	2	1	1
否	0	0	0	0	0	0	0	0	0	0	0	0	0	0	0	0

解析：

(1) 总分为 45～54 分：你肯定是一位很受客户欢迎的业务员，你已熟练掌握了与客户沟通的技巧。

(2) 总分为 30～45 分：你的沟通技巧受人称道，但还应进一步完善。

(3) 总分为 15～30 分：你与客户的沟通能力已经有了一定基础，但还有很多需要改进的地方。

(4) 总分为 0～15 分：这是一个令人沮丧的得分，你与客户沟通的能力的确不怎么样。不过别灰心，认真学习，不断实践，你会有很大进步的。

(资料来源：谢红霞. 沟通技巧. 北京：中国人民大学出版社，2011)

7. 实训：制订护患沟通方案

(1) 背景资料：

① 病案资料：病人，女性，42 岁，大学文化，公务员，有一个儿子正在读高中，家庭经济好。

② 诊疗概况。病人因头痛伴恶心来院就诊，MRI 显示：胶质瘤。入院后给予控制脑水肿，降低颅内压治疗。在一次静脉输液时，病人询问护士治疗药物的种类，并反映头痛得很厉害，护士没有及时回答药物的种类，简单地说了一句："头疼，吵死了，你不能忍一忍？！"第一次穿刺失败，护士未做任何解释，就准备第二次穿刺，这时病人大骂护士，与护士发生矛盾，引起病人头痛加剧，家属来探视时，病人对家属大发脾气，家属了解情况后非常生气，要求护士当面道歉，并要求领导对该护士予以处罚。

③ 病人心理和表现。由于恶性肿瘤是世界范围内危害人类健康的常见病、多发病，而且死亡率高，再加上患上脑部肿瘤，所以病人的心理创伤很大。病人承受着疾病与心理的双重折磨，以往的美好理想成为泡影，促使病人克制力下降，易烦躁，易愤怒，有时因小事迁怒家属和护理人员。

(资料来源：http://www.yh707.cn/html/alpx/081231DH324KE01D/)

(2) 操作方法：

全班分成若干小组，每组 8 人左右，指定一名组长；小组成员根据"病案资料"讨论有针对性的护患沟通方案；各组在全班宣讲自己的方案，最后教师讲评。

【自主学习】

1. 小王做销售工作多年，积累了不少经验。近日，领导让他给新来的小张介绍一下接待客户的经验，如果你是小王应怎样介绍？

2. 在你所在学校的"校园宣传日"里，要接待到校参观的学生家长和当年准备参加高考的考生，如果由你负责这项接待工作，你准备怎样做？请列出接待方案。

3. 假如你明天要拜访一位重要客户，列出你需要做哪些形象准备和资料准备？

4. 进行拜访礼仪实践。学生 2～4 人为一组，利用业余时间，到亲朋好友家进行拜访。拜访的目的可以是社会调查、礼节性拜访或是请教问题等。拜访结束后，每个人写出详细的拜访过程，在教师的指导下，在全班进行拜访总结。

5. 观看电影、电视中各种宴请场合的座次排序，了解丰富的相关礼仪知识。例如《周恩来在重庆》、《泰坦尼克号》、《茜茜公主》等。

6. 五湖实业公司总经理让其助理郑小姐安排一次中餐接待宴会，宴请公司的重要的合作伙伴四海公司王总经理一行(5 人)，郑小姐应该怎样安排这一商务宴请呢？请问：如果王总一人出席宴请活动应该如何安排座次，为什么？

7. 参加一家企业的营业推广或公共关系促销活动，观察和体验促销礼仪在这些活动中的作用，并写出实训小结。

8. 一位顾客肯定的说他在商场买的香烟是假的，而商场从进货渠道看根本不可能出现这样的情况。模拟演示商场接待人员接待投诉者的情景。

9. 你是一家房地产公司的秘书，这天有 20 多位住户认为你公司开发的房产有质量问题，集体闯到你的办公室，请演示接待的情景。

10. 表 7-3 是顾客投诉表，请在日常商务沟通工作中加以运用，妥善处理顾客的投诉。

表 7-3 顾客投诉表

序号	投诉原因	自我分析	检讨 (克服/不能克服)
1	你或你的同事对客户作了某种承诺而没有兑现		
2	客户心情不好，正巧又遇上了不好的服务，正想找个"倒霉蛋"出出气		
3	客户觉得，除非大声嚷嚷，否则就无人理睬		
4	客户觉得如果他嚷嚷就能迫使你满足他的要求		
5	客户总是与人过不去，处处看人不顺眼		
6	客户的期望未得到满足		
7	你或你的同事对客户冷漠、粗鲁或不礼貌		
8	多名销售人员对客户一人指东指西		
9	客户按照销售人员的指令行事，可结果是错的		
10	客户觉得他的话没人理睬，不被重视		
11	客户也许不喜欢你的发型、穿着、打扮等		
12	客户不信任你的公司，认为你的公司或你不诚实		
13	客户得到了不客气的答复		
14	客户在电话中受到了盘查和不停的询问		
15	当客户事情做得不正确时遭到嘲弄		
16	客户的信誉或诚实受到了质疑		
17	你或你的同事和客户发生了争辩		
18	没能迅速准确地处理客户的问题		

(资料来源：未来之舟. 销售礼仪. 北京：中国经济出版社，2009)

11. 作为护士，当你在病房巡视时，发现某病人亲属在房间对护理工作不满而大吵大闹，出言不逊，你应该如何处理？

12. 下面提供一些可供选择的交谈方法，试做比较、分析和评价。

选择 A："小邱，你很年轻，你的伤很快会好起来的，你没有理由这样灰心丧气。人的一生会有各种各样的挫折，这次摔伤对你来说也是一个考验，你应该坚强些"。

选择 B："小邱，你怎么眼泪汪汪的？这么大小伙子了，你的小腿骨折又不是什么大不了的重伤。功课嘛，等你伤好了，抓紧点补上去不就好了吗？用不着伤心流泪的……"。

选择 C："唔，你在这么关键的时候受伤住院，真是不幸！我理解你的心情和感受……(略作停顿沉默，使双方可以调整一下情绪)。不过，你并不是没有希望的。你的老师和同学送你来住院时，对你都很关心，你的老师也问到了你的功课，我想他们绝不会丢下你不管的。你看，你的同学不是把你的书和笔记都给你送来了吗？你的腿虽然伤了，但你的脑子是健全的，仍旧可以复习功课的。有什么不懂的地方，等你同学和老师来的时候可以问他们，他们一定会帮你的……"。

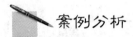 案例分析

案例 1：小张错在哪里？

小张大学毕业后在扬州昌盛玩具厂办公室工作。中秋节前两天办公室陈主任通知他，明天下午三点本公司的合作伙伴上海华强贸易有限公司的刘君副总经理将到本市(昌盛玩具厂的出口订单主要来自华盛贸易公司)，这次来的主要目的是了解昌盛玩具厂是否有能力有技术在 60 天内完成美国的一批圣诞玩具订单，昌盛玩具厂很希望拿到这份利润丰厚的订单，李厂长将亲自到车站接站。由于陈主任第二天将代表李厂长出席另外一个会议，临时安排小张随同李厂长一起去接刘副总经理，小张接到任务后，征得李厂长同意，在一个四星级宾馆预订了房间，安排厂里最好的一辆轿车去接刘副总经理。

第二天上午，小张忙着布置会议室，通知一家花木公司送来了批绿色植物，准备欢迎条幅，又去购买了水果，一直忙到下午 2:30，穿着休闲服的小张急急忙忙随李厂长一起到车站，不料，市内交通拥挤，到车站后发现，刘副总经理已经等待了十多分钟，李厂长不住地打招呼，表示抱歉，小张也跟着说，厂子离市区太远，加上堵车才迟到的，小张拉开车前门请刘副总上车说："这里视线好，您可以看看我们的市容市貌"。随后，又拉开右后门请李厂长入座，自己急忙从车前绕到左后门上了车，小车到达宾馆后，小张推开车门直奔总台，询问预订房间情况，为刘副总办理入住手续，刘副总提行李跟过来。小张将刘副总送到房间后，李厂长与刘副总交流着第二天的安排，小张在房间里转来转去，看看是否有不当之处。片刻后，李厂长告辞，临走前告知刘副总晚上六点接他到扬州一家著名的餐馆吃晚饭。

小张随李厂长出来后，却受到李厂长的批评，说小张经验不够。小张觉得很冤枉，自己这么卖力，又是哪里出错了？

(资料来源：杜明汉. 商务礼仪——理论、实务、案例、实训. 北京：高等教育出版社，2010)

思考与讨论：

(1) 小张的接待准备工作充分吗？为什么？

(2) 小张接到这份接待工作后，应该怎样做更合适？

案例2：亲自送客的李嘉诚

很多知名企业家很注意送人的礼节。一位内地企业家在接受电视采访时谈到了他去李嘉诚办公室拜访李嘉诚的经历。

那天，李嘉诚和儿子一起接见了他。会谈结束之后，李嘉诚起身从办公室陪他出来，送他到电梯口。更让人惊叹的是，李嘉诚不是送到即走，而是一直等到电梯上来，他进去了，再举手告别，等到门合上。

身为亚洲首富的李嘉诚肯定是日理万机，可他依旧注重礼节，亲自送人，没有丝毫的怠慢。这位内地企业家面对着电视机前的亿万观众动情地说："李嘉诚这么大年纪了，对我们晚辈如此尊重，他不成功都难。"

(资料来源：http://www.ledu365.com/a/redu/766.html，2009-11-28)

思考与讨论：

(1) 送客应讲究哪些礼仪？

(2) 本案例对你有哪些启示？

案例3：中国考察团在巴黎

一天傍晚，巴黎的一家餐馆来了一群中国人，老板安排了一位中国侍者为他们服务，交谈中得知他们是东北某县的一个考察团，今天刚到巴黎。随后侍者向他们介绍了一些法国菜，他们不问贵贱，主菜配菜一下子点了几十道，侍者担心他们吃不完，何况菜价不菲，但他们并不在乎。

点完菜，他们开始四处拍照，竞相和服务小姐合影，甚至跑到门外一辆凯迪拉克汽车前面频频留影，还不停地大声说笑，用餐时杯盘刀叉的撞击声，乃至嘴巴咀嚼食物的声音，始终不绝于耳，一会儿便搞得杯盘狼藉，桌子、地毯上到处是油渍和污秽。坐在附近的一位先生忍无可忍，向店方提出抗议，要求他们马上停止喧闹，否则就要求换座位。侍者把客人的抗议转述给他们，他们立刻安静了。看得出来，他们非常尴尬。

(资料来源：http://jpkc.zjiet.edu.cn/sheng/2010shenbao/swly/wlkc_zyxt_9.html，2009-05-01)

思考与讨论：

(1) 这个考察团成员的行为有哪些不得体的地方？

(2) 公众场合应注意哪些用餐礼仪规范？

案例4：失败的推销

一年夏天，推销员小刘浓妆艳抹，衣着时髦地来到顾客家上门推销产品。她敲开门后立即作自我介绍："我是来推销××消毒液的。"当主人正在犹豫时，她已进入室内，拿出商品，说："我厂的产品质量好，是×元一瓶。"顾客说："我从来不用消毒液，请你介绍一下消毒液有何用途？"小刘随即往沙发上一坐，对顾客说："天这么热，你先打开空调我再告诉你。"顾客不悦："那算了，你走吧，我不要了。"小刘临走时说："你真傻，这么好的东西都不要，你会后悔的！"

(资料来源：张岩松. 新型现代交际礼仪实用教程. 北京：清华大学出版社，2008)

思考与讨论：

(1) 为什么顾客没有接受推销商品？小刘在推销商品时有哪些不足之处？

(2) 如果是你，你将会如何进行推销？

案例5：口才拔高了"推销之神"

在日本有个叫原一平的人，身高只有145厘米是个标准的"矮冬瓜"。他的工作业绩却是相当地惊人，曾连续多年占据日本全国寿险销售业绩之冠，被人誉为"推销之神"。

原来，原一平的身材虽然低人一等，但他的口才却高人一筹。在推销寿险产品时他经常以独特的矮身材，配上刻意制造的表情和诙谐幽默的言辞逗得客户哈哈大笑。他面见客户时通常是这样开始的：

"您好我是明治保险的原一平"。

"噢！是明治保险公司。你们公司的推销员昨天才来过的，我最讨厌保险了，所以被我拒绝啦！"

"是吗？不过我比昨天那位同事英俊潇洒吧？"原一平一脸正经地说。

"什么？昨天那个仁兄啊！长得瘦瘦高高的，哈哈，比你好看多了"。

"可是矮个儿没坏人啊。再说辣椒是愈小愈辣哟！俗话不也说'人愈矮俏姑娘愈爱吗？'这句话可不是我发明的啊！"

"可也有人说'十个矮子九个怪'哩！矮子太狡滑。"

"我更愿意把它看成是一句表扬我们聪明机灵的话。因为我们的脑袋离大地近，营养充分吗"

"哈哈，你这个人真有意思。"

凭着出色的口才，原一平就是这样与客户坦诚面谈，在轻松愉快的气氛中不知不觉拉近了自己与客户之间的距离很快一笔业务就搞定了。

看来，一个人身材矮小用不着怨天尤人，只要他能用后天的努力来弥补先天的不足甚至是缺陷，吃苦耐劳时刻进取就会有所作为，在别人的眼里形象照样很高大。

(资料来源：彭真平. 口才拔高了"推销之神". 职业时空，2005(17))

思考与讨论：

(1) 原一平的推销有什么特色？他为什么能够拉近自己与客户之间的距离？

(2) 从本案例中你还得到了哪些启发？

案例6：只顾生意，不解人意

吉勒斯是美国著名的汽车推销员。一天，一位客人西装笔挺、神采飞扬地走进店里，吉勒斯心里明白，这位客人今天一定会买下车子。于是他热情地接待了这位客人，并为他介绍了不同品牌的车子，说明不同车子的性能、特点。客人频频点头微笑，然后跟随吉勒斯一起从展示场走向办公室，准备办手续。客人一边走，一边激动地说："你知道吗，我儿子考上医学院了，我们全家都非常高兴……"吉勒斯不顾顾客的兴致，抢过话题继续介绍汽车的优良的性能。没等他介绍完，客人就又说道："我要买辆最好的车，作为礼物送给儿子……"吉勒斯接着客人的话说："我们的汽车无论是款式还是性能都是一流的……"客人有些不高兴，他看了吉勒斯一眼，没等他说完，抢着说道："我的儿子很可爱……"吉勒斯又说："是啊，我们的车子也确实是最好的……"客人的脸色越来越难看了："你这人怎么这样？""我……我们的汽车确实是……""你就知道汽车！"客人发火了，最好竟然拂袖而去。

(资料来源：洪艳梅. 解"说"——浅谈对推销中"说"的认识，商业文化(下半月)，2011(03))

思考与讨论：

(1) 吉勒斯营销失败的原因是什么？

(2) 本案例对你有何启示？

案例7：感谢并道歉

乳品厂接待了一位在酸奶中喝到碎玻璃的消费者。消费者火药味十足："你们难道就只顾挣钱，把消费者的健康、安全置之度外？这块碎玻璃足以让人丧命！我要告诉媒体！"接待人员连忙关切地询问："碎玻璃有没有伤着您哪里？要不要我陪您去医院检查一下？"当得知消费者并未受伤，接待人员又说："那真是不幸中的万幸。如果是老人，特别是孩子喝到这瓶酸奶，那可就糟糕了。"听到这里。消费者的怒气渐消。接待人员又真诚地说："今天您来反映我们酸奶的质量问题，真是对我们的关心，我代表公司谢谢您了！"一个深深的鞠躬之后，接待人员与消费者交换了联系方式。承诺该事故若造成伤害，乳品公司负全责。同时真诚地邀请这位消费者到生产车间去看看，请他多提宝贵意见，并保证今后不再出现类似的事故。

(资料来源：未来之舟. 销售礼仪. 北京：中国经济出版社，2009)

思考与讨论：

(1) 本案例中乳品厂的接待人员是怎样平息顾客的怒气的？

(2) 本案例对你有何启示？

案例8：客户关系管理的魔力

一位朋友因公务经常去泰国出差，并下榻东方饭店，第一次入住时良好的饭店环境和服务就给他留下了深刻的印象。当他第二次入住时几个细节更使他对饭店的好感迅速升级。

那天早上，在他走出房门准备去餐厅时，楼层服务生恭敬地问道："于先生是要用早餐吗？"于先生很奇怪，反问："你怎么知道我姓于？"服务生说："我们饭店规定，晚上要背熟所有客人的姓名。"这令于先生大吃一惊，因为他频繁往返于世界各地，入住过无数高级酒店，但这种情况还是第一次碰到。

于先生高兴地乘电梯下到餐厅所在的楼层，刚刚走出电梯门，餐厅的服务生就说："于先生，里面请。"于先生更加疑惑，因为服务生没有看到他的房卡，就问："你知道我姓于？"服务生答："上面的电话刚刚下来，说您已经下楼了。"如此高的效率让于先生再次大吃一惊。

于先生刚走进餐厅，服务小姐微笑着问："于先生还要老位置吗？"于先生的惊讶再次升级，心想"尽管我不是第一次在这里吃饭，但最近的一次也有一年多了，难道这里的服务小姐记忆力那么好？"

看到于先生惊讶的目光,服务小姐主动解释说:"我刚刚查过电脑记录资料,您去年8月8日在靠近第二个窗口的位子上用过早餐。"于先生听后兴奋地说:"老位子!老位子!"小姐接着问:"老菜单,一个三明治,一杯咖啡,一个鸡蛋?"现在于先生已经不再惊讶了,"老菜单,就要老菜单!"于先生已经兴奋到了极点。

上餐时餐厅赠送了一碟小菜,由于这种小菜于先生是第一次看到,就问:"这是什么?"服务生后退两步说:"这是我们特有的小菜。"服务生为什么要先后退两步呢?

他是怕自己说话时口水不小心落在客人的食品上,这种细致的服务不要说在一般的饭店,就是美国最好的饭店里于先生都没有见到过!这一次早餐给于先生留下了终身难忘的印象。

后来,由于业务调整的原因,于先生有3年的时间没有再到泰国去,在于先生生日的时候,突然收到一封东方饭店发来的生日贺卡,里面还附了一封短信,内容是:"亲爱的于先生,您已经有3年没有来过我们这里了,我们全体人员都非常想念您,希望能再次见到您,今天是您的生日,祝您生日愉快。"

于先生当时激动得热泪盈眶,发誓如果再去泰国,绝对不会到任何其他的饭店,一定要住东方饭店,而且要说服所有的朋友也像他一样选择!于先生看了一下信封,上面贴着一枚6元的邮票,6元钱就这样强化了一颗心。这就是客户关系管理的魔力!

(资料来源:http://bbs.szhome.com/commentdetail2.aspx?id=1750180,2003-10-21)

思考与讨论:

(1) 泰国东方饭店与客户沟通有何独到之处?

(2) 本案例对你有何启示?

案例9:与小邱的沟通

邱某,18岁,男性,高中三年级学生。在一场足球比赛中不幸摔伤了腿,造成小腿骨折。他知道学校学习非常紧张,同学们都在加紧复习准备迎接高中会考和升学考试,自己却躺在床上不能去听课。他怕自己跟不上学习进度,担心成绩下降。现在他正眼泪汪汪地躺着,看上去非常焦虑不安。

护士:小邱,早上好!唔,你怎么了?

小邱:(转过来,揉眼)唉!

护士:你心理很难过吗?

小邱:我该怎么办呢?我的同学都在紧张地复习功课,可我……我所有的学习计划都泡汤了,我想我这次升学考试没什么希望了。

(资料来源:张岩松,孟顺英,樊桂林. 人际沟通与语言艺术. 北京:清华大学出版社,2010)

思考与讨论:

(1) 小邱的表面想法是什么?

(2) 小邱的情感流露是怎样的?

(3) 小邱的潜在愿望是什么?

(4) 请设计一个与小邱交谈的策略。

案例 10：护患沟通实例一组

以下是一组护患沟通实例(http://www.szjkw.net)，请写出这些实例对你有何启示？

① 入院。一位高龄患者因脑出血昏迷收治入院。三位家属神色慌张地将其抬到护士站。当班护士很不高兴地说："抬到病房去呀，难道你让他来当护士？"家属虽然不高兴，但还是将患者抬到了病房。随后护士对患者家属说："这里不许抽烟，家属不能睡病房里的空床……"此时，一位家属突然喊到："你是不是想把我们都折磨死"？！

启示：_____

② 催款。对于我们经常碰到的欠费催款，可能会有以下两种情形：

护士甲：阿婆啊，我都告诉你好几次了，你欠款 2000 多元了，今天无论如何要让你的家人把钱交了，否则我们就停止用药了。

护士乙：阿婆啊，今天是不是感觉好多了？不要心急呀，再配合我们治一个疗程，您就可以出院了。噢，对了，住院处通知我们说您需要再补交住院费，麻烦您通知家人过来交一下。等家人来了，我可以带他去交的。

启示：_____

③ 了解病情。某护士向病人询问病情：

问：你现在腹部痛还是不痛？回答：不痛。

问：昨天吃饭好还是不好？回答：比较好。

问：你昨晚睡眠好不好？回答：不是很好。

启示：_____

④ 为患者祝福生日。康复科护士小芳在给患者王伯扎静脉点滴时，听到给王伯陪床的女儿对她说："爸，后天是你的生日，可我正好要出差，是和单位的同事同行，我就不能给您过生日了，等我回来后补上，现在就祝福您生日快乐！"王伯说："我这么老了，还过什么生日，又不是小孩子。"到了王伯生日那天中午 11 点半，康复科的全体护士来到了王伯的床前，小芳手捧着鲜花，小丽提着蛋糕，她们齐声说到："祝王伯生日快乐！"王伯看到这情景，一时不知说什么好。

启示：_____

参 考 文 献

[1]　丁宁. 管理沟通[M]. 北京：北京交通大学出版社，2011.

[2]　王浩白. 商务沟通[M]. 杭州：杭州大学出版社，2011.

[3]　谢红霞. 沟通技巧[M]. 北京：中国人民大学出版社，2011.

[4]　武洪明，许湘岳. 职业沟通教程[M]. 北京：人民出版社，2011.

[5]　彭于寿. 商务沟通[M]. 北京：北京大学出版社，2011.

[6]　http://bbs.yingjiesheng.com/thread-936949-1-1.html，2011：08-03.

[7]　郭文臣. 管理沟通[M]. 北京：清华大学出版社，2010.

[8]　谢玉华. 管理沟通[M]. 大连：东北财经大学出版社，2010.

[9]　梁辉. 有效沟通实务[M]. 北京：中国人民大学出版社，2010.

[10]　张秋筠. 商务沟通技巧[M]. 北京：对外经济贸易大学出版社，2010.

[11]　胡红霞. 浅谈会议中的个人礼仪[J]. 秘书之友，2010(1).

[12]　刘晓琴，陈晓鹏. 职场沟通中常见的沟通障碍及其应对策略[J]. 科技创业月刊，2010(6).

[13]　张睫，周延欣. 网络礼仪的构建原则. 新闻爱好者，2010(7 上半月).

[14]　廖春红. 中国式商务应酬细节全攻略[M]. 广州：广州出版社，2010.

[15]　张喜春，刘康声，盛暑寒. 人际交流艺术[M]. 北京：清华大学出版社，北京交通大学出版社，2009.

[16]　未来之舟. 销售礼仪[M]. 北京：中国经济出版社，2009.

[17]　康青，蔡惠伟. 管理沟通教程[M]. 上海：立信会计出版社，2009.

[18]　张文光. 人际关系与沟通[M]. 北京：机械工业出版社，2009.

[19]　张晓明，袁林. 沟通与礼仪[M]. 科学出版社，2009.

[20]　梁玉萍，丰存斌. 沟通与协调的技巧和艺术[M]. 北京：中国人事出版社，2009.

[21]　郭台鸿. 高效沟通 24 法则[M]. 北京：清华大学出版社，2009.

[22]　杨凯. 浅谈婚礼主持的语言技巧[M]. 高等函授学报：哲学社会科学版，2009(06).

[23]　莫临虎. 商务交流[J]. 北京：中国人民大学，2008.

[24]　吕书梅. 管理沟通技能[M]. 大连：东北财经大学出版社，2008.

[25]　惠亚爱. 沟通技巧[M]. 北京：人民邮电出版社，2008.

[26]　徐丽君，明卫华. 秘书沟通技能训练[M]. 北京：科学出版社，2008.

[27]　周璇璇. 实用社交口才[M]. 北京：北京大学出版社，2008.

[28]　王淑红，王志超. 如何高效筛选简历[J]. 人力资源管理，2008(12).

[29]　李国昊，白光林. 招聘面试十大技巧[J]. 商场现代化：2008(07)下旬刊.

[30]　明卫红. 沟通技能训练. 北京：机械工业出版社，2008.

[31]　程庆珊. 高职院校开设《商务沟通》课程的必要性和可行性研究[J]. 广西职业技术学院学报，2008(2).

[32]　樊丽丽. 实用生活礼仪常识[M]. 北京：中国经济出版社，2008.

[33] 黄琳. 有效沟通[M]. 北京：中国华侨出版，2008.

[34] 邹晓明. 沟通能力培训全案[M]. 北京：人民邮电出版社，2008.

[35] 许爱玉. 魅力来自沟通[M]. 杭州：浙江大学出版社，2008.

[36] 张波. 口才与交际[M]. 北京：机械工业出版社，2008.

[37] 张严明，陈卿，李增基. 新编普通话口语表达技能教程[M]. 郑州：郑州大学出版社，2007.

[38] 陈秀泉. 实用情境口才——口才与沟通训练[M]. 北京：科学出版社，2007.

[39] 许玲. 人际沟通与交流[M]. 北京：清华大学出版社，2007.

[40] 刘维娅. 口才与演讲教程[M]. 武汉：华中师范大学出版社，2007.

[41] 徐卫卫. 大学生交际口语[M]. 杭州：浙江大学出版社，2007.

[42] 李军湘. 谈判语言艺术新论[M]. 武汉：武汉大学出版社，2007.

[43] 阙庆华. 浅谈几种修辞技法在导游语言中的运用[J]. 科技文汇，2007(10).

[44] 付冰峰. 试谈幽默导游语言的修辞策略[J]. 湘南学院学报，2007(8).

[45] 罗绚丽. 论导游的语言艺术[J]. 法制与社会，2007(6).

[46] 李静. 如何写好婚礼主持词[M]. 阅读与写作，2007(1).

[47] 许利平. 职业口才训练教程[M]. 北京：北京交通大学出版社，2007.

[48] 冯玉珠. 商务宴请攻略[M]. 北京：中国轻工业出版社，2006.

[49] 李嘉珊，刘俊伟. 旅游接待礼仪[M]. 北京：中国人民大学出版社，2006.

[50] 马志强. 语言交际艺术[M]. 北京：中国社会科学出版社，2006.

[51] 杨海清. 现代商务礼仪[M]. 北京：科学出版社，2006.

[52] 李钢英. 企业招聘过程中的面试技巧[J]. 沿海企业与科技：2006(11).

[53] 黄漫宇. 商务沟通[M]. 北京：机械工业出版社，2006.

[54] 周彬琳. 实用口才艺术[M]. 大连：东北财经大学出版社，2006.

[55] 李晓. 沟通技巧[M]. 北京：航空工业出版社，2006.

[56] 李元授，等. 口才训练[M]. 武汉：华中科技大学出版社，2006.

[57] 金幼华. 实用口语技能训练——大学生汉语口语能力培养教程[M]. 杭州：浙江大学出版社，2006.

[58] 张岩松. 公关交际艺术[M]. 北京：中国社会科学出版社，2006.

[59] 林一心. 导游语言与语境[J]. 厦门广播电视大学学报，2006 年(6 月).

[60] 李小萍. 电视综艺节目的主持技巧[J]. 视听纵横，2006(3).

[61] 潘桂云. 口才艺术[M]. 北京：旅游教育出版社，2006.

[62] 张韬，施春华，尹凤芝. 沟通与演讲[M]. 北京：清华大学出版社，2005.

[63] 王建民. 管理沟通理论与实务[M]. 北京：中国人民大学出版社，2005.

[64] 邵守义. 演讲学[M]. 长春：东北师范大学出版社，2005.

[65] 未来之舟. 营销礼仪手册[M]. 北京：海军出版社，2005.

[66] 黄琳. 商务礼仪[M]. 北京：机械工业出版社，2005.

[67] 谭德姿. 导游语言修辞八法[J]. 修辞学习，2005(3).

[68] 傅昭. 熊友平论导游语言艺术美[J]. 青岛职业技术学院学报：2005(4).

[69] 杨忠慧. 实用口才[M]. 合肥：合肥工业大学出版社，2005.

[70]　位尊权. 组织好一场有效的面试[M]. 中国人力资源开发，2004(03).

[71]　郭千水. 实用口语训练教程[M]. 北京：清华大学出版社，2004.

[72]　柳青，蓝天. 有效沟通技巧[M]. 北京：中国社会科学出版社，2003.

[73]　魏江，严进. 管理沟通成功管理基石[M]. 北京：机械工业出版社，2003.

[74]　王连义. 幽默导游词[M]. 北京：中国旅游出版社，2003.

[75]　欧阳友权，朱秀丽. 实用口才训练(修订版)[M]. 长沙：中南大学出版社，2002.

[76]　甘华鸣，李湘华. 沟通[M]. 北京：中国国际广播出版社，2002.

[77]　刘伯奎，王燕. 口才演讲——技能训练[M]. 北京：中国人民大学出版社，2002.

[78]　战晓书. 开口说话:演讲制胜[M]. 长春：北方妇女儿童出版社，2001.

[79]　邱伟光. 公共关系礼仪文化[M]. 北京：高等教育出版社，2000.

[80]　李元授，白丁. 口才训练[M]. 武汉：华中理工大学出版社，1999.

[81]　智人. 恭维的艺术[M]. 北京：兵器工业出版社，1999.

[82]　郭文臣，等. 交际与公关礼仪[M]. 大连：大连理工大学出版社，1998.

[83]　程在伦. 讲演与口才[M]. 北京：高等教育出版社，1997.

[84]　高捍东. 有效演讲口才技能[M]. 长沙：中南工业大学出版社，1995.

[85]　潘肖珏. 公关语言艺术[M]. 上海：同济大学出版社，1991.

[86]　吴绿星. 推销与口才[M]. 福州：福建科学技术出版社，1991.

[87]　刘宗粤. 演讲心理分析. [M] 重庆：重庆大学出版社，1987.

[88]　季世昌，朱净之. 演讲学[M]. 南京：江苏教育出版社，1986.